SYO-KI

LE LIVRE CANONIQUE

DE L'ANTIQUITÉ JAPONAISE

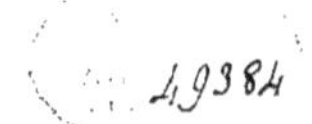

PUBLIÉ EN JAPONAIS ET EN FRANÇAIS

PAR

LÉON DE ROSNY 羅尼

PROFESSEUR A L'ÉCOLE SPÉCIALE DES LANGUES ORIENTALES

OUVRAGE COURONNÉ PAR L'ACADÉMIE DES INSCRIPTIONS ET BELLES-LETTRES

TOME PREMIER

PARIS

ERNEST LEROUX, ÉDITEUR

LIBRAIRE DE LA SOCIÉTÉ ASIATIQUE

DE L'ÉCOLE DES LANGUES ORIENTALES VIVANTES, ETC.

28, RUE BONAPARTE, 28

1887.

HISTOIRE

DES

DYNASTIES DIVINES

I

PUBLICATIONS

DE

L'ÉCOLE DES LANGUES ORIENTALES VIVANTES

IIE SÉRIE — VOLUME XVI

日本書紀 YAMATO-BUMI

LA BIBLE DU JAPON

I

VIENNE. — TYP. ADOLPHE HOLZHAUSEN.
IMPRIMEUR DE LA COUR I. & R. ET DE L'UNIVERSITÉ.

神代巻

KAMI YO-NO MAKI

HISTOIRE

DES

DYNASTIES DIVINES

PUBLIÉE EN JAPONAIS

TRADUITE POUR LA PREMIÈRE FOIS SUR LE TEXTE ORIGINAL

ACCOMPAGNÉE D'UNE GLOSE INÉDITE COMPOSÉE EN CHINOIS

ET D'UN COMMENTAIRE PERPÉTUEL RÉDIGÉ EN FRANÇAIS

PAR

LÉON DE ROSNY

PROFESSEUR A L'ÉCOLE SPÉCIALE DES LANGUES ORIENTALES

PARIS

ERNEST LEROUX, ÉDITEUR

LIBRAIRE DE LA SOCIÉTÉ ASIATIQUE

DE L'ÉCOLE DES LANGUES ORIENTALES VIVANTES, ETC.

28, RUE BONAPARTE, 28

1884

PRÉFACE

Le Yamato-bumi «Bible du Japon»[1], communément désigné sous le titre chinois de Ni-hon Syo-ki ou simplement de Ni-hon gi, dont j'ai entrepris de publier ici une édition complète, accompagnée d'une traduction française et d'un double commentaire, est le second des trois livres canoniques de l'antiquité japonaise (三部本書). *Cette publication m'a paru opportune au moment où les études relatives à l'ancienne civilisation du Yamato, études qui ont reçu le*

[1] Yamato-bumi signifie littéralement «Le Livre du Japon», c'est-à-dire «Le Livre par excellence, la Bible». Ce titre est relativement moderne et on doit le considérer plutôt comme une restitution du titre original que comme le titre original lui-même. Il a été adopté par l'école exégétique du sintauïsme qui ne pouvait accepter sans regret une désignation chinoise imposée avec le temps à une œuvre essentiellement propre au génie national des insulaires du Nippon. Je ne vois pas qu'il y ait d'inconvénient à suivre cette école dans sa tendance à rejeter du domaine des études yamatologiques, les formes chinoises qui doivent lui rester étrangères.

nom de Yamatologie, viennent de prendre leur premier essor.

J'espère que les orientalistes me tiendront compte des difficultés en présence desquelles je me suis trouvé seul, loin des ressources que m'aurait sans doute procuré la fréquentation des grandes bibliothèques du Japon. En effet, j'ai dû rédiger tout d'abord ma traduction et mes commentaires avec des instruments aussi défectueux qu'insuffisants à tous égards, et ce n'est que depuis l'impression des premières feuilles de mon livre qu'il m'est arrivé un petit nombre des grands travaux d'exégèse publiés par les savants japonais sur un écrit qui compte certainement parmi les monuments les plus beaux et les plus grandioses de leurs origines nationales.

Autant que cela m'a été possible, je me suis efforcé de donner une récension correcte du texte original du Syo-ki, en constatant à regret qu'il m'a manqué bien des documents nécessaires pour obtenir des résultats tout à fait satisfaisants. Malgré mes recherches assidues dans la plupart des collections publiques ou particulières de l'Europe et celles de mes amis au Japon, je n'ai pu prendre connaissance de l'édition princeps, dont il n'existe, à To-kyau même, à ce qu'on m'assure, qu'une seule copie manuscrite entre les mains d'un des principaux bibliophiles de cette capitale. Si j'avais pos-

sédé seulement les matériaux dont l'existence m'est connue, mais qui ne sont pas arrivés jusqu'à moi, j'aurais été conduit, il est vrai, à donner à mon livre une étendue probablement démesurée; de sorte que je puis me consoler de ses lacunes et de ses imperfections, en songeant qu'il y aura avantage à reprendre en sous-œuvre certaines parties de mon travail et à leur donner ailleurs les développements désirables.

A côté de la traduction du Ni-hon gi, et avant le commentaire en français que j'ai joint à chaque chapitre, j'ai pensé qu'il n'était pas inutile d'ajouter une glose spécialement philologique; mais, comme les explications souvent minutieuses que j'avais à y insérer ne m'ont pas paru de nature à intéresser encore les savants européens, j'ai rédigé cette glose en langue chinoise, qui est l'idiome scientifique commun à tous les érudits de l'extrême Orient auxquels je désirais soumettre les résultats de mes investigations. J'espère que mon essai sera accueilli avec bienveillance, et qu'on voudra bien me tenir compte de la difficulté que présente, pour un étranger habitant loin de la Chine, la tentative d'écrire dans l'idiome littéraire du Céleste-Empire.

Lorsque l'impression de mon travail sera terminée, je me propose de donner, dans une Introduction suffisamment étendue, une étude historique et philologique sur le livre dont j'ai rédigé la première traduction qui ait été faite dans une langue européenne, et je soumettrai alors à l'appréciation des juges compétents la méthode que j'ai adoptée pour traduire, et le système qui a présidé aux remarques de mes commentaires.

En attendant, je dois remercier dès aujourd'hui les personnes qui ont augmenté mes moyens d'investigations : M. François Sarazin, un de mes anciens élèves, aujourd'hui professeur à Tô-kyau, qui m'a procuré deux études critiques d'une haute importance pour l'intelligence du Syo-ki; M. B. Hall Chamberlain, duquel j'ai reçu un spécimen photographique de l'édition princeps du Ko-zi ki dont l'orientalisme lui doit la connaissance; M. Ernest Leroux, mon éditeur, pour les sacrifices qu'il a bien voulu s'imposer dans l'intérêt de ma publication; et tout particulièrement M. Adolf Holzhausen, imprimeur de la Cour, à Vienne, qui a fait preuve, en reproduisant mon manuscrit, d'un talent typographique absolument exceptionnel et digne des plus grands éloges.

Manoir de Manneville, le 17 septembre 1884.

LÉON DE ROSNY 羅尼.

INTRODUCTION

DU

PREMIER VOLUME

I

L'archipel japonais est resté pendant bien des années une sorte de *terra incognita* pour les orientalistes; et alors que les textes anciens et modernes de la Chine et des autres pays de l'Orient trouvaient d'habiles et laborieux interprètes, les livres du Japon demeuraient, pour les savants occidentaux, à l'état d'énigme à peu près complétement indéchiffrable. Seuls, quelques voyageurs, parmi lesquels il convient de citer surtout Engelbert Kämpfer, Thunberg et Philip Franz von Siebold, recueillirent sur ce pays mystérieux juste assez pour exciter la curiosité des Européens mais trop peu pour la satisfaire. On voulait savoir si ce peuple inconnu, emprisonné pendant des siècles au milieu des mers inclémentes du Pacifique, en dehors de tout contact réel avec la terre ferme, possédait une véritable littérature, et ce que pouvait être cette littérature. Les relations publiées sur l'archipel du Nippon nous racontaient quelques traits de mœurs; elles nous fournissaient de curieuses descriptions de sites, d'habitudes et de coutumes; elles nous parlaient bien un peu de l'histoire du pays, de ses institutions, de sa faune et de sa flore; mais toutes étaient muettes au sujet des livres que les indigènes avaient pu composer tant dans le domaine des sciences que dans celui de l'histoire et de l'imagination.

L'existence d'une grande littérature japonaise ne fut donc pendant longtemps qu'une simple supposition, et son mérite une hypothèse que rien ne venait démontrer. On peut même dire que, dans ces derniers temps encore, on n'avait réuni à son égard que les indications les plus vagues et les plus insuffisantes.

Dès les débuts des études sinologiques, on avait appris que les Chinois possédaient des livres canoniques, d'antiques ouvrages de philosophie et d'histoire. Le nom de *Koung-tse*, sous la forme latinée de «Confucius», avait obtenu bien vite une immense célébrité au-delà des mers, et on n'ignorait pas qu'au nom de ce moraliste s'attachait tout un corps de doctrines écrites, et à ce corps de doctrines une foule d'ouvrages d'histoire, d'exégèse et de critique. *Lao-tse*, le contemporain de Confucius, ne tarda pas à jouir à son tour d'une certaine réputation en Europe, bien avant même que le *Tao-teh king* de ce philosophe eut trouvé en Occident son premier interprète. Peu à peu d'autres noms d'écrivains chinois, ceux du moraliste et économiste *Meng-tse* ou Mencius, de l'historiographe *Sse-ma Tsien*, l'Hérodote de la Chine, de l'encyclopédiste *Ma Touan-lin*, des poëtes *Tou-fou* et *Li Taï-peh*, pour ne citer que les plus fameux, vinrent bientôt occuper une place dans l'histoire générale de la littérature et dans nos biographies universelles.

Le Japon, au contraire, ne fournissait aucun nom à l'Europe qui ait acquis, chez nous, la moindre notoriété. C'est tout au plus si l'on avait entendu parler de l'étonnante figure de *Taï-kau sama*, surnommé le Napoléon japonais. Quant à un philosophe, un poëte, un historien, un romancier, les orientalistes eux-mêmes, il y a vingt ans, eussent été fort embarrassés d'en désigner un seul à notre curiosité. Je n'oserais même soutenir que quelques écrivains éminents du Japon, désormais appréciés des spécialistes, soient déjà sortis, pour le grand public, de l'obscurité dans laquelle ils seraient sans doute restés plongés bien longtemps encore, sans quelques circonstances que j'aurai l'occasion de faire connaître tout à l'heure.

Lorsque j'ai abordé sans aide, en 1852, l'étude de la langue japonaise — et cette étude avait alors le caractère d'un véritable déchiffrement — j'ai essayé de composer pour mon usage une sorte de bibliographie japonaise. Seul, le catalogue de la collection réunie par Siebold et déposée en Hollande au Musée de Leide pouvait me fournir un certain contingent d'indications : ces indications, je dois l'avouer, étaient peu encourageantes. Je savais que l'illustre voyageur, pendant un séjour de sept années au Japon, s'était trouvé, en sa qualité de médecin et de professeur de sciences naturelles, dans des conditions exceptionnellement avântageuses pour se former une riche bibliothèque indigène; que ses élèves avaient tout fait pour lui procurer les documents écrits qu'il désirait posséder, et qu'il avait fait preuve, en plusieurs circonstances, d'un véritable talent de collectionneur. Les livres et manuscrits recueillis par Siebold ne nous donnaient cependant l'idée que d'une assez maigre littérature, dans laquelle aucun ouvrage ne semblait digne d'une somme quelque peu exceptionnelle de sollicitude.

Un autre voyageur néerlandais, Isaac Titsingh, qui arriva au Japon en 1779, avait tenté lui aussi, non seulement de se former une petite bibliothèque, mais il s'était fait expliquer plusieurs livres de sa collection par les interprètes indigènes du comptoir hollandais de *Dé-sima*. Deux des traductions recueillies de la sorte par Titsingh, furent publiées à Paris par les soins de Klaproth qui savait le chinois d'une façon remarquable, mais qui fit de vains efforts pour se rendre maître des textes japonais. L'un de ces deux ouvrages renfermait une description d'ailleurs fort maigre de la Corée, de Yéso et des îles Lieou-kieou; l'autre nous offrait une histoire des mikados depuis l'origine de la monarchie dans les îles de l'Extrême Orient. L'apparition de ce dernier livre n'eut pas lieu sans succès dans l'orientalisme qui attendait avec une légitime impatience un aperçu des annales du Nippon; mais, en somme, nous ne prenions connaissance que d'une compilation très médiocrement estimée des indigènes, et en tout cas tout à fait insuffisante pour nous faire apprécier le mérite des compositions littéraires des Japonais.

Dans le but de donner un peu plus d'extension à ma Bibliographie, j'ai successivement visité les principales collections publiques et particulières dont je connaissais l'existence dans les différentes contrées de l'Europe. La Bibliothèque Nationale de Paris, si riche en livres orientaux et tout particulièrement en livres chinois, était d'une incroyable pauvreté en fait de livres japonais. Le Musée Britannique à Londres ne se montrait guère mieux fourni. J'avais bien trouvé quelques livres curieux à Berlin, à Saint-Pétersbourg, à Vienne, à Florence et à Rome, mais encore n'y en avait-il aucun qui me semblât de nature à frapper l'attention de l'Europe et à l'intéresser aux premiers travaux des Japonistes.

Je résolus alors de former moi-même une collection de livres et de manuscrits; mais mes premiers efforts furent loin d'être couronnés de succès. Le hasard me fit bien rencontrer dans les librairies et dans des ventes publiques plusieurs ouvrages imprimés en japonais; mais il me fallait dépenser pour les obtenir des sommes excessives et la plupart du temps leur mérite ne répondait nullement au prix qu'ils m'avaient coûtés.

Mes relations avec l'ambassade extraordinaire envoyée en Europe par le syaugoun de Yédo en 1862, me permirent de donner à ma bibliothèque une certaine extension, mais elle ne renfermait encore qu'un bien petit nombre d'écrits d'une valeur réelle.

Autorisé à ouvrir un cours de langue japonaise à l'École spéciale des Langues orientales vivantes au mois de mai 1863, je ne tardai pas à préparer un certain nombre d'élèves qui allèrent successivement s'établir au Japon et qui voulurent bien me procurer quelques livres dont je leur avais fourni le titre et qui me semblaient de nature à servir à mes études.

A cette époque, il commençait à y avoir à Yokohama et à Nagasaki quelques Européens en état de parler le japonais avec facilité; mais c'est à peine si l'on en citait deux ou trois qui fussent à même de déchiffrer le moindre texte écrit ou imprimé dans la langue du pays. Les bibliophiles n'avaient pas encore tourné leurs regards vers ces îles lointaines, longtemps abandonnées, et dont les trésors littéraires étaient à peu près complétement inconnus. La situation semblait favorable pour des trouvailles : j'eus l'avantage d'en tirer quelque profit. Il m'arriva successivement plusieurs livres d'un intérêt supérieur à ceux que je possédais jusqu'alors, et parmi ces livres des manuscrits et des éditions anciennes dont je ne sus pas apprécier tout d'abord la valeur, mais qui attendirent sur mes rayons le jour où nos connaissances bibliographiques seraient plus considérables pour juger de leur mérite et de leur rareté.

En adressant des demandes à mes amis japonais et à mes élèves, je n'avais malheureusement aucune idée bien arrêtée sur la nature des recherches qui devaient un jour me préoccuper. Lorsque je résolus d'aborder l'étude des anciens temps du Yamato, de sa langue, de sa doctrine religieuse, de ses traditions et de son histoire, je me trouvai dépourvu des instruments de travail les plus indispensables; et, comme je l'ai dit, je dus commencer la présente publication avec un seul exemplaire du texte original du *Syo-ki*, sans ouvrages de critique et d'exégèse, sans le moindre commentaire pour m'en faciliter l'intelligence. Il s'en faut beaucoup que j'aie compulsé dès à présent tous les écrits dont j'aurais eu besoin pour aboutir à des résultats satisfaisants; cependant ma collection s'est enrichie peu à peu de documents d'un mérite inappréciable, et au fur et à mesure que j'avance dans l'impression de mon livre, je vois mes séries se compléter au grand avantage de mes recherches. Mes acquisitions journalières ne sont pas sans me causer un vif regret de ne les avoir pas obtenues plus tôt, mais elles me donnent la satisfaction de constater combien était importante la tâche qui m'est dévolue. J'ambitionne seulement l'honneur d'avoir défriché un terrain fécond. Ceux qui savent combien ce terrain était hérissé de difficultés, accueilleront certainement mon travail avec bienveillance et se montreront indulgents pour les erreurs que j'aurai nécessairement commises.

II

Lorsque j'ai entrepris mes premières investigations dans le but de composer une Bibliographie Yamatologique, j'espérais découvrir un catalogue indigène des livres analogue à celui que les Chinois nous ont donné pour la grande bibliothèque de l'empereur *Kien-loung*[1]. Mes recherches ont été infructueuses. J'ai fini cependant par me former une intéressante série de catalogues de libraires du Japon, où j'ai découvert quelques indications de nature à servir à mes études. Ce n'est toutefois qu'à une date toute récente que j'ai pu me procurer un véritable traité de bibliographie japonaise.

On me permettra de dire quelques mots de cette publication auxquels les japonistes auront certainement plus d'une fois le besoin de recourir. Il s'agit d'un manuel intitulé *Gun-syo iti-ran*[2], c'est-à-dire

1. Ce catalogue, intitulé *Kin-ting Sse-kou tsiouen-chou tsoung moh-loh*, se compose de 128 pèn ou volumes in-4°, rédigés par un comité de 360 lettrés. Il renferme l'énumération de 10,202 ouvrages, avec des notices descriptives et analytiques. Ces ouvrages sont répartis en quatre classes principales (*sse-kou* « quatre magasins »), savoir : 1° Les livres canoniques; 2° Les livres historiques; 3° La philosophie et la morale; 4° Les belles-lettres. Les romans, les pièces de théâtre, et, en général, tous les livres de littérature légère n'ont pas été admis à figurer dans cette collection. — Un abrégé de ce grand catalogue a été publié sous le titre de *Kin-ting Sse-kou tsuen-chou kien-ming moh-loh*, en 20 volumes in-8°.

2. 羣書一覽 *Gun-syo iti-ran.*

«Coup-d'œil général sur tous les livres», et formant six forts *pèn* ou volumes du format de nos in-12. Je ne possède malheureusement qu'un exemplaire incomplet de ce manuel, mais j'ai pu jeter les yeux un instant sur les volumes qui me manquent à l'effet d'en dire quelques mots dans cette Introduction.

Le *Gun-syo iti-ran* a été composé en 1801 par *O-zaki Masa-yosi*[1], de Oho-saka, et publié dans cette ville par l'éditeur *Kawa-ti Ya-gen Siti-rau*[2]. Le système de classification adopté dans cet ouvrage est assez défectueux; mais, en somme, il n'est guère plus mauvais que celui des bibliographes chinois.

Il comprend les grandes divisions suivantes :

TOME I. 1. *Kokŭ-si rui.* Historiens du Pays.
2. *Sin-syo rui.* Livres relatifs au Sintauïsme ou *Kami-no miti.*
3. *Zas-si rui.* Historiens secondaires et Histoire légendaire ou romanesque.

TOME II. 1. *Ki-rokŭ rui.* Annales des cérémonies.
2. *Iu-syokŭ rui.* Administration, Règlements, Nominations, Préséances, etc.
3. *Si-zokŭ.* Généalogies.

1. 尾崎雅嘉 *O-zaki Masa-yosi.*
2. 河内屋源七郎 *Kawati Ya-gen Siti-rau.*

4. *Zi-syo rui.* Dictionnaires, ouvrages de philologie.
5. *Wau-rai rui.* Recueil de lettres.
6. *Hau-zyau rui.* Albums.

Tome III. *Mono-gatari rui.* Histoire romanesque.
1. *Sau-si rui.* Romans.
2. *Nik-ki rui.* Mémoires.
3. *Wa-bun rui.* Modèles de compositions littéraires.
4. *Ki-kau rui.* Journaux de voyages.

Tome IV. 1. *Sen-siû rui.* Anthologies.
2. *Si-sen rui.* Recueils de poésies.
3. *Ka-siû rui.* Œuvres des poëtes.
4. *Uta-avase rui.* Concours poétiques.
5. *Hyakŭ-siû rui.* Recueils de Cent poésies.
6. *Sen-siû rui.* Recueils de Mille poésies.

Tome V. 1. *Rui-dai rui.* Sujets poétiques.
2. *Wa-ka zatŭ-rui.* Recueils divers de poésies japonaises.
3. *Sen-ka rui.* Poésies choisies.
4. *Ka-gakŭ rui.* Art poétique (système japonais).
5. *Si-bun rui.* Poésies et narrations (système chinois).
6. *Ï-syo rui.* Médecine.

7. *Kyau-gun rui.* Éducation, Pédagogie.
8. *Syakŭ-syo rui.* Bouddhisme.
9. *Kwan-gen rui.* Musique.

Tome VI. 1. *Di-ri rui.* Géographie.
2. *Mei-syo rui.* Description des endroits célèbres.
3. *Zui-hitŭ rui.* Fantaisies.
4. *Zas-syo rui.* Varia.
5. *Kun-syo rui.* Bibliographie.

Parmi les ouvrages auxquels le *Gun-syo iti-ran* consacre des notices descriptives et analytiques, il en est évidemment un très grand nombre qui apporteraient un précieux concours à nos études d'histoire et d'exégèse religieuses. Malheureusement ces notices sont presque toujours insuffisantes pour nous permettre de discerner ceux qui reposent sur des documents anciens et d'une authenticité incontestable. De sorte qu'il nous faut attendre des progrès de la science yamatologique les informations nécessaires pour nous guider dans le choix des livres que nous avons intérêt à connaître plus particulièrement. Deux sections du «Coup-d'œil général» sont néanmoins de nature à appeler dès à présent notre attention : celle qui a trait aux historiens nationaux et dans laquelle sont compris les trois livres canoniques du Sintauïsme

(San-bu hon-syo)[1], et celle qui concerne les pratiques de la *Kami-no miti*. Nous nous y arrêterons donc un instant.

L'Histoire des dynasties divines *(Kami-yo-no maki)*[2], qui se compose des deux premiers livres de la Bible du Japon *(Yamato-bumi*[3], *Ni-hon Syo-ki*[4] ou *Ni-hon gi*[5]*)*, est placée dans la seconde section du tome Ier, p. 68.

Plusieurs ouvrages ont été composés sur cette histoire des dynasties divines évidemment dans le but de lui servir d'interprétation et de développement.

Parmi ces ouvrages, il faut citer :

1. Explications sur l'âge des dieux[6], par *Hin-be-no Masa-miti*[7]; en cinq volumes; p. 69.

2. Extrait de l'Histoire des dynasties divines comprise dans la Bible du Japon[8]; sans nom d'auteur; onze livres en cinq volumes; p. 69.

3. Explications réunies de l'Histoire des dynasties divines comprise dans la Bible du Japon[9], d'après les

1. 三部本書 *San-bu Hon-syo*, c'est-à-dire le *Ko-zi ki*, le *Ni-hon Syo-ki* et le *Ku-zi ki*.
2. 神代巻 *Kami-yo-no maki* ou *Sin-dai-no maki*.
3. 와 마 도 후 미 *Yamato bumi*.
4. 日本書紀 *Ni-hon Syo-ki*.
5. 日本記 *Ni-hon gi*.
6. 神代口訣 *Sin-dai Kô-ketû*.
7. 忌部正通 *Hin-be-no Masa-miti*.
8. 日本紀神代抄 *Ni-hon gi Sin-dai seô*.
9. 日本書紀神代合解 *Ni-hon Syo-ki Sin-dai ga'u-kai*.

indications traditionnelles de Hin-bé-no Masa-miti, avec les commentaires de *Ura-be-no Kane-tomo*[1], et les remarques de *Dai-ge-ki Kwan-sui*[2]; en douze livres; p. 69.

4. Extrait des explications relatives aux dynasties divines[3], par *Yama-moto Hiro-tari*[4]; en cinq livres; p. 69.

5. Commentaire sur l'histoire des dynasties divines[5], par *Tatŭ-no Hiro-tika*[6], en quatre livres; p. 69.

6. Explication secrète sur l'histoire des dynasties divines[7], par *Mina-moto-no Masa-tane*[8], en quinze livres; p. 69.

Le premier volume renferme une discussion générale de l'histoire des dynasties divines.

7. Extraits sur les mœurs et coutumes mentionnés dans l'histoire des dynasties divines[9], par *Hada-no Nobu-yosi*[10], en cinq livres; p. 69.

1. 卜部兼倶 *Ura-be-no Kane-tomo.*
2. 大外記環翠 *Dai-ge-ki Kwan-sui.*
3. 神代講述抄 *Sin-dai kau-zyutŭ seô.*
4. 山本廣足 *Yama-moto Hiro-tari.*
5. 神代評註 *Sin-dai Hyau-tyu.*
6. 龍瀈近 *Tatŭ-no Hiro-tika.*
7. 神代紀上秘解 *Sin-dai ki zyau hi-kai.*
8. 源雅胤 *Mina-moto-no Masa-tane.*
9. 神代卷風俗抄 *Sin-dai-no maki Fu-zokŭ seô.*
10. 秦信慶 *Hada-no Nobu-yosi.*

8. Documents explicatifs sur l'histoire des dynasties divines[1], par *Taka-ya Tika-bumi*[2], en deux livres; p. 70.

9. Les trois livres primordiaux de la Bible du Japon[3], par *Yoko-yama Tika-bumi*[4]; en quatre livres; p. 70.

On entend par «les Trois livres primordiaux» : 1° L'histoire des Dieux Célestes; 2° L'histoire des Dieux Terrestres; 3° L'histoire de Zin-mu et de ses successeurs.

10. Explications extraites du texte des trois livres originaux de l'histoire du Japon[5], par *le même;* en huit livres; p. 71.

11. Les plantes marines de l'histoire des dynasties divines[6], par *Tama-ki Masa-hide*[7]; en cinq livres; p. 71.

12. Ouvrage du même titre, par le même auteur; en un livre; p. 71.

13. Le petit sac de plantes des âges divins[8]; en dix-sept livres; p. 71.

On ignore l'auteur de cet ouvrage.

1. 神代卷剳義箋 *Sin-dai-no maki Tan-gi sen.*
2. 高屋近文 *Taka-ya Tika-bumi.*
3. 日本書紀三元卷 *Ni-hon Syo-ki san-gen-no maki.*
4. 横山當永 *Yoko-yama Tau-yei.*
5. 日本紀三元卷鈔解 *Ni-hon gi San-gen-no maki syau-kai.*
6. 神代卷藻鹽草 *Kami yo-no maki Mo-siho gusa.*
7. 玉木正英 *Tama-ki Masa-hide.*
8. 神代小囊草 *Kami-yo ko-bukuro gusa.*

14. Exposé général de l'histoire des dynasties divines comprise dans la Bible du Japon[1]; en cinq livres; p. 71.

15. La collection des feuilles volantes sur l'histoire des dynasties divines[2], par *Yama-saki Sui-ka*[3]; en dix livres; p. 71.

16. Herbes des paroles privées sur l'Histoire des dynasties divines[4]; en deux livres; p. 71.

17. Plantes à l'ombre du Soleil de l'Histoire des dynasties divines[5], par *Oka-da Masa-tosi*[6]; en un livre; p. 71.

18. Récit de la Terre salée de l'Histoire des dynasties divines[7], par *Tani sige-towo*[8], du pays de *To-sa*; en cinq livres et en caractères chinois; p. 72.

19. Explication orale de l'Histoire des dynasties divines comprise dans la Bible du Japon[9], par *Tada Yosi-tosi*[10]; en dix livres; p. 72.

1. 日本書紀神代卷統節 *Ni-hon Syo-ki Sin-dai-no maki to-setŭ.*
2. 神代卷風葉集 *Sin-dai-no maki Fû-yeô siû.*
3. 山崎垂加 *Yama-saki Sui-ka.*
4. 神代卷私語草 *Kami yo-no maki Si-go sau.*
5. 神代卷日蔭草 *Kami yo-no maki hi-kage gusa.*
6. 岡田正利 *Oka-da masa-tosi.*
7. 神代卷鹽土傳 *Kami yo-no maki en-do den.*
8. 谷重遠 *Tani Sige-towo.*
9. 日本記神代卷口義 *Ni-hon gi Kami yo-no maki ko-gi.*
10. 多田義俊 *Ta-da Yosi-tosi.*

20. Extrait des plus importantes parties mystérieuses de l'Histoire des dynasties divines[1], par *le même;* en vingt livres; p. 72.

Cet ouvrage, à en juger par la notice du *Gun-syo iti-ran,* paraît intéressant, en ce sens qu'il renferme des explications sur les ouvrages fondamentaux de la doctrine sintauïste.

21. L'ombre de la montagne des fleurs d'aconit de l'histoire des dynasties divines[2], par *Moto-ori Nori-naga*[3]; en un livre; p. 72.

22. Paroles exactes sur l'âge des Dieux[4], par *le même;* en trois livres; p. 72.

23. La liturgie des *Naka-tomi*, ou Gardiens des temples[5], en un livre; p. 72.

24. Extrait de la liturgie des Gardiens des temples[6]; en deux livres; p. 73.

25. Recherches sur la liturgie des Gardiens des temples[7], par *Wa-da So-in*[8]; en un livre; p. 73.

26. Extrait des semences de bonheur de la liturgie

1. 神代巻秘要抄 *Kami yo-no maki hi yeô seô.*
2. 神代巻髻華山蔭 *Kami yo-no maki udŭ-no yama-kage.*
3. 本居宣長 *Moto-ori Nori-naga.*
4. 神代正語 *Kami yo-no masa-koto.*
5. 中臣祓 *Naka-tomi Harahe.*
6. 中臣祓抄 *Naka-tomi Harahe seô.*
7. 中臣祓考索 *Naka-tomi Harahe kau-sakŭ.*
8. 和田宗允 *Wa-da Sô-in.*

des Gardiens des temples[1], par *De-guti Nobu-yosi*[2]; en deux livres; p. 73.

27. Paroles recueillies sur la liturgie des Gardiens des temples[3], par *Miya-ki Syun-i*[4]; en un livre; p. 73.

28. Choix des Nuages blancs de la liturgie des Gardiens des temples[5], par *Sira-ï Sô-in*[6]; en deux livres; p. 73.

29. Plantes aquatiques agitées par le vent de la liturgie des Gardiens des temples[7], par *Yama-saki Sui-ka*[8], en un livre; p. 73.

30. Vues modestes (regards à travers un tube) de l'ouvrage précédent[9], par *Tama-ki Masa-hide*[10], en un livre; p. 74.

31. Toutes les feuilles et les plantes de la liturgie des Gardiens des temples[11]; en deux livres; p. 74.

1. 中臣祓瑞穗抄 *Naka-tomi Harahe midŭ ho seô.*
2. 出口延良 *De-guti Nobu-yosi.*
3. 中臣祓纂言 *Naka-tomi Harahe San-gen.*
4. 宮木春意 *Miya-ki Syun-i.*
5. 中臣祓白雲抄 *Naka-tomi Harahe Sira-kumo seô.*
6. 白井宗因 *Sira-ï Sô-in.*
7. 中臣祓風水草 *Naka-tomi haraye fû-sui-sau.*
8. 山崎垂加 *Yama-saki Sui-ka.*
9. 中臣祓風水草管窺 *Naka-tomi Harahe fû-sui-sau kwan-ki.*
10. 玉木正英 *Tama-ki Masa-hide.*
11. 中臣祓諸葉草 *Naka-tomi Harahe Moro-ha-kusa.*

32. La liturgie complète des Gardiens des temples[1], par *Asa-ri Tai-ken*[2]; en dix livres; p. 74.

33. Choix du vent qui souffle dans les pins de la liturgie[3], par *Fudi-vara Naga-hiro*[4]; en un livre; p. 74.

34. Choix du vent qui souffle dans les pins de la liturgie des Gardiens des temples[5], par *le même;* en un livre; p. 74.

35. Sens antique de la liturgie des Gardiens des temples[6], par *Matŭ-saki Yosi-katŭ*[7]; en trois livres; p. 75.

36. Choix du souffle de la liturgie des Gardiens des temples[8], par *Ta-da Yosi-tosi*[9]; en trois livres; p. 75.

37. Aperçu du grand rituel de la pureté des six points cardinaux[10], par *Miya-gi Syun-i*[11]; en un livre; p. 75.

1. 中臣祓大全 *Naka-tomi Harahe dai-zen.*
2. 淺利太賢 *Asa-ri Tai-ken.*
3. 六根祓松風鈔 *Rok-kon Harahe Matŭ-kaze seô.*
4. 藤原永弘 *Fudi-vara Naga-hiro.*
5. 中臣祓松風鈔 *Naka-tomi Harahe Matŭ-kaze seô.*
6. 中臣祓古義 *Naka-tomi Harahe ko-gi.*
7. 松崎義克 *Matŭ-saki Yosi-katŭ.*
8. 中臣祓氣吹抄 *Naka-tomi Harahe ki-buki seô.*
9. 多田義俊 *Ta-da Yosi-tosi.*
10. 六根淸淨大祓淺說 *Rok-kon syau-zyau oho-harahe sen-setŭ.*
11. 宮城春意 *Miya-gi Syun-i.*

38. Explication de la Grande Liturgie[1], par *Mina-moto Yasŭ-nori*[2]; en un livre; p. 75.

39. Explication du Rituel[3], par *Kamo Ma-buti*[4]; en cinq livres; p. 75.

40. Examen du Rituel[5], par *le même;* en trois livres; p. 76.

41. Explication nouvelle du Grand Rituel[6], par *Moto-ori Nobu-naga*[7]; en deux livres; p. 76.

42. Explication nouvelle de la longévité des dieux fondateurs du pays d'Idŭmo[8], par *le même;* en deux livres; p. 76.

Les ouvrages qui précèdent sont compris dans la IIe section du *Gun-syo iti-ran :* on y trouve également mentionnés un certain nombre de livres traitant du sintauïsme soit d'une manière générale, soit au point de vue de quelques-unes de ses écoles. Parmi ces livres, nous citerons :

1. 大祓解 *Oho-harahe kai.*
2. 源安範 *Mina-moto Yasŭ-nori.*
3. 祝詞解 *Not-to kai.*
4. 賀茂眞淵 *Kamo Ma-buti.*
5. 祝詞考 *Not-to kau.*
6. 大祓詞後釋 *Oho Not-to kô-syakŭ.*
7. 本居宣長 *Moto-ori Nori-naga* (né à *Matŭ-saka*, dans la province d'Isé, en 1730; mort en 1801).
8. 出雲國造神壽後釋 *Idŭmo-no kokŭ-sau kami yokoto kô-syakŭ.*

43. Les cinq textes de la Religion des Génies[1]; en cinq livres; p. 43.

44. Les douze textes de la Religion des Génies[2], en douze livres; p. 43.

45. Histoire de la princesse Yamato-bimé[3]; en un livre; p. 43.

46. Histoire de l'air pur du Ciel et de la Terre[4]; dix livres en quatre tomes; p. 49.

C'est un ouvrage dans lequel on a réuni la religion des Génies au Bouddhisme. Il est attribué au célèbre *Kô-bau dai-si*.

47. Choses ramassées sur la langue antique[5], par *In-be-no Kwau-sei*[6]; en un livre; p. 51.

48. Sens général de la Religion des Génies[7], par *Urabe-no Kane-nawo*[8]; en un livre; p. 52.

49. Récits secrets sur la Religion des Génies[9]; en un livre; p. 53.

50. Histoire de tous les dieux[10]; en deux livres; p. 57.

On ignore l'auteur de cet ouvrage.

1. 神道五部書 *Sin-tau go bu syo.*
2. 神道十二部書 *Sin-tau zyû-ni bu syo.*
3. 倭姬世紀 *Yamato-bime sei-ki.*
4. 天地麗氣記 *Ten-ti rei-ki ki.*
5. 古語拾遺 *Ko-go siû-i.*
6. 齋部廣成 *In-be-no Hiro-nari.*
7. 神道大意 *Sin-tau tai-i.*
8. 卜部兼直 *Urabe-be-no Kane-nawo.*
9. 神道秘說 *Sin-tau hi-setŭ.*
10. 諸神記 *Syo-zin ki.*

51. Aperçu des explications de la doctrine ecclectique (Sintauïsme, Confucéisme et Bouddhisme) dite *Ryau-bu sin-tau*[1]; en six livres; p. 58.

Cet ouvrage renferme l'exposé de la doctrine du célèbre *Kû-kai* « l'Océan du Vide »[2].

52. Narration des murailles octuples de la Religion des Génies[3], par *Fuzi Sei-en*[4]; en cinq livres; p. 59.

Les éditions des livres sacrés de l'antiquité japonaise ont été placées par l'auteur du *Gun-syo iti-ran* dans la section des Historiens qui figure en tête de son catalogue. Ces livres sont, en effet, les premiers documents historiques des insulaires de l'Extrême Orient, et c'est sur leur contenu que reposent les annales des premiers siècles de la monarchie des mikado.

En tête de cette série, on a placé une collection intitulée : «Les six histoires de l'Empire»[5]; cette collection dont on ne possède, en tant que je sache, aucun exemplaire en Europe, se compose de 170 livres, répartis ainsi qu'il suit :

1. 兩部神道口決鈔 *Ryau-bu sin-dau ko-ketŭ seô.*
2. Plus connu sous son nom posthume de *Kô-bau daï-si* (né en 774; mort en 835).
3. 神道八重垣傳 *Sin-tau Ya-he gaki den.*
4. 藤齊延 *Fudi Sei-en.*
5. 本朝六國史 *Hon-tyau Rokŭ kokŭ si.*

53. 1. La Bible ou le Livre (canonique) du Japon[1]; 30 livres.

2. Supplément à la Bible du Japon[2]; 40 livres.

3. Annales postérieures du Japon[3]; 40 livres.

4. Supplément aux Annales postérieures du Japon[4]; 20 livres.

5. Récits véritables sur l'empereur *Bun-tokŭ*[5]; 10 livres.

6. Récits véritables sur les Trois règnes[6]; 50 livres.

Le *Ko-zi ki* et le *Ku-zi ki* ne figurent pas dans cette collection, et c'est seulement plus loin qu'on en énumère les principales éditions, savoir :

54. Mémorial des Choses antiques[7]; en 3 livres; p. 14.

55. Mémorial des Choses antiques[8], commenté par *Moto-ori Nori-naga*[9]; en dix-huit livres; p. 15.

Cet ouvrage est une œuvre de longue haleine qui fait le plus grand honneur à l'érudition japonaise.

1. 日本書紀 *Ni-hon Syo-ki.* (C'est l'ouvrage dont nous donnons ici la traduction.)
2. 續日本紀 *Zokŭ Ni-hon ki.*
3. 日本後紀 *Ni-hon Kô-ki.*
4. 續日本後紀 *Zokŭ Ni-hon Kô-ki.*
5. 文德實錄 *Bun-tokŭ zitŭ-rokŭ.*
6. 三代實錄 *San-dai zitŭ-rokŭ.*
7. 古事記 *Ko-zi ki.*
8. 古事記傳 *Ko-zi ki den.* — L'impression de cet ouvrage, commencée en 1789, a été achevée en 1822.
9. 本居宣長 *Moto-ori Nori-naga.*

56. Annales des Vieux événements[1]; dix livres en cinq tomes; p. 16.

57. Annales des Vieux événements, avec des notes marginales[2]; dix livres en cinq tomes; p. 17.

Cette édition a été publiée par *De-guti Nobu-yosi*[3]. — Il existe un autre ouvrage du même titre qui ne se compose que de trois livres.

58. Examen des passages fautifs renfermés dans les Annales des Vieux événements[4], par *Ta-da Yosi-tosi*[5]; un livre; p. 18.

Le même auteur a publié l'ouvrage suivant :

59. Enquête sur les trois Annales[6]; un livre; p. 18.

Cette enquête porte sur le *Ni-hon Syo-ki,* le *Ku-zi ki* et le *Ko-zi ki.*

60. Annales originales des Vieux événements des âges primitifs[7]; soixante-douze livres en 74 tomes; p. 18.

Cet ouvrage porte également le titre de « Livre canonique de la Grande Perfection »[8].

Je regrette de ne pouvoir citer ici un plus grand

1. 舊事紀 *Ku-zi ki,* attribué à *Syau-tokŭ tai-si* et à *Soga-no Uma-ko.*
2. 鼇頭舊事紀 *Gau-tô Ku-zi ki.*
3. 出口延佳 *De-guti Nobu-yosi.*
4. 舊事紀僞撰考 *Ku-zi ki gi-sen kau.*
5. 多田義俊 *Ta-da Yosi-tosi.*
6. 三紀辨 *San-ki ben.*
7. 先代舊事本紀 *Sen-dai Ku-zi hon-ki.*
8. 大成經 *Tai-sei gyau.*

nombre des ouvrages relatifs à l'histoire primitive du Japon et à sa mythologie dont le *Gun-syo iti-ran* nous fournit une précieuse énumération. Une liste complète de ces ouvrages, avec la traduction des notices bibliographiques qui y sont jointes, formerait à elle seule un volume assez étendu. Les rapides indications qu'on vient de lire, suffiront, je l'espère, pour donner une idée de la masse des travaux qui ont été entrepris sur le sintauïsme primitif et sur les premiers temps de la monarchie japonaise. Ces indications auront peut-être aussi pour effet de provoquer la recherche de tous les documents qui font défaut dans nos bibliothèques européennes et dont l'acquisition nous rendrait à coup sûr les plus grands services pour l'étude de la religion nationale des insulaires de l'Extrême Orient.

J'aurai d'ailleurs l'occasion de revenir plus loin sur les principales éditions du *Ni-hon gi* dont je donne la traduction dans le présent ouvrage.

III

Les ouvrages relatifs au sintauïsme et à l'histoire primitive des Japonais sont composés dans des styles tellement différents les uns des autres qu'on peut dire sans exagérer que leur intelligence nécessite l'étude de deux ou trois langues. Cette observation est incontestable au moins en ce sens que les uns ont été rédigés en langue chinoise, tandis que les autres ont été écrits en langue japonaise; mais, même parmi ces derniers, le langage a pris tant de formes diverses qu'on est obligé pour les comprendre de s'initier non-seulement à plusieurs systèmes d'écriture, mais à des vocabulaires et parfois aussi à des grammaires qui semblent bien plus appartenir à des idiomes hétérogènes qu'au langage d'une seule nation.

Au premier aspect, ces livres paraissent se distinguer par deux modes graphiques en apparence fort dissemblables : le mode classique ou régulier, et le mode vulgaire ou cursif. Mais cette distinction est la moindre de celles qui doivent nous préoccuper. Tel livre écrit en caractères purement chinois, le *Ko-zi ki* par exemple, est un livre composé principalement en pur japonais; et encore, dans ce livre, les signes chinois y sont tantôt employés avec leur valeur idéographique, tantôt comme la simple représentation des syllabes de l'*i-ro-ha* ou alphabet indigène.

Afin de donner une idée de ces étonnantes variations de style, je reproduirai un fragment du *Ko-zi ki* avec les passages correspondants, ainsi qu'ils se trouvent dans les autres ouvrages relatifs à l'histoire des dynasties divines :

故於是天照大
御神見畏開天
石屋戸而刾許
母理坐也尒高
天原皆暗葦原
中國悉闇因此
而常夜往於是
万神之聲者狹
蠅那須滿万妖
悉發

Pour lire ce passage tel que nous le présente l'édition princeps du *Ko-zi ki*, il faut d'une part attacher aux signes qui ne sont pas accompagnés de lettres kata-kana leur valeur correspondante en japonais proprement dit, ou, en d'autres termes, les traduire du chinois en japonais par une sorte d'opération mentale; il faut ensuite transposer les mots qui, donnés dans l'ordre phraséologique chinois, ne se trouveraient pas à leur place du moment où le tout doit se transformer en une phrase japonaise. La lecture du texte est, de la sorte, incertaine; et, en bien des cas, elle peut être faite de plusieurs manières différentes.

Dans les éditions plus récentes du *Ko-zi ki*, les éditeurs se sont attachés à déterminer, suivant leur manière de voir personnelle, la lecture qui doit être attribuée aux signes chinois, et ils ont joint à ceux-ci une véritable traduction japonaise juxta-linéaire qui, cette fois, ne met plus à côté de chaque caractère idéographique la valeur qu'il convient de lui attribuer en japonais. De la sorte, il faut lire le texte en syllabes kata-kana sans se préoccuper des signes chinois placés à leur gauche, et ne recourir à ceux-ci que dans les cas où l'on peut concevoir quelque doute sur l'exactitude du travail opéré par l'auteur de l'édition. Voici, par exemple, comment Moto-ori, dans son *Ko-zi ki den*, a rendu le passage même qui a été donné ci-dessous:

故於是天照大
御神見畏閇天
石屋戸而刺許
母理坐也。爾高
天原皆暗。葦原
中國悉闇。因此
而常夜往。於是
萬神之聲者狹
蠅那須皆滿。萬
妖悉發。

Le texte, accompagné de la sorte d'une transcription en lettres phonétiques kata-kana, se lira comme il suit :

Kare ko-ko-ni Ama-terasŭ oho mi kami mikasikomite, ame-no iva-ya dowo tatete sasi-komori masi-masiki. Sŭnavati takama-no hara mina kuraku; Asi-vara-no nakatŭ kuni kotogotoku-ni kurasi. Kore-ni yorite toko yo yuku. Ko-ko-ni yorodŭ-no kami-no otonaʿi-va sa-baye nasŭ mina waki; yorodŭ-no wazawaʿi koto-goto-ni okoriki.

Ce qui signifie :

«En conséquence la Grande-Déesse qui brille au Ciel *(Ama-terasŭ oho-kami)* voyant avec terreur (ce qui se passait) dressa la porte de la demeure de pierre du Ciel et s'y tint renfermée. Alors la plaine du Ciel élevé fut toute sombre; le Royaume central qui tire son origine d'un Roseau (le Japon) fut complétement obscur. Il en résulta une nuit perpétuelle. En conséquence, les voix des dix-mille dieux furent comme les moucherons lorsqu'ils essaiment, et dix-mille présages-de-malheur se manifestèrent.»

Dans le passage qui précède, la plupart des signes idéographiques conservent la valeur habituelle qu'ils ont en chinois. Il en est cependant quelques-uns qui ne servent qu'à exprimer des sons ou plutôt des syllabes constitutives de mots purement japonais. C'est ainsi qu'on a fait usage des caractères 許 母 理 «permettre-mère-raison» pour écrire le mot japonais *komori* «se renfermer» (ch. 籠). On a procédé de même en employant 那 須 «cela-falloir» pour noter l'auxiliaire *nasŭ* «faire» (ch. 爲). L'auxiliaire honorifique *masŭ*, sous la forme 坐, se rencontre également dans ce vieux style.

En certains endroits, la lecture japonaise n'accompagne pas les signes chinois auxquels elle se rapporte. A côté du caractère 閇 du second texte qui signifie «fermer», il y a en lettres japonaises kata-kana le mot アメ *ame* «ciel», et à droite du signe 戸 «porte», les lettres japonaises タテヽ *tatete* «en érigeant». — Dans 因コレニ此ヨリテ *kore-ni yorite*, c'est *yorite* qui répond au premier signe et *kore-ni* au second. Le premier texte l'indique exactement par le signe de transposition ㇾ, mais il n'en est pas de même dans le second.

Des différences se remarquent, en outre, dans les deux éditions dont nous donnons ici un spécimen. Dans la première, on emploie le signe 開 *kaï* «ouvrir», tandis que dans la seconde on écrit le contraire sous la forme 閇 *pi* «fermer». Vers la fin, Moto-ori ajoute au texte le signe 皆 qu'il lit *mina* «tous».

D'autres fois, c'est la lecture japonaise des signes chinois qui varie. Dans l'édition princeps, on lit le signe auxiliaire 坐 simplement マス *masŭ*, tandis que, dans celle de Moto-ori, le même signe est lu avec la forme réduplicative archaïque マシ〱キ *masi-masiki*; — 悉 a pour transcription フツクニ *futŭku-*

ni[1] dans l'un et コトゞク *koto-gotoku* dans l'autre; — 夜 est lu ヤミ *yami* par l'éditeur primitif et ヨ *yo* par l'éditeur nouveau; — 聲 オト *oto* et オトナヒ *otonai;* — 發 ヲコス *okosŭ* et オコリキ *okoriki.* Je m'abstiens de noter des différences moins saillantes : celles que je viens de signaler suffiront pour donner une idée du travail philologique qui a été opéré sur le texte du *Ko-zi ki*, et de montrer l'intérêt qu'il peut y avoir à recourir à l'édition princeps en attendant qu'on puisse opérer une récension sur des manuscrits plus anciens.

Si Moto-ori avait réduit son travail d'éditeur à la correction des fautes plus ou moins réelles que renferme l'édition princeps, il ne serait peut-être pas urgent de recourir à ce qui nous représente, au moins pour aujourd'hui, la source originale. L'éminent exégète a malheureusement poussé plus loin son ambition; et, sans entrer ici dans des critiques sur sa manière de lire le *Ko-zi ki*, critiques qui m'entraîneraient au-delà des limites que doit avoir cette introduction, je signalerai la tendance qu'il a toujours eu de chercher à vieillir le style de l'ouvrage qu'il commentait et à y joindre des particules ou locutions honorifiques fort goûtées des anciens Japonais sans

1. Voy. *Wa-kun siwori*, t. XXVI, pp. 12-13.

doute, mais dont il n'était peut-être pas opportun d'augmenter le nombre par pur caprice littéraire.

Si nous recherchons maintenant la partie correspondante du même récit dans l'ouvrage que Moto-ori a fait paraître sous le titre de *Kami-yo-no masa-koto*, nous la retrouvons sous une forme graphique qui ne ressemble guère à celles dont nous avons donné plus haut des spécimens :

故（カレ）こゝに天（アマ）照（テラス）大（オホ）御（ミ）神（カミ）みかしこみて（見畏）。天（アメ）の石（イハ）屋（ヤ）戸（ド）をたてゝ（閉）。さしこもり（刺隠）まし〳〵き（坐）。故（カレ）高（タカマノ）天原（ハラ）みなくらく（暗）。葦（アシ）原（ハラノ）中（ナカツ）国（クニ）ことごとく（悉）くらみて（暗）。常（トコ）夜（ヨ）ゆく（往）。こゝに万（ヨロヅ）の神（カミ）のおとなひは（音）さばへ（蝿）なす（如）みな（皆）わき（涌）。万（ヨロヅ）のわざはひ（妖）ことごとく（悉）おこりき（起）

Kare koko-ni Ama-terasŭ oho-mi-kami mi-kasi-komite, Ame-no iva-ya dowo tatete sasi-komori masi-masiki. Kare takama-no hara mina kuraku. Asi-vara-no nakatŭ kuni koto-gotokŭ-ni kuramite, toko yo yuku. Koko-ni yorodŭ-no kami-no otonaʿi-

va, sabahe nasŭ mina waki, yorodŭ-no wazavaï. koto-goto-ni okoriki[1].

Ici, bien que le texte, si on le considère au point de vue du langage, soit à peu de chose près identique au précédent, on se trouve néanmoins en présence d'un système graphique qui diffère de celui des deux autres. Non seulement on fait usage d'écriture cursive dite *hira-kana* pour le texte principal, mais on emploie en même temps les lettres de ce syllabaire avec celles du *kata-kana*. Comme signes idéographiques, on se sert simultanément de la forme classique ou carrée et de la forme vulgaire ou cursive. Lorsqu'un mot est écrit en hira-kana dans la ligne principale, on le transcrit à droite par un signe chinois régulier; lorsqu'un mot au contraire est écrit en signes chinois cursifs dans la ligne principale, on donne la lecture de ces signes en lettres kata-kana. Ce mode graphique, bien qu'il ait l'air plus compliqué que celui des spécimens précédents, est au contraire plus simple et plus commode pour les personnes qui ont appris le japonais. D'où il résulte que ce sont les textes mêmes qui avaient le plus effrayé les orientalistes de la première moitié de ce siècle dont il nous est aujourd'hui le plus facile de comprendre la signification.

1. Moto-ori Nori-naga, *Kami yo-no masa koto*, t. I. pp. 31-32.

IV

Ce n'est pas seulement l'extrême variété graphique que l'on remarque dans les ouvrages japonais dont nous ayons à nous préoccuper lorsqu'il s'agit d'entreprendre l'étude des livres canoniques du sintauïsme : nous avons encore à nous initier à la connaissance d'une phonétique, d'une grammaire et d'un vocabulaire qui présentent des différences très sensibles avec la grammaire et le vocabulaire qui sont en usage de nos jours.

Je n'ai pas les moyens d'aborder ici d'une façon détaillée la question des CHANGEMENTS PHONÉTIQUES qu'a subi la langue japonaise, par suite évidemment de l'introduction du système d'écriture *syllabique* qui lui a été appliqué; mais je suis porté à croire que dans l'idiome de Yamato, les groupements de consonnes et les élisions de voyelles étaient plus fréquents que de nos jours.

Je me bornerai à citer quelques exemples de contractions vocaliques empruntées à des mots composés qui se rencontrent dans les livres sacrés :

Deux voyelles identiques et rapprochées l'une de l'autre s'élident; parfois même deux voyelles différentes, mises en contact, se transforment en une sorte de diphthongue :

다 가 마 *takama* « le ciel élevé », pour *taka-ama;* 야 마 도 *yamato* « le pied des montagnes », pour *yama-ato.*

다 게 디 *taketi* « la place-publique du ciel », pour *taka-iti (takaiti).*

아 유 디 *ayuti* « le marché aux éperlans », pour *ayu-iti.*

La voyelle finale *u* devient muette à la fin des mots; il en est parfois de même de la voyelle finale *i* :

게 무 미 호 *kamŭ-mi-so* (ou *kan-mi-so*) « le vêtement divin », pour *kami-mi-so.*

Le *k* entre deux voyelles est quelquefois supprimé. De même qu'en langue moderne on dit カ イ タ *kaita* pour カ キ タ *kakita*, en langue ancienne on a écrit :

이 두 모 노 구 니 *Idŭmo-no kuni* pour 이 두 구 모 노 구 니 *Idŭ-kumo-no kuni* « le pays où des nuages se sont élevés ».

L'*ŭ* initial d'un mot est parfois supprimé; ainsi on a dit :

마 *ma* pour 우 마 *uma* « doux » (dans *mi to-no 'ma guva'i).*

La voyelle *a*, dans quelques mots composés, se change en *e* :

가 나 야 마 *kana-yama* « la montagne du métal », pour *kane-yama;* 다 히 *ta-bi* « une torche », pour *te-bi* « feu porté à la main ».

La GRAMMAIRE de la langue *yamato* ou idiome de l'antiquité japonaise ne diffère pas précisément de la langue actuelle du Nippon par le système de sa syntaxe, bien qu'on puisse peut-être signaler quelques particularités dignes d'être notées dans un travail de pure linguistique. C'est au point de vue des désinences de la déclinaison et surtout de la conjugaison que le vieil idiome du sintauïsme se distingue du langage vulgaire aujourd'hui usité dans les îles de l'Extrême Orient.

Dans la déclinaison, il faut signaler surtout la suffixe *tŭ* qui sert à former le génitif, par exemple :

아 마 두 가 워 *ama-tŭ kaze* « le vent du ciel » ;
구 니 두 가 미 *kuni-tŭ kami* « les dieux du pays » ;
요 모 두 구 니 *yomo-tŭ kuni* « le pays de la source (la région infernale) ».

Mais cette suffixe n'exclut pas l'emploi de la particule *no* usitée dans la langue moderne. La particule *no* apparaît, en effet, dans les textes les plus anciens :

아 머 노 가 미 *ame-no kami* « le Dieu du ciel ».
미 디 노 나 가 니 *miti-no naka-ni* « au milieu de la route ».

La particule du génitif est parfois supprimée complétement, lors même qu'il ne s'agit pas de former des mots composés suivant le système de la langue moderne :

가 미 요 나 나 요 *kami yo nana yo* « les sept générations de l'âge des dieux ».

L'emploi des particules honorifiques paraît avoir été très fréquent dans l'ancienne langue yamato, mais il semble que les critiques des anciens livres sintauïstes, Moto-ori peut-être plus que les autres, se soient fait un plaisir d'en augmenter le nombre. La particule 御 *mi* «impérial», en effet, est parfois omise dans le texte chinois devant les substantifs relatifs aux dieux, tandis qu'elle est sans cesse usitée dans la version japonaise juxtalinéaire. On dit ainsi :

미 구 히 *mi-kubi* «le cou».
미 더 *mi-te* «la main».
미 나 *mi-na* «le nom».

Cette même particule honorifique 미 *mi* se place également devant les verbes qui se rapportent aux divinités :

미 아 히 마 싀 더 *mi-a'i-masite* «s'étant unis».

L'usage des déterminatifs spécifiques est peut-être moins fréquent que dans la langue moderne. Néanmoins, lorsqu'il s'agit de nombrer les êtres divins, on emploie invariablement le déterminatif 하 싀 라 *basira* :

후 다 하 싀 라 노 가 미 *futa basira-no kami* «deux colonnes de dieux» pour «deux dieux» (二 神).

Les adjectifs se forment, comme dans la langue moderne, notamment avec la désinence *ki* jointe au radical, ou avec le radical de l'auxiliaire verbal *na*.

Souvent la valeur adjective d'un mot résulte seulement de sa position relative dans une phrase :

아 머 *ame* «ciel»; — 아 머 노 *ame-no* «céleste»; — 아 머 미 마 고 *ame mimago* «les petits enfants célestes» ou «du ciel»; — 아 나 다 히 머 *Inada bime* «la princesse des champs de riz»; — 미 디 *miti* «route»; —

미 디 누 히 *miti-nusi* « les maîtres des routes », dans l'expression 미 디 누 히 노 무 디 *miti-nusi-no muti* « les nobles parmi les maîtres des routes ». Il est vrai que, dans cet exemple, on a pu vouloir éviter une répétition de la particule du génitif 노 *no*. Ce n'est cependant pas une règle invariable, car on écrit aussi : 우 미 노 기 다 노 미 디 *umi-no kita-no miti* « la route septentrionale maritime »; — 아 머 가 가 미 *ame-kagami* « le miroir du ciel » pour *ame-no kagami*; — etc.

Les adjectifs sont parfois employés sous la seule forme d'un radical précédant le substantif qu'ils qualifient :

나 가 다 *naga ta* « de grands champs »; — 하 나 다 *sana ta* « de petits champs ».

La forme radicale invariable mise devant un verbe constitue un qualificatif de verbe, c'est-à-dire un adverbe :

나 가 나 기 도 리 *naga-naki-tori* « les oiseaux qui chantent longuement » (ou « au long chant »).

Les pronoms de la langue ancienne diffèrent également des pronoms de la langue moderne.

Pour la première personne, nous trouvons 아 러 *are* « moi »; — 아 가 *a-ga* « de moi ». — La suppression de la désinence *ré* se remarque aussi dans quelques pronoms démonstratifs : 고 모 *ko-mo* par 고 러 모 *kore-mo* « celui-là aussi ».

On emploie enfin diverses locutions d'humilité pour se désigner soi-même.

Pour la seconde personne, on fait usage de 나 *na* pour *nare;* — *nandi* de la langue moderne; — 이 마 히 *imasi* « toi », et de locutions honorifiques pour désigner la personne à qui l'on parle, d'après le rang qu'elle occupe.

La troisième personne est rendue par un pronom qui a conservé le caractère d'un démonstratif.

Le relatif est généralement indiqué par une simple règle de position. On dira en conséquence :

나 리 마 셔 루 가 미 *nari-maseru kami* «les créés-dieux» pour «les dieux qui furent créés» (所成神).

La physiologie du verbe, en langue yamato, présente aussi des particularités qui mériteraient d'être étudiées.

Le prétérit qui s'indique d'ordinaire à l'aide de la désinence タ *ta*, et qui, dans le style littéraire, apparaît également sous la forme シ *si*, devient, dans les textes qui nous occupent 누 *nu* (on trouve également cette forme ヌ *nu* dans les livres modernes) et 기 *ki*. Les philologues japonais ne paraissent pas d'ailleurs avoir eu des idées bien arrêtées sur l'opportunité d'employer plutôt l'une ou l'autre de ces terminaisons. On lit par exemple :

미 미 오 가 구 시 누 *mi-miwo kakusinu* «[les dieux] cachèrent leur personne» (c'est-à-dire «ils disparurent, ils moururent»), dans l'édition princeps du *Ko-zi ki* —; tandis qu'on lit :

미 미 오 가 구 시 다 마 히 기 *mi miwo kakusi-tama'iki,* dans l'édition de Moto-ori.

Les verbes yamato, comme on le voit par ce dernier exemple, se conjuguent à l'aide d'auxiliaires analogues à ceux qu'on rencontre dans les différents styles de la langue japonaise.

L'auxiliaire マス *masŭ* du style actuel de la conversation est également employé dans le style antique, concurremment avec l'auxiliaire タマフ *tama'u* du style littéraire :

미 미 오가구 시 마 시 누 *mi miwo kakusi-masinu* «ils se cachèrent».

가구 시 마 두 리 기 *kakusi-matŭriki* «elle se cacha» (*Ko-zi ki*, v, p. 64).

우 미 다 마 후 *umi-tama'u* «elle donna naissance».

L'auxiliaire chinoise 在 *tsaï* «être dans» prend place, dans le *Ko-zi ki*, d'une façon insolite comme postfixe verbale. On y trouve notamment les caractères 病臥在 qui se lisent :

야 미 고 야 세 루 *yami-koyaseru* «tomber malade» (고 야 수 *koyasŭ* est un mot de la langue antique qui répond à フス de la langue moderne. Moto-ori, *Ko-zi ki den*, t. V, p. 56).

Certains verbes de la langue yamato ont toujours une acception honorifique :

마 오 수 *maosŭ* «nommer, dire» (謂; style de la conversation : マウス *mausŭ*).

노 리 다 마 하 구 *nori-tamavaku* «dire», dans le sens de «enjoindre, dire en donnant un ordre» (en faisant acte de supériorité).

Les particularités grammaticales de la langue yamato, dont je viens de donner un petit nombre d'exemples, se retrouvent plus ou moins dans les écrits du moyen-âge japonais et même dans les livres de littérature moderne où l'on affecte d'employer certaines tournures archaïques. Il n'en est pas de même du VOCABULAIRE antique qui renferme non seulement une foule de mots inusités dans l'idiome vulgaire, mais des mots dont la physionomie semble indiquer parfois une source étrangère à celle d'où découle au Nippon le matériel ordinaire du langage. Les anciens noms propres notamment sont composés de vocables qui sont encore aujourd'hui à peu près inintelligibles aussi bien pour les savants du Japon que pour le peuple.

Les philologues japonais se sont occupés de l'étymologie des mots de leur langue et ils ont essayé de rattacher une quantité d'expressions actuellement en usage à des radicaux de la langue antique. Quelques-unes de leurs tentatives généalogiques paraissent assez heureuses, mais le plus souvent ils semblent avoir agi dans l'ignorance des principes de la dérivation philologique. Il n'en est pas moins vrai qu'il faut modifier de fond en comble les idées des linguistes du commencement de ce siècle au sujet du polysyllabisme exagéré des mots japonais; et déjà, en maintes circonstances, il est possible de réduire les racines à des thèmes bilitères ou monolitères. Il en résulte que les recherches des philologues pour rattacher la langue du Nippon à d'autres idiomes du continent asiatique ou de l'Océanie sont absolument à recommencer. Je ne veux pas dire par là que la parenté du japonais avec le chinois, le mongol ou quelque autre dialecte tartare, par exemple, pourra être démontrée avec les ressources nouvelles de la science; mais on peut affirmer que seulement aujourd'hui les travaux entrepris dans cette direction seront de nature à nous éclairer sur un problème qui a vainement préoccupé tant de savants orientalistes.

Nous sommes loin de posséder en Europe une série quelque peu complète des écrits composés au Nippon pour nous faire connaître l'histoire et les péripéties des mots actuellement en usage et les transformations qu'ont subi les vocables de la langue orale. Il nous est arrivé néanmoins quelques livres qui nous montrent le goût des *Wa gakŭ-sya* pour de telles recherches.

Parmi les ouvrages qui me semblent les meilleurs à consulter pour l'étude des étymologies japonaises, il faut citer tout d'abord le grand lexique de *Tani-gawa Si-sei*[1], publié sous le titre de *Wa-kun siwori*, avec une préface du célèbre *Moto-ori Nori-naga*[2]. Cette œuvre d'une vaste érudition est d'autant plus digne de confiance qu'on y rencontre non seulement des essais de dissection des mots, essais il est vrai presque toujours incertains et souvent fort périlleux, mais ce qui est plus sérieux et plus utile, l'histoire des mots appuyée sur de nombreux exemples empruntés aux écrits les plus authentiques de l'antiquité et du moyen-âge.

1. 谷川士清 *Tani-gawa Si-sei.*
2. 本居宣長 *Moto-ori Nori-naga.*

D'autres livres, qui offrent évidemment bien moins de garanties, mais qui peuvent mettre parfois sur la trace de filiations linguistiques intéressantes à constater, ont également paru sous forme de dictionnaires. Un de ces livres est tombé entre mes mains. Intitulé *Gon-gen-tei*, littéralement «Échelle [pour atteindre] à l'origine des mots», il a été publié par *Oho-isi Ti-biki*[1], en 1834. Il existe beaucoup d'autres écrits du même genre, si j'en juge par les catalogues de libraires indigènes que j'ai pu me procurer.

Pour donner une idée du mode de réduction des mots japonais à des racines en apparence primitives, je citerai ici quelques étymologies que je rencontre çà et là dans les livres de ma bibliothèque. Il est bien entendu que je rapporte ces étymologies sous toutes réserves, en en laissant la responsabilité complète à leurs auteurs :

天 *ama* «ciel»; — de 아 오 *ao* «bleu» et 마 *ma* «espace» (l'espace bleu).

雷 *kami-nari* «tonnerre»; — de 가 미 *kami* «dieu» et 나 리 *nari* «chant» (le chant de Dieu).

龜 *kame* «tortue»; — de 가 *ka* «cuirasse» et 미 *mi* «corps» (corps à carapace).

桑 *kuva* «mûrier»; — de 고 *ko* «ver à soie» et 하 *va* «feuille» (feuille des vers à soie). — Peut-être plutôt de 구 *ku* «manger et» 하 *va* «feuille» (feuilles servant à la nourriture).

1. 大石千引 *Oho-isi Ti-biki.*

知 *siru* «savoir»; — de 외 로 «blanc, clair, lumineux».

民 *tami* «le peuple»; — de 다 *ta* «tous» (凡) et 미 «corps» (tout le monde).

竹 *take* «bambou»; — de 다 가 *taka* «haut, élevé».

根國 *ne-no kuni* «l'enfer»; — de 니 *ni* «terre» et de 구 니 *kuni* «pays» (le pays situé au fond de la terre).

孕 *harami* «grossesse»; — de 하 라 *hara* «ventre» et de 미 *mi* «corps» (corps dans le ventre).

日 *hi* «soleil»; — de 히 *hi* «feu».

見 *miru* «voir»; — de 머 *me* «œil» et 이 루 *iru* «entrer» (pénétrer dans l'œil).

元 *moto* «origine»; — de 우 무 *umu* «naître» et de 도 *to* «lieu» (lieu de la naissance).

海 *umi* «mer»; — de 아 오 *ao* «bleu» et 미 *mi* «eau» (l'eau bleue)[1].

泉 *idŭmi* «source»; — de 이 두 *idŭ* «sortir» et de 미 *mi* «eau» (eau qui sort).

髮 *kami* «cheveux»; — de 가 미 *kami* «en haut» (ce qui est au haut du corps).

果 *konomi* «fruit»; — de 고 노 *ko-no* «de l'arbre» et de 미 *mi* «le corps» (le produit de l'arbre).

曆 *koyomi* «almanach»; — de 고 *ko* «petite» et de 요 미 *yomi* «lecture» (petite lecture).

青 *ao* «vert, bleu»; — de 아 *a* «général». — «Le ciel est bleu, les montagnes et les champs, la mer tout est bleu-vert; c'est pour cela que le nom de cette couleur indique celle qui se rencontre en quantité dans la nature»[2].

鏡 *kagami* «miroir»; — de 가 거 *kage* «ombre» et de 미 «vue» (ce qui permet de voir l'ombre)[3].

Je ne multiplierai pas davantage les exemples de ce genre. Pour qu'ils puissent avoir une utilité réelle

1. Les exemples qui précèdent, sont empruntés au *Gon-gen-tei.*

2. Ces exemples sont tirés du *Hon-teô zi-gen.*

3. *Wa-kun siwori,* t. VI, 上, p. 6.

en linguistique, il faudrait les critiquer sévèrement et en discuter les principes : un tel travail serait déplacé dans le présent ouvrage. Je me bornerai à ajouter que les philologues japonais dont j'ai pu lire les écrits, ont eu le tort, parmi bien d'autres procédés défectueux, de ne pas tenir compte en maintes circonstances de l'origine étrangère des mots introduits dans leur langue, et de vouloir expliquer par exemple des expressions chinoises ou indiennes à l'aide de racines japonaises, ou même de racines chinoises dont les métamorphoses n'ont pas été établies scientifiquement : 師 *si* «maître», tiré de 知 *si* «savoir»; — 風 *fû* «vent», tiré de 觸 *fu* «exciter, attaquer avec impétuosité»; — 法師 *hau-si* «le maître de la loi-bouddhique», tiré de 發心 *has-sin* «qui ouvre le cœur»; — 伽羅 *kyara* «bois d'aloès», tiré de 氣 *ki* «air, odeur» et de 吉 *yera* «bon, agréable».

Quelque soit le peu de valeur d'un grand nombre d'étymologies présentées par les philologues du Japon, il n'en est pas moins certain que ce sera seulement par la recherche des éléments originaux et constitutifs des mots de la langue japonaise qu'on parviendra à faire entrer cette langue dans le domaine de la linguistique comparée où jusqu'à présent on a fait de vains efforts pour la faire pénétrer.

V

L'histoire de l'écriture au Japon, de ses origines et de ses transformations se rattache de la façon la plus intime à celle de ses origines ethniques et religieuses. Il y a là malheureusement un problème qui est encore loin d'être résolu, et malgré les efforts des orientalistes la question qui se pose tout d'abord, — celle de savoir depuis quelle époque les Japonais ont fait usage de l'écriture, — est loin d'être sortie de l'obscurité. Il est même fort à craindre que, malgré les plus patientes recherches de l'érudition, nous ne sachions jamais bien clairement à quoi nous en tenir sur ce sujet; et cela par une excellente raison, c'est qu'il s'agit d'un fait qui remonte selon toute apparence à une période antérieure aux époques vraiment historiques des annales de l'Extrême Orient.

Souvent consulté sur l'opinion que je professe au sujet du caractère plus ou moins authentique des règnes des premiers mikados, j'ai toujours répondu que, dans ma pensée, le personnage de *Zin-mu*, fondateur de la monarchie dans les îles de l'Asie orientale, répondait à un événement réel de l'évolution ethnique du Japon, mais que je n'accordais pas la même confiance aux récits qu'on rattache aux règnes de ses successeurs, et que c'est à peine si je considère les temps où l'on reporte l'apparition du *Ko-zi ki* et du *Ni-hon gi* comme absolument étrangers au domaine de la mythologie héroïque, dont ces livres nous ont conservé la tradition.

Il est certain qu'en pareille matière on est souvent aussi embarrassé de justifier la confiance que l'on prête aux récits des vieilles chroniques que le scepticisme avec lequel on en repousse le contenu. Parfois même il semble que le mieux est de recueillir les faits, d'indiquer leur source, le crédit dont ils jouissent près des savants les plus autorisés du pays, de les classer de façon à en faire comprendre aussi bien que possible le caractère et la portée, sauf à laisser ensuite à chacun le soin de les apprécier et d'en tirer telle conséquence qu'il jugera à propos.

J'ai signalé ailleurs[1] les raisons qui permettent de croire que les Japonais avaient connu l'existence de l'écriture chinoise à une époque antérieure à notre ère. Les annales les plus authentiques du Nippon nous mentionnent, en effet, une ambassade envoyée l'an 33 avant J.-C. au mikado *Sui-zin*, par le roi

1. Dans ma *Civilisation japonaise* (t. XXXVI de la *Bibliothèque orientale elzévirienne* d'Ernest Leroux), p. 60.

d'Amana, l'un des états constitués alors dans la péninsule de Corée. Si cet événement n'est pas contesté — et s'il l'était, il faudrait effacer d'un seul trait toute l'histoire ancienne du Japon qui ne repose guère sur de meilleures assises, — il me paraît hors de doute que les envoyés d'Amana ont fait usage de l'écriture chinoise qui avait été pratiquée chez les Coréens dès les temps le plus reculés. Si ces ambassadeurs ont fait usage de l'écriture chinoise, il est bien peu probable que les Japonais ne s'en soient pas aperçus. Si les Japonais se sont aperçus que les étrangers qui venaient de s'établir[1] dans leur pays possédaient un art aussi utile que l'écriture, ils ont dû nécessairement chercher à en apprendre les principes, eux qui de tout temps, — de nos jours comme dans les siècles anciens, — se sont sans cesse montrés curieux du savoir étranger et qui ont toujours fait les plus remarquables efforts pour se l'assimiler. Donc les Japonais ont dû connaître l'écriture dès le moment où l'ambassade d'Amana est venu s'établir dans leur pays[2]. Il me

1. Cette ambassade demeura PLUS DE TROIS ANS au Japon, suivant Klaproth, dans son édition des *Annales des Empereurs*, traduites par Isaac Titsing, p. 8 n.

2. Une certaine école de savants du Japon fait de grands efforts pour prouver que l'écriture était connue dans ce pays dès les temps antérieurs à l'ère chrétienne. Nous avons certainement lieu de nous méfier des arguments qu'ils apportent en faveur d'une thèse imaginée bien plus dans

semble qu'on ne saurait faire que bien peu d'objections à ce raisonnement, et qu'il en résulte que l'art d'écrire a dû se répandre dans les îles de l'Extrême Orient à une époque antérieure au règne de l'empereur *Wau-zin* auquel on fait remonter d'habitude les origines de cet art chez les Japonais.

On peut dire toutefois que les historiens indigènes sont, à cette date, muets au sujet de l'introduction de l'écriture qu'ils mentionnent au contraire avec soin quelques centaines d'années plus tard. Cet argument n'est pas sans valeur, je le reconnais; mais nous savons que les anciennes chroniques du Japon ont été perdues, et que lorsqu'on a cherché à les reconstituer d'après quelques traditions orales, on s'est trouvé en présence de graves lacunes et de fréquentes incertitudes. Le souvenir de l'ambassade du roi d'Amana a pu se conserver par le seul fait des présents qu'elle avait apportés à la cour. Un objet d'art quelconque suffit pour

un intérêt chauviniste que dans un intérêt scientifique. Nous savons notamment que la prétention de cette école au sujet de l'invention des lettres coréennes au Japon est absolument insoutenable. Mais ce serait peut-être tomber d'un extrême dans un autre que de nier la possibilité que l'écriture coréenne ait été employée à une époque ancienne dans les îles de l'Extrême Orient. Suivant une publication officielle faite en anglais par le gouvernement du mikado actuel (*An outline History of Japanese Education*), on prétend que les Coréens sont venus au Japon en 157 avant J.-C. «Certains auteurs, dit M. Metchnikoff, parlent d'un livre en deux volumes composé par un Coréen nommé *Hi-jin* qui vint s'établir au Japon dans le premier siècle de notre ère» (*L'empire Japonais*, p. 284).

transmettre d'âge en âge la mémoire d'un événement de ce genre; tandis que des faits bien autrement considérables ont pu fort bien avoir été oubliés à la suite des temps et des révolutions. L'arrivée de la mission du roi d'Amana est peut-être la seule donnée vraiment historique qu'on soit en droit d'enregistrer sous le règne du mikado *Sui-zin*, et c'est peut-être aussi à cette mission que ce mikado doit l'honneur d'avoir transmis son nom à la postérité.

La fameuse expédition de l'impératrice *Zin-gu* (201 à 269 de notre ère) contre la Corée a donné lieu de croire qu'à cette époque les Japonais ont eu connaissance des lettres de la Chine. Malheureusement cette expédition appartient dans une large mesure au domaine de la légende et ce que nous disent à son sujet les historiens du Japon ne mérite que peu de confiance. Ils prétendent que l'épouse de *Tiu-ai*, celle que les Chinois appellent *Pi-mi-hou* et que les Européens ont surnommée la Sémiramis de l'Extrême Orient, recueillit dans ses conquêtes sur le continent asiatique diverses sortes d'objets précieux et notamment des livres. Sous le règne de l'empereur *Wau-zin*, fils et successeur de cette princesse, un lettré du pays de Păik-tse, en Corée, appelé *Wa-ni*,[1] ap-

1. 和邇 *Wa-ni*.

porta à son tour des ouvrages chinois à la cour du mikado. Or, parmi les livres qu'il cite, il en est un, le *Tsien-tse wen* ou «Livre des Mille mots», qui ne fut composé qu'entre les années 502 à 549 de notre ère, sous le règne de l'empereur *Wou-ti*, de la dynastie des *Liang*[1], c'est-à-dire plus de deux siècles après l'époque où il aurait été connu au Japon. Cette falsification historique, il faut le dire, figure dans le *Ko-zi ki*[2], mais on ne la rencontre pas dans le texte correspondant du *Ni-hon Syo-ki*[3]. Toujours est-il que les Japonais considèrent ce *Wa-ni* comme l'introducteur des lettres chinoises dans leur pays[4].

Je n'ai pas à réunir ici les données que l'on possède sur l'invention des différentes écritures usitées chez les Japonais. J'ai eu l'occasion de publier ailleurs

1. Suivant l'encyclopédie *Taï-ping kouang-ki*, citée par Stanislas Julien, *Le Livre des Mille mots*, Avant-propos.

2. 又科賜百濟國。若有賢人者貢上。故受命以貢上人名和ワ邇ニ吉キ師シ。即論語十卷千字文一卷并十一卷。付是人即貢進 (Voy. Moto-ori, *Ko-zi ki den*, t. XXXIII, p. 19.) — Dans l'ancien ouvrage intitulé *San-dai zitŭ-rokŭ*, on parle également du *Tsien-tse-wen*, mais cette fois il s'agit d'une époque postérieure à sa publication en Chine, de sorte que la donnée n'est plus nécessairement apocryphe : «La 17e année de l'ère *Tei-kwan* (875 de notre ère), en été, le 4e mois, 13e jour, le prince impérial commença à lire le Livre des Mille caractères».

3. Livr. x.

4. 故所謂王仁(和邇)者。是書首等之始祖也 *Ni-hon gi*, livr. x. On trouvera des détails sur *Wa-ni* et l'introduction des lettres chinoises au Japon dans le tome III du présent ouvrage, règne de l'empereur *Hon-da*, année 285.

ce que j'ai pu trouver d'indications à cet égard, et j'ai fourni des fac-similés des principaux syllabaires. Je me propose seulement d'examiner la question de savoir dans quelle mesure les Japonais ont fait usage d'une écriture phonétique, alors qu'ils avaient connaissance du système des caractères idéographiques de la Chine.

On nous cite trois systèmes principaux de caractères phonétiques comme ayant été employés par les anciens insulaires du Nippon, savoir : 1° une écriture à peu près identique à l'écriture coréenne, et qui est désignée sous le nom de *kan-na* ou *sin-zi;* 2° une écriture formée d'éléments empruntés aux caractères chinois et appelée *kana;* 3° une écriture composée de caractères chinois entiers, mais ayant perdu complétement leur valeur idéographique pour ne plus représenter que des sons *(man-yô kana).*

Établissons tout d'abord que jusqu'à présent nous ne connaissons en Europe aucun livre ancien complétement écrit suivant l'un des trois systèmes qui viennent d'être mentionnés. Je possède, il est vrai, dans ma bibliothèque, un exemplaire du *Ko-zi ki* entièrement imprimé en caractères *sin-zi*[1]*;* mais ce livre

1. 神字古事記 *Sin-zi Ko-zi ki.* Le Mémorial des choses antiques imprimé en caractères (alphabétiques) *sin-zi,* publié par 藤原政興 *Fudi-vara-no Masa-oki.* Tô-kyau, 1871; quatre vol. in-4°.

est une publication moderne et absolument factice qui ne peut servir en aucune façon d'argument pour ou contre le sujet dont je m'occupe en ce moment.

J'ai trouvé la mention d'un *Ni-hon gi* qui aurait été imprimé exclusivement en *kana*, c'est-à-dire en signes syllabiques. N'ayant jamais vu cet ouvrage, je ne puis dire s'il contredit la remarque que j'ai faite tout-à-l'heure; mais, jusqu'à plus ample informé, je crois qu'il est prudent de suspecter l'authenticité de cette édition de la Bible du Sintauïsme.

Quant à des textes imprimés seulement en signes phonétiques *man-yô kana*, on pourrait peut-être en découvrir quelques exemples; mais ces exemples, en tout cas, seraient tellement rares qu'on ne saurait guère les considérer que comme des exceptions n'infirmant en rien la théorie générale relative au système graphique des Japonais. Même dans l'Anthologie des Dix-mille feuilles, qui a donné son nom à l'écriture *man-yô kana*, on rencontre à chaque instant des caractères chinois dont l'emploi a été fait eu égard à leur valeur idéographique et nullement en raison de leur valeur phonétique ou alphabétique.

L'existence de l'écriture カム神シンナ字ジ SIN-ZI OU KAN-NA repose sur une tradition recueillie avec enthousiasme par quelques savants japonais qui ont cru faire acte de patriotisme en attribuant à leur pays l'honneur d'avoir inventé un système d'écriture différent de celui des Chinois, leurs voisins, leurs émules et leurs civilisateurs. Considérée au point de vue patriotique, la prétention des lettrés de Japon au sujet de l'invention des caractères *kan-na* est maladroite, parce qu'elle est absolument inadmissible. Si les caractères *kan-na* ont été employés dans le Nippon à une époque ancienne, ces caractères étaient de provenance étrangère, tout aussi bien que les caractères idéographiques empruntés à la Chine. A moins cependant qu'on veuille soutenir que l'origine de l'alphabet *dêvanâgarî* des Indiens tire son origine des îles de l'Asie orientale!! En effet, j'ai démontré ailleurs[1] que les caractères coréens dérivaient des caractères sanscrits et que les caractères *kan-na* ou *sin-zi* n'étaient rien autre chose que des caractères coréens. Je crois inutile de m'appesantir davantage sur une question qui est définitivement résolue.

1. M. Hall-Chamberlain revendique la priorité au sujet de cette observation en faveur de M. Satow qui aurait fait la découverte dès 1884, bien avant, dit-il, que j'en aie parlé moi-même. Si le savant orientaliste de Tôkyau veut se convaincre de son erreur, il n'a qu'à se reporter au *Journal asiatique* de 1864, où il trouvera un article que j'ai fait paraître à une époque où l'on ne connaissait encore aucun japoniste anglais, ni en Angleterre, ni au Japon. Je n'ai d'ailleurs jamais eu l'idée de présenter comme «une découverte» les exemples que j'ai donnés pour établir l'origine indienne des lettres coréennes.

Mais ce qui est beaucoup moins bien établi, c'est la question de savoir si les lettres *kan-na* ou *sin-zi* ont été réellement employées dans l'antiquité japonaise, ou si elles sont seulement l'œuvre de quelques faussaires de l'érudition moderne. Les opinions les plus contradictoires ont été énoncées sur ce sujet. L'absence de textes anciens et authentiques en caractères d'origine coréenne justifie le scepticisme au sujet d'un système de lettres du tout ou tout supérieur aux autres genres d'écritures dont les Japonais ont fait usage pour reproduire les mots de leur langue. Mais il n'y a peut-être pas là une raison suffisante pour contester une tradition accueillie par certains savants japonais, repoussée par d'autres, il est vrai, et qui semble assise sur l'histoire de leurs premières relations avec le continent asiatique.

Quoi qu'il en soit l'écriture *kan-na* est incontestablement plus parfaite que toutes celles qui ont été employées pour écrire les livres japonais, depuis les temps les plus anciens jusqu'à nous : elle est en outre d'une étonnante simplicité et d'une clarté remarquable. Je pense donc qu'il y a plus d'avantages que d'inconvénients à s'en servir, surtout dans les travaux de philologie, pour distinguer les mots de la langue ancienne, dite *langue yamato*, des mots appartenant à la langue moderne.

On sait que les Japonais ont adapté leur écriture kata-kana à la notation des mots aïnos et loutchouans, en inventant quelques signes nouveaux pour rendre les sons qui ne se rencontraient pas dans leur propre langue. Je ne vois pas pourquoi on ne se servirait pas des lettres *kan-na* pour transcrire les mots anciens, plutôt que de les reproduire dans cette écriture aussi incertaine que compliquée à laquelle on a donné le nom de man-yô-kana.

Voici les lettres de l'alphabet *kan-na* que j'ai employées dans cet ouvrage :

VOYELLES.

ㅏ *a*, ㅓ *e*, ㅣ *i*, ㅗ *o*, ㅜ *u*, ㅇ support de voyelle.

CONSONNES.

ㄱ *k*, ㄴ *n*, [*t*,] *r*, ㅁ *m*, ♀ *s*, ô *h (f)*, I ou ꝩ *y*, ᴗ *w*.

Réduit à ce petit nombre de signes élémentaires, l'alphabet *kan-na* est sans doute insuffisant, notamment lorsqu'il s'agit d'indiquer les consonnes dites «troublées». Dans certains cas, il est peut-être avantageux de laisser subsister dans la notation graphique les incertitudes qui existent dans l'ancien japonais surtout, lorsqu'il s'agit d'indiquer les consonnes adoucies suivant des règles insuffisamment précises. Dans d'autres cas, au contraire, la marque de l'altération des consonnes fortes semble désirable. Mais alors rien de plus simple que d'enrichir l'alphabet *kan-na* des lettres coréennes que ses inventeurs n'ont pas jugé utile d'y insérer ou, ce qui vaudrait mieux encore, de créer de nouveaux signes afin d'éviter les complications graphiques qui ont présidé, en Corée, à la notation de certains sons étrangers manquant dans l'idiome du pays. Quant aux syllabes japonaises *ya*, *ye*, *yo*, *yu*, je crois qu'il est préférable d'adopter le signe Ұ usité en *kan-na*, plutôt que de faire usage des lettres en quelque sorte syllabiques des Coréens ㅑ *ya*, ㅕ *ye*, ㅛ *yo*, ㅠ *yu*[1].

L'écriture syllabique du Japon ou KANA est à tous égards insuffisante. Elle repose sur des principes qui ont été repoussés par toutes les nations civilisées des temps anciens et modernes, et il n'y a guère que les sauvages Tchérokais de l'Amérique du Nord qui aient imaginé quelque chose d'analogue. L'imperfec-

1. On m'assure que quelques lettrés ont l'idée d'adopter l'écriture *Sin-zi* ou *Kan-na* comme écriture courante du Japon actuel. Je suis, pour ma part, convaincu que cette écriture, à laquelle on pourrait aisément assurer tous les avantages de l'écriture latine et qui aurait pour les Japonais un caractère national, vaudrait infiniment mieux que tous les essais de « romanisation » du Japon, essais qui parviendront avec grand' peine à prendre une forme définitive et qui, en tout cas, sont jusqu'à présent aussi défectueux que possible. Le système du *Roma zi-kai* notamment, est en révolte avec les principes les plus élémentaires et les plus sérieux de la philologie moderne.

tion de cette écriture est telle que les Japonais, après l'avoir inventée, n'ont jamais pu s'en servir isolément, c'est-à-dire sans la joindre à des caractères chinois. Il en est résulté un mélange bâtard qui entraîne toutes sortes d'inconvénients. De ces inconvénients, le plus grave est sans doute de laisser à l'élément idéographique une place tellement large dans la composition des textes qu'ils cessent le plus souvent de présenter des textes phonétiques, c'est-à-dire des textes pouvant être lus et prononcés d'une manière sûre, moyennant la connaissance d'un certain nombre de signes de son d'une valeur précise et invariable.

Les caractères chinois mêlés aux signes syllabiques ou *kana* doivent être lus très souvent à l'aide d'une opération mentale qui a pour effet de les traduire en langue japonaise. Cette opération mentale peut s'accomplir d'une façon plus ou moins parfaite suivant l'instruction ou suivant les plus ou moins bonnes dispositions de l'esprit et de la mémoire de celui qui lit.

Un exemple fera mieux comprendre ce que je veux dire ici que de longues explications. Supposons que dans un texte d'une langue quelconque, où l'on mélangerait comme le font les Japonais des signes figuratifs à des signes phonétiques, on trouve une phrase ainsi composée : *a trois* . Faudra-t-il lire : «le souverain a trois chevaux», ou «le roi a trois coursiers», ou «trois étalons», ou «trois cavales», ou «trois poulains»? — La couronne royale est insuffisante pour dire s'il s'agit d'un empereur, d'un roi, d'un prince, ou d'un souverain quelconque; l'image du petit quadrupède, si elle permet de distinguer un cheval, ne suffit pas pour dire de quelle espèce de cheval on veut parler.

Les textes japonais laissent à chaque pas subsister de pareilles incertitudes. Tantôt l'écrivain se fie au bon sens et à l'érudition de son lecteur pour se tirer d'affaires; tantôt, persuadé que sa manière d'écrire présentera de fâcheux embarras, il se croit obligé de noter deux fois le même mot, une fois en caractères figuratifs ou idéographiques, une fois en caractères phonétiques. A côté des images représentées ci-dessus, il écrira par exemple : ceci est «une couronne d'empereur», ceci figure «un coursier»!

Il est évident que de tels procédés graphiques sont aussi contraires que possible au progrès intellectuel des Japonais : ils finiront par être abandonnés.

L'écriture MAN-YÔ-KANA, dont on rencontre les signes à profusion dans les textes anciens, et qui n'a pas cessé complétement d'être en usage au Japon, est encore plus défectueuse que l'écriture syllabique du *kata-kana* ou du *hira-kana.* L'aspect est peut-être plus monumental, et son mélange avec des caractères chinois est favorable à la typographie. En revanche, cette écriture prête à des confusions, — confusions qu'on peut éviter avec un peu d'habitude, je le reconnais, — mais qui n'en sont pas moins réelles. Elle a en outre l'inconvénient d'être longue à tracer (le signe 彌, par exemple, est l'équivalent de ミ *mi* en kata-kana) et de n'être pas bien fixée; de telle sorte que pour un même son, il est loisible d'employer des signes absolument différents.

Les caractères *man-yô-kana* occupent une place considérable, non seulement dans l'anthologie intitulée *Man-yô siû*, mais aussi dans le livre canonique intitulé *Ko-zi ki.* Un éminent exégète japonais, qui a publié ce dernier ouvrage[1] avec un commentaire perpétuel en 44 volumes in 4°, *Moto-ori Nori-naga*, a consacré un chapitre des Préliminaires de son livre à l'examen des signes chinois usités comme caractères syllabiques japonais. C'est d'après ce savant guide que j'essaierai de donner l'énumération suivante des caractères *man-yô kana* employés dans le *Ko-zi ki.*

a. — 阿. — Dans le chapitre *Kasi-bara-no miya*

1. Sous le titre de *Ko-zi ki den.* — Moto-ori, élève de *Ma-buti,* naquit en 1730 et mourut en 1801, avant l'achèvement de la publication de ce grand ouvrage.

d'une édition du *Ko-zi ki*, on trouve en outre le signe 亞 pour *a;* mais Moto-ori (dans son *Ko-zi ki den*, I, 30) croit que c'est par suite d'une erreur.

i. — 伊.

u. — 宇。汙. Ce dernier signe paraît avoir été peu usité.

e. — 延。愛. Le second signe se trouve notamment dans l'histoire des amours d'*Iza-nagi* et d'*Iza-nami*, pour le nom du génie *E-hime*, etc.

o. — 淤。意。隱. Ce dernier signe est employé pour noter le nom de l'île d'*Oki*. — On trouve également le signe 於 pour *o*, dans le chapitre *Taka-tu-no miya*, partie 下; mais Moto-ori pense que c'est par erreur, le même mot étant écrit 淤 dans une autre édition.

Ka [*ga*] — 加。迦。訶。甲。可 = 賀。何。我 — Le signe 甲 figure dans le nom de la province de *ka'i*, et 可 dans le chapitre *Karu-sima-no miya*. — 賀, bien qu'employé parfois pour *ka*, n'est une notation exacte que du son *ga*.

Ki [*gi*] — 伎 紀 貴 幾 吉 = 藝 疑 棄 (*ki* et *gi* 岐). — Le signe 貴 aujourd'hui prononcé *koueï* en chinois, mais qui avait anciennement le son *ki*, se rencontre dans le nom du dieu *Adisiki* et dans les poésies. — 幾 est employé dans le nom géographique de *Sĭ-ki* (Kawati). — 吉 paraît dans le nom du pays de *Ki-bi* (吉 備), lequel est écrit dans les poésies 岐 備. — 疑 pour *gi* est assez fréquent, par exemple dans les mots *sagiri* « brouillard », *sŭgi* « passer, dépasser ».

Ku [*gu*] 久。玖 = 具.

Ke [*ge*] 氣。祁 = 宜。下。牙. — Le caractère 下, qui se rencontre avec la prononciation *ge* dans des mots usités communément aujourd'hui (par ex. 下 女 *ge-dyo* « une servante ») paraît pour la première fois dans le *Ko-zi ki* dans le mot *kurage* « méduse »[1].

Ko [*go*].— 許。古。故。胡。高。去 = 棋。其. — 故 se trouve dans le nom du pays de *Kosi*, autrement écrit 高 志. — Le caractère 去, dont l'emploi s'explique moins facilement, puisque prononcé *kiu* en chinois il prend en japonais le son *kyo*, se rencontre dans le chapitre *Kasi-bara no miya*. — 高 a servi à transcrire, outre le nom du pays de *Kosi*, plusieurs noms d'hommes. — 棋 est parfois remplacé par 基 *go*.

Sa [*za*]. — 佐。沙。左 [邪。奢]. — Le caractère 沙 a été usité pour écrire des noms de dieux, des noms d'hommes et des noms géographiques. — 左 rend la syllabe *sa* pour le pays de *Tosa*. — Au lieu de 邪, on a souvent écrit 耶 par le fait d'une négli-

1. Voy. ma traduction de l'*Histoire des Dynasties divines*, p. 28.

gence. Moto-ori fait observer que, dans les livres chinois, on fait de fréquents emplois de ces signes l'un pour l'autre; et, d'après le *Gyokŭ-ben*, le second est une forme vulgaire du premier. — Quant à 奢 pour *za*, on le trouve dans des noms propres de divinités et d'hommes, et dans le mot *iza*.

Si [*zi*]. — 斯。志。師。色。紫。芝 [士。自]. — Le caractère 色, prononcé *sseh* en chinois moderne[1] et affecté du ton rentrant *(jouh-cheng)*, est actuellement lu *syokŭ* en sinico-japonais. Je n'ai pu m'expliquer comment il avait pu être employé pour la syllabe *si*, car ce signe n'est jamais prononcé, que je sache, à un autre ton qu'au ton bref. Il ne figure d'ailleurs que dans le nom propre *Siko-osi-kome.* — 紫 entre dans la composition du nom du pays de *Tŭkusi;* — 芝 se rencontre dans le chapitre *Taka-tu-no miya*. C'est avec ce même signe qu'on écrit aujourd'hui le mot *siba* «gazon», et *siba-ï* «théâtre».

En dehors des signes mentionnés ci-dessus, on trouve pour la syllabe *si* 式, dans le chapitre *Midŭ-gaki-no miya*, 支 dans le chapitre *Karu-sima-no miya*, et 之 dans le chapitre *Taka-tu-no miya;* mais il reste des doutes sur l'exactitude de l'emploi de ces caractères.

1. *Sih*, d'après le *Kang-hi tse-tien*.

Sŭ [*zŭ*]. — 須。洲。州。周 = [受]. — Le caractère 洲 se trouve dans le mot *nasŭ*, au premier chapitre du *Ko-zi ki*. Dans les noms géographiques où on le rencontre (le pays de *Kata-sŭ*, la mer de *Sŭ-va*), il ne semble pas qu'on doive le considérer comme un signe phonétique. — 周 paraît dans le nom de la province de *Sŭ-vau*. — Dans le chapitre *Midŭ-gaki-no miya*, l'emploi de 素 pour *sŭ* doit être considéré comme fautif.

Se [*ze*]. — 勢。世 = 是. — Ces signes figurent dans plusieurs mots de la langue japonaise actuelle : *se-kai* «le monde», *se-wa* «assistance», etc.

So [*zo*]. — 曾。蘇。宗 = [叙]. — Le premier de ces caractères est parfois employé pour *zo*.

Ta [*da*]. — 多。當。他 = [陀。太]. — Ce dernier caractère figure notamment dans le nom de l'empereur *On-da*.

Ti [*di*]. — 知。智 = [遲。治。地]. — Le caractère 地 sert à noter le nom des dieux *U-hidi-ni* et *Oho-to-no di*, dans le premier chapitre du *Ko-zi ki*.

Tŭ [*dŭ*] 都 = [豆].

Te [*de*] 弖。帝 = [傳。殿].

To [*do*] 登。斗。刀。等。土 = [杼。度。縢。騰]. — Le caractère 等 se trouve dans des mots très usuels, tels que *mi-koto* «être divin», *tomo-ni* «ensemble, avec». — Le pays de *To-sa* s'écrit avec 土.

Na. — 那.

Ni. — 邇。爾.

Nu. — 奴。怒。濃。努. — L'avant-dernier caractère est usité dans le nom de la province de *Mino.*

Ne. — 泥。尼。禰. — Le signe 尼 est employé pour le mot *kane* «métal», et 禰 termine le nom d'homme bien connu *Sŭkune.*

No. — 能。乃. — Ce dernier caractère se voit notamment dans le nom de la déesse *Oho-to-no be,* au début du *Ko-zi ki;* il est d'un emploi fréquent, sous la forme 𛀙 (d'où の) dans les textes modernes en écriture *hira-kana.*

Ha [*ba*]. — 波 = [婆].

Hi [*bi*]. — 比。肥。斐。畢 = 備。毘]. — Les caractères 比 et 畢 sont employés l'un pour l'autre dans le nom du dieu *Ame-no ho-hi-no mikoto.*

Fu [*bu*]. — 布。賦 = [夫。服]. — Le dernier signe figure dans le nom du pays de *Ibuki.*

He [*be*]. — 幣。閉。平 = [辨。倍]. — Le caractère 平, qui se transcrit aujourd'hui par ヘイ *hei,* mais qui se prononce souvent *he,* paraît dans le nom du district *He-guri.* — 幣 est parfois écrit 弊 par erreur. — 辨 a été écrit aussi 弁; mais il n'y a eu sans doute là qu'un désir de copiste d'employer un signe aussi peu compliqué que possible. L'usage de signes vulgaires de ce genre est fréquent en Chine et peut-être plus encore au Japon, mais il est souvent défectueux. C'est ainsi qu'on remplace journellement le signe 蠶 *san* «ver à soie» par le signe 蚕 qui, non seulement est lu à tort *san*, mais qui désigne un tout autre insecte *(ten)*.

Ho [*bo*]. — 富。本。菩。番。蕃。品＝[煩]. — Le caractère 本 ne figure pas dans le premier livre, mais il est d'un usage fréquent dans le second et le troisième.

Ma. — 痲。摩.

Mi. — 美。微。瀰。味. — L'avant-dernier signe termine le mot *oho-kimi* «grand-seigneur», dans le chapitre *Taka-tu-no miya.*

Mu. — 牟。无。武. — Le second signe est employé dans le nom du pays de *Musasi*, et le dernier dans celui de *Sagamŭ* (pour *Sagamĭ*).

Me. — 米。賣。咩. — Variante de ce dernier signe 哶.

Mo. — 母。毛. — L'emploi du caractère 文 pour *mo* est considéré comme fautif.

Ya. — 夜。也.

Yu. — 由.

Yo. — 余。用。與。豫. — Ce dernier signe est employé dans le nom de l'île de *Iyo*, écrit aussi 伊 余.

Ra. — 羅。良.

Ri. — 理.

Ru. — 琉。流。留.

Re. — 禮.

Ro. — 呂。路。漏。侶。盧。樓. — Le mot *siroki* «blanc», noté avec le caractère 路, est au contraire écrit ailleurs avec le signe 漏, ainsi que le mot *kuro* «noir».

Wa. — 和。丸.

Wi (ï). — 韋.

We (ye). — 惠.

Wo. — 袁。遠。

VI

Les ouvrages que l'on désigne communément sous le titre de Livres canoniques ou originaux du Japon *(San-bu hon-ki)* sont tous également le produit d'une réunion de documents hétérogènes qui renferment des traces évidentes de plusieurs périodes d'évolution religieuse dans les îles de l'Extrême Orient. On y trouve çà et là des données contradictoires qui montrent qu'à l'époque où ils ont été composés, on ne possédait déjà plus que des réminiscences souvent vagues et incertaines sur les mythes constitutifs du sintauïsme.

Le KU-ZI KI[1] était le plus ancien de ces trois ouvrages, mais il n'est pas parvenu jusqu'à nous sous sa forme primitive. Il avait été entrepris sur l'ordre de l'impératrice *Sui-ko*, trente-quatrième mikado, la 28e année du règne de cette princesse (620 de n. è.), par le célèbre prince et héros *Syau-tokŭ tai-si*[2] qui portait, durant sa vie, le nom de *Mŭma-ya do-no osi*. Ce prince étant mort l'année suivante, *Soga-no Mŭma-ko*[3], qui avait été son collaborateur, fut chargé de poursuivre l'œuvre laissée inachevée, et il la présenta à son souverain après y avoir ajouté une préface datée du 12e mois de la 30e année du même règne (622). Le travail, d'après ces données, aurait été complété dans un espace de deux à trois ans.

On avait réuni, dans le *Ku-zi ki* primitif, des documents qui faisaient connaître l'histoire du Japon, depuis les périodes originelles de l'âge des dieux jusqu'au règne de l'impératrice *Sui-ko*. Il s'y trouvait aussi de nombreux renseignements sur les diverses provinces de l'empire. Le tout était divisé en 180 sections et portait le titre de *Sen-dai ku-zi hon-ki*[4] «Mémorial primitif des vieux événements des premiers âges».

1. 舊事記.
2. 聖德太子.
3. 蘇我馬子.
4. 先代舊事本記.

Un autre ouvrage, composé la dixième année du règne de l'empereur du *Towo-tŭ Asŭka-no miya*, c'est-à-dire du mikado communément appelé *In-gyau Ten-wau* (421 de n. è.), par le prince *Kawa-sima*[1], assisté de douze collaborateurs, renfermait également le récit des choses de l'antiquité. De même que le *Ku-zi ki*, ce second écrit n'existe plus[2].

L'ouvrage que nous possédons aujourd'hui sous le titre de *Ku-zi ki* passe pour une compilation fabriquée dans le but de remplacer un livre célèbre du même titre qui avait été perdu à l'époque des troubles d'*Iruka*. Moto-ori n'hésite pas à le considérer comme l'œuvre d'un faussaire[3], bien qu'il admette qu'on se soit servi pour sa rédaction de documents anciens qui ne sont pas parvenus jusqu'à nous. A ce titre, il pense que sa lecture peut faciliter les recherches des savants qui s'occupent du sintauïsme et de l'antiquité japonaise. Certaines parties du *Ku-zi ki* sont particulièrement défectueuses, mais l'histoire de *Kigi-hayahi-no mikoto*, celle de *O-hari-no murazi* et la section *Kokŭ-zau hon-ki* sont d'une incontestable valeur pour l'érudition.

On croit que les parties du *Ku-zi ki* composées après la mort du prince Syau-tokŭ taï-si sont surtout

1. 川嶋 *Kawa-sima.*
2. Moto-ori Nori-naga, *Ko-zi ki den,* t. I, p. 1.
3. *Libr. cit.,* t. I, p. 20.

fort douteuses, et que, dans la rédaction moderne de ce livre, on a fait d'énormes emprunts au *Ko-zi ki* et au *Ni-hon Syo-ki*. Les trois ouvrages ont été composés d'ailleurs avec les mêmes matériaux, et l'école d'Urabé les confond sous le titre unique de *Ku-zi ki*. Dans certaines parties de la compilation apocryphe, on trouve des récits miraculeux et légendaires qui semblent avoir été composés sous l'inspiration des idées taoïstes et bouddhiques[1].

Malgré les motifs sérieux qui obligent à ne pas voir dans le *Ku-zi ki* actuel une reproduction authentique de l'ancien ouvrage de ce nom, les savants japonais n'hésitent pas à lui attacher une réelle importance et même à le considérer parfois comme une autorité digne de foi. Le célèbre *Ma-buti* admet qu'il remonte à plus de huit siècles d'ancienneté, et que le style de certains passages dénote des emprunts à de vieilles sources dont nous n'avons plus la trace[2]. Dans l'histoire des guerres civiles du moyen-âge japonais intitulée «Histoire de la Grande-Paix (recouvrée)», on dit que le XXXe volume du *Ku-zi ki* se trouvait dans la maison d'Urabé, et on en conclut que l'ouvrage primitif existait encore à cette époque[3].

1. *Gun-syo iti-ran*, t. I, p. 17.
2. *Gun-syo iti-ran*, loc. cit.
3. *Tai-hei ki*, section 未來記 *Mi-rai ki*.

Le *Ku-zi ki* actuel se compose de dix livres, dont voici l'énumération :

1. 神代本記 *Zin-dai hon-gi* «Mémorial primitif des âges divins»; avec le 陰陽本記 *In-yau hon-gi* «Livre des principes femelle et mâle», renfermant l'histoire d'Iza-nagi et d'Iza-nami (les deux *Rei*).
2. 神祇本記 *Zin-gi hon-gi* «Mémorial primitif de la prière divine».
3. 天神本記 *Ten-zin hon-gi* «Mémorial primitif des Dieux Célestes».
4. 地祇本記 *Ti-gi hon-gi* «Mémorial primitif de la Prière terrestre».
5. 天孫本記 *Ten-son hon-gi* «Mémorial primitif des petits fils du Ciel».
6. 皇孫本記 *Kwau-son hon-gi* «Mémorial primitif des Petits-fils royaux».
7. 天皇本記 *Ten-wau hon-gi* «Mémorial primitif des Souverains Célestes».
8. 神皇本記 *Zin-wau hon-gi* «Mémorial primitif des Souverains divins».
9. 帝皇本記 *Tei-kwau hon-gi* «Mémorial primitif des souverains impériaux».
10. 國造本記 *Kokŭ-zau hon-gi* «Mémorial primitif de la formation du Royaume».

J'ai fait inutilement des recherches pour savoir à quoi m'en tenir au sujet des plus anciens manuscrits qu'on a conservés du *Ku-zi ki* et je n'ai pas pu savoir non plus quelle était l'édition princeps de ce livre.

Le seul texte dont j'aie connaissance est celui du savant Dé-guti Nobu-yosi qui a paru sous le titre de *Gau-tô Ku-zi ki*[1]. Il se compose de trois pèns ou volumes in-4°.

L'éditeur, pour publier son livre, s'était procuré un grand nombre d'anciens documents durant l'ère *mei-reki* (1655-57) et pendant les années suivantes. A l'aide de ces documents, et avec le secours du *Ko-zi ki* et du *Ni-hon gi*, il a pu rectifier bon nombre de passages fautifs et faire d'importantes corrections. Dé-guti reconnaît d'ailleurs que l'ouvrage est rempli d'interpolations[2].

Le *Ku-zi ki gi-sen kau*, que je ne connais que de titre, passe pour renfermer de précieux éclaircissements historiques. On y trouve également d'utiles corrections faites au texte du *Ku-zi ki* moderne.

Ce que je viens de dire suffira, je l'espère, pour expliquer comment un livre reconnu comme apocryphe, est cependant considéré par les savants japonais

1. Voy. plus haut, p. XXXII.
2. *Gun-syo iti-ran*, t. I, p. 27.

comme une publication intéressante à plus d'un titre. Cette opinion a d'ailleurs été admise par plusieurs orientalistes européens, et M. Satow[1], tout en mentionnant des passages empruntés au *Ko-go siû-i*, ouvrage qui date de l'an 807, et même le nom de l'empereur *Sa-ga* qui régnait de 810 à 823 de notre ère, n'hésite pas à reconnaître qu'il s'agit d'une œuvre ancienne dont certaines parties sont d'une valeur considérable.

Le 古事記 *Ko-zi ki* «Mémorial des anciens événements» est un livre d'une authenticité incontestable. Il présente, en outre, ce caractère particulier, d'être parmi les trois livres canoniques celui qui a le moins subi l'influence chinoise et le seul qui soit en grande partie composé dans l'ancien idiome des insulaires du Nippon. C'est enfin le texte le plus ancien qui nous donne au début la mention d'un Dieu Suprême, associé à une sorte de Triade divine qu'on a assimilée à la *trinité* indienne ou à la trinité du christianisme, et, à la suite de cette triade, deux divinités également supérieures qui semblent représenter une idée dualiste indépendante de la même idée qui se rencontre chez les anciens Chinois et qui a été recueillie par les rédacteurs du *Ni-hon Syo-ki*.

1. Dans les *Trans. of the Jap. Asiat. Soc.*, t. III, p. 21.

On lit dans un traité de Bibliographie Japonaise : «Sous le règne du quarante-troisième mikado, l'impératrice *Gen-myau ten-wau*, la 5e année de l'ère impériale *Wa-dô* (712 de J.-C.), cet ouvrage fut présenté au souverain par *Oho-no Yasŭ-maro.* Il renferme le récit des événements qui se sont passés au Japon depuis l'époque des dynasties divines jusqu'au règne du trente-quatrième mikado, l'impératrice *Sui-ko ten-wau.* Suivant l'opinion de certains auteurs, le *Ko-zi ki* serait l'œuvre personnelle de Yasŭ-maro; et si le style de cet ouvrage diffère de celui du *Ni-hon gi*, il faut attribuer ce fait à l'influence du prince *Toneri Sin-wau* qui présidait à cette époque le corps des historiens dont Yasŭ-maro faisait partie[1].»

Pour bien comprendre l'observation qui précède, il faut se rappeler qu'à l'époque où parut le *Ni-hon Syo-ki*, les lettres de la Chine étaient fort en honneur au Japon, tandis que la langue nationale de ce pays tombait chaque jour davantage en déconsidération, comme cela doit nécessairement se passer dans un centre de renaissance religieuse où un idiome vulgaire se trouve mis en présence d'un idiome savant pour la consignation de faits de l'ordre théologique.

1. *Gun-syo iti-ran*, t. I, p. 14 v°.

Le *Ko-zi ki* a été publié au Japon en langue anglaise[1] l'année même où j'ai commencé l'impression du présent ouvrage destiné à faire connaître le *Nihon gi*. Le savant traducteur du premier de ces deux livres nous fournit de curieux renseignements sur les diverses éditions qu'on a fait paraître du texte original et sur les travaux de ses commentateurs. Il me semble utile de les rapporter ici.

Durant le moyen-âge, on n'imprima pas de textes purement japonais, et les presses ne produisirent guère que des classiques chinois et des recueils bouddhiques. Le *Ko-zi ki*, durant cette période, resta à l'état de manuscrit entre les mains des prêtres du sintauïsme. La première édition rarissime de ce livre vit le jour en l'an 1644[2]. Une seconde édition due

1. Par M. B. Hall-Chamberlain, dans les *Trans. of the Jap. Asiat. Soc.*, supplément du tome X.

2. La Société Sinico-Japonaise a reçu en 1886 de M. Hall-Chamberlain un spécimen photographique d'une des pages de cette édition qui n'est pas seulement intéressante en tant qu'édition princeps, mais qui a encore une grande valeur pour quiconque veut étudier minutieusement le texte du *Ko-zi ki* (This very rare edition is indispensable to any one who would make of the «Records» a special study). Depuis lors le savant japoniste de Tôkyau est parvenu à se procurer un exemplaire de ce précieux livre et, avec une gracieuseté dont je ne saurais trop le remercier, il a bien voulu en disposer en ma faveur. Je me propose d'en donner ailleurs une description qui ne pourrait trouver place ici, où je me bornerai à reproduire la note finale qui nous fait connaître sa date et le nom de son imprimeur. Cette note est insérée dans un petit cartouche sur le feuillet 40 du IIIe et dernier volume : 寬永 *Kwan-yei ni-zyû-iti kau-sin-no tosi mô ka ki-sin* (ce dernier mot est en partie effacé), Raku-yau *siu-rin*,

au prêtre sintauïste Dé-guti Nobu-yosi parut en 1687, avec des notes marginales de peu de valeur et quelques corrections du texte. L'édition princeps est habituellement appelée «la vieille édition imprimée[1]», tandis que la seconde est désignée sous le titre de «Mémorial des choses antiques», avec notes au haut des pages ou *gau-tô*[2]. L'une et l'autre comprennent trois volumes petit in-4°. Elles furent suivies par la grande édition de Moto-ori Nori-naga qui parut de 1789 à 1822, et que l'on peut considérer comme un des plus beaux monuments de l'érudition japonaise. Cette grande édition se compose de quarante-quatre volumes petit in-4°, dont les quinze premiers sont consacrés à l'élucidation du tome Ier du *Ko-zi ki*, dix-sept au second, dix au troisième, et le reste aux prolégomènes, index, etc. Moto-ori, dans son commentaire, cite fréquemment son maître Ma-buti dont le traité est tellement rare qu'il n'en existe pas même un exemplaire à la Bibliothèque publique de Tôkyau. Il a paru plus tard des éditions moins importantes, savoir : «Le Mémorial des choses antiques avec la

前川茂右衛門 *Mae-kawa Mo-ye-mon kai-ban* «Vingt-et-unième année de l'ère Kwan-yei, en été, jour du bonheur; à *Miyako*, imprimé par Maé-kawa Mo-yé-mon.

1. 舊印本 *Ku-in pon.*
2. 鼇頭 *Gau-tô.*

lecture antique[1]», comprenant le texte chinois et la lecture en kata-kana par un élève de Moto-ori; — «Le Mémorial des choses antiques avec des annotations[2]», par Mura-kami Tada-nori; — «Le Mémorial des choses antiques en lettres syllabiques[3]», par Sakata-no Kané-yasŭ; — «Le Mémorial des choses antiques revu et corrigé[4]», par Uyé-matŭ Sigé-oka; — «Le Mémorial des choses antiques en caractères divins[5]»; — «Exposé des anciens historiens», par Hirata Atŭ-tané, ouvrage d'une grande valeur philologique, mais qui n'est malheureusement pas encore terminé, et dans lequel on trouve la solution de bien des difficultés qui avaient embarrassé Moto-ori lui-même; — etc., etc.[6]

Plusieurs des éditions que je viens de citer d'après le savant professeur de l'Université de Tôkyau me sont absolument inconnues. En revanche, j'en possède une dans ma collection qui, bien que renfermant parfois l'expression de singulières idées, n'en est pas moins

1. 訂正古訓古事記 *Tei-sei ko-kun Ko-zi ki.* Kwau-to, 1803; trois volumes in-4° min.

2. 註標古事記 *Tyu-hyau Ko-zi ki*, 1874.

3. 假名古事記 *Kana Ko-zi ki*, 1874.

4. 校正古事記 *Kau-sei Ko-zi ki*, 1875.

5. 神字古事記 *Sin-zi Ko-zi ki*, 1871; trois volumes in-4° min. (sans aucun caractère chinois).

6. B. Hall-Chamberlain, dans les *Trans. of the Jap. As. Soc.*, t. X, supplément, pp. VIII-IX.

fort intéressante pour les études yamatologiques. Elle est intitulée : « Explication abrégée du Mémorial des choses antiques[1] », et publiée par un bonze de la secte de *Ten-dai*, nommé Ta-da Kau-sen[2]. D'après le titre, on pourrait croire qu'il s'agit d'une discussion peu étendue sur les problèmes que soulève l'étude du *Ko-zi ki*. Je ne possède malheureusement que les quatre premiers tomes de l'ouvrage; mais à en juger par ces quatre tomes, qui ne vont pas au-delà de l'histoire du Dieu du Feu tué par son père le divin Iza-nagi, nous sommes en présence d'une œuvre de longue haleine, d'une œuvre de bénédictin. Cette œuvre a-t-elle été continuée? C'est ce que j'ignore pour le moment.

Les renseignements bibliographiques évidemment trop succincts que je viens de rapporter au sujet du *Ko-zi ki* suffisent pour donner une idée du travail prodigieux d'exégèse accompli par les savants du Nippon pour l'interprétation des livres canoniques des vieux âges de leur pays[3]; ils suffiront aussi pour montrer combien il reste de recherches à accomplir dans le

1. 略解古事記 *Ryakŭ-kai Ko-zi ki*, t. I-IV. Tô-kyau, 1874, quatre pèns in-8°.

2. 天台沙門多田孝泉 *Ten-dai sya-mon Ta-da Kau-sen.*

3. J'ai donné une liste de manuscrits et d'éditions du *Ko-zi ki*, ainsi qu'une notice sur le *Ko-zi ki den*, dans mon étude sur Moto-ori et l'Exégèse religieuse chez les Japonais. (Voy. *Mémoires de la Société Sinico-Japonaise*, t. III, p. 151 et suiv.)

domaine de l'orientalisme pour que tous ces beaux travaux de l'érudition japonaise aient été étudiés comme il serait désirable qu'ils le fussent dans l'intérêt des recherches religieuses et historiques relatives aux pays de l'Extrême Orient.

VII

Les savants du Japon ne se sont pas moins préoccupés de l'examen du *Ni-hon gi* que de celui du *Ko-zi ki*. Je ne crois pas cependant qu'aucun d'eux n'ait jamais entrepris, sur le premier de ces deux livres, une œuvre comparable aux écrits de Moto-ori et de Hira-ta relatifs au second. Il faut dire, il est vrai, que dans une certaine mesure les commentaires du *Ko-zi ki* peuvent s'appliquer à l'interprétation du *Ni-hon gi*, ces deux ouvrages renfermant en somme une foule de données à peu près identiques.

Avant de passer en revue les divers travaux relatifs au second livre canonique de l'antiquité japonaise, travaux que je ne connais parfois que de titre, il ne me semble pas inutile de résumer la notice que la Bibliographie générale intitulée *Gun-syo iti-ran* consacre à l'ouvrage dont nous publions ici le texte et la traduction.

Les livres I et II du NI-HON SYO-KI[1] comprennent la première et la seconde partie du *Kami yo-no maki*[2] ou «Histoire des Dynasties divines». On y trouve le récit de ce qui s'est passé depuis la création du monde jusqu'à l'époque de *U-gaya-fuki-avasezŭ-no mikoto*[3]. Les livres III à XXX renferment l'histoire des empereurs de Japon, depuis *Zin-mu ten-wau*[4] (660 avant n. è.) jusqu'au huitième mois de la 11e année du règne de l'impératrice *Di-tô ten-wau*[5] (697 de n. è.), durant une période de 963 ans des annales des *Nin-wau* ou «Souverains humains».

Le *Ni-hon gi* a été achevé la 4e année[6] de l'ère impériale *Yau-rau* (720 de n. è.) sous le règne de l'impératrice *Gen-syau*, quarante-quatrième mikado, par le prince *Toneri Sin-wau*[7] et par le grand officier de

1. 日本書紀 *Ni-hon Syo-ki*, également désigné sous le titre abrégé de *Ni-hon gi* ou simplement de *Syo-ki*. La traduction de ce titre en langue antique a fourni la forme *Yamato bumi* «la Bible de Japon».

2. 神代巻 *Kami-yo-no maki.*

3. 鸕鷀草葺不合尊 *U-gaya-fuki-awasezŭ-no mikoto.*

4. 神武天皇 *Zin-mu ten-wau* «l'Auguste-Empereur Divin-guerrier», fondateur de la monarchie japonaise.

5. 持統天皇 *Di-tô ten-wau* (prend les reines du gouvernement en l'an 690 de notre ère).

6. Dans la préface du 弘仁私記 *Kô-zin si-ki*, on a la prétention d'être encore plus précis et on donne la date du 21e jour, 5e mois, 4e année *Yau-rau* (720 de n. è.).

7. 舍人親王 *Toneri Sin-wau.* — Suivant quelques auteurs, le *Syo-ki* aurait alors porté le titre de 天皇紀 *Ten-wau ki* «Histoire des Souverains Célestes». (Voy. notamment *Gun-syo iti-ran*, t. I, p. 8.)

la couronne *Yasŭ-maro*[1], assisté de *Kiyo-hito*[2], du pays de *Ki* et d'autres lettrés. Il avait été composé à l'aide des documents mêmes qui avaient été employés pour rédiger le *Ko-zi ki*, enrichis d'un choix de vieilles traditions remontant jusqu'aux âges des dynasties divines.

Dans le supplément qui a paru sous le titre de *Zokŭ Ni-hon gi*[3], section *Gen-syau ki* «Histoire exacte des origines», on dit :

«Antérieurement au cinquième mois de l'an IV de l'ère impériale *Yau-rau*[4] (720 de n. è.), le prince Tonérī Sin-'au avait reçu du mikado l'ordre de composer le *Ni-hon gi*. Lorsque cette tâche fut accomplie, il offrit au souverain son ouvrage qui comprenait trente livres et un volume supplémentaire de généalogies»[5]. Ce volume supplémentaire n'est pas parvenu jusqu'à nous[6].

1. 安麻呂 *Yasŭ-maro.*
2. 清人 *Kiyo-hito.*
3. 續日本紀 *Zokŭ Ni-hon gi.*
4. 養老 *Yau-rau.*
5. 系圖一卷 *Kei-dŭ ik-kwan.*
6. M. Léon Metchnikoff rapporte que les premières tentatives faites en vue de recueillir les faits historiques et de dresser des rapports détaillés sur l'état du Japon datent du mikado *Ri-tiu*, qui régna de 400 à 405 de notre ère. En 415 ou 416, l'empereur *In-gyô* fit vérifier les généalogies de toutes les familles nobles et roturières. C'est enfin l'impératrice Sui-ko (593-628) qui, la première, songea à faire écrire la

Antérieurement à cette époque, sous le règne de l'impératrice *Sui-ko*, trente-quatrième mikado (593 à 628 de n. è.), le prince impérial *Mŭma-ya do-no wau-si*[1] et le grand officier *Soga-no Mŭma-ko*[2] firent ensemble un choix de documents anciens relatifs aux dynasties divines. La première année de l'ère impériale *Taï-kwa*[3], sous le règne de *Kau-tokŭ*, trente-septième mikado (645 à 654 de n. è.), *Yemisi*[4], de *Soga* et son fils *Iruka*, ayant offensé la Cour, le prince *Naka-no Oho-ye-no wau-si*[5], sur le conseil de *Kama-tari*[6], fit mettre à mort Iruka dans le palais. Son père Yémisi, à la nouvelle de la mort de son fils, incendia sa propre maison et se jeta lui-même dans le feu où il mourut[7]. Or, à cette époque, les vieux textes, ainsi que les documents historiques qui avaient été recueillis sous le

première chronique nationale qui se composait de trois parties : les Archives de la Cour *(Ten-no ki)*, les Archives de l'État *(Kokŭ-ki)* et les Chroniques des vassaux et des fonctionnaires *(Syo-sin-so-nin hon-ki)*. (Voy. *L'Empire japonais*, pp. 284-285.)

1. 厩戸皇子 *Mŭma-ya do-no wau-si.*
2. 蘇我馬子 *Soga-no Mŭma-ko.*
3. 大化 *Tai-kwa.*
4. 入鹿蝦夷 *Iru-ka Yemisi.*
5. 中大兄皇子 *Naka-no Oho-ye-no wau-si.*
6. 鎌足 *Kama-tari.*
7. 父の蝦夷此ことを聞て家に火をかけ火中に入て死す *Titi-no Yemisi kono-kotowo kikite, iye-ni hi-wo kake, kwa tiu-ni irete si-sŭ.*

règne de l'impératrice Sui-ko, se trouvaient justement déposés dans la maison de Soga où Mŭma-ko, ancêtre de Yémisi, les conservait en qualité de grand officier de la Cour. Il en résulta que tous ces ouvrages furent consumés[1].

Or il y avait à cette époque un homme appelé *Fune-no Fubito-ye-saka*[2] qui descendait de *Wau-zin zi*[3]. En sa qualité de chef des archives du Royaume[4], fonction qui avait été confiée de père en fils à sa famille, il éprouva une profonde douleur quand il vit que les documents de l'antiquité étaient la proie des flammes. Il n'hésita pas à pénétrer au milieu du feu pour arracher quelques épaves à l'incendie. De la sorte, il parvint bien à sauver quelques vieux textes, mais le recueil des Annales historiques avait été complétement détruit[5].

Plus tard, l'empereur *Ten-mu*, quarantième mikado (672 à 686), craignant que le souvenir des événements qui s'étaient accomplis au Japon depuis les

1. 其書ども皆燒失せり *Sono Syo-domo mina syau-sitŭ-seri.*

2. 船の史惠釋 *Func-no Fubito ye-saka.*

3. 王辰尓 *Wau-sin-zi.*

4. 國史を掌る人 *Kokŭ-siwo tŭkasadoru hito*, c'est-à-dire le «Préposé à la direction de l'histoire nationale».

5. 其餘の紀文ハみなやけたり *Sono yo-no ki-bun-va mina yake-tari.*

âges divins jusqu'au règne de l'impératrice Sui-ko, vint à se perdre, fit recueillir les vieilles traditions du pays par un corps de lettrés au courant des choses anciennes et distingués par l'étendue et la variété de leurs connaissances. Or il se trouvait au milieu d'eux une personne de vingt-huit ans nommée *Toneri Hiye-da-no Are*[1], qui descendait de la divine Amé-no Usŭmé-no mikoto, et dont la mémoire était telle que lorsqu'un récit lui avait été confié une seule fois il n'en sortait plus jamais.

Par la suite l'impératrice Gen-min, quarante-troisième mikado (708 à 715 de n. è.), la fit appeler dans l'intention d'obtenir d'elle des renseignements, à l'effet de reconstituer les vieilles annales du Japon. A la quatrième année de l'ère impériale *Wa-dô* (711 de n. è.), sous le règne de cette princesse, Aré, de Hiyéda, devait avoir près de soixante ans, car on reporte sa naissance aux années qui suivirent les troubles d'Iruka. On pensait avec raison qu'après sa mort les antiques traditions pourraient bien être à jamais perdues.

Le mikado chargea, en conséquence, le grand offi-

1. 舍人稗田阿禮 *Toneri Hiye-da Aré.* — On croit assez généralement que *Aré* était une femme. C'est d'ailleurs l'opinion de Moto-ori (cité par M. Satow, dans les *Trans. of the Jap. As. Soc.*, t. III, p. 20). Cette Aré avait appris l'histoire ancienne du Japon de la bouche même du mikado 天武 *Ten-bu* (672-686 de notre ère).

cier de la Cour Yasŭ-maro, qui était docteur, de noter par écrit ce que Aré, de Hiyéda, pourrait lui rapporter. Il en résulta l'ouvrage connu sous le titre de *Ko-zi ki*. Dans cet ouvrage, on s'était borné à prendre note des faits en faisant usage de caractères chinois dont on ne déterminait point la prononciation et la lecture, sauf à reprendre plus tard ce travail en sous-œuvre et à lui donner une forme définitive.

Huit ans plus tard, c'est-à-dire en l'an IV de l'ère impériale *Yau-rau* (720 de n. è.), sous le règne de l'impératrice Gen-syau, cette princesse confia au prince Tonëri Sin-'au la direction générale de l'histoire du pays et ordonna à Yasŭ-maro et à Kiyo-hito de composer le *Nĭ-hon gi*, suivant le style des annales de la Chine.

C'est ainsi que le *Ko-zi ki* fut en quelque sorte l'ébauche d'un livre qui prit sa forme définitive en devenant le *Nĭ-hon gi*.

Le *Ko-zi ki*, n'ayant pas été conservé comme faisant partie intégrante de l'histoire officielle de la Cour, on prétend qu'on a employé pour le désigner le caractère 記 *ki* «Mémorial», tandis qu'on a employé pour le *Nĭ-hon gi* le caractère 紀 *ki* «Annales».

Je n'ai pu trouver qu'un bien petit nombre de renseignements sur les manuscrits anciens que l'on possède du *Ni-hon gi* et particulièrement sur ceux qui ont pu servir à la publication de l'édition princeps de ce beau monument de l'antiquité japonaise. D'après le *Gun-syo iti-ran*, cet ouvrage fut conservé durant le moyen-âge à la Bibliothèque des mikados[1]. Il en existait également des copies qui étaient gardées avec soin dans les grandes maisons seigneuriales. Parmi ces manuscrits, il y en avait qui portaient les dates des ères *An-tei* (1227-28), *Syau-wau* (1288-92), *Yei-zin* (1293-98), *Ka-gen* (1303-1305), *Yen-gen* (1336-39), *Kau-yei* (1342-44), *Wau-yei* (1394-1427), *Bun-mei* (1469-86), *Yei-syau* (1504-1520), *Tai-yei* (1521-27), *Kau-rokŭ* (1528-31), *Ten-bun* (1532-54), etc. J'ignore si ces manuscrits, sur lesquels on doit avoir au Japon des indices particuliers, ont été préservés de la destruction; mais il semble que le moment est venu d'en faire la recherche[2], afin de s'assurer du concours qu'ils peuvent

1. 天子の御庫に *Ten-si-no mi-kura-ni.*

2. Je dois mentionner au moins deux manuscrits qui me sont parvenus durant le cours de l'impression de ce premier volume et qui m'ont déjà rendu de véritables services. — Le premier est intitulé: 元文日本書紀講談筆紀 *Gen-bun Ni-hon Syo-ki kau-dan hik-ki*, c'est-à-dire « compte-rendu écrit d'explications verbales sur le Livre canonique du Japon, rédigé pendant les années *Gen-bun* » (1736-40). Il se compose de quatre volumes in-8°. Le titre qui mentionne le nom de l'auteur a été refait à une date récente; mais ce nom d'auteur, Amatarasi-hiko, descendant d'Ura-bé, sur lequel d'ailleurs j'ai vainement demandé des renseignements à mes amis de Tô-kyau, se trouve repro-

offrir pour une étude de plus en plus approfondie des textes originaux du Sintauïsme.

Le *Ni-hon gi* fut, à ce qu'il paraît, imprimé pour la première fois en types mobiles l'année inaugurale de *Kei-tyau* (1599)[1]; mais les exemplaires de cette édition princeps sont tellement rares au Japon qu'il n'en existe pas même un seul dans la Bibliothèque Impériale de Tô-kyau, et l'on n'en connaît qu'une copie manuscrite appartenant à un célèbre bibliophile de cette ville, M. Hana-da[2]. Cette édition prin-

duit à la fin de l'ouvrage. La copie est de la main d'un élève de ce personnage. Ce précieux document, dans lequel on trouve des explications exégétiques et philologiques de beaucoup supérieures à toutes celles dont j'ai pu prendre connaissance, est malheureusement incomplet; lorsque je l'ai reçu, il était en outre criblé de piqûres et, dans certaines parties, presque en poussière : j'en ai fait moi-même la réparation. Je dois sa possession à l'amabilité de M. Victor Maisonneuve. Si je parviens à obtenir à son sujet quelques renseignements que je sollicite de tous côtés au Japon, je lui consacrerai une notice particulière.

Le second manuscrit, intitulé 厚顔抄 *Kau-gan-seô* est un commentaire critique du *Ni-hon Syo-ki* et tout particulièrement des poésies qui y sont citées. Il n'a jamais été livré à l'impression par respect pour l'empereur *Ten-bu*, quarante-et-unième mikado, sous l'inspiration duquel le *Syo-ki* a été composé. Le *Kau-gan-seô* est une œuvre du célèbre moine bouddhiste *Kei-tyu*, entreprise par ordre de Toku-gawa Mitŭ-kuni, prince de Mito. L'ouvrage forme deux forts volumes in-4°.

1. 慶正年中に活板の本はじめて世に行はれたるが刊(カン)本は清原国賢卿の跋(バツ)あり *Kei-tyau nen-dyu-ni kwap-pan-no hon hazimete, yo-ni okonavare-taru ga kanpon va Kiyo-vara kuni kata-kyau-no batŭ ari.* — C'est à cette même époque *Kei-tyau* (1599) que les types mobiles furent employés pour la première fois au Japon (*Ni-hon Syo-ki tû-syau*, t. I, Retŭ-gen, p. 1).

2. Voy. M. Hall-Chamberlain, dans les *Mémoires de la Société Sinico-Japonaise* de Paris, t. III, p. 283.

ceps a été publiée d'après un texte ponctué par le prince *Nisi-san-deô Sane-taka*[1]. On y trouve un épilogue du prince *Kiyo-vara Kuni-kata*[2]. Ce prince prétend que le *Syo-ki* fut imprimé de nouveau la treizième année de l'ère impériale *Kei-tyau* (1608), mais l'existence de cette édition n'est pas avérée.

Les éditions qui circulent aujourd'hui ont été imprimées durant la période *Kwan-bun* (1661-72) : la plupart fourmillent de fautes, tant dans les caractères que dans la ponctuation. Il est indispensable de les corriger d'après les bons textes[3].

Il me reste maintenant à dire quelques mots des éditions du *Ni-hon gi* qui sont parvenues jusqu'à moi pendant le cours de l'impression du présent ouvrage, ainsi que de quelques travaux d'exégèse et de philologie qui ont été publiés par des savants japonais pour l'élucidation du texte de leurs vieilles annales.

La seule édition du *Ni-hon Syo-ki*[4] que j'aie eu

1. 西三条實隆 *Nisi-san-deô Sane-taka.*

2. 清原國賢 *Kiyo-vara Kuni-kata*, descendant de *Funa-hasi Kwan-sui-ken.* — On trouvera plus loin la traduction de cet épilogue.

3. Voy., pour plus de détails, le *Gun-syo iti-ran*, t. I, pp. 2-3, auquel j'ai emprunté la plupart des renseignements qui précèdent. (Voy. aussi le *Ni-hon Syo-ki tû-syau*, dans lequel on trouve quelques détails curieux sur la publication primitive du *Syo-ki*, mais où l'on rencontre aussi des données inexactes sur l'origine de l'imprimerie dans l'Extrême Orient (Préliminaires, p. 1 et pass.).

4. 日本書紀 *Ni-hon Syo-ki.*

entre les mains jusque dans ces derniers temps et celle qui m'a servi à préparer ma traduction n'a point de titre spécial. Dans l'exemplaire que je m'étais procuré, il manquait une sorte d'appendice que j'ai retrouvé depuis à la fin d'un autre exemplaire. Cet appendice renferme d'abord un avis de l'éditeur, dont voici la traduction :

«La copie du *Yamato-bumi* a été faite pour la première fois la seconde année de la période impériale *Antei* (1228 de n. è.), par *Kane-yori*[1] qui a colligé dans ce but tous les textes qui existaient à cette époque. Durant la période impériale *Syau-au* (1288-92), le Zin-gi-gon-daï-fuku appelé *Urabe Kane-kata*[2] en fit une copie qu'il déposa dans un souterrain *(seki-zitŭ* «maison de pierre»). Plus tard, dans la période *Yei-nin* (1293-98), *Ura-be Naka-sŭye*[3], seigneur de Yama-siro, puis, la seconde année de la période *Ka-gen* (1304), le bonze *Sya-mi Ren-kei*[4], puis, la première année de la période *Kan-yei* (1342), le Zin-gi-gon-daï-fuku appelé *Kane-kazŭ*[5] l'ont successivement recopiée. Vers la période *Yei-syau* (1504-1520),

1. 兼頼 *Kane-yori.*
2. 卜部兼方 *Ura-be Kane-kata.*
3. 卜部仲季 *Ura-be Naka-sŭye.*
4. 沙彌蓮恵 *Sya-mi Ren-kei.*
5. 兼員 *Kane-kazŭ.*

le prince *Sane-taka*[1], qui était grand ministre de l'intérieur, a fait un examen de ce livre et l'a ponctué en rouge. Aujourd'hui enfin, on l'a fait graver et imprimer d'après le texte du prince *Nai-syau kô*[2] pour le propager dans le monde. Je regrette vivement certaines méprises des ouvriers graveurs qui ont mis, par exemple, 刀 pour 刀, ou 陶 pour 陰. Je prie qu'on ne me rende pas responsable de ces erreurs.

«Écrit la quinzième année de la période *Kei-tyau* (1610), le septième mois, vingt-huitième jour, par Raku-zei-ya Si-san[3].»

Vient ensuite l'épilogue du prince Sané-taka, dans lequel on trouve la mention d'un fait qui aurait une importance considérable pour nos études s'il était établi d'une manière scientifique, mais qui malheureusement ne nous est pas présenté dans les conditions voulues pour satisfaire aux exigences de la critique. Il ne s'agit de rien moins que de soutenir que le *Nihon gi* a été primitivement écrit en lettres phonétiques, et que, plus tard seulement, on y a ajouté les signes chinois qui en constituent aujourd'hui le texte principal.

1. 實隆 *Sane-taka.*
2. 内相公 *Nai-syau kô.*
3. 落納野子三 *Rakŭ-zei-ya Si-san.*

Je n'essaierai point de discuter ici si l'érudition peut tirer un parti sérieux de ce document, et j'en donne ci-après la traduction surtout à titre de spécimen d'un style spécial qui, dans les préfaces, a toujours semblé aux sinologues d'une difficulté quelque peu exceptionnelle.

«Dans un livre de la Cour, il est dit : «Le *Ni-hon Syo-ki* renferme les antiques annales des règnes successifs.

«Sous le règne de l'impératrice Gen-syau ten-'au, pendant la période dite *Yau-rau* (717 à 723 de n. è.), Tonéri sin-'au, prince de premier rang, et Yasŭ-maro, grand officier de la couronne, reçurent l'ordre de composer cet ouvrage.

«Lorsqu'à notre Cour, le *Ni-hon Syo-ki* eut été offert au Souverain, sans doute parce qu'il était considéré comme la base[1] de notre édifice historique, parmi le prince et les sujets, il n'y eut personne qui n'y attachât le plus grand prix[2].

«Je ferai observer que, depuis le règne de l'empereur Wau-zin (270 à 312 de n. è.) jusqu'à celui de l'empereur Keï-taï (507 à 531 de n. è.), les livres cano-

1. 權輿 *kien-yu* «pièce d'appui pour la construction d'un char, début, base».

2. 不窮 *pouh-kioung*, litt. «inépuisable».

niques d'origine étrangère qui arrivaient à la Cour étaient nombreux, mais on n'en comprenait pas le sens; et cela dura plus de trois siècles.

«Sous le règne de l'impératrice Sui-ko (593 à 628 de n. è.), le prince impérial Syau-tokŭ scruta les sources des Trois puissances (de la nature)[1] et comprit [la cause primordiale de] l'élévation des Trois Royaumes[2]. En conséquence, il ajouta des caractères chinois à côté des caractères des âges divins (dans lesquels était écrit primitivement le *Nĭ-hon Syo-ki*)[3].

«Dès lors, les hommes de notre pays purent comprendre le sens des livres canoniques. Sans l'intervention d'un génie aussi éminent, qui aurait pu accomplir une pareille tâche?

«Or le Sintauïsme est la racine et la souche de toutes les religions[4]; le Confucéisme en forme les

1. *San-tsaï* «les trois capacités», savoir le Ciel, la Terre et l'Homme; c'est-à-dire les trois puissances constitutives du travail militant de l'univers.

2. *San-koueh* «les trois pays». Cette locution a plusieurs fois varié de sens. Je crois qu'ici elle désigne le Japon, la Chine et l'Inde, c'est-à-dire la patrie du Sintauïsme, celle du Confucéisme, et celle du Bouddhisme.

3. 故始以漢字附神代之文字傍. C'est là le passage auquel j'ai fait allusion et dont nous ne pouvons accepter le contenu qu'avec la plus grande réserve, tout au moins jusqu'à ce que les progrès de la yamatologie nous aient appris s'il est possible de le justifier par des indications certaines et s'il ne résulte pas simplement d'une théorie fantaisiste du prince Sané-taka.

4. 萬法之根柢 *Wan-fah tchi ken-ti*, litt. «la racine et la souche des dix-mille lois (religieuses)».

branches et les feuilles; le Bouddhisme en offre les fleurs et les fruits. Ces deux dernières doctrines sont absolument la résultante finale de la Sin-tau.

«L'idée de se servir des branches et des feuilles pour rendre manifeste la racine, ne doit-elle pas avoir pour effet de faire entendre des notes discordantes dans une même œuvre?

«A notre époque, ceux qui étudient le Confucéisme et le Bouddhisme sont nombreux, tandis que ceux qui connaissent le Sintauïsme sont rares.

«Les choses ont un point de départ et un terme; elles ont une fin et un commencement. Pourquoi abandonner le point de départ pour ne s'occuper que du terme?

«Est-ce donc dans le Pays des Dieux (le Japon) qu'on dédaignera les livres divins?

Le Gouvernement avec ses dix-mille rouages a déjà attaché aux événements divins une importance exceptionnelle. Or avant tout, la raison des âges divins demeure obscure et abstruse, et sans la raison on ne peut les comprendre.

«Respectueusement, suivant ma pensée, Votre Majesté, dans la plénitude de Sa bienveillance et de Sa sagesse, s'afflige de ce que ces doctrines ne se propagent pas largement. Aussi des ordres ont-ils été donnés à l'effet de réunir des artisans, et aussitôt on a commencé à perpétuer le *Ni-hon Syo-ki* au moyen de l'imprimerie. Dans les anciens textes les puretés et les taches ne sont pas rares. On a réuni un certain nombre de ces textes, on les a examinés, on les a rectifiés : on a enlevé les taches, on a maintenu les puretés.

«Si l'on fait usage [des textes du Sintauïsme] dans ce pays, et s'ils se répandent ensuite dans le monde entier, on réalisera par leur concours [l'idéal] du gouvernement lumineux, on rétablira la tradition des dynasties des dieux et des souverains, on gardera le sol de *Midŭ-ho* (c'est-à-dire le Japon) pendant mille cinq cents automnes fondé sur cette doctrine.»

L'édition d'où j'ai tiré les deux notices qui précèdent est imprimée en gros caractères : elle est en général très nette de tirage. En dehors du texte en caractères chinois, on n'y rencontre qu'une partie de la transcription japonaise en lettres kata-kana, de sorte que le lecteur doit suppléer de mémoire aux lacunes laissées dans les passages dont l'intelligence n'a pas semblé difficile. L'ouvrage, en outre, n'est pas ponctué, et il ne s'y trouve point de commentaires pour expliquer les locutions embarrassantes.

Pendant le cours de l'impression de mon premier

volume, j'ai reçu successivement plusieurs autres éditions du *Ni-hon Syo-ki*. Il convient d'en dire ici quelques mots :

L'une d'elles, en seize volumes in 8°, ne porte pas de désignation particulière pour la faire reconnaître; mais comme le dernier volume renferme un recueil de variantes *(bi-kau)*, j'ai pris l'habitude de la désigner sous le titre de *Ni-hon Syo-ki bi-kau*[1]. Elle a été publiée par Oho-zéki Masŭ-nari[2], avec une transcription complète du texte chinois en lettres kata-kana: on n'y trouve ni ponctuation, ni commentaire. L'avertissement porte la date de 1822.

Le *Ni-hon Syo-ki siû-kai*[3] comprend le texte complet de la Bible du Japon en signes chinois, avec une lecture japonaise juxta-linéaire en lettres kata-kana et un commentaire perpétuel par Kawa-mura Hidéné[4], d'Ovari. La préface de ce savant porte la date de 1785. L'ouvrage forme trente livres en 20 *pèn* ou volumes in 4°[5].

1. 日本書紀備考 *Ni-hon Syo-ki bi-kau.*
2. 大關增業 *Oho-zeki Masŭ-nari.*
3. 日本書紀集解 *Ni-hon Syo-ki siû-kai.*
4. 河村秀根 *Kawa-mura Hide-ne.*
5. L'ouvrage annoncé sous le titre de *Syo-ki siû-kai,* dans la bibliographie intitulée *Gun-syo iti-ran* (t. I, p. 8), ne renfermerait que 10 livres au lieu de 30. Il s'agit probablement d'un tirage différent de celui que je possède.

Le *Ni-hon Syo-ki tû-syau*[1] est un recueil de commentaires sur la Bible du Japon, en trente-cinq livres et en 22 volumes in 4°. Il a été publié par *Tani-gawa Si-sei*[2] qui a signé les prolégomènes de l'ouvrage en y mettant la date de 1748[3]. Le livre I renferme vingt-neuf notices sur des sujets relatifs à l'ouvrage, une histoire du prince Tonéri Sin-'au, et une discussion sur les Historiens nationaux du Japon. Les livres II à VII contiennent l'Histoire des dynasties divines, et les livres VIII à XXXV celle des mikados depuis l'empereur Zin-mu (660 avant n. è.) jusqu'à l'impératrice *Di-tô* (687 de n. è.).

On prétend que le texte de cet ouvrage a été revu sur un vieux manuscrit qui était conservé dans le temple d'*Ise* et sur plusieurs autres documents anciens. Dans les préliminaires, il est question des divers manuscrits du *Ni-hon Syo-ki* et des éditions gravées sur bois ou imprimées en types mobiles, des dates qui figurent sur toutes ces copies, de la différence de la grammaire de ce dernier ouvrage et de celle du *Ko-zi ki*, des idées fantaisistes qui ont été répandues au

1. 日本書紀通證 *Ni-hon Syo-ki tû-syau.*

2. 谷川士清 *Tani-gawa Si-sei,* né dans le département de *O-ratŭ,* province d'Isé.

3. L'impression de l'ouvrage a été terminée en 1762. Le tirage a été fait dans le temple de *Go-deô Ten-zin,* à Kyau-to.

sujet de *Tai-hakŭ*, du royaume de *Go*[1], des caractères divins et des caractères syllabiques, des prononciations chinoises de *Go* et de *Kan*, du texte en *kana*, etc. J'aurais bien voulu traduire quelques-uns de ces documents, mais j'ai été obligé d'y renoncer, ainsi qu'à bien d'autres citations, pour ne pas donner une étendue démesurée à cette Introduction. Je dois mentionner cependant une préface du prince Fudivara-no Sané-tŭra[2], datée de la sixième année de l'ère impériale *Hau-reki* (1756) et, à la fin de l'ouvrage, un épilogue de Kawa-gita Kagé-sada[3], d'Aki, daté de la deuxième année de la même ère (1752).

Le *Syakŭ Ni-hon gi*[4], dont un exemplaire m'a été communiqué pendant le cours de l'impression de mon premier volume, se compose de vingt-huit livres en

1. 吳太伯, en chinois *Ou Taï-peh.* — On fait ici allusion à un personnage chinois dont j'ai rapporté ailleurs la légende (*Les peuples orientaux connus des anciens Chinois*, couronné par l'Académie des Inscriptions, 2e édit., p. 49). Cette légende a pris, chez les Japonais, les plus incroyables proportions : on a voulu identifier ce personnage qui fut l'oncle du sage et vertueux *Wen-wang* avec la grande déesse solaire *Ama-terasŭ oho-kami*, dans laquelle les bouddhistes à leur tour reconnaissaient ou feignaient de reconnaître une divinité de leur religion qu'ils nommaient 大日如來 *Dai-niti Nyo-raï* « le Tathâgata du grand Soleil » (!). (Voy. notamment le *Gun-syo iti-ran*, t. I, pp. 6—7.)

2. 藤原實連 *Fudivara-no Sane-dŭra*, daï-na-gon adjoint, à la cour de l'empereur *Momo-sono-no in.*

3. 河北景禎 *Kawa-gita Kage-sada.*

4. 釋日本紀 *Syakŭ Ni-hon gi.*

15 *pèn* ou volumes. Il a été publié par Ura-bé-no Yasŭ-kata[1], qui vivait sous les règnes de Saga II et de Fuka-kusa II (1243 à 1259 de n. è.), et revu par Ura-bé-no Kané-naga[2], durant la période *Syau-an* (1299 à 1301 de n. è.).

Cet ouvrage ne contient pas le texte du *Ni-hon Syo-ki*, mais on y trouve des explications données sous forme de questions et de réponses pour éclaircir les passages les plus importants.

En dehors des publications qui précèdent, je trouve dans le *Gun-syo iti-ran* la mention de divers autres écrits relatifs au *Syo-ki* dont je regrette de n'avoir pas encore pu prendre connaissance, et parmi lesquels je citerai :

Le *Ni-hon gi kyau-yen-no uta*[3] ou Poésies de félicitations à l'occasion de l'achèvement de la Bible du Japon; en deux livres mss.; — p. 5.

Le *Ni-hon gi san-zyo*[4] ou Développements réunis sur la Bible du Japon, par le prince *Fudi-vara Kane-yosi*[5]; en deux livres; — p. 6.

1. 卜部懐賢 *Ura-be-no Yasŭ-kata.*
2. 卜部兼永 *Ura-be-no Kane-naga.*
3. 日本紀竟宴歌 *Ni-hon gi kyau-yen-no uta.*
4. 日本紀纂疏 *Ni-hon gi san-zyo.*
5. 藤原兼良公 *Fudi-vara Kane-yosi kô.*

Le *Ni-hon Syo-ki tyû*[1], ou Commentaire sur la Bible du Japon, en trente et un livres mss., ouvrage d'un auteur inconnu.

Le *Ni-hon Syo-ki wakŭ-mon si-kau*[2], ou Réflexions personnelles sur les questions posées au sujet de la Bible du Japon, par *Ta-da Yosi-tosi*[3], en deux livres mss.; — p. 10. Dans le premier volume de cet ouvrage, on discute au sujet des parties vraies et des parties fausses du récit contenu dans les trois textes canoniques[4].

J'ai trouvé également un livre cité sous le titre de *Kańa Ni-hon gi*[5], c'est-à-dire «les Annales du Japon

1. 日本書紀註 *Ni-hon Syo-ki tyû.*

2. 日本書紀或間私考 *Ni-hon Syo-ki wakŭ-mon si-kau.*

3. 多田義俊 *Ta-da Yosi-tosi.*

4. Le *Syo-ki* présente tous les caractères désirables d'authenticité, et ses rédacteurs ont fait preuve d'une grande honnêteté scientifique dont on ne saurait trop leur savoir gré, surtout si l'on songe à l'époque où fut composée leur œuvre. On a signalé cependant, dans ce beau livre, quelques anachronismes. On a fait observer, par exemple, que l'empereur *Tyu-ai* était le second fils du prince *Yamato-take.* (Voy. *Syo-ki,* t. VIII.) Or ce prince est mort en 111* et Tyu-ai en l'an 200, c'est-à-dire 89 ans plus tard; d'où il résulterait que cet empereur serait né 37 ans après la mort de son père (!). J'aurai l'occasion de démontrer, dans mon commentaire sur le règne de l'empereur Tyu-ai (t. III), ce qu'il faut penser de ce fait et j'établirai que quelques interpolations possibles dans le *Syo-ki* ne sauraient retirer à ce précieux ouvrage la confiance que lui ont témoigné les générations successives. (Voy. cependant l'article de M. Imamura Wa-rau, ancien secrétaire de la Société Sinico-Japonaise, dans les *Mémoires de la Société d'Ethnographie,* 1ère série, t. XIII, p. 55.)

5. 假ヵ名ナ日本紀 *Kana Ni-hon gi* (voy. *Gun-syo iti-ran,* t. I, p. 3).

* En 113 de notre ère, suivant le *Sin-sen nen-hyau,* de Mitŭ-kuri.

en caractères phonétiques». L'auteur est inconnu. On croit que la lecture des mots a été empruntée au *Si-ki*, dans lequel on a réuni les commentaires de plusieurs générations de savants. Mais est-ce du véritable *Si-ki* qu'on veut ici parler ou du livre apocryphe qui circule sous ce titre? Je n'ai pas le moyen de savoir à quoi m'en tenir à ce sujet.

Je ne cite que pour mémoire le *Ni-hon gi si-ki*[1], auquel je viens de faire allusion, car il paraît qu'on ne possède pas le véritable ouvrage composé sous ce titre par ordre impérial; et le livre actuel n'est rien autre qu'une fabrication apocryphe en laquelle on ne peut avoir confiance[2].

On prétend que le *Syo-ki* a été apporté en Chine à une époque fort ancienne. Le fait a été mentionné par *Yama-moto Kan-sai*[3], de Yétizen, qui a livré à l'impression un commentaire de l'Histoire des dynasties divines composé par *De-guti Nobu-yosi*, du pays d'Isé. Dans un ouvrage de *Sié Tchao-tchi*[4], intitulé *Ou-tsah-tsou*[5], où l'on traite des cas remarquables de longévité, on parle d'un certain *Jih-pen-ki Wou-*

1. 日本紀私シ記キ *Ni-hon gi si-ki.*
2. *Gun-Syo iti-ran*, t. I, pp. 4-5.
3. 山本閑齋 *Yama-moto Kan-sai.*
4. 謝肇淛 *Sie Tchao-tchi.*
5. 五雜俎 *Ou-tsah-tsou.*

neï[1] qui aurait vécu trois cents ans. Or il est évident qu'il s'agit du fameux ministre *Take-no uti* auquel le *Syo-ki* attribue cette vieillesse prodigieuse[2]. Il serait intéressant de rechercher dans les anciens ouvrages chinois s'il ne s'y rencontrerait pas, par hasard, des emprunts plus sérieux à l'antique recueil des traditions du Yamato.

Il me reste à dire quelques mots au sujet du titre de l'ouvrage dont je publie aujourd'hui la traduction.

Cet ouvrage est tantôt désigné sous le titre de *Ni-hon Syo-ki* «Annales écrites du Japon», tantôt sous celui de *Ni-hon gi* «Annales du Japon», tantôt enfin sous celui de *Yamato bumi* «Le Livre» ou «La Bible du Japon». Au moment où le prince Tonéri Sin-'au en fit la présentation officielle à l'impératrice Gen-syau, il est très probable qu'on lui avait donné un titre chinois; car, à cette époque, les lettres de la Chine étaient fort en honneur à la Cour des mikados. Il n'est cependant pas impossible qu'on l'ait également désigné sous le titre purement japonais de *Yamato bumi*[3], tant pour lui conserver son caractère d'œuvre

1. 日本紀武ブ内ナイ sin.-jap. *Ni-hon gi Bu-nai*, c'est-à-dire le *Take-no uti* dont il est question dans le *Ni-hon gi*.

2. Voy. *Gun-syo iti-ran*, t. I, p. 3.

3. Le titre de *Yamato bumi* n'est probablement pas aussi moderne que quelques savants ont l'air de le supposer. Moto-ori dit que c'est le titre de *Yamato bumi* donné au *Syo-ki* qui l'a engagé à adopter la lecture *Furu-*

nationale que pour le dénommer d'une façon intelligible à la masse qui ne devait pas encore être très au courant de la langue et de l'écriture du continent asiatique. La double désignation chinoise que j'ai mentionnée tout-à-l'heure serait peut-être un argument en faveur de l'opinion suivant laquelle aucun titre précis n'aurait été attribué à ce recueil composé de toutes sortes de documents tirés des sources les plus diverses, à une époque où l'ancienne histoire du pays avait été perdue et où il n'existait plus pour la reconstituer que des traditions orales plus ou moins vagues, plus ou moins incertaines.

Je ne vois pas d'ailleurs qu'il y ait un bien grand avantage à engager de longues disputes sur le titre

koto bumi pour le *Ko-zi ki* qui, lui du moins, n'avait qu'une désignation chinoise. L'éminent exégète se demande comment on a pu désigner l'œuvre de Tonéri Sin-'au sous le titre de *Ni-hon Syo-ki*. Le seul motif a été de se montrer servile imitateur des historiens de la Chine. Dans les ouvrages chinois, dit-il, on comprend qu'on aie ajouté aux mots «Annales» le nom d'une dynastie, parce que dans ce pays il y a eu de nombreux changements de gouvernement; mais au Japon où il n'a jamais existé qu'une famille de souverain, où le nom du royaume n'a par conséquent pas changé, il était bien inutile de faire précéder du mot «Japon» le nom de «Livre» (par excellence) donné aux antiques annales publiées sous le règne de l'impératrice Gen-syau. Que l'on fasse usage de la langue chinoise ou de la langue japonaise, il convient de se servir simplement du mot «Bible», en chinois *Syo-ki*, en japonais *Bumi*. C'est diminuer l'importance de cet ouvrage exceptionnel que d'y ajouter un qualificatif quelconque. (Voy. Moto-ori Nori-naga, *Ko-zi ki den*, t. I, Préliminaires, pp. 9, 23 et pass.). Dans plusieurs anciens livres, le *Ni-hon Syo-ki* est toujours mentionné sous le simple titre de *Syo-ki*. (Voy. *Gun-syo iti-ran*, t. I, p. 8.)

qu'il convient d'attacher au livre qui nous occupe, et je juge que le mieux est de se servir à sa guise des différentes dénominations en usage chez les Japonais. Si l'on tient cependant à ce que ces différentes dénominations ne soient pas absolument employées l'une pour l'autre, je propose de choisir le titre de *Ni-hon gi* quand il s'agira de désigner d'une façon générale la grande œuvre historique de l'antiquité japonaise; de lui préférer celui de *Ni-hon Syo-ki*, lorsqu'on voudra rappeler l'influence littéraire de la Chine sur cette rédaction nouvelle des données en partie consignées dans le *Ko-zi ki*, et enfin d'adopter la lecture purement japonaise de *Yamato bumi* lorsqu'on s'occupera de ce monument au point de vue des recherches auxquelles on a donné le nom de «Yamatologie». Mais, je le répète encore une fois, la question me semble absolument oiseuse, et je crois qu'on aurait grand tort de s'y appesantir.

Je réserve, pour prendre place dans l'Introduction qui doit figurer en tête de mon second volume, une étude sur le caractère général du Sintauïsme dans ses rapports avec les deux premiers livres du *Nihon gi*, livres également désignés par les Japonais sous le titre de *Kami-yo-no maki* ou Histoire des dynasties divines. Je compte également profiter de cette introduction pour remplir les lacunes regrettables qu'il ne m'a pas été possible de combler en ce moment, tant à cause de la vaste étendue du sujet que par suite des conditions modifiées de jour en jour dans lesquelles j'ai été obligé de rédiger mon travail. Je suis, en effet, dans la situation d'un orientaliste qui, ayant à fournir pour la première fois une traduction de la *Bible* hébraïque, arriverait à se procurer l'un après l'autre, et pendant qu'on imprimerait son livre, les grands travaux d'exégèse, de philologie et de critique entrepris d'âge en âge sur le canon religieux de l'antiquité juive.

Le but que je devais poursuivre, et celui vers lequel ont tendu mes efforts, a été d'accumuler des matériaux pour faciliter l'intelligence d'une grande production nationale des insulaires de l'Extrême Orient, sans me dissimuler l'utilité qu'il y aurait ensuite à reprendre en sous-œuvre le même travail, à coordonner les commentaires, à les enrichir de monographies archéologiques, philologiques, géographiques et littéraires, et enfin à discerner les sources diverses d'information dont ont fait usage les premiers compilateurs de ces antiques annales.

Si, par ce premier volume, je suis parvenu à intéresser les orientalistes à un monument historique qui, suivant les termes mêmes d'un savant membre de la Société Asiatique du Japon, M. Satow, «occupe la première place parmi les livres sacrés des Japonais»[1], je me considérerai comme largement récompensé d'avoir entrepris, dans l'isolement, c'est-à-dire loin des secours de tout genre qu'on pourrait trouver au Japon, une publication de longue haleine que j'ai fort à cœur de continuer sans relâche et de mener à bonne fin.

1. The Revival of pure Shintô, dans les *Transact. of the Jap. Asiat. Soc.*, t. III, App., p. 41.

神代卷

KAMI YO-NO MAKI

日本書紀

야마도후미

ヤマトブミ

PREMIÈRE PARTIE.

LA GENÈSE DES JAPONAIS.

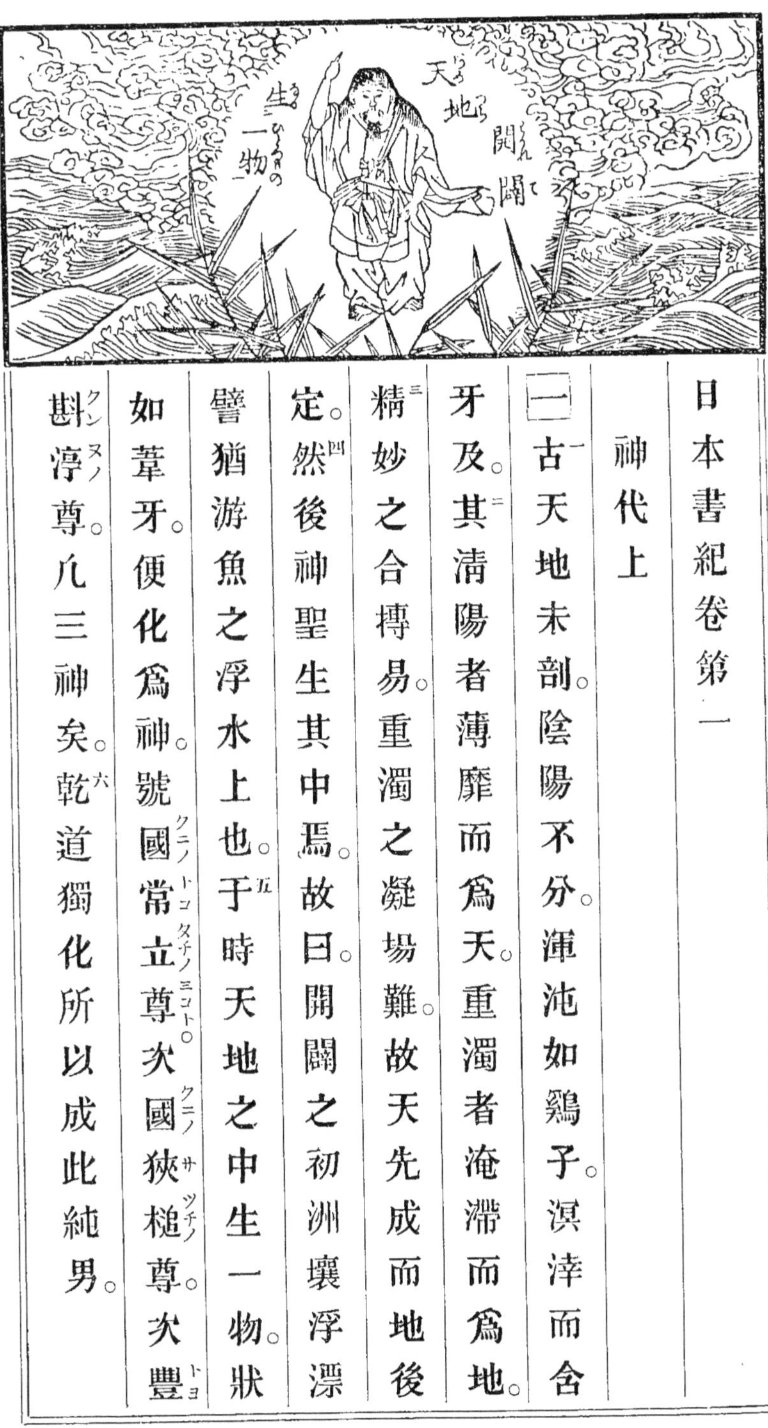

日本書紀卷第一

神代上

〔一〕古[一]天地未剖。陰陽不分。渾沌如鷄子。溟涬而含牙及。其[二]清陽者薄靡而爲天。重濁者淹滯而爲地。精[三]妙之合摶易。重濁之凝場難。故天先成而地後定。然[四]後神聖生其中焉。故曰。開闢之初洲壤浮漂譬猶游魚之浮水上也。于[五]時天地之中生一物。狀如葦牙。便化爲神。號國常立尊。次國狹槌尊。次豐斟渟尊。凡三神矣。乾[六]道獨化。所以成此純男。

LA BIBLE DES JAPONAIS.

PREMIÈRE PARTIE. — GENÈSE.

Chapitre premier.

1. A l'origine, lorsque le Ciel et la Terre n'étaient pas encore séparés, que le principe femelle et le principe mâle n'étaient pas divisés, le chaos, semblable à un œuf, se forma en nuage, renfermant un germe.

2. La partie pure et lumineuse s'évapora et forma le Ciel; la partie lourde et trouble se coagula et forma la Terre.

3. La combinaison des éléments purs et parfaits fut facile; la coagulation des éléments lourds et troubles fut difficile. Aussi le Ciel fut-il accompli tout d'abord, et la Terre constituée plus tard. Puis, au milieu, naquit un Génie.

4. On dit, de la sorte, qu'au début de la création, les îles et les terres surnageaient comme des poissons qui flottent sur l'onde.

5. A ce moment, entre le Ciel et la Terre, naquit une chose qui avait une forme semblable à un roseau et devint ensuite un Dieu appelé le divin *Kuni-toko-tati*, puis le divin *Kuni-sa-tuti*, puis le divin *Toyo-kun-nu*: en tout trois Dieux.

6. Émanant d'eux-mêmes sur la voie céleste, ils étaient, de la sorte, absolument mâles.

Chapitre I. — Commentaire.

1. — Le 古事記 *Ko zi ki* nous donne, au commencement de la Genèse, un paragraphe d'une importance capitale et qui n'a point de correspondant dans le *Yamato bumi*. Ce paragraphe est évidemment fort ancien, et il ne semble pas qu'il ait été composé, comme celui qu'on vient de lire sous l'inspiration des idées chinoises. L'auteur du *Yamato bumi* n'en ignorait pas l'existence, car il y fait allusion dans la citation *d* reproduite plus loin. Seulement cette citation est incomplète et, en tout cas, ne saurait remplacer les termes mêmes du *Ko zi ki*. J'ai donc jugé utile de le reproduire avec une glose que j'ai rédigée en langue chinoise, et un commentaire perpétuel composé en français.

La glose chinoise a surtout pour but de préciser la signification des expressions difficiles qui ont été employées dans la transcription en signes idéographiques du texte du *Ni-hon Syo-ki*, et de discuter des questions d'exégèse qui, jusqu'à présent, ne sont guère étudiées que par les lettrés de l'Extrême-Orient. Les sinologues reconnaîtront, je l'espère, l'utilité qu'il y avait de demander aux lexicographes et aux philologues les plus autorisés de la Chine, l'explication de certaines nuances de sens dont on ne saurait trop tenir compte dans un texte dont les obscurités proviennent parfois de ce que son auteur l'a composé dans une langue étrangère à la sienne.

Le commentaire français fournira, d'ailleurs, en dehors de la glose chinoise, les explications les plus intéressantes pour le lecteur européen.

TEXTE.

卷마기 上가미두 記후미 事고도 古후루

TRANSCRIPTION DÊVANÂGARÎ.

ऊरु कोतो बुमी कामीतु माकी

TRADUCTION.

Le premier livre de l'histoire des choses de l'antiquité.

GLOSE.

羅尼曰。自古以來凡論國之
輕重不以其大小廣狹。但以
有文傳國者爲最貴。文傳之
上有經。國有經。則其名彰顯
而功垂久遠。國無經。則其聲
名暗昧而其勢如朝露矣○
經也者。先世之成法。祖父之
陳跡。宗廟之遺響。孝道之綱
常也。四海之國有教化者皆
有經傳焉。經者。西洋曰約書(ビブル)。

天竺曰韋陀(フェダ)。波斯曰亞非斯他(アフェスタ)。回回曰古蘭(コラン)。中華曰五經(ウキン)。試問日本有之乎。余以諸國之經而證古事記。荅曰有。古事記者。山迹根原之史而大和諸神可載紀之事也。他國之經與此同類。初卷載世界初開。混沌之分。天地造化。先神現世。國家開基。風俗本始。與他國之經無異○守屋作亂之時。大和原史消失。厥後蘇我蝦夷宮不戒于火而朝廷所藏之年紀盡滅。然後。復修之昔天。武天皇以古事記教于幼婦稗田阿禮。阿禮八十歲能記誦之。和銅四年太朝臣安万侶以勅命輯集阿禮記誦之事而撰成古事記焉。試問撰記用何文字乎。或曰漢字。或曰神字。神字者。朝鮮俗字也。古昔日本人用神字否。至今未詳。學者之說不一。
然百濟王仁來朝以前三百年。任
那國既已入貢。任那今代高麗屬
國也。其使駐留之時。必書寫文字
矣。所言日本人不曾見之不曾知
之者。余所不能信也。雖然論古事
之文者。以用神字爲最良。大和博
士論根原之學以用神字爲最要
而亦有榮焉。日本人之尊崇祖先
而愛國家者。豈可不注意于此哉

Commentaire.

La division du *Ko zi ki* en plusieurs livres[1] remonte à une époque fort ancienne, c'est-à-dire au temps même où *Futo-no Yasŭ-maro*[2] donna une forme définitive (en l'an 712 de notre ère) à l'ouvrage recueilli par *Are*, de *Hiyeda*[3], de la bouche de l'empereur *Tem-bu*[4] (672 à 686 de

1. En japonais 마기 *maki;* en chinois 卷.
2. 太安麻呂.
3. 稗田阿禮.
4. 天武天皇 (672 à 686 de notre ère).

notre ère). Ce Yasu-maro, lorsqu'il présenta son travail de recension à l'impératrice *Gen-Myau*[1], y joignit un Rapport qui sert en quelque sorte de préface (序) à son livre. Ce rapport est d'un intérêt exceptionnel en ce sens qu'il établit l'authenticité du *Ko zi ki* et l'histoire de sa publication primitive. Il nous montre, en outre, qu'à cette époque on possédait au Japon d'une façon remarquable la connaissance de ce style recherché et plein d'allusion qui joue un si grand rôle dans la littérature écrite de la Chine. J'aurai l'occasion de revenir plusieurs fois sur cette préface que l'auteur a cru devoir rédiger en langue chinoise, l'idiome écrit du Royaume du Milieu jouissant alors d'un véritable prestige dans les classes éclairées de la monarchie des mikados.

---

1. — Texte du *Ko zi ki*[3].

天地初發之
時於高天原
成神名天之
御中主神次
高御產巢日
神次神產巢
日神此三柱
神者並獨神
成坐而隱身
也

1. 元明天皇 (708 à 715 de notre ère).

2. A cette époque, le Japon avait établi des relations avec la Corée qui lui avait envoyé des ambassadeurs chargés de porter des présents à la Cour.

3. En caractères カ神シ ナ字ジ *kan-na* ou *sin-zi* « lettres des Génies », avec version juxta-linéaire en signes idéographiques chinois.

1. — Transcription en lettres latines.

Ame tuti-no hadime-no toki, takama-no hara-ni nari-maseru kami-no mi na-va, Ama-no mi Naka-nusi; tŭgi-ni Taka mi Musŭbi-no kami; tŭgi-ni Kami Musŭbi-no kami. Kono mi basira-no kami-va, mina hitori gami nari-masite, mi mi-wo kakusi-tamaïki.

1. — Transcription dêvanâgarî[1].

आमे तुती नो हादीमे नो तोकी ताकामा नो हारा नी नारीमासेरु कामी नो मी ना वा आमे नो मी नाका नुसी नो कामी। तुगी नी ताका मी मुसुबी नो कामी। तुगी नी कामी मुसुबी नो कमी॥ कोनो मी बासोरा नो कामी वा मीना हीतोरी गामी नारीमासीते मी मीवो काकुसी तामाहीकी॥

1. — Traduction.

A l'époque primordiale du Ciel et de la Terre, le nom sacré du Génie qui se manifesta sur la voûte du Ciel suprême fut Amé-no mi Naka-nousi-no kami[2] «le Génie maître cen-

1. J'ai ajouté aux fragments reproduits ci-après du *Ko zi ki*, et à titre de spécimen, une transcription du texte original en lettres *dêvanâgarî*, pour donner une idée de la concordance de cette écriture avec les caractères *sin-zi* ou *kan-na*.

2. Dans mes traductions françaises, je considère les noms propres japonais les plus connus comme *francisés* et je leur donne, en conséquence, une forme qui se rapproche autant que possible de la prononciation usitée chez les indigènes. Lorsque ces noms sont donnés en lettres italiques, au contraire, je les transcris rigoureusement d'après la valeur orthographique des signes *kana* et d'après le système adopté par le *Congrès international des Orientalistes*, lors de sa première session (Paris, 1873).

tral du Ciel», puis Taka mi Mousoubi-no kami «le suprême Génie créateur», puis Kami Mousoubi-no kami «le Génie créateur des Génies».

Ces génies étaient des Génies solitaires et ils eurent un corps occulte[1].

1. — Glose.

○天。釋名曰。天坦也。坦然高而遠也。至高在上。从一大也。人所仰望之處也。陽氣之輕清上浮爲天。天顚也。言其至高無上。爲雲霞萬象之顚也。天字有二義。一曰。仰觀所見者。名蒼蒼。凡虛空之處皆是也。又上不能及之處也。一曰。目所不能極而心所能通者卽常理也。天之所以爲此理。又天也者諸神之鄕。凴虛設想絶頂之處也。漢書有

1. D'après le texte japonais, il faudrait traduire «et ils cachèrent leur corps». — On verra plus loin, dans la glose chinoise et dans le commentaire français, les motifs qui m'ont engagé à m'appuyer, pour l'interprétation de cette phrase tout à la fois si importante et si obscure, sur la signification *possible* des signes idéographiques.

之。太初之始清濁未分。清者爲精。濁者爲形。大素質之始也已有素朴而。未散也二氣相接剖判分離輕清。者爲天混沌初開之事不載于古事記。而載于日本書紀考華史傳悉詳說之○地底也。混沌初開其重濁者。下結而爲地。二氣遂分焉○初發。初始也。發起也。初發。萬物造化未成之時。天地將分離之始也○高天原。高上而遠也。謂天體也。原廣平也。高平曰原。水經注。玉淵水北流逕皇天原。漢世祭天于其上矣○神靈也。天亦曰神。神神也者。陽之精氣。陽氣導物而生。變化之極。無形無方。生之本。生之制也。又人之守也。孟子曰。聖而不可知之謂神也。神靈者。天地之本而爲万物之始也△神和語迦(カ)微(ミ)。初立之天神因有隱身謂之迦(カ)微(ミ)。論此言語之原者曰。迦微與上字同意也。余曰不然○成盛也。神成者。言不因物而自然生也。古事記所載初立之神非因物而生。乃自生者也然日本書紀則謂其神借葦形而生。夫因物而生者曰變化。不容混同○中主也者。在宇宙間所優於諸神之神也。又名此神曰天一神也○高御產巢日神。高美稱也。御亦尊語也。產巢日三字皆借字也。產巢也者。生也。日者靈也。書紀以靈字變日字焉。神之精明者曰靈。可知日字亦美稱也。是以此神命名之意謂產物之權勢也○神產巢神之意乃掌造化羣神之神也。火(ホ)產(ムス)靈(ヒ)。和(ワ)久(ク)產(ム)巢(ス)日(ビ)。玉(タマ)留(ツメ)產(ムス)日(ビ)。生(イク)產(ムス)日(ビ)

云云之牟須毘皆同意也○獨也者。難解釋。俗以老而無子謂之獨。和原始之神不惟無子孫。且無父母伉儷也。此段獨字無有如此之意。和言比登理(ヒトリ)與獨字有同意乎。余不深信。獨單獨也。若如此講法。則此三神者並獨神七字之義。是言此三神者共爲一神。如此則是天地初發之時只有一神。其神有三魄。因有三魄亦有三名。雖然是單獨之神而已○隱身。隱也者心思也。心思無形。身也者躬也。已也。修身者不修六骸。但以理以德修其神而已。人之心神聰慧也無形之魂也。此故隱身也者。無形之身也。凡無形之身者。則無體。只有神魂。如此方得古事記之正義乎

1. — Commentaire.

天 *ame*, situé au haut du firmament (虛ソ 空ラ *sora*, c'est-à-dire «le vide») est le royaume où demeurent tous les Dieux du Ciel *(ama-tŭ kami-tati-no masi-masŭ mi kuni nari)*. Comme, vu de loin, il paraît bleu, on l'appelle 蒼天 *sau-ten*. La forme du Ciel et de la Terre est semblable à un œuf *(tori-no tamago-no gotoku)*. Le Ciel environne la partie extérieure de la Terre, qui en occupe le centre; sa substance est du verre azuré (ビトロ *bidoro*). — Suivant le dictionnaire étymologique *Gon gen tei*, アメ *ame* vient de 青アヲ 間マ *ao-ma* «l'espace bleu», et ソラ *sora* est le mot qui désigne le vide (空ソラ 虛同). — Le grand lexique *Wa-gun sivori* fait observer que le caractère 天 qui est souvant lu *ama*, figure avec la prononciation *ame* dans le *Ko zi ki*, justement dans le passage qui nous occupe; cette forme représenterait le mot primitif (本 語 *hon-go*).

地 sert à transcrire le mot japonais 都ツ 知チ *tuti* «la terre». Beaucoup d'auteurs croient que ce mot répond au chinois 土 地 *tou-ti* qui désigne également «la terre». Cette étymologie n'est cependant pas adoptée par tous les philologues japonais (Voy. le dictionnaire *Wa-gun sivori*, au mot つち, etc.).

初發之時 *hazime-no toki*, c'est-à-dire «au temps du commencement», est une expression qui se rencontre dans les textes les plus anciens, notamment dans la vieille anthologie *Man-yeô siû* (27, 32), dans le *Ni-hon Syo-ki* (règne de l'empereur Kau-tok), etc. — 本居宣長 *Moto-ori*

Nori-naga, un des commentateurs les plus estimés du *Ko zi ki,* qui fit paraître son œuvre pour la première fois en 1798 sous le titre de *Ko zi ki den* (Voy. *Comptes-rendus des séances de l'Académie des Inscriptions et Belles-Lettres,* 1882, t. IX, p. 108), rappelle que dans les dictionnaires le mot 發 est expliqué par 起 «se produire, surgir», et qu'on appelle, en conséquence, du nom de 起ヲリ *okori* l'origine des choses *(koto-no hazime* okori *to mo iû).*

高天原 *takama-no hara,* littéralement «la plaine du ciel élevé» désigne simplement «le Ciel» *(takama-no hara-va, sŭnavati ame nari).* Ce serait à tort qu'on croirait, par la présence du mot *taka* «élevé», qu'il s'agit d'un ciel supérieur, situé au-delà du firmament ou du vide ソラ *sora. Taka* est une expression honorifique; il en est de même quand on se sert de cette particule *(makura kotoba)* dans la locution *taka-hikaru* «resplendissant en haut» qui a le même sens que *ama-terasŭ* «qui brille au ciel». — *Hara,* que l'on traduit habituellement par «plaine», est rendu par le signe chinois 原 *youen* «fondation, base, assise». Ce mot *hara* désigne un endroit large et uni, une plaine *(hara va hiroku taïra naru tokorowo iû);* c'est ainsi qu'on a formé les mots *una-vara* «la plaine des mers», *nu-vara* «la plaine des champs», *ka-vara* «la plaine de la rivière», *asi-vara* «la plaine du roseau» (c'est-à-dire le Japon). Dans le *Man-yeô siû,* on trouve de même mentionné le nom de *kuni-vara* «la plaine du pays». C'est ainsi qu'il faut comprendre la formation de l'expression 天ノ原 *ama-no hara.* Dans le chapitre du *Ko zi ki* où l'on raconte l'histoire de la Grande Déesse Solaire *Ama-terasŭ oho-kami* se réfugiant dans une grotte par dégoût de la conduite de son frère *Sosa-no ono mikoto*, on se sert également de cette expression : 因吾隱坐而以爲天原自闇 «du moment où je me suis cachée, le Firmament doit être dans l'obscurité». On rencontre aussi les mots *ama-no hara*, dans le passage du serment, lors de l'ascension au ciel du terrible Sosa no o-no mikoto[1].

Un commentateur japonais croit trouver dans ce passage une sorte de contradiction. Du moment où l'on parle du temps où le ciel et la terre furent créés, comment pouvait-il y avoir déjà un Dieu au Ciel?

成 a servi à rendre le japonais *nari-maseru*. Le sens de ce mot qui signifie communément «devenir», paraît difficile à fixer aux exégètes indigènes. En chinois 成 *ching (tching)* signifie «compléter» (就), «achever» (畢), «finir» (終); ce signe entraîne également l'idée de «prospère, arrivé à l'état parfait» (盛), et de «bon, excellent» (善). Quant à ナル *naru*, les étymologistes japonais ne paraissent pas en connaître la valeur originale. L'auteur du *Gon-gen tei*, après l'avoir expliqué par 就ナル *naru* «achever», donne le même mot *naru* rendu par le chinois 生 «naître», et tiré de 現 *aru* «paraître, se manifester» (comp. la forme アラハス *aravasŭ* «se montrer, faire connaître»). *Naru*, de la sorte, aurait trois significations principales : 1° «naître de rien, créé» (無て〻物の生て出ると云), et c'est cette signification qu'il faudrait attacher à ce mot, quand on parle des dieux *(kami-no nari-masŭ to iû va, sono kokoro*

1. Voy. *Ko zi ki den*, VIII, p. 60, et le commentaire de Moto-ori, III, pp. 5-6.

nari). — 2° «se transformer, se métamorphoser» (變ヘ化ル). — 3° «s'accomplir, s'achever» (成ナル 終ヲハル).

神 *chin,* employé comme équivalent du mot 가미 *kami,* est communément rendu par «Génie»; quelques orientalistes le traduisent par «Dieu». Suivant l'antique dictionnaire *Chouch-wen* «ce sont les *chin* du Ciel qui ont créé tous les êtres» (天神引出萬物者也). D'après une explication rapportée dans le *I-wen-pi-lan,* les génies pénétrés de l'esprit du principe mâle sont appelés 神 «dieux»; les génies pénétrés de la matière du principe femelle sont appelés 鬼 «démons». — Le philosophe *Meng-tzse* a dit : 聖而不可知之謂神 «celui qui est saint et impénétrable (incompréhensible) s'appelle *chin*». On trouve encore, de ce mot, les explications suivantes: *chin* veut dire «esprit» 靈 *(Kouang-yun);* l'esprit des «démons» (c'est-à-dire des *koueï*) s'appelle *chin (Chi-ou-ti-ki-tchu);* le Ciel s'appelle 神 *chin;* la terre s'appelle 祇 *ki. Chin* désigne parfois «le prince», par exemple dans ce passage des *Koueh-yu :* 禹會羣神于會稽之山 «Yu-le-Grand réunit tous les *chin* sur la montagne de Hoeï-ki», ce qui signifie qu'il réunit les princes des divers royaumes, 各國之君也; on nomme *chin,* un être inscrutable dans les principes femelle et mâle *(Peï-wen-yun-fou).* Celui qui se nourrit des fruits de la terre est sage, intelligent et habile; celui qui se nourrit de l'air est un génie 神明 et vit longtemps; celui qui ne prend pas de nourriture est un esprit immortel 不死而神 *(Ta-taï-li,* cité par le *Pwf.*).

Le mot japonais カミ *kami,* カム *kamŭ, kam*[1] est d'or-

1. La forme *kamŭ* ou *kam* est une forme très probablement plus ancienne que *kami;* en tout cas, on trouve les deux lectures simultanément dans les

dinaire identifié par les philologues indigènes au mot 上(カミ) *kami* qui donne l'idée de «élevé, supérieur»; de la même façon 髮 *kami* «cheveux» désignerait des poils 毛 placés à la partie supérieure du corps; il faudrait rattacher à cette racine le mot *kami*, par lequel on désigne «un maître» dans le langage des bonzes (僧の辞), ainsi que *kami*, appellation des femmes de samouraï (士人の妻). Le sens de «corps caché» c'est-à-dire «corps subtil, non tangible» (voy. plus loin la remarque au sujet du mot 미 *mi*), 隱(カ) 身(ミ) *ka-mi*, serait peut-être plus conforme à l'esprit des anciens mythologistes du Japon.

En tout cas, *kami* est la désignation générale des dieux et des demi-dieux du panthéon japonais. La Grande Déesse Solaire, *Ama-terasŭ oho-kami (Ten-syau dai-zin)* est appelée 神明 *sin-mei* (voy. *Syo gen-zi kau*, au mot *sin*; édit. lith., p. 179, c. 11).

나 *na* «le nom». On n'a pas d'idée arrêtée sur le sens de ce mot *(na-no kokoro va imada omo'i-yezŭ)*.

아마 노 미 나가 누시 *Ama-no mi Naka-nusi*, transcrit en signes chinois par 天之御中主 et lu communément *ame-no mi naka-nusi*, est le nom du dieu primordial de la mythologie japonaise. — *Mi-naka*, litt. «l'auguste milieu», répond à l'idée «au juste milieu» 眞(マ) 中(ナカ) *ma-*

vieux livres japonais (cf. 神(カム) 風(カゼ) *kamŭ-kaze*). Le même mot (カムイ *kamui*) est employé, dans la langue des *Aïno*, populations autochtones du Japon, pour désigner «un Dieu», mais on attribue à ce mot une origine japonaise. La langue aïno n'ayant été écrite qu'à une date toute récente par quelques philologues du Japon, et son histoire étant à peu près absolument inconnue, il est bien difficile de dire à quelle source a été emprunté le mot *kami*, à la source aïno ou à la source japonaise. J'incline vers cette dernière hypothèse, bien qu'il me reste des doutes sur sa solidité.

naka, et quelques philologues japonais croient que les mots *mi* et *ma* étaient originairement employés indifféremment, l'un pour l'autre (眞マ能ク野ヌ = 三ミ能ク野ヌ, etc.). En tout cas, *mi* ne doit être considéré que comme une particule honorifique communément employée dans la littérature et surtout dans le style ancien. Quant à *naka*, vulg. «milieu», il entraîne, outre le sens de «central», une idée de perfection, d'universalité. C'est avec cette même acception que les Chinois disent *tchoung-koueh* «le Royaume du Milieu», pour «la Chine», c'est-à-dire «le royaume qui comprend l'univers entier» (*tien-hia* «tout ce qui est sous le Ciel»), le royaume qui n'a pour l'entourer, comme des satellites entourent une planète, que des contrées sans importance et insignifiantes. Le génie qui nous occupe est donc le Génie universel, le Génie central, le Génie foyer du Ciel. J'ai d'ailleurs trouvé une dénomination abrégée de ce dieu, *Naka-gami*, qui est rendue en chinois par les signes 天 一 神 *tien-yih-chin* «le Génie unique», ou plutôt «le Génie parfait, absolu du Ciel». — *Nusi* signifie communément un maître, un chef, un homme de rang supérieur (大人); l'auteur du *Gon-gen-tei* le rapproche de 汝 *nanusi*, ce qui n'explique rien; il est bien préférable d'y voir une contraction de *no-usi*, comme le dit *Moto-ori Nori-naga*[1] (主ヌシハ大ウ人シ

1. 本居宣長 *Moto-ori Nori-naga* est un commentateur très estimé du *Ko zi ki*. Son œuvre a été publiée en 1798, sous le titre de *Ko zi ki den*. (Voy. ce que j'ai dit de cet ouvrage, dans les *Comptes-rendus de l'Académie des Inscriptions et Belles-Lettres*, 1882, t. IX, p. 105.) Dans le travail que j'ai entrepris sur le *Ko zi ki*, j'ai fait de nombreux emprunts au livre de ce savant; je regrette de n'avoir pu en donner ici des extraits plus considérables, mais mon commentaire déjà fort long, aurait acquis une étendue démesurée si j'avais pris à tâche de suivre Moto-ori dans toutes ses discussions philologiques et exégétiques.

ト同言ニテ能ノ宇ゥ斯シノ切ツキレルナリ). *Usi* est d'ailleurs employé dans le sens de «maître», notamment dans le *Ni-hon gi* où le père du 27ᵉ mikado *Keï-tei* est désigné sous le nom de 彦ヒコ 主ゥ人シ 王 *Hiko-usi mi-ko*, etc.; on trouve également des noms de personnages historiques écrits tantôt avec le mot *nusi*, tantôt avec le mot *usi*, et il y a des raisons pour croire que cette dernière forme est au moins aussi ancienne que la première. En conséquence, dans le passage qui nous occupe, on veut dire que le dieu en question, établi au juste milieu du Ciel, est le maître de l'univers (世ノ中ノ宇斯タルカミト申ス).

ㄷㅜㄱㅣㄴㅣ *tŭgi-ni* signifie «ensuite, en suivant, en continuant» (都豆伎テ), comme un fils qui succède à son père, c'est-à-dire «après ce premier dieu». Il y a cependant une difficulté à adopter ce sens, quelques exégètes japonais pensant qu'il s'agit, dans ce premier paragraphe, de Dieux existant simultanément. Dans ce cas, *tŭgi* doit être traduit simplement par la conjonction «et, puis, avec».

ㄷㅏㄱㅏㅁㅣ ㅁㅜㅅㅜㅂㅣ ㄴㅗ ㄱㅏㅁㅣ *Taka-mi Musŭbi-no kami* et ㄱㅏㅁㅣ ㅁㅜㅅㅜㅂㅣ ㄴㅗ ㄱㅏㅁㅣ *Kami Musŭbi-no kami*. On remarque tout d'abord la ressemblance presque complète du nom de ce second et de ce troisième dieu de la trinité primordiale des Japonais. — ㄷㅏㄱㅏ *taka* «haut» doit être considéré comme une expression de rhétorique (美タヘ稱コト). Il en est de même de ㅁㅣ *mi* «auguste». En effet *taka* se trouve employé de la sorte dans plusieurs noms honorifiques; et, en ce qui concerne le mot *mi*, on voit, dans le *Ni-hon Syo-ki* que le caractère 御 qui le représente dans le *Ko zi ki* pour désigner le dieu *Taka-mi Musŭbi-no kami* est remplacé par le caractère 皇 «auguste»(神カム皇ミ産ムス靈ビノ尊). — *Musŭbi,* vulg. «lier» (結) désigne, par exemple, «un fruit qui se noue»; *musŭ* signifie «naître» (生ムス), notamment dans les mots 男ムス子コ *musŭ-ko* «un fils», 女ムス子メ *musŭme* «une fille». Dans la vieille anthologie intitulée *Man-yeô siû,* on emploie de même l'expression 草クサ武ム佐サ受ズ «les plantes ne poussent pas». Il signifie ici «se produire, naître, apparaître» (成 出 *nari-idŭru*). Le caractère chinois 產 «se produire, naître», dont on a fait usage, répond donc d'une manière exacte au sens du nom japonais.

Le caractère 日ヒ *bi* du nom *Musŭbi,* comme on vient de le voir, a été remplacé par le caractère 靈, ce qui paraît d'ailleurs une orthographe satisfaisante, ce dernier signe signifiant «merveilleux, miraculeux, extraordinaire», notamment dans l'expression 靈 異 *kusibi.* Le sens de ce nom est donc le «Dieu puissance de la création», expression qui rappelle le rôle essentiel de créateur attribué aux deux *Musŭbi-no kami.* Quelques auteurs prétendent que les deux *Musŭbi* étaient fils du Dieu primordial *Naka-nusi,* et parfois on voit l'un et l'autre confondus dans le culte des anciens Japonais.

하ᅌᅵ가 *hasira* «pilier, colonne» est un déterminatif numéral usité lorsqu'on compte des personnes de rang élevé, notamment des dieux; au moyen âge, on employa de la même façon, dans la langue vulgaire, les mots 御オ一ヒト方カタ *o hito-kata* «une personne», 御オ二フタ方カタ *o futa-kata* «deux personnes», etc. L'expression *hasira* viendrait de ce que, dans l'antiquité, les personnages de rang élevé (貴人) étaient comparés à des arbres (木), tandis que les gens de basse extraction (賤 人) étaient qualifiés d'herbes. (Cf. l'expression chinoise 靑 人 草.)

並 doit être lu, suivant la forme ancienne ㅁㅣㄴㅏ *mina*, et non *narabi-ni*.

ᄒ̂ㅣ ㄷㅗㄹㅣ ㄱㅣ ㅁㅣ *hitori-gami*, litt. « dieux uniques, dieux solitaires ». On veut dire par là qu'ils n'avaient pas d'épouse.

ㅁㅣ ㅁㅣㅇㅗ ㄱㅏㄱㅜㅅㅣ *mi miwo kakusi*. Cette expression présente de grandes difficultés, et je ne suis pas convaincu que les exégètes japonais l'aient comprise d'une façon satisfaisante. Suivant Moto-ori Nori-naga, l'auteur du *Ko zi ki* veut dire que les corps de ces dieux n'étaient pas visibles. Littéralement *miwo kakusi* veut dire « ils ont caché leur corps » ; mais le signe idéographique qui répond à *kakusi*, 隱 *yin*, dont la forme originale était 乚, entraîne en outre l'idée d'une chose obscure, occulte, que l'esprit humain ne peut pénétrer. Il indique aussi l'état de quiétude (= 安 *Gyokŭ-ben*). Je ne crois pas qu'on soit en dehors de la pensée de l'auteur en le rendant par « incorporel » ; en tout cas, je viens de m'expliquer à ce sujet, et chacun pourra juger de l'opportunité de traduire par « dieux au corps occulte », ou « dieux incorporels », ou bien par « ils ont caché leur corps » (c'est-à-dire « ils ont disparu »).

2. — Texte.

Le paragraphe suivant forme, en quelque sorte, avec le précédent une section particulière du *Ko zi ki*, dont on ne retrouve point l'équivalent dans le *Ni-hon Syo-ki*. Cette section est spéciale à une série de dieux essentiellement distincts de ceux qui constituent, d'après ce dernier ouvrage et d'après la tradition populaire la plus répandue, le panthéon du sintauïsme japonais.

次國稚如浮脂而。久羅下那
洲多陀用幣琉之時。如葦牙
因萌騰之物而成神名。宇麻
志阿斯訶備比古遲神。
次天之常立神。
此二柱神亦獨神成坐而。隱
身也。

2. — Transcription en lettres latines.

Tŭgi-ni kuni wakaku uki-abura-no gotoku-ni site, kurage-nasŭ tadayoheru toki-ni asi-kabi-no gotoku, moye-agaru mono-ni yorite nari-maseru kami-no mi na-va, Umasi asikabi hiko di-no kami.

Tŭgi-ni Ame-no toko tati-no kami.

Kono futa basira-no kami mo hitori gami nari-masite, mi miwo kakusi tama'iki.

2. — Transcription dêvanâgarî.

तुगीनी कुनी वाकाकु ऊकी आबुरानो गोतोकु नी सी-ते कुरागे नासु तादायो-येरु तोकी नी आसीकाबो नो गोतोकु मोये आगारु मोनो नी योरी-ते नारीमासिरु कामी नो मी ना वा ऊमासी आसीकाबी हीको दी नो कामी

तुगीनी आमे नो तोको ताती नो कामी

कोनो ऊता बासीरा नो कामी मो हीतोरी गामी नारीमासी-ते मी मीवो काकुसी तामाहीकी ॥

2. — Traduction.

Ensuite le monde, à son premier âge, fut tel qu'un corps gras qui surnage (sur l'eau). Pendant qu'il flottait comme une méduse qui vogue, un génie nommé Oumasi-asi-kabi-hiko-dzi-no kami sortit d'une chose qui s'éleva comme un roseau.

Puis ce fut le génie Amé-no-toko-tatsi-no kami.

Ces deux génies étaient aussi des génies solitaires et qui avaient un corps occulte[1].

2. — Glose.

年	禾。	義	稚。	也	紅	爲	也。	萬	注。
幼	俗	幼	原	○	塵	國。	坤	國	國。

1. Voy., au sujet de la traduction de ces derniers mots, l'observation que j'ai consignée dans ma note 1, page 10.

也。國稚也者。世界之始也○浮脂。浮游也。脂和名阿布良(アブラ)。膏油也。麻魚肉之油也。此言非眞膏油。只膏油之種類也。書紀曰。一物在於虛中。狀貌難言。只譬喩也○久羅下。又云海蛇(クラゲ)。水母。樗浦魚。海鏡。海月。文選註曰。大如鏡白色正圓○那洲。如也○如葦牙。葦和名阿之。蘆也。大葭也。初生爲葭。長大爲蘆。成則爲葦。牙芽也。神代紀亦有葦牙。葦芽也。日本初神自葦牙化出。故號國葦原中國焉○宇麻志阿斯訶備比古遲(ウマシアシカビヒコヂノ)神。書紀云。可美葦牙彥舅尊。可美宇麻志。同義也。彥舅。此云比古尼(ヒコヂ)也。宇麻志又美稱也。書紀可怜(ウマシ)御路(ミチ)。可怜小汀(ヲバマ)。可怜國(クニ)云云。皆人之美稱也。萬葉集亦有人名味稻(ウマシネ)也。本居曰。比

古者。男之美稱也。比者。産巣毘之毘同意。古也者予也。予曾既論此語之原矣。遲也者。老人之貴稱也。父之知智也○天之常立神(アメノトコタチノカミ)。書紀之一書云。國底立尊。按登(ト)許(コ)而曾(ソ)許(コ)義同也○此二柱神亦獨神。若以獨字義爲單獨。此二神爲一神。陰陽之二儀未分在太極爲一也。因古事記第三段又曰獨神。作註解之備凡曰。獨神者。無妻之神是也

2. — Commentaire.

ᒣTL| *kuni.* Ce mot répond au chinois 國 *koueh* que l'on traduit communément par «royaume»; mais il est évident que, lorsqu'il s'agit du moment même de la création, il ne peut être question de «royaume». Bien plus, à la période primordiale que décrit ici le *Ko zi ki,* le Japon lui-même, c'est-à-dire «le monde» n'existe pas encore, car on verra que les îles de la terre furent créées plus tard par la déesse *Iza-nami.* — Le caractère chinois employé dans la transcription du *Ko zi ki* est évidemment impropre :

il n'exprime en réalité qu'un «état»; expliqué par 邦 dans le *Choueh-wen*, il désigne «la résidence de l'empereur», «les princes feudataires», «le domaine de la civilisation». — Suivant le *Wa-kun sivori*, le mot *kuni* vient de く み *kumi*, dans le sens de 相 與 す る *ai-kumi-suru* «réunir, grouper, rassembler»; et dans le 神 代 紀 *Sin dai ki*, il est synonyme de 六 合 *rik-ka'u* «l'univers» et de 八 島 國 *Ya-sima-no kuni* «le Japon». Le dictionnaire étymologique *Gon-gen tei* paraît adopter à peu près la même interprétation, lorsqu'il donne comme élément du mot *kuni* les deux mots 組ク et 土ニ, c'est-à-dire «les pays réunis», c'est-à-dire «le monde» (p. 28).

ㅇㅏ ㄱㅏ ㄱㅜ *wakaku*, vulg. «jeune», est rendu par le chinois 稚 *tchi* qui indique «les pousses des céréales». Les Japonais emploient communément le caractère 若 *joh* dans ce même sens, ou bien le signe 弱 *joh*, qui signifie surtout «tendre, faible, délicat». Il exprime ici l'état du monde (國 *kuni*; voy. ci-dessus) à l'époque de la création. On rencontre ce mot, avec le même sens, dans la partie cosmogonique du *Ni-hon Syo-ki*. (Livr. I, § 1.) Dans la vieille anthologie *Man-yêo siû*, on se sert de l'expression 若 月 *waka-dŭki* pour désigner «la lune du troisième jour» 三ミ 日カ 月ツキ, c'est-à-dire «la nouvelle lune» (Moto-ori, *Ko zi ki den*, livr. III, p. 20).

ㅇㅜㄱㅣ ㅇㅏㅎㅜㄹㅏㄴㅗ ㄱㅗㄷㅗㄱㅜ *Uki-abura-no gotoku*. «L'auteur ne veut pas dire que le monde, à cette époque, était semblable à de la graisse, mais qu'il surnageait comme surnagerait un corps gras, tel que de l'huile». Dans le *Ni-hon Syo-ki*, où l'on se sert de la même image, on compare la substance première du monde successivement à un œuf, à de la graisse ou à des poissons flottant et surnageant (à la surface des flots), à de la neige qui se balance sans appui au-dessus des mers. Et, dans une des citations du *Ni-hon gi* (I, 1 *a*), on dit que cette chose avait une forme difficile à décrire. (Cf. *Ko zi ki den*, III, p. 21.)

久羅下 *kurage*, (구 라 게) est un mot qui sert d'appui à l'idée de «flotter» (多陀用幣琉). Il désigne un poisson également nommé 海月 «la lune des mers», et 水母 «la mère des eaux» (méduse). On lui a donné ce nom parce que ce poisson ressemble à la lune dans la mer. Cette chose flottant dans la mer et ayant une forme qui rappelle l'aspect blanc de la lune pendant la clarté du jour, son nom de «lune des mers» a été bien imaginé. On nomme également ce poisson 海鏡 «miroir des mers» ou 石鏡 «miroir de pierre»; il est grand comme un miroir, de couleur blanche et tout à fait rond.

나수 *nasŭ* veut dire «comme» *(gotoku)*.

Moto-ori se demande où pouvait flotter cette chose. Dans le vide *(sora)*, car, à cette époque primordiale, le ciel et la terre n'existant pas encore, il ne devait pas non plus exister de mer. Cependant un ancien livre cité par le *Ni-hon Syo-ki* dit que «lorsque le ciel et la terre n'existaient pas encore, cette chose surnageait sur les mers, comme par exemple des nuages, sans que rien ne leur serve d'appui». Il n'est pas étonnant de rencontrer une pareille contradiction dans un ouvrage de cette époque traitant de questions cosmogoniques. Il y aurait peut-être lieu néanmoins de tenir compte de deux acceptions différentes du mot «ciel» (天),

savoir «le firmament ou voûte céleste» (蓋天), et le «paradis» (天堂). Ensuite le «ciel» (天) désigne «le séjour des dieux», c'est-à-dire «le ciel idéal», et «l'espace» ou «le vide» (空ソラ *sora*). 靝, forme particulière du caractère 天, est composé de deux éléments signifiant «air-pur». Avant l'apparition des Dieux qui ont donné successivement naissance aux continents et aux îles, les éléments primordiaux de tous les êtres existaient à l'état latent dans l'éther; le ciel 天 *ame*, de même que la terre 地 *tuti*, et les génies 神 *kami* n'ont été créés qu'à la suite de la séparation des éléments confondus dans le tohu-bohu du chaos (渾沌).

아ᄋᆡ가ᄒᆡ *asi-kabi* (葹). Les commentateurs japonais s'efforcent d'expliquer ce que pouvait être la plante nommée *asi-ga'i* ou *asi-kabi*. Il est évident que la discussion engagée à ce sujet est du plus médiocre intérêt. Les synonymies modernes chinoises et japonaises de végétaux sont embarassantes à établir, et le plus souvent elles sont incertaines, parce que les espèces ont été d'ordinaire mal déterminées par les botanistes de l'Extrême-Orient, et qu'un même nom a maintes fois servi à appeler des plantes différentes. A plus forte raison est-on en présence de difficultés presque toujours inextricables, quand on veut établir la correspondance européenne d'un nom de plante cité dans les livres de la haute antiquité orientale. Voici cependant les synonymies qui nous sont données de la plante *asi-kabi*:

Asi est communément écrit à l'aide des caractères 葦 ou 蘆 qui désignent l'un et l'autre une même espèce de roseau, bien que le second soit plus grand que le premier.

Les deux signes réunis sont le nom de l'*Arundo Indica*. *Mao-chang*, auquel nous devons le texte actuel du *Chi-king* (Livre sacré des Poésies), dit : «Ce roseau, à sa naissance s'appelle 葭; quand il n'est pas encore dans sa floraison 芦, et lorsqu'il est arrivé à son état parfait 葦.» (*Ping-tsze-loui-pien*, CLXXXVII, 2; *Syo gen-zi kau*, s. voc. *asi*). — En somme, je crois suffisant de traduire *asi* par «roseau» (和名阿之) sans m'attacher à une désignation botanique plus ou moins douteuse, et, en tout cas, assez indifférente pour l'intelligence du passage qui nous occupe.

Le caractère 牙, vulg. «dent», est employé ici pour 芽 «bourgeon, pousse». Cette expression figure dans le 神代紀 *Sin-dai ki*, où elle signifie «un bourgeon de roseau» (*asi-no mewo i'u*) (*Wa-kun sivori*, s. v. *asi-kabi*). C'est du nom de cette plante qu'est venue la dénomination d'*Asi-vara-no kuni* affectée aux îles du Japon.

히고 *hiko*, mot qui se rencontre dans un grand nombre d'anciens noms japonais, désigne «un mâle». Suivant le dictionnaire étymologique *Gon-gen tei*, qui l'explique ainsi, il vient de 陽ホ子コ «un enfant du sexe masculin». Ce mot, écrit 彥, paraît avoir été surtout donné aux personnages de rang élevé, aux génies, aux héros et aux princes, comme le mot *hi-me*, écrit 姫, est employé pour «une grande dame, une princesse». A l'origine même de la monarchie japonaise, sous le règne de Zinmou, nous voyons le titre de *hiko* attaché au nom du chef aïno *Naga-sŭne* qui tenta de résister à l'invasion japonaise. Ne faudrait-il pas attribuer à *hi-ko* le sens de «fils du Soleil» (日子), et à *hime* celui de «fille du Soleil» (日女)? L'auteur du *Gon-gen tei* explique le mot 陽ヒ *hi* par 火ヒ *hi* «feu», et l'on sait que le caractère chinois *yang*, qu'on traduit d'ordinaire par «principe mâle», signifie également «le soleil», non seulement isolé, mais en composition (par ex. : 陽 祭 ou 日 祭 *hi-mati* «le culte du Soleil»; 陽 光 *hi-no hikari* «l'éclat du Soleil», 日 光, d'après le *Wen-siouen*, cité par *Syo gen-zi kau*, s. v. *hi*). Le Ciel 天 se nomme aussi *hi (tenwo va, hi to mo i'u)*, et les empereurs du Japon *ame-sŭmeragi* ont pour titre «fils du Soleil» (日 ノ 御 子 *hi-no mi-ko*). Suivant le dictionnaire *Wa kun sivori*, *hiko* est une appellation honorifique des mâles et se rattache à 日 子 *hi-ko* «fils du Soleil». Moto-ori considère également *hiko* comme une appellation honorifique des mâles; *hi* est un mot qui entre dans la composition du nom du génie 產 巢 靈 et renferme l'idée de «miraculeux, extraordinaire, prodigieux». Mais ce même nom, dans le *Ko zi ki* a été écrit 產 巢 日, ce qui montre que *hi* signifie tout à la fois «soleil» et «surnaturel».

디 *di* veut dire «vénérable».

아머노 도고 다디노 미고도 *Ame-no toko-tati-no mikoto* est le même dieu que *Ame-no* SOKO *tati-no mikoto*. Interprété par les caractères chinois qui ont été employés pour le transcrire, le nom de ce Dieu 天 常 立 尊 signifie «le vénérable éternellement debout au Ciel». — Le mot 도고 *toko* est expliqué par le dictionnaire étymologique *Gon-gen tei* comme étant un mot dérivé de 時ト *to* «temps», et de 所コ *ko* «endroit, séjour». Noté 天 底 立 尊, le nom de ce Dieu signifie «le vénérable debout au fond du Ciel». — 호고 *soko* vient de 退ソ «retraite» et de 所コ *ko* «endroit»; c'est-à-dire «lieu de la retraite».

A la fin de ce second paragraphe le rédacteur a ajouté une observation d'une importance considérable pour nos études, mais dont l'intelligence présente quelque difficulté. Cette observation est conçue en ces termes :

아 가 이 가
마 미 두 미
두 하 하 노
가 　 시 구
미。 고 라 다
　 도 노 리

Kami-no kudari itŭ basira-no kami-va koto ama-tŭ kami.

En caractères chinois :

別 柱 上
天 神 件
神 者 五

C'est-à-dire : « Les cinq dieux mentionnés plus haut sont en particulier des Dieux du Ciel ».

구다리 *kudari* veut dire « cité, mentionné » ; *kami-no kudari* « mentionnés ci-dessus ». Ce mot *kudari* est encore employé de nos jours sous la forme 件ダン *kudan*, par exemple dans l'expression 如件 *kudan-no gotosi* (pour *kudari-no gotosi*), qu'on place notamment à la fin des effets de commerce, des traités sous seing privé, et qui signifie « ainsi qu'il est dit plus haut ».

고도 *koto*. Ce mot, rendu en écriture chinoise par 別, a un sens qui a été très discuté par les exégètes japonais.

Je me bornerai à citer le commentaire de Moto-ori qui mérite d'être reproduit :

○別天神。別ハ許登と訓べし。其由ハ先書紀の傳どもに。多く國之常立神を以て最初の神として。此五柱天神を奉ざるハ。そハ此國土の方に成坐る神をのみ申傳て。天上に成坐るをば。別なる神として略きつる物なり。又一書に。先國之常立神などを奉て。次に又曰とて。天上なる神等を奉たるも。天上なるをば別なる神とせるなり。されば別と云るも其意にして。天上に成坐るをば。別なる神として。分さるものなり

« *Koto amatŭ kami.* » — Le signe 別 doit être lu *koto*. Voici le motif qui a fait employer cette expression : d'abord, d'après les traditions rapportées dans le *Ni-hon Syo-ki*, on considère généralement *Kuni-no toko tati-no mikoto* comme le premier dieu (du monde), et les cinq dieux qui paraissent au début du *Ko zi ki* se trouvent supprimés. L'auteur, ayant seulement songé à citer les dieux de notre monde (le Japon), a omis de mentionner les dieux du Ciel qu'il a considérés comme d'un AUTRE ordre. Ensuite, dans une citation du *Syo-ki,* on présente d'abord le dieu *Kuni-no toko-tati-no mikoto;* et, après avoir ajouté les mots « on dit aussi », on cite les dieux du Ciel, l'auteur de cette citation considérant les dieux du Ciel comme des dieux d'un ordre particulier *(koto).* Il résulte de là que le mot *koto* n'a été employé que pour distinguer (d'une manière spéciale) « les dieux du Ciel » (Moto-ori Nori-naga, *Ko zi ki den,* livr. II, p. 31[1]).

3. — Texte.

次成神名國之常立神次豐雲野神此二柱神亦獨神成坐而隱身也

1. Cette feuille était déjà en épreuves lorsque j'ai obtenu pour quelques jours seulement communication du 先代舊事本記 *Sen-dai Ku-zi hon-ki,* l'un des anciens livres canoniques de l'antiquité japonaise. Bien que je n'aie pu parcourir que très rapidement cet ouvrage, sur l'authenticité duquel tant de discussions sont engagées parmi les savants du Nippon, je pense qu'on me permettra quelques observations à son sujet. Au début, l'auteur décrit la création du Ciel et de la Terre à peu près dans les mêmes termes que le *Ni-hon Syo-ki.* Le Ciel fut accompli tout d'abord et la Terre établie ensuite. Puis, sur la voûte céleste (天,原) parut un dieu nommé 天讓日天狹霧國禪月國狹霧尊 *ame-yudŭru hi-ame-no sa-giri, Kuni-yudŭru tŭki kuni-no sa-giri-no mikoto.* Après ce dieu, arrivent les sept dynasties des Dieux célestes (天神). Dans la première figurent *Ame-no mi* NAKA-NUSI et *Umasi asi-kabi hiko-di-no mikoto,* et dans la seconde KUNI-NO TOKO-TATI-NO MIKOTO et *Toyo-kuni-nusi-no mikoto.* La septième dynastie, celle où paraissent *Iza-nagi* et *Iza-nami* comprend également les dieux *Ta-ka mi* MUSUBI, *Kamŭ* MUSUBI, etc. Après une courte énumération des dieux

3. — Transcription en lettres latines.

Tŭgi-ni narimaseru kami-no mi na-va Kuni-no toko-tati-no kami. Tŭgi-ni Toyo-kumo-nu-no kami. Kono futa basira-no kami mo hitori-gami nari-masite, mi miwo kakusi tamaʻiki.

3. — Transcription dêvanâgarî.

तुगी नी नारीमासेरु कामी नो मी ना वा कुनी नो तोको ताती नो कामी। तुगी नी तोयो कुमो नु नो कामी। कोनो फ़ुता बासीरा नो कामी मो हीतोरीगामी नारीमासी ते मी मीवो काकुसी तामाहीकी॥

3. — Traduction.

Ensuite le nom du génie qui se manifesta, fut Kouni-no toko-tatsi-no kami. Puis Toyo-koumo-nou-no kami. Ces deux génies furent aussi des génies solitaires et qui avaient un corps occulte[1].

3. — Glose.

○國常立神者。日本俗傳第一神也。原根之神也書紀日。開闢之初。天地之中生一物。狀如葦牙。便化爲

primordiaux que je regrette de ne pouvoir reproduire ici faute de place, l'auteur aborde la légende de *Iza-nagi* et de *Iza-nami*. — Un autre ouvrage, qui m'est également communiqué pour quelques jours, le 神代巻 *kami-yo-no maki*, qui reproduit la genèse du *Ni-hon syo-ki*, nous apprend que le *Ku-zi ki*, le *Ko zi ki* et le *Ni-hon syo-ki* forment ce qu'on appelle les trois livres canoniques du Japon (三部本書).

1. Litt. «ils cachèrent leur personne» (voy. p. 10).

神號國常立尊也。△注。漢書論天地元原者凡曰。原由有大極。大極者。大一也。常理也。太極之有動靜是天命之流行也。太極生兩儀。動而生陽。靜而生陰。上古之傳述也。混沌初開乾坤始奠。氣之輕淸。上浮者爲天。氣之重溷下凝者爲地。中古之傳述也。天地初分之時。盤古生於其中。能知天地之高低。及造化之理。故俗傳曰。盤古分天地。下古之傳述也。一曰。盤古之怪誕出自外國而入華國也。至今未詳。日本書紀之傳述似華國中古及下古之傳述而矣。盤古者與渾沌同也。只曰爲開闢首君生於太荒。莫知其始。又曰渾沌氏也。又有天地人三皇氏矣。後來有巢氏而燧人氏也。

3. — COMMENTAIRE.

ㄱㅜㄴㅣ ㄴㅗ ㄷㅗㄱㅗ ㄷㅏㄷㅣㄴㅗ ㄱㅏㅁㅣ *Kuni-no toko-tati-no kami.* — Dans la tradition vulgaire du sintauïsme, fondée sur le texte du *Ni-hon Syo-ki,* ce génie est le dieu primordial du panthéon japonais, et celui qui apparaît tout d'abord au moment où les éléments du chaos commencent à se séparer. Son nom signifie littéralement « le Dieu éternellement debout dans le pays ». Cette interprétation a cependant besoin d'être discutée, d'autant plus que nous retrouvons à peu près les mêmes mots dans le nom d'un dieu cité plus haut dans le *Ko zi ki.* Cet autre dieu est appelé ㅇㅏ ㅁㅓ ㄴㅗ ㄷㅗㄱㅗ ㄷㅏㄷㅣ ㄴㅗ ㅁㅣㄱㅗㄷㅗ *Ame-no toko tati-no mikoto,* et ailleurs *Ame-no soko tati-no mikoto.* Il n'y a pas lieu de s'arrêter à la variante *toko* ou *soko,* que j'ai déjà expliquée, et qui, suivant Moto-ori ne fournit qu'un seul et même sens (御名義登許ハ曾許と通ひて同じ *Ko zi ki den,* III, 29). La différence sur laquelle doit se porter l'attention, est l'emploi, dans le premier, du mot 天 *ame* « ciel », et, dans le second, du mot 國 *kuni* « pays ». Il me semble évident que le premier est un dieu suprême de l'Univers, résident au-delà du séjour des humains, tandis que le second, au contraire, est un dieu purement terrestre, un dieu local des îles du Japon. Cette explication serait, au besoin, justifiée par une phrase que j'ai déjà signalée et qui nous montre que dans la pensée du rédacteur du *Ko zi ki,* les sept premiers dieux sont des dieux supérieurs essentiellement distincts des dieux purement japonais qui seront mentionnés après eux. De la sorte aussi s'explique la suppression de ces sept premiers dieux (au moins en tant que formant une série spéciale), dans le *Ni-hon Syo-ki* et dans les traditions populaires communément répandues chez les Japonais : dans ce dernier livre et dans ces traditions populaires, on ne s'est préoccupé que des dieux absolument nationaux et on a renoncé à parler d'une série qui répond probablement à la plus ancienne expression de l'idée religieuse dans les îles de l'Extrême-Orient, mais qui n'est pas étroitement liée au sentiment national des indigènes et aux intérêts dynastiques des Mikado, considérés comme descendants directs, successeurs et héritiers des *kami* du sintauïsme. Quelques savants ont supposé que *Ame-no toko tati-no mikoto* était le même dieu que *Kuni-no toko tati-no mikoto;* d'autres ont été jusqu'à vouloir identifier *Ame-no mi Naka-nusi-no kami,* premier dieu du *Ko zi ki* avec *Kuni-no toko tati-no mikoto,* premier dieu du *Ni-hon gi*[1]. Moto-ori n'hésite pas à dire que c'est là une grande erreur, et la plus grave de toutes les erreurs.

又此ノ神と。天之御中主神と一ッ神なりなど云ヒなれなど八。例の牽強（シヒゴト）なる中にも。殊に甚しきものぞ。

(*Ko zi ki den*, III, 33, Comm.) — Tout d'abord, dans le *Syo-ki,* on cite les dieux *Kuni-no toko tati-no mikoto,* puis *Kuni-no sa-dŭti-no mikoto,* puis *Toyo-kumŭ nu-no mikoto,*

1. Notamment l'éditeur du *Ku zi ki,* I, 1.

d'après une tradition qui diffère de celle du *Ko zi ki*. Or, si nous examinons quelle a été l'origine et la succession des dieux depuis *Kuni-no toko tati-no mikoto* jusqu'à *I-za nami-no kami*, nous voyons que deux de ces dieux *Asi-kabi-hiko-di* et *Ame-no toko-tati* sont des dieux « célestes » qui se sont formés, à l'origine du ciel, en sortant d'une chose semblable à un roseau, tandis que les autres dieux qui ont paru depuis *Kuni-no toko-tati-no mikoto*, tirent leur existence d'une chose analogue à de la graisse flottante qui doit constituer la terre. Dans la citation du *Ni-hon gi*, où l'on rapporte que, suivant un ouvrage, il y eut une chose semblable à de la graisse flottante qui nageait au milieu de l'espace, et que cette chose se transforma et devint le dieu *Kuni-no toko-tati-no mikoto*, on a évidemment l'intention de mettre en parallèle les deux dieux *Ame-no toko tati* et *Kuni-no toko tati*. Il subsiste cependant encore quelques doutes sur la manifestation distincte de ces deux dieux (Moto-ori, *Ko zi ki den*, III, 33).

Yasŭ-maro, suivant l'usage, joignit au texte du *Furu koto bumi* (le *Ko zi ki*) qu'il présenta en l'an 712 à l'impératrice *Gen-myau*, une sorte de Rapport destiné à servir d'introduction à cet ouvrage. Ce rapport montre combien, à cette époque, les idées cosmogoniques chinoises s'étaient infiltrées dans les traditions du sintauïsme. On y lit ce qui suit :

臣安萬侶言夫混元既凝氣象未效無名無爲誰知其形○然乾坤初分參神

作造化之首陰陽斯開二靈爲羣品之祖○參神ハ天之御中主高御産巣日神産巣日の三柱神と申候即本文の始メ又出ツ○二靈ハ伊邪那岐伊邪那美二柱神と申候

« Lorsque le chaos commença à se condenser, les formes (spéciales des êtres) ne s'étaient pas encore manifestées. Il n'y avait pas de noms, pas d'actions. Qui pourrait dire quel était alors l'état des choses? Mais lorsque le Ciel et la Terre commencèrent à se séparer, trois dieux (參 神)[1] furent le point de départ (littéralement « la tête ») de la création. Le principe femelle et le principe mâle se séparèrent (voy. p. 3) et les deux *rei*[2] devinrent les ancêtres de toutes choses.

« Les trois dieux (primordiaux) furent : *Ame-no mi Naka-nusi*, *Taka-mi Mŭsubi* et *Kami-Musŭbi*. Or ce sont ces mêmes dieux qui apparaissent au début du *Ko zi ki* . . . . . Les deux *rei* (ancêtres de toutes choses) furent 伊 邪 那 岐 *Iza-nagi* et la déesse 伊 邪 那 美 *Iza-nami* ».

1. C'est-à-dire les trois dieux de la triade primordiale à la tête de laquelle le *Ko zi ki* place le dieu *Naka-nusi*.

2. Les Chinois entendent par 靈 *ling* (sin.-jap. *rei*) « la puissance créatrice des êtres ».

4. — Texte.

次成神名宇比地邇神。次
妹須比智邇神。次角杙神。
次妹活杙神。次意富斗能
地神。次妹大斗乃辨神。次
淤母陀琉神。次妹阿夜訶
志古泥神。次伊邪那岐神。
次妹伊邪那美神。
上件自國之常立神以下。伊邪那美
神以前。并稱神世七代。

4. — Transcription en lettres latines.

Tŭgi-ni nari-maseru kami-no mi na-va U-di-ni-no kami; tŭgi-ni imo Sŭ-bi-di-ni-no kami.

Tŭgi-ni Tunu gú i-no kami; tŭgi-ni imo Iku gú i-no kami.

Tŭgi-ni Oho to-no di-no kami; tŭgi-ni imo Oho to-no be-no kami.

Tŭgi-ni Omo-daru-no kami; tŭgi-ni imo Aya-kasiko-ne-no kami.

Tŭgi-ni Iza-nagi-no kami; tŭgi-ni imo Iza-nami-no kami.

Kami-no kudari Kuni-no toko tati-no kami yori simo, Iza-nami-no kami made, avasete kami yo nana yo to mausu.

4. — Transcription dêvanâgarî.

तुगी नी नारी मासेरु कामी नो मी ना वा ऊद्वीनीनो कामी। तुगी नी इमो सुबीद्वीनी नो कामी ॥ तुगो नी तुनु गुही नो कामी। तुगी नी इमो इकुगुही नो कामी ॥ तुगी नी ओहोतोनोद्वी नो कामी। तुगी नी इमो ओहोतोनो बे नो कामी ॥ तुगी नी ओमोदारु नोकामी। तुगी नी इमो आयाकासीको ने नो कामी॥ तुगी नी इसानागी नो कामी। तुगी नी इमो इसानामी नो कामी ॥

कामी नो कुद्वारी कुनी नो तोको ताती नो कामी योरी सीमो इसानामी नो कामी माद्दे आवासेते कामी यो नाना यो तो मौसु ॥

4. — Traduction.

Ensuite le nom du génie qui se manifesta fut le génie Oudzini-no; puis sa compagne la déesse Sou-bidzi-ni.

Puis le génie Tsounou-goui. Puis sa compagne la déesse Ikou-goui.

Puis le génie Oho-to-no dzi; puis sa sœur la déesse Oho to-no bé.

Puis le génie Omo-darou; puis sa compagne la déesse Aya-kasiko-né.

Puis le génie Iza-nagi; puis sa compagne la déesse Iza-nami.

Les génies mentionnés ci-dessus, depuis le génie Kou-ni-no toko-tatsi[1] jusqu'au génie Iza-nagi forment ensem-

1. Dans le texte publié par Arata Atutané, au lieu de *Kuni-no toko tati-no mikoto,* on lit *Kuni-no soko tati-no mikoto* (voy. *Ko si den,* livr. II, p. 2). Ce commentateur ajoute au texte : «Les deux premiers dieux étaient des

ble ce qu'on appelle les sept successions des Génies (célestes).

4. — Glose.

宇比地邇神。次妹須比智邇神。此字皆爲譯以音。日本書紀解此神名之義用別字。乃埿土煮尊。沙土煮尊。據以可知宇此地三字之意焉。宇者埿也。埿泥塗也。紅塵之始水土混沌之形狀是也。後世之歌指泥云宇伎。意同也。須者水土將分之時也。世界之始潮水地土混淆之時也。邇者沼也。上古原野多有積水。此故野沼二字爲同義矣。妹者少女之稱也。男子謂女子後生爲妹。自中主神至豐雲野神皆無妻。獨神而隱身也。自比地邇神以來始有男女。一曰。妹姊妹

génies solitaires et formaient chacun une génération; les dix dieux qui viennent ensuite se présentent par couples (un dieu et une déesse) qui ne comptent chacun que pour une génération (代); en tout cinq générations ou cinq âges».

也。一曰。妹妻也。未詳焉○角村神。角者物生之初。頭尾手足末成者是也。杙者物初生芽之意也。活杙者生活而動也○意富斗能地神。大斗乃辨神。意富與大字同義。尊稱也。斗者處也。能者同之字也。乃同能也。地者與比古遲之遲同義。男子也。辨者對地字。女美稱也○游母陀琉神。阿夜訶志古泥神。註曰。淤母陀琉者無闕漏之處也具備之謂也。阿夜者歎也。訶志古者恐懼也。泥者名兄二語湊合之言也。男女之尊稱也。此解少似牽強○伊邪那岐神。伊邪那美神。伊邪者誘也。那岐之意難解焉。一曰。那岐即阿藝與吾君同義也。一曰。那者汝也。那岐者汝君也。那美者汝妹也。一曰。那岐者諾也。

那美者冊也。各書相同。然冊字之意不詳矣。待識者解之耳已

4. — Commentaire.

우히디 니노 가미 *U-ʿ idi-ni-no kami.* 수히디 니노 가미 *Sŭ-ʿ idi-ni-no kami.* Les noms de ces deux dieux sont identiques à la seule différence près du premier mot qui entre dans leur composition; il est évident qu'il existe entre eux un parallélisme dont il faut tenir compte. Dans le *Ko zi ki,* on ne s'est servi, pour les noter, que de signes chinois phonétiques (宇ウ 比ヒ 地ヂ 邇ニ, 須ス 比ヒ 智ヂ 邇ニ); dans le *Ni-hon Syo-ki,* au contraire, on semble avoir voulu faire comprendre leur signification en employant des caractères chinois idéographiques (埿ウ 土ヒヂ 煮ニ, 沙ス 土ヒヂ 煮ニ). Or 우 *u* signifie «boue» (ch. 泥); c'est le même mot qu'on rencontre dans les poésies des âges postérieurs sous la forme ウキ *uki;* le composé *uʿ i-di* signifie, de la sorte, «terre limoneuse». 수 *sŭ,* transcrit dans le *Ni-hon gi* par 沙 (vulg. «sable»), indique de la terre et de l'eau de mer qui, à la fin du chaos, commencent à se séparer, *tŭti-no midŭ to wakare-taru-wo iʿu,* dit Moto-ori (*Ko zi ki den,* livr. III, p. 38). Suivant ce dernier commentateur, 니 *ni* (邇ニ) répondrait à 野 *nu* (vulg. «champ») du nom du dieu *Toyo-kumo-nu-no kami* (voy. plus haut, § 3), et aurait le sens de «un marais, un étang» (沼누). Ce même mot se rencontre dans plusieurs noms anciens; et, dans le *Syo-ki,* il est indifféremment écrit 邇니 *ni* ou 根너 *ne.* Moto-ori dit que, d'après son maître, 宇 *u* viendrait de 浮ウキ *uki* (vulg. « flotter »), et 須ス *sŭ* de 沈シヅ *sidŭ* (vulg. « plonger »), par contraction (斯シ 豆ツ ハ 須ス と 約ツヾ ま る), et exprimerait l'état de la terre qui, au commencement du monde, était d'abord mêlée à l'élément liquide des mers et qui ensuite finit par se dessécher et durcir, de façon à former les continents. Dans ce cas, le mot 邇ニ *ni*, où nous voyions tout à l'heure, un équivalent du mot « marais », devrait être rendu par « terre ». Cette étymologie, qui semble peu probable au premier abord, prend quelque vraisemblance par suite des rapprochements philologiques qu'ont fait plusieurs auteurs japonais, et d'où il résulte que le mot *ni* est entré dans la composition de divers mots où il a évidemment la valeur de « terre ». (土ハニ *hani*, dans le *Gon-gen tei*, p. 43; « terre rouge ou jaune », *Wa kun sivori*, XXIV, p. 27; *Syo gen-zi kau*, éd. lith., p. 14, l. 10; « la terre à l'état de mortier » 黏ネハ 土ツチ, c'est-à-dire l'argile, dans l'état où il sert pour la fabrication des poteries 埴, *Wa-Kan San-sai dŭ-ye*, livr. LV, p. 6; dans le *Wa-myau-seô*, la « boue » est appelée *hidiriko;* on dit également *kó idi;* en langue vulgaire ド ロ *doro.*)

도기니 이모 *tŭgi-ni imo*. Suivant Moto-ori, l'auteur du *Ko zi ki* s'est exprimé ainsi parce que dans les cinq générations divines qui suivent, on voit les deux sexes représentés; mais comme les dieux mâles vinrent les premiers, et les dieux femelles ensuite, on a employé le mot 次ツギ *tŭgi*. Cette explication du savant exégète japonais est peut-être un peu forcée, et il suffirait probablement de voir dans le mot *tŭgi* une conjonction indiquant la succession des divinités énoncées au début du *Ko zi ki*, et rien de plus. —

Imo désigne d'ordinaire « une sœur cadette »; mais le signe 妹 signifie aussi « une jeune femme », et même une épouse (妻). Dans les temps anciens, on se servait indifféremment de *imo* lorsqu'il s'agissait de mari et femme, ou de frère et sœur, ou même vis-à-vis d'étrangers. Lorsqu'une femme, par exemple, se trouvait avec un homme, celui-ci s'appelait *imo*. Plus tard les femmes ont fait usage de la même expression en se parlant entre elles, et chacune, dans la conversation, disait *imo* « moi, votre cadette ». Le rédacteur du *Ko zi ki* a fait usage du caractère 妹 parce qu'il n'avait pas de correspondant plus exact du mot ㅇㅣㅁㅗ *imo*, et comme les dieux, jusqu'à *Omo-daru Kasiko-ne-no kami*, nous sont présentés deux à deux, un dieu mâle et un dieu femelle, on a donné aux dieux femelles le nom de *imo*. On aurait tort de trop s'appuyer sur le sens du caractère chinois 妹 qui pourrait induire en erreur. Enfin il faut hésiter à traduire *imo* par « épouse », car à cette époque le mariage n'existait pas encore; ..... *totŭgi-no koto va imada hadimarazaru toki nareba, yome-no i'i-ni va arazŭ* (Moto-ori, *Ko zi ki den*, livr. III, p. 41).

ㄷㅜㄴㅜ ㄱㅜㆆㅣ ㄴㅗ ㄱㅏㅁㅣ *Tŭnu gu'i-no kami*. — Yㅣㄱㅜ ㄱㅜㆆㅣ ㄴㅗ ㄱㅏㅁㅣ *Iku gu'i-no kami*[1]. — *Tŭnu*, forme ancienne de *tŭno*, répond au chinois 角 qui signifie communément « une corne », et exprime ici quelque chose qui surgit, qui vient à poindre, comme « un bourgeon ». Suivant Arata Atutané, ce mot veut dire une chose qui naît, et n'a pas en-

1. D'après le *Sen-dai Ku-zi-ki* attribué à *Syau-tokŭ tai-si*, ces deux génies forment la troisième génération des dieux du Ciel, et celle de *U'i-di-ni-no kami* est considérée comme la quatrième.

core de membres, tels que la queue, la tête, la main, le pied (*Ko si den*, livr. II, p. 5, et *Ko zi ki den*, livr. III, p. 41). — *Ku'i* ou *gu'i*, rendu par le chinois 杙クヒ «une borne agraire[1]», doit être traduit, suivant le commentaire de Moto-ori, par «une chose qui commence à pousser». Le nom de ce dieu signifie donc «le Dieu qui vient de paraître (comme le rejeton d'un roseau)». — *Iku-gu'i* s'explique, de la même façon, par «prendre la vie et l'activité».

ㅇㅗ ㅎㅗ ㄷㅗㄴㅗ ㄷㅣㄴㅗ ㄱㅏㅁㅣ *Oho-to-no di-no kami*. ㅇㅗㅎㅗ ㄷㅗㄴㅗ ㅎㅓ ㄴㅗ ㄱㅏㅁㅣ *Oho-to-no be-no kami*. Dans le nom de ces deux dieux, 意オ 當ホ *oho* est une particule honorifique (稱タヘ 辭コト あり); c'est une orthographe phonétique du mot 大 *oho* actuellement encore en usage chez les Japonais[2]. 斗 *to* est une notation phonétique de 處ト «lieu, endroit», en japonais moderne トコロ *tokoro*. L'expression *to*, pour désigner «un endroit» est très fréquente dans la langue ancienne 所 と と と い へ る 事 古 語 よ 多) (*Wa kun sivori*, livr. XVIII, p. 1). *To* est également transcrit par 戸ト «une porte» que l'auteur du *Gon-gen tei*, donne comme devant servir à l'étymologie du mot *tokoro*, équivalent de *to* «lieu». Le nom du dieu qui nous occupe en ce moment est, en effet, écrit quelquefois avec le caractère 戸ト, notamment dans le *Ku zi ki*, livr. I, p. 3-4. — *No* est la particule du génitif (能 ハ 之ノ て ふ 辭テニヲハ あ る). — 地ヂ *di* est le même

1. Arata Atutané écrit le mot *gu'i* avec le caractère 樴 qui, d'après le *Choueh-wen*, est synonyme de 杙 (*Ko si den*, livr. II, p. 1).

2. Arata Atutané fait usage du caractère 大 pour écrire le nom du dieu *Oho-to no di-no kami* (voy. *Ko si den*, livr. II, p. 1). — Dans le *Ku zi ki*, ces dieux s'appellent *Oho-toma-hiko-no mikoto* et *Oho-toma-be-no mikoto*.

mot que nous avons déjà rencontré (§ 3) sous la forme 遲ヂ *di*, dans le nom du dieu *Hiko-di-no kami;* il exprime l'idée de « mâle », et a pour correspondant le mot *be* qui, dans le nom de la déesse *Oho-to-no be*, est une appellation honorifique de « femme ». Ce mot *di* est probablement la racine de *titi* « père », expliquée par 血チ 道ヽ *ti-di* dans le dictionnaire étymologique *Gon-gen tei*, p. 33. Quant au mot *be*, qui pourrait bien n'être qu'une transformation phonétique du mot 女メ *me*, le *b* et le *m* permutant fréquemment en japonais, il est considéré par l'auteur du *Wa kun sivori* comme une contraction de 姬ヒメ *hime* « princesse », dont on trouve beaucoup d'exemples dans le *Ko zi ki* et dans le *Syo-ki*.

오모 다루노 가미 *Omo-daru-no kami*. 아 와 가시 고 네노 가미 *Aya-kasiko-ne-no kami*[1]. — *Omo-daru* est rendu, dans le *Syo-ki*, par 面足, et veut dire « ce à quoi il ne manque rien, qui est parfait ». — *Aya* indique « une exclamation », et *kasiko* « la crainte », d'où « une exclamation poussée par frayeur ». — *Ne* est donné comme une contraction de 名ナ 兄エ « un aîné », expression honorifique également applicable aux hommes et aux femmes. Ces interprétations, données par les exégètes japonais, ne nous font guère comprendre d'une façon satisfaisante le sens qu'on a pu attacher à ces deux noms de divinités qui, malgré les efforts de plusieurs savants indigènes, demeurent assez obscurs ou

1. Arata Atutané supprime le mot *aya* du nom de ce dieu (*Ko si den*, loc. citat.). — Dans le *Ku zi ki*, ces dieux sont nommés 靑橿城根尊 *Awo-kasiki-ne-no kami* et 吾屋橿城根尊 *Aya-kasiki-ne-no kami* (livr. I, p. 3).

tout au moins fort incertains. L'idée que par *Aya-kasiko*, on a voulu dire qu'à la vue de ce dieu on était saisi de terreur, ne paraît pas satisfaisante.

ㅛㅣㅇㅏ ㄴㅏ ㄱㅣ ㄴㅗ ㄱㅏ ㅁㅣ *Iza-nagi-no kami*. ㅛㅣㅇㅏ ㄴㅏ ㅁㅣ ㄴㅗ ㄱㅏ ㅁㅣ *Iza-nami-no kami*[1]. La signification de ces noms est encore plus douteuse que celle des noms précédents. Il serait cependant fort intéressant d'en déterminer la valeur, car il s'agit, en ce moment, de deux des divinités les plus importantes du panthéon japonais, de deux génies que les chrétiens du Nippon appelaient « l'Adam et Ève » de leur pays. *Iza*, suivant les principaux commentateurs, signifierait « conduire, aller avec, tenter »; et, de la sorte, *Iza-nagi* serait une abréviation de *Iza-na'i kimi* « le seigneur qui conduit, qui tente », et *Iza-nami* une abréviation de *Iza-n'ai-me-gimi* « la dame qui conduit, qui tente ». Ces noms se rattacheraient à une légende qui se rencontre également dans le *Ko zi ki* et dans le *Ni-hon Syo-ki*, légende suivant laquelle ces deux divinités, dans le but de donner le jour aux îles du Japon et à une foule des dieux nationaux de ce pays, se seraient provoquées l'une l'autre pour s'unir par les liens du mariage et se connaître. — *Iza*, qu'on écrit en caractères chinois 去 來, est une interjection qui se

1. M. Kira Yosi-kazé présente *Iza-nagi* comme un des souverains primitifs du Japon, et à ce titre le désigne sous le nom de 伊 弉 諾 天 皇 *Iza-nagi ten-wau*, dans son édition critique de l'*Uyetŭ fumi*, livr. I, p. 1. — Dans le *Sen-dai Ku zi ki*, on donne également à *Iza-nagi* le nom de 天 降 陽 神 *Ama-kudaru o-gami*, « le génie mâle descendu du Ciel », et à *Iza-nami* celui de 天 降 陰 神 *Ama-kudaru me gami*, « le génie femelle descendu du Ciel ». Ces deux noms sont composés sous l'influence des idées chinoises.

prononce dans le but d'exciter ou d'encourager; on en a formé les verbes *izana'u, izanayeru* (誘) « conduire, encourager, causer une tentation », et aussi « pousser, solliciter, exhorter » *(sŭsŭmu, sŭsŭmeru)*[1], sens qui conviennent assez bien aux noms des dieux qui nous occupent (voy. *Kogon tei heô-syu*, p. 8; *Wa kun sivori*, t. III, p. 8). — *Na-gi* est considéré par les uns comme l'équivalent de 吾ア君ギ « mon seigneur », autrement écrit en signes phonétiques 阿藝, par les autres comme une contraction 汝 君 *nandi kimi (na-gi)* « toi, seigneur »[2]. — Le mot *mi*, dans le nom de la déesse *Iza-nami*, a été évidemment mis en opposition avec le mot *gi*. On y voit une contraction de 女メ君ギ *me-gi* « princesse ». Ces deux noms ont été encore interprétés différemment. Dans le *Ni-hon Syo-ki*, on écrit le premier avec le caractère 諾ナギ qui peut se traduire par « accéder, consentir », ce qui ferait allusion au moment où le dieu mâle cède à la provocation tentatrice du dieu femelle; mais comment expliquer le caractère 册ナミ employé pour le second nom? Les *wa-gakŭ-sya* sont généralement d'accord pour considérer ce problème philologique comme très embarassant, pour ne pas dire tout-à-fait insoluble.

Iza-nagi et *Iza-nami* terminent la série des Génies du Ciel *(Ten-zin* ou *Ame-no kami)*, en dehors de laquelle il faut placer la triade primordiale dont le Dieu suprême *Naka-nusi* est la principale expression, et qui a été omise,

1. Et aussi *sasô* « inviter, persuader » (*Ga-gen siû-ran*, livr. I, p. 52).

2. Le mot *nagi* se rencontre dans plusieurs noms anciens où il est orthographié de diverses manières, 奈木, 奈疑, etc. (*Ga-gen siû-ran*, livr. IX, p. 33.)

comme je l'ai dit, dans la rédaction du *Ni-hon Syo-ki*, tandis qu'elle figure, au contraire, en tête de celle du *Ko zi ki*. Les dieux de cette triade sont spécialement désignés, dans le *Rapport* présenté en 712 de notre ère à l'impératrice *Gen-myau*, par *Futo-no Yasŭ-maro*, sous le nom de 參 神 *san-zin* «les trois Dieux (par excellence)», et les deux Génies *Iza-nagi* et *Iza-nami* sous le titre de 二 靈 *ni-rei* «les deux principes-vitaux (des êtres)».

Au premier coup-d'œil, on est frappé par ce fait que le texte du *Ni-hon Syo-ki*, contrairement à celui du *Ko zi ki*, renferme, dès les premiers mots, des traces évidentes d'une influence chinoise. Le paragraphe tout entier paraît avoir été composé sous l'inspiration des idées cosmogoniques de la Chine, idées qui étaient déjà en grande faveur au Japon à la fin du VIIe et au commencement du VIIIe siècle, époques auxquelles remonte la publication primitive de ces deux ouvrages. Il n'est pas étonnant que *Yasŭ-maro*, après avoir résolu de refondre la rédaction primitive du *Ko zi ki* de façon à en faire un livre mieux coordonné et plus conforme à l'esprit de son temps, ait cru utile de donner aux origines japonaises une certaine analogie avec les origines chinoises. La mention, dans la *Ni-hon Syo-ki* des deux principes primordiaux du dualisme de la Chine antique, ne laisse aucun doute à cet égard. Examinons donc le courant d'idées dont s'est imbu le compilateur des annales écrites du Japon.

«Anciennement, dit le *Ni-hon Syo-ki*, le ciel et la terre n'étaient pas séparés (古 天 地 未 剖), le principe femelle (陰) et le principe mâle (陽) n'étaient pas divisés;

..... la partie pure et lumineuse s'évapora et forma le Ciel; la partie lourde et trouble se coagula et forma la Terre». C'est là, identiquement, ce que nous trouvons dans les récits chinois relatifs à la cosmogonie. «Lors de la séparation originaire du chaos, dit le *Kou-sse sin-youen* (livr. I), lorsque le Ciel et la Terre commencèrent à exister, les éléments légers et purs surnagèrent *en haut* et formèrent le Ciel, tandis que les éléments lourds et impurs se coagulèrent *en bas* et formèrent la Terre». C'est d'ailleurs la donnée que fournit le *Yih-king*. Le grand principe primordial ou 太極 *taï-kĭh*[1] a donné naissance aux deux puissances créatrices ou 兩儀 *liang-i*. Quand les deux puissances créatrices n'étaient pas encore séparées, leur substance se trouvait dans un état complet de confusion et avait la forme d'un œuf. 盤古氏 *Pan-kou* parut, et alors la voie du Ciel produisit la loi des deux principes 陰 *Yin* et 陽 *Yang*.

1. 極 *kĭh* (jap. *kyokŭ*), mot qui joue un si grand rôle dans la cosmogonie chinoise, d'après les dictionnaires indigènes les plus autorisés, signifie : 棟 «la poutre la plus élevée d'un bâtiment» *(Chouĕh-wen)*; puis 至 «l'extrême, le point extrême, le but» *(Kang-hi-tsze-tien)*; 盡 «épuisement, achèvement, accomplissement», 終 «la fin, le terme» *(Tsze-weï)*; et enfin 中, c'est-à-dire «le centre, le point central et initial d'où dérivent les choses, et autour duquel converge tout ce qui existe» (*Pwf.*, CII, 258). — 太極 *taï-kĭh*, dont le sens résulte de toute une théorie philosophique, est expliqué par 天 «le Ciel» (*King-tsĭeh-tsouan-kou*, CII, 6); mais cette expression a évidemment une signification plus complexe et plus raffinée. Dans le Livre sacré des Transformations, c'est le principe unitaire et générateur des différentes forces créatrices, savoir : les deux 儀 *i*, les quatre 象 *siang*, et les huit 卦 *koua* élémentaires. C'est en outre, 元始 «l'origine première». «Le *Taï-kĭh*, en se mouvant, a produit le principe mâle *Yang*, et dans le repos a donné naissance au principe femelle *Yin* *(Taï-kĭh tou-chouĕh)*. — «C'est la Raison du Ciel, de la Terre et de toutes les choses» *(Tchou-tsze Yu-lŏh)*.

Nous reviendrons, plus loin, sur ce sujet, à l'occasion des deux *i*, considérés comme correspondant à deux divinités du sintauïsme japonais.

[ハ]一書曰。天地初判一物在
於虛中。狀貌難言。其中自有
化生之神。號國常立尊。亦曰
國底立尊次國狹槌尊。亦曰
國狹立尊。次豐國主尊。亦曰。
豐組野尊。亦曰。豐香節野尊。
亦曰。浮經野豐買尊。亦曰豐
國野尊。亦曰。豐齧野尊。亦曰。
葉木國野尊。亦曰。見野尊。

1, *a.* — On lit dans un livre :

A l'époque où le Ciel et la Terre furent séparés, il y eut une chose au milieu de l'espace. Elle avait une forme difficile à décrire. Un Génie se manifesta dans son sein : il se nomme le divin *Kuni-no-toko-tati.* On l'appelle également le divin *Kuni-soko-tati.* Puis ce fut le divin *Kuni-no-sa-tuti,* autrement appelé le divin *Kuni-no sa-tati;* puis le divin *Toyo-kuni-nusi,* autrement appelé le divin *Toyo-kumi-no,* ou le divin *Toyo-ka-busi-no,* ou bien le divin *Uki-fu-no-no-toyo-kai,* ou bien le divin *Toyo-kuni-no,* ou bien le divin *Toyo-kui-no,* ou bien le divin *Ha-ko-kuni-no,* ou bien enfin le divin *Mi-no.*

COMMENTAIRE.

1, *a*. — 一書曰 *aru fumi-ni ivaku* «on lit dans un livre». Cette formule, qui est souvent reproduite dans le *Ni-hon Syo-ki*, mérite d'appeler tout particulièrement l'attention. Elle nous montre qu'à l'époque où fut composé cet ouvrage, il existait des traditions différentes les unes des autres au sujet de l'origine, des noms et de la généalogie des divinités du panthéon sintauïste; elle prouve, en outre, que Yasu-maro a fait une véritable œuvre d'érudition en nous donnant non seulement le récit des événements théogoniques qui lui paraissait le meilleur, mais encore les formules diverses relatives à ces événements qui se rencontraient dans les anciens livres conservés jusqu'à son époque.

Il est sans doute regrettable qu'au lieu de nous dire «on lit dans un livre», on ne nous ait pas indiqué d'une façon précise à quel livre on faisait un emprunt; mais il serait injuste de demander à l'antiquité japonaise le système si perfectionné des citations qu'on ne rencontre que fort rarement dans des ouvrages antérieurs à ce siècle.

Les savants japonais de notre époque ont compris comme nous combien il était fâcheux de ne pas trouver en tête des fragments d'auteurs anciens cités par Yasu-maro la mention des livres auxquels il avait eu l'avantage de pouvoir faire des emprunts; et ils ont essayé, avec un zèle des plus méritoires, d'établir le bilan bibliographique du siècle où a été rédigé le *Ni-hon Syo-ki*. L'un d'eux, M. 吉良義風 *Kira Yosi-kaze*, auquel on doit la publication d'un livre intitulé 上記 *Uye-tŭ fumi*, livre dont l'authenticité, par parenthèse, ne paraît pas établie, a cru pouvoir former une liste d'écrits auxquels avait recouru Yasu-maro, liste dont voici la reproduction :

1° 高千穂の大宮司の傳書 *Taka-ti-ho-no oho-miya tŭkasa-no den-syo*[1];

2° 高千穂の國主元雄ゲ傳書 *Taka-ti-ho-no kokŭ-siu Moto o-ga den-syo*[2];

3° 常陸國新治郡富田某ゲ家記 *Hi-tati-no kuni Nĭ'i-vari kôri Tomi-ta soregasi-ga ka-ki*[3];

(Ces trois ouvrages sont appelés 原本 «les sources».)

4° 出雲國造上世記 *Idŭ-mo-no kokŭ-zau zyau-sei ki*[4];

5° 常陸國鹿島國造文 *Hi-tati-no kuni Ka-sima-no kuni zau-bun*[5];

6° 伊豆加茂三島の傳書 *Idu-no Kamo Mi-sima-no den-syo*[6];

7° 尾張中島逆手記 *Ovari-no Naka-sima saka-de ki*[7];

1. Histoire du chef du grand palais de Taka-tiho. *Taka-ti-ho* est situé dans la province de *Hiu-ga,* département de 宮崎 *Miya-saki* (voy. *Syo gen-zi kau,* édit. lith., p. 71).

2. Histoire de Moto-o, prince de Takatiho.

3. Histoire de la maison d'un certain Tomita de Niivari, en Hitati. Le *Nĭ'ivari* ou *Nĭ'ivaru* est un des douze départements de la province de *Hi-tati,* laquelle est située à l'est de la grande île de Nippon, sur l'Océan Pacifique.

4. Cet ouvrage paraît traiter des origines du pays de *Dé-va,* l'une des provinces septentrionales du Japon.

5. *Ka-sima,* auquel on donne ici le titre de *kuni* «province», est un des onze départements de la province de *Hi-tati.*

6. C'est une histoire des traditions conservées sur la localité de *Mi-sima* «les trois îles», dans le département de Kamo, province d'Idzou, à l'est du Japon.

7. Ce titre fait allusion à un épisode merveilleux que le 風土記 *Fû-to ki* raconte ainsi qu'il suit : «Le prince *Yamato-take-no mikoto,* après avoir été battre les Barbares de l'Est *(Atŭma yebisŭ),* revint dans la province d'*Ovari,* et déposa dans le temple *Atŭ-ta-no miya* le glaive qu'il portait et

8° 伊勢度會文 *Ise watarai-no bun*[1];
9° 攝津住吉大余坐記 *Setŭ Sŭmi-yosi ohoyo za ki*[2];
10° 肥後八代縣文 *Hi-go Yas-siro agata-bumi*[3];
11° 阿波田村記 *Ava-no Ta-mura-no ki*[4];
12° 筑前後老家文 *Tikŭ-zen go-rau ka-bun*[5];
13° 豐前後老家文 *Bu-zen go-rau ka-bun*[6];
14° 薩摩霧島記 *Satŭ-ma Kiri-sima-no ki*[7];
15° 越白山舟人文 *Kosi Hakŭ-san funa-bito-no fumi*[8].

(Voy. mes *Questions d'archéologie japonaise*, extrait des Comptes-rendus des séances de l'Académie des Inscriptions et Belles-Lettres, pp. 9 et 10.)

La liste d'ouvrages que je viens de reproduire d'après l'*Uyetŭ fumi* de M. Kira Yosi-kazé est intéressante en ce sens qu'elle nous indique un certain nombre des sources

qui était sorti jadis de la queue d'un grand serpent *(oroti)* à *Yatĭ-mine*. C'est pour cela qu'on donna à la province le titre de 尾張 *O-vari* «extrait de la queue». (*Wa-Kan San-sai dŭ-ye*, livr. LXXI, p. 1.)

1. La province d'*Ise* est une des régions sacrées du sintauïsme; elle tire son nom d'une divinité qui gouvernait dans les temps anciens ce pays incorporé plus tard dans le domaine royal de l'empereur *Zin-mu*.

2. *Sŭmi-yosi* est un des treize départements de la province de *Setŭ*, dans lequel on a établi quatre temples sintauïstes, et notamment celui de la fameuse impératrice *Zin-gu kwau-gû*. On désigne sous le nom de «divinités de *Sŭmi-yosi*», trois génies engendrés par *Iza-nagi*, et dont il sera question plus loin.

3. C'est-à-dire «Le livre du département de *Yas-siro*, dans la province de *Hi-go*, au centre de l'île des *Kiu-siu*».

4. «Histoire de Tamura, dans la province d'*Ava*».

5. Livre du Go-rau-ka de la province de *Tikŭ-zen*, au nord de l'île des *Kiu-siu*.

6. Livre du Go-rau-ka de la province de *Bu-zen*, au nord de l'île des *Kiu-siu*.

7. C'est-à-dire «Histoire de Kiri-sima, dans la province de *Satuma*».

8. Je n'ai trouvé aucun renseignement bibliographique sur cet ouvrage, dont le titre paraît signifier : «Le livre du batelier du Mont Blanc, dans la province de *Yetigo*».

anciennes de la mythologie et de l'histoire du Japon, et surtout parcequ'elle est de nature à provoquer des recherches qui seront certainement fructueuses pour l'intelligence de l'ethnogénie du Nippon et pour celle de la doctrine sintauïste. Mais on aurait tort, je crois, d'y voir l'ensemble des livres qui existaient à l'époque de la composition du *Ni-hon Syo-ki,* ni même l'énumération complète des ouvrages auxquels l'auteur fait allusion lorsqu'il se sert de la formule *aru fumi-ni ivaku.* Malgré l'état rudimentaire de nos études relatives au Japon antique, nous connaissons des sources originales auxquelles Yasu-maro a très probablement puisé, et qui ne figurent cependant pas dans l'énumération qu'on vient de lire. Sans entrer, à cet égard, dans des détails qui nous éloigneraient trop longtemps de notre sujet, on peut ajouter au moins à la liste en question deux recueils d'une importance exceptionnelle qui méritent d'être mentionnés : le *Ku-zi ki,* dont nous ne possédons plus le texte d'une façon authentique, mais dont les Japonais n'ignoraient très vraisemblablement pas la rédaction originale au VIIIe siècle de notre ère, et le *Man-yô siû,* anthologie composée à l'aide d'une foule d'ouvrages fort anciens et d'une importance incontestable pour l'étude des origines de la civilisation au Nippon.

D'après la première citation du *Ni-hon Syo-ki,* dont nous nous occupons en ce moment, le Dieu primordial du panthéon sintauïste, est encore le génie *Kuni-toko-tati,* mais on nous le présente également sous le nom de *Kuni-soko-tati* (voy. ce que nous avons dit à ce sujet, plus haut, p. 31). Cette tradition est également en désaccord avec celle du

Ko-zi ki et avec les documents dont on s'est servi pour reconstituer le *Ku-zi ki*.

Toyo-kuni nusi-no mikoto, désigné comme second dieu, est aussi appelé 豐斟渟尊 *Toyo-kun-nuno mikoto*, ou 豐香節野尊 *Toyo-ka-fusi-no-no mikoto*, ou 浮經野豐買尊 *Uki-fu-no-toyo-kai-no mikoto*, ou enfin 豐齧別尊 *Toyo-kai-wake-no mikoto* (voy. *Sen-dai Ku-zi hon-ki*, I, p. 2).

ろ 一書曰。古國稚地稚之時。譬猶浮膏而漂蕩。于時國中生物。狀如葦牙之抽出也。因此有化生之神。號可美葦牙彥舅尊。次國常立尊。次國狹槌尊

1, *b*. — On lit dans un livre :

Dans l'antiquité, lors du premier âge du pays et du sol, c'était comme, par exemple, de la graisse flottant et surnageant (à la surface des flots). A ce moment, au milieu du monde, une chose se produisit qui, par sa forme, ressemblait à un roseau qui vient de pousser. Cette chose se transforma et donna naissance à un génie appelé le divin *Umasi Asi-gai-hiko-di-no mikoto*; puis le divin *Kuni-toko-tati-no mikoto*; puis le divin *Kuni-no sa-duti-no mikoto*.

COMMENTAIRE.

1, *b.* — 國 稚 地 稚 *kuni isi, tuti isi.* Les deux mots *kuni*, vulg. «royaume», et *tuti*, vulg. «terre», sont à peu de chose près des synonymes qui ne désignent qu'une seule et même chose, c'est-à-dire «le monde». Il y a cependant une nuance dont il faut tenir compte : *kuni* signifie surtout «la patrie», en particulier «le Japon», et *tuti* «le sol», c'est-à-dire «tous les pays du globe». — Quant à l'expression *isi,* jointe comme qualificatif aux mots *kuni, tuti,* nous l'avons déjà rencontrée dans le passage du *Ko-zi ki* que nous avons reproduit (p. 23) : 國 稚 *kuni wakaku.* La lecture *isi* du signe 稚, avec la signification de «jeune», est mentionnée dans le *Wa-kun sivori,* comme étant usitée dans le *Sin-dai ki;* mais elle manque dans tous les dictionnaires qui me sont connus.

D'après cette citation, le premier dieu du panthéon japonais aurait été *Umasi Asi-ga'i-hi-di,* et *Kuni-toko-tati,* qui vient en tête dans le *Ni-hon Syo-ki,* n'aurait été que le second. — Suivant la rédaction actuelle du *Ku-zi ki,* le dieu *Umasi Asi-ga'i-hi-di* devrait être placé immédiatement après *Naka-nusi,* le grand dieu primordial du *Ko-zi ki;* mais il ne faut pas oublier que le *Ku-zi-ki* identifie ce grand dieu avec AME-*no-toko-tati-no mikoto* qu'il place dans une génération antérieure à celle de KUNI-*no toko-tati-no mikoto.*

Il faut également faire remarquer que le dieu primordial du *Ni-hon Syo-ki,* le divin *Kuni-no toko-tati,* tire son origine d'une espèce de roseau appelée *asi-ga'i;* de sorte que, dans la citation 1, *b*, qui place à l'origine du monde le divin *Umasi* Asi-gá'i *hiko-di* «le Dieu du Roseau bienfaisant[1]», on ne doit voir probablement rien autre chose que la personnification du Roseau créateur *asi-gá'i*.

[illegible]一書曰。天地混成之時。始有神人焉。號可美(ウマシ)葦(アシ)牙(ガイ)彦(ヒコ)舅(ヂノ)尊。次國(クニ)底(ソコ)立(タチノ)尊

1, *c*. — On lit dans un livre :

A l'époque où le Ciel et la Terre sortirent du chaos, parut pour la première fois un génie appelé *Umasi Asi-ga'i hiko-di-no mikoto;* puis, ensuite, le divin *Kuni-soko tati-no mikoto.*

COMMENTAIRE.

1, *c*. — 마 로 가 러 나 루 *marokare-naru* (混成) est une expression qui manque dans les dictionnaires. Suivant le *Wa-kun sivori*, le mot *marokare* est l'équivalent du chinois 混沌 «le chaos». Il semble ici que l'auteur a voulu désigner la période finale du chaos, durant laquelle les éléments furent séparés.

Le mot 가 미 *kami* «dieu» est rendu par le mot double chinois 神人 qui veut dire ordinairement «un prophète». Cette transcription du Japonais n'est pas irréprochable, et

1. Littéralement «aimable».

il faut interpréter ici les deux signes idéographiques par «être divin». (Cf. ci-après 1, *e*.)

一書曰。天地初判。始有俱生之神。號國常立尊。次國狹槌尊。又曰。高原所生神名曰天御中主尊。次高皇產靈尊。次神皇產靈尊。

1, *d*. — On lit dans un livre :

Lors de la création originelle du Ciel et de la Terre, il y eut en même temps un Génie nommé le divin *Kuni-toko-tati-no mikoto;* puis *Kuni-sa-tuti-no mikoto.* On dit aussi que le Génie qui naquit sur la voûte du Ciel suprême était désigné par le nom divin de *Ama-no mi Naka-nusi-no mikoto;* puis le divin *Takan mi Musŭbi-no mikoto;* puis le divin *Kan-mi Musŭbi-no mikoto.*

COMMENTAIRE.

1, *d*. — Le livre auquel est empruntée cette citation est évidemment le *Ko-zi ki,* ou si non le document qui a servi de base à la rédaction du *Ko-zi ki.* Il est facile de s'en convaincre en se reportant aux fragments de ce dernier ouvrage que nous avons donnés plus haut (pp. 9 et suiv.). On peut s'étonner toutefois que Yasu-maro, qui connaissait cette tradition, ne l'ait pas préférée à celle qu'il place en tête du *Ni-hon Syo-ki* et qu'il se soit contenté de la mentionner au même titre que toutes les autres variantes du canon cosmogonique de la religion sintaüste.

倶生. L'expression 도모니나리이두루 *tomo-ni nari-idŭru* nous montre que, dans la pensée de Yasu-maro comme dans celle du rédacteur du *Ku-zi ki*, il ne s'agit pas de dieux apparus l'un après l'autre, mais de dieux nés simultanément. — En conséquence, le mot 두기니 *tŭgi-ni*, ici encore, ne doit pas être traduit par «ensuite»; il doit être rendu par «puis» ou «et», de façon à éloigner toute idée de succession.

♈ 一書曰。天地未生之時。譬猶海上浮雲無所根係。其中生一物如葦牙之初生泥中也。便化爲人號國(クニ)常(トコ)立(タチノ)尊

1, *e.* — On lit dans un livre :

Lorsque le Ciel et la Terre n'étaient pas encore formés, c'était, comme, par exemple, de la neige qui flotte sans appui au-dessus des mers. Il se produisit, au milieu, une chose comparable à un roseau qui vient à pousser dans le limon. Ce roseau se transforma ensuite et devint un Génie nommé le divin *Kuni-no toko-tati-no mikoto.*

Commentaire.

1, *e.* — D'après cette version, le dieu primordial du panthéon japonais apparaît avant la naissance du Ciel et de la Terre (未生之時); il apparaît au sein du chaos, dans le limon (涅) qui est produit par le mélange confus des éléments.

人. Ce signe répond au japonais 가미 *kami* «dieu»; comme dans la citation précédente, il signifie littéralement «un être».

〔ヘ〕一書曰。天|地初|判有物若葦牙。生於空中。因此化神號天常立尊。次可|美葦牙彥舅尊。又有物若浮膏生於空中。因此化神號國常立尊

1, *f.* — On lit dans un livre :

A l'origine du Ciel et de la Terre, il y eut une chose semblable à un roseau qui se produisit dans le milieu de l'espace. Cette chose se transforma en un génie nommé le divin *Ama-no toko-tati-no mikoto;* puis ce fut le divin *Umasi asi-gai hiko-di-no mikoto.* On dit aussi qu'il naquit au milieu de l'espace une chose semblable à de la graisse flottante, et que cette chose se transforma en un Génie nommé le divin *Kuni-no toko-tati-no mikoto*.

Commentaire.

1, *f*. — Cette dernière citation jointe par Yasu-maro au ch. 1er du *Ni-hon Syo-ki*, me semble d'une importance quelque peu exceptionnelle, en ce sens qu'elle éclaircit, suivant moi, la grave question de savoir où se trouve la tradition sintauïste la plus ancienne relative à la divinité primordiale du panthéon japonais, celle qui place au début de la théogonie le dieu *Naka-nusi*, ou celle qui lui substitue le dieu *Kuni-no toko-tati*.

D'accord avec les principaux exégètes du Nippon, je considère comme deux divinités absolument différentes Ame-*toko-tati* et Kuni-*toko-tati;* et d'ailleurs il ne peut y avoir aucun doute à cet égard, dans le passage qui nous occupe, puisqu'ils sont cités l'un et l'autre comme apparaissant à la même période de la création, le premier résultant de la transformation d'un roseau, et le second de la métamorphose d'une chose comparable à de la graisse flottant à la surface des eaux.

Or il résulte de la comparaison de tous les textes que nous possédons sur le sintauïsme primitif que Ame-*toko-tati* est une autre dénomination de *Naka-nusi*, le grand dieu primordial de la triade mentionnée au commencement du *Ko zi ki*. De la sorte, *Naka-nusi* est bien le premier dieu du panthéon japonais; et si, dans quelques ouvrages et dans la tradition populaire la plus répandue, on lui substitue *Kuni-toko-tati*-

no mikoto, cela vient très probablement d'une confusion résultant de la grande ressemblance de nom de ce dernier avec celle de *Ame-toko-tati-no mikoto.* Cette confusion doit être fort ancienne; et, si ma doctrine est exacte, il faut la faire remonter à une époque bien antérieure à la composition du *Ko zi ki* et du *Ni-hon Syo-ki.* Il suffira d'étudier avec soin les données théogoniques relatives à la première époque de la religion sintauïste, pour acquérir une conviction à cet égard, et pour constater qu'au temps de Yasu-maro, il circulait déjà des légendes discordantes sur l'histoire des divinités du Nippon placées au début des annales semi-historiques des mikados. Nous savons, du reste, que le travail de Yasu-maro fut un travail de restauration, et que ce savant se donna la mission de rétablir et de coordonner des textes dont la rédaction primitive avait été perdue dans des circonstances que nous avons eu plusieurs fois l'occasion de raconter.

三 次有神埿土煑尊。沙土煑尊。次有神大戸之道尊。大苫邊尊。次八有神面足尊。惶根尊。次九有神伊弉諾尊。伊弉冊尊

CHAPITRE SECOND.

1. Puis il y eut des génies qui furent le divin *Ui-di-ni*, et la divine *Su'i-di-ni;*

2. Puis il y eut les génies appelés le divin *Oho-to-no-di*, et la divine *Oho-toma-be;*

3. Puis il y eut les génies appelés le divin *Omo-taru*, et la divine *Kasiko-ne;*

4. Puis il y eut les génies appelés le divin *Iza-nagi*, et la divine *Iza-nami.*

Chapitre II. — Commentaire[1].

Les divinités mentionnées dans le chapitre I du *Ni-hon Syo-ki* étaient, comme on l'a vu, des divinités absolument mâles (男). Si l'on rapproche cette donnée de celle qui caractérise le début du *Ko zi ki,* on est même porté à croire que, dans la pensée sintauïste originaire, il s'agissait de divinités dépourvues de tout sexe. C'est en suivant cette ligne d'idée, que j'ai été amené à me demander si ces divinités primordiales n'étaient pas des divinités incorporelles. L'hypothèse que j'ai émise à cet égard repose, d'une part, sur le sens fort obscur, il faut l'avouer, des expressions employées dans le texte, et d'autre part sur l'opinion des savants japonais avec lesquels j'ai eu l'occasion de discuter cette question en 1862. L'idée de divinités qui apparaissent au début de la cosmogonie pour disparaître aussitôt (ce sens résulte de la traduction des mots japonais *kakusi tamá iki,* abstractions faites des signes idéographiques chinois), leur semblait tout à fait inadmissible, et ils m'ont assuré qu'elle était repoussée par un grand nombre de sintauïstes.

1. Je n'ai pas cru devoir rédiger de glose chinoise pour ce chapitre, parcequ'elle eut été à peu de chose près la même que celle dont j'ai donné le texte à la suite du § 4 du *Ko zi ki* (ci-dessus, p. 43).

En tout cas, dès le chapitre II, le caractère des divinités japonaises ne laisse plus de doute : il s'agit de divinités douées de sexes, de couples nous présentant chacun un dieu et une déesse. Cependant, au dire de certains sintauïstes, à cette époque infiniment reculée, les lois du mariage n'existaient pas encore, et les divinités mentionnées dans ce chapitre, tout en formant une seule lignée (ce fait ne résulte pas du texte où l'on pourrait voir une série de groupes distincts sans descendance les uns des autres, et partant sans parenté), n'ont pas été engendrées par les procédés qui n'apparurent que plus tard, à l'époque d'*Iza-nagi* et d'*Iza-nami*, alors que l'essence supérieure des génies célestes commença à s'altérer ; les dieux ne connaissaient alors leur épouse que par une sorte de contemplation idéale, dont les hommes ne peuvent plus avoir idée dans les siècles de corruption où ils vivent depuis longtemps. C'est pour cela que leur épouse est qualifiée du titre de 妹イモ *imo* «sœur» (voyez cependant ce que nous avons dit plus haut, p. 47, relativement au sens du mot *imo*).

La signification des noms de divinités mentionnées dans ce chapitre a été discutée plus haut (p. 45 et suiv.) à propos du passage correspondant du *Ko zi ki*. Il faut faire observer seulement que, dans ce dernier livre, deux divinités, *Tŭnu-guí i* et *Iku-guí i* ont été ajoutées après la déesse *Sú i-di-ni*. Enfin le *Ko zi ki* distingue les déesses par l'expression 妹 *imo*, qui ne figure point dans le *Ni-hon Syo-ki*.

Quelques courtes notices, jointes au texte de ce dernier ouvrage, nous font connaître plusieurs variantes des noms de divinités citées dans ce chapitre :

U'i-di-ni s'écrit également 埿ウヒ 土ヂ 根ネ *U'i-di-ne;* — dans le nom de sa compagne, on emploie aussi la forme *ne* au lieu de *ni*. Au lieu d'*Oho-to-no di*, on a écrit parfois 大オホ 戸ト 摩マ *Oho-to-ma*, et 大オホ 富トム 道ヂ *Oho-ton-di;* — et au lieu de *Oho-toma-be*, 大オホ 戸ト 摩マ 姫ヒメ *Oho-toma-hime* ou 大オホ 富トム 邊ベ *Oho-ton-be.*

Une autre variante qui peut prêter à la confusion est celle qui écrit le nom du divin *Oho-to-no di* 大オホ 戸ト 之ノ 邊ベ *Oho-to-no be.* — Je serais tenté de croire qu'il y a ici une erreur dans l'annotation jointe au texte du *Ni-hon Syo-ki*, car nous avons vu plus haut (p. 49) que le mot [| *di* signifiait «un mâle» et ㅂ *be* «une femelle». Ces annotations du *Ni-hon gi* sont d'ailleurs données d'une façon défectueuse qui prête aux mal-entendus.

A la suite du nom de la divine *Kasiko-ne*, une note du *Ni-hon Syo-ki* nous donne les synonymies suivantes : 吾ア 屋ヤ 惶カシコ 根ネ *A-ya kasiko-ne* «celle qui est effrayée dans ma demeure»; 忌イン 橿カシ 城キ *In-kasiki;* 青アヲ 橿カシ 城キ 根ネ *Awo-kasiki-ne;* et 吾ア 屋ヤ 橿カシ 城キ *A-ya-kasiki.* Ces dernières variantes sont empruntées à l'ancien *Ku zi ki* (voy. p. 49 n.).

之	城キ	神	曰。	ん
子ミコ	根ネノ	青アヲ	此	一
也	尊ト	橿カシ	二	書

2, *a*. — On lit dans un livre :

Ces deux (derniers) génies étaient des enfants du divin *Awo-kasiko-ne.*

COMMENTAIRE.

2, *a.* — Cette courte citation justifie, au moins en ce qui concerne les deux dernières divinités de cette seconde série, l'idée des sintauïstes japonais qui pensent qu'à partir du chapitre II, il s'agit de génération de génies descendant les uns des autres en une même lignée[1].

Suivant le *Ku zi ki*, *Awo-kasiko-ne*, autrement appelé 沫(アハ)蕩(ナギ) *Ava-nagi*, est le même que le dieu *Omo-taru* (ch. II, v. 3); — la divine *Kasiko-ne* se nomme aussi 蚊(カ)鴈(カリ)姫(ビメ) *Ka-kari bime*.

ろ 一書曰。國常立尊生天(アメ)鏡(カヾミノ)尊。天鏡尊生天(アマ)萬(ヨロヅノ)尊。天萬尊生沫(アハ)蕩(ナギノ)尊。沫蕩尊生伊弉諾尊。

2, *b.* — On lit dans un livre :

Le divin *Kuni-no toko-tati* donna naissance au

1. On considère néanmoins les divinités de cette période jusqu'à *Iza-nagi* et *Iza-nami* comme appartenant encore à l'époque primordiale durant laquelle la terre dans l'enfance *(wakakŭ)* flottait au milieu des eaux :

それいざなぎいざなみふたはしらの神のなりませるまでをみなこのつちハ「わかくてただよへりといへり」

(Voy. 神代正語 *Kami yo-no masa-koto*, livr. I, p. 3.)

divin *Ame-kagami*[1]; le divin Amé-kagami donna naissance au divin *Ama-yorodŭ*[2]; le divin Ama-yorodŭ donna naissance au divin *Ava-nagi;* le divin Ava-nagi donna naissance au divin *Iza-nagi*.

GLOSE.

沫(バツ) 蕩(タウ)。 此(ヲハ) 云(フ)ニ 阿(ア) 和(ワ) 那(ナ) 伎(ギト)一

COMMENTAIRE.

2, *b*. — Cette citation semble nous donner encore une autre généalogie des dieux du sintauïsme, puisqu'elle débute par le premier dieu du *Ni-hon Syo-ki*, le divin *Kuni-no toko-tati*, à la suite duquel *Iza-nagi* apparaît à la quatrième génération.

La mention de *Ava-nagi*, dont le nom figure également dans le *Ku zi ki* comme père d'*Iza-nagi*, semble donner raison à Moto-ori qui, dans le nom de ce dernier dieu, se refuse à voir un dérivé de イザナフ *izanáu* «engager, inciter». En effet, si l'on peut comprendre que le nom d'*Iza-nagi* rappelle une scène qui sera racontée plus loin, dans laquelle ce dieu invite «sa sœur» à devenir son épouse et à s'unir à lui, on ne s'explique guère comment il se rencontrerait dans le nom d'un génie qui appartient encore aux dieux qui existèrent avant que l'union des sexes fut pratiquée parmi eux (voy. p. 51).

1. *Ame-kagami*, c'est-à-dire «le Miroir Céleste». — Une édition du *Syo-ki* écrit *Ama-kagami*.

2. *Ama-yorodŭ-no mikoto*, litt. «l'auguste de la Myriade Céleste». — *Mikoto* est une désignation honorifique des princes de la haute antiquité, suivant le *Kokŭ-si ryakŭ* (I, 1).

三 凡八神矣。乾坤之道相參而化所以成此男女自國常立尊。迄伊弉諾尊伊弉冊尊是謂神世七代者矣

Chapitre troisième.

1. Tous ces dieux sont au nombre de huit.

2. Le principe du Ciel et celui de la Terre, s'étant réunis, se transformèrent et produisirent des [êtres] mâles et des [êtres] femelles.

3. A partir du divin *Kuni-no toko-tati*, jusqu'au divin *Iza-nagi* et à la divine *Iza-nami*, on compte sept générations de l'âge des dieux.

Glose.

乾天也。坤地也○道理也。莊子曰。一陰一陽之謂道。道生天地之先。萬物之所以成也○迄至也○代世也○冊字林玉篇大全曰。丨同冊。說文曰。符命也

Chapitre III. — Commentaire.

凡 우허더 八 야하이기니 神 가미 *Sŭbete ya basira-no kami* «en tout huit dieux». Il s'agit ici des quatre couples de dieux mâles et femelles qui suivirent les trois dieux primordiaux.

Ame-tuti-no miti. Ici encore, l'auteur du passage cité par le *Nihon gi* semble avoir écrit sous l'influence des idées chinoises, et le mot 미디 *miti*, vulg. «route», doit être entendu dans les sens des écrivains de la Chine, c'est-à-dire dans celui de «raison des choses, puissance vivifiante». Ce mot a d'ailleurs souvent varié de significations dans les écrits des philosophes.

Kami-yo nana yo «les sept générations de l'âge des dieux». Ici les trois dieux primordiaux comptent chacun pour une génération, tandis qu'après eux chaque génération est composée d'un dieu mâle et d'une déesse :

1. Kuni-no toko-tati-no mikoto.
2. Kuni-sa-tuti-no mikoto.
3. Toyo-kun-nu-no mikoto.
4. *U'i-di-ni-no mikoto; Su'i-di-ni-no mikoto.*
5. *Oho-to-no di-no mikoto; Oho-toma-be-no mikoto.*
6. *Oma-taru-no mikoto; Kasiko-ne-no mikoto.*
7. *Iza-nagi-no mikoto; Iza-nami-no mikoto.*

(4–7 : 8 dieux.)

Il faut remarquer que le mot 요 *yo,* dans la dernière phrase de ce chapitre, a été rendu d'abord par 世 et ensuite par

代. Bien que ces deux signes aient à peu près la même signification, le premier signifie surtout «un âge», et le second «une génération» ou plutôt «une succession».

一書曰。男女耦生之神先有埿土煑尊沙土煑尊。次有角樴尊活樴尊。次有面足尊惶根尊。次有伊弉諾尊伊弉冊尊

3, *a.* — On lit dans un livre :

Parmi les génies qui vécurent en couples, mâle et femelle, il y eut d'abord le divin *U'i-di-ni* et la divine *Su'i-di-ni;* puis le divin *Tŭno-gui* et la divine *Iku-gui;* puis le divin *Omo-taru* et la divine *Kasiko-ne;* puis le divin *Iza-nagi* et la divine *Iza-nami.*

COMMENTAIRE.

3, *a.* — 耦 生 *tagu'i-naru.* Le mot japonais タグイ *tagui* est expliqué, dans les dictionnaires, par «espèce, sorte»; mais il a ici un tout autre sens qui nous est d'ailleurs indiqué par le caractère chinois 耦 *ngeou* qui le représente. Ce caractère signifie «une paire, un couple, un attelage»; d'où *tagu'i-naru* «exister en couple».

樴 *syokŭ* est l'équivalent de 橛 *ketŭ.*

四 伊弉諾尊伊弉冊尊立於天浮橋之上。共計曰。
底下豈無國歟。迺以天之瓊矛。指下而探之。是獲
滄溟。其矛鋒滴瀝之潮凝成一嶋。名之曰磤馭盧
嶋。二神於是降居彼嶋。因欲共爲夫婦産生洲國。
便以磤馭盧嶋爲國中之柱而陽神左旋陰神右
旋。分巡國柱同會一面。時陰神先唱曰。憙哉。遇可
美少男焉。陽神不悦曰。吾是男子。理當先唱。如何
婦人反先言乎。事既不祥宜以改旋。於是二神却
更相遇。是行也陽神先唱曰。憙哉遇可美少女焉。

因間陰神曰。汝身有何成耶。對曰。吾身有一雌元
之處。陽神曰。吾身亦有雄元之處。思欲以吾身元
處合汝身之元處。於是陰陽始遘合爲夫婦。及至
產時先以淡路洲爲胞。意所不快。故名之曰淡路
洲。迺生大日本豐秋津洲。次生伊豫二名洲。次生
筑紫洲。次雙生隱岐洲與佐度洲。世人或有雙生
者象此也。次生越洲。次生大洲。次生吉備子洲。由
是始起大八洲國之號焉。卽對馬嶋壹岐嶋及處
々小嶋皆是潮沫凝成者矣。亦曰水沫凝而成也

Chapitre quatrième.

1. Le divin *Iza-nagi* et la divine *Iza-nami* se tenaient debout sur le radeau céleste. Ils firent ensemble cette convention, et dirent : «Est-ce qu'il n'y aurait pas, au fond là-bas, un pays?»

2. Ils prirent alors la lance de jade du Ciel, et la dirigeant vers le bas, ils se mirent à fouiller.

3. Ils trouvèrent, en cet endroit, la mer azurée.

4. L'eau, qui dégoutta de la pointe de la lance, se coagula et forma une île appelée *Ono-goro zima.*

5. Alors les deux dieux descendirent du Ciel, et vinrent habiter cette île, où ils résolurent de vivre en époux et de donner le jour à des îles et à des pays.

6. L'île *Ono-goro zima* devint ainsi le pilier central du pays.

7. Et le Génie Mâle fit, à gauche, le tour de ce pilier, tandis que le Génie Femelle en fit le tour du côté droit.

8. Ils se rencontrèrent face à face.

9. Le Génie Femelle s'écria le premier : «Quel bonheur de rencontrer un si beau jeune homme!»

10. Le Génie Mâle, mécontent, lui dit : «C'est moi qui suis le mâle; il est convenable que je parle le premier. Comment une femme [ose-t-elle] déplacer [les rôles] en parlant la première? L'événement de la sorte serait néfaste. Il faut recommencer à tourner [autour du pilier].»

11. En conséquence, les deux génies firent un second tour et se rencontrèrent de nouveau.

12. Cette fois, ce fut le Génie Mâle qui s'écria le premier: «Quel bonheur de rencontrer une aussi belle fille!»

13. Puis il adressa cette question au Génie Femelle: Quo modo factum est corpus tuum?

14. Elle lui répondit : Corpus meum habet locum originis femineæ.

15. Le Génie Mâle dit : Corpus meum habet etiam locum originis masculinæ. Cupio corporis mei locum originalem unire loco originali corporis tui.

16. En conséquence, le principe mâle et le principe femelle s'unirent, et ils devinrent mari et femme.

17. Une fois arrivée à l'époque de son accouchement. l'île de *Ava-di* fut tout d'abord son cordon ombilical, comme cela lui causa un mécontentement dans le cœur, elle lui donna le nom de *Ava-di.*

18. Puis elle engendra la grande île du Japon *Toyo Akitŭ sima.*

19. Puis elle engendra l'île *I-yo-no futana-no sima.*

20. Puis elle engendra l'île *Tŭkusi-no sima.*

21. Puis elle engendra les îles jumelles *Oki-no sima* et *Sa-do-no sima*, qui furent un exemple des jumeaux qu'ont quelquefois les hommes.

22. Puis elle engendra l'île *Kosi-no sima.*

23. Puis elle engendra l'île *Oho-sima.*

24. Puis elle engendra l'île *Ko-zima* [près du pays] de *Kibi*.

25. De là provient le nom de *Oho-ya sima* qui signifie «les huit grandes îles».

26. Puis l'île *Tû-sima*, l'île *Yŭki-no sima*, et çà et là les petites îles.

27. Toutes furent formées avec de l'eau de mer qui s'était congelée. On dit aussi qu'elles furent formées avec de l'écume d'eau congelée.

GLOSE.

橋水梁也。浮橋浮梁也。伽藍記曰。陽
門外四里至洛水上作浮橋所謂永
橋也。○瓊玉也。此曰努。矛兵器戈也
長二丈○滄溟。滄浪水色也。溟大海
也。滄溟者大玄海也黑溝也。武帝內
傳曰。諸仙玉女聚居滄溟○唱。發歌
句謂〡。憙哉遇可美少男。憙哉遇可
美少女。此以爲和歌之始也。此時文
字數未定○雌元雄元之處者陰物
陽物也○合。交合也○遘合。構精同
義○洲。島也○雙生此謂孿子也

Chapitre IV. — Commentaire.

Ce chapitre, un des plus populaires de la cosmogonie sintauïste, renferme le récit de la création des îles composant l'archipel japonais. Il me paraît utile de le comparer avec le texte correspondant du *Ko zi ki:*

ㄱㅗ ㄱㅗ ㄴㅣ ㅇㅏ ㅁㅏ ㄷㅜ ㄱㅏ ㅁㅣ ㅁㅗ ㄹㅗ ㅁㅗ ㄹㅗ ㄴㅗ ㅁㅣ ㄱㅗ ㄷㅗ ㅁㅗ ㄷㅣ ㄷㅓ。 ㅛㅣ ㅿㅏ ㄴㅏ ㄱㅣ ㄴㅗ
ㅁㅣ ㄱㅗ ㄷㅗ ㅛㅣ ㅿㅏ ㄴㅏ ㅁㅣ ㄴㅗ ㅁㅣ ㄱㅗ ㄷㅗ ㅎㅜ ㄷㅏ ㅎㅏ ㅿㅣ ㄹㅏ ㄴㅗ ㄱㅏ ㅁㅣ ㄴㅣ。 ㄱㅗ ㄴㅗ
ㄷㅏ ㄷㅏ ㅛㅗ ㅎㅓ ㄹㅜ ㄱㅜ ㄴㅣ ㆁㅗ ㄷㅜ ㄱㅜ ㄹㅣ ㄱㅏ ㄷㅏ ㅁㅓ ㄴㅏ ㅿㅓ ㄷㅗ ㄴㅗ ㄹㅣ ㄱㅗ ㄷㅣ ㄷㅓ。
ㅇㅏ ㅁㅏ ㄴㅗ ㄴㅜ ㅎㅗ ㄱㅗ ㆁㅗ ㄷㅏ ㅁㅏ ㅎㅣ ㄷㅓ。 ㄱㅗ ㄷㅗ ㅛㅗ ㅿㅏ ㅿㅣ ㄷㅏ ㅁㅏ ㅎㅣ ㄱㅣ ○ ㄱㅏ ㄹㅓ
ㅎㅜ ㄷㅏ ㅎㅏ ㅿㅣ ㄹㅣ ㄴㅗ ㄱㅏ ㅁㅣ ㅇㅏ ㅁㅏ ㄴㅗ ㆁㅜ ㄱㅣ ㅎㅏ ㅿㅣ ㄴㅣ ㄷㅏ ㄷㅏ ㅿㅣ ㄷㅓ。 ㅿㅗ ㄴㅗ
ㄴㅜ ㅎㅗ ㄱㅗ ㆁㅗ ㅿㅏ ㅿㅣ ㅇㅗ ㄹㅗ ㅿㅣ ㄷㅓ ㄱㅏ ㄱㅣ ㄷㅏ ㅁㅏ ㅎㅓ ㅎㅏ。 ㅿㅣ ㅎㅗ ㄱㅗ ㆁㅗ ㄹㅗ ㄱㅗ ㆁㅗ ㄹㅗ ㄴㅣ
ㄱㅏ ㄱㅣ ㄴㅏ ㅿㅣ ㄷㅓ。 ㅎㅣ ㄱㅣ ㅇㅏ ㄱㅓ ㄷㅏ ㅁㅏ ㅎㅜ ㄷㅗ ㄱㅣ ㄴㅣ。 ㅿㅗ ㄴㅗ ㅎㅗ ㄱㅗ ㄴㅗ
ㅿㅏ ㄱㅣ ㅛㅗ ㄹㅣ ㅿㅣ ㄷㅏ ㄷㅏ ㄹㅜ ㅿㅣ ㅎㅗ。 ㄷㅜ ㅁㅗ ㄹㅣ ㄷㅓ ㅿㅣ ㅁㅏ ㄷㅗ ㄴㅏ ㄹㅜ。 ㄱㅗ ㄹㅓ
ㅇㅗ ㄴㅗ ㄱㅗ ㄹㅗ ㅿㅣ ㅁㅏ ㄴㅏ ㄹㅣ ○ ㅿㅗ ㄴㅗ ㅿㅣ ㅁㅏ ㄴㅣ ㅇㅏ ㅁㅗ ㄹㅣ ㅁㅏ ㅿㅣ ㄷㅓ。 ㅇㅏ ㅁㅓ ㄴㅗ
ㅁㅣ ㅎㅏ ㅿㅣ ㄹㅏ ㅇㅗ ㅁㅣ ㄷㅏ ㄷㅓ。 ㅛㅏ ㅎㅣ ㄹㅗ ㄷㅗ ㄴㅗ ㆁㅗ ㅁㅣ ㄷㅏ ㄷㅓ ㄷㅏ ㅁㅏ ㅎㅣ ㄱㅣ

○ 고고니 요노 뵈모 뵈아나 미노 미고도니。 나가 미 샤 뵈가니 나거구 도

도시 다마셔샤。 아가 미 샤 나기 나기더 나기 아샤야구 도고고 시도

도고고 아기 도마 오 이 다마시기。 뵈야나기니 미고도 나기 다마시 두가구。

아가 미 샤 나기 나기더 나기 아마거구 도고고 시도 도고고 아기。 가거

고노 아가 미노 나기 아마거구 도고고오。 나가 미노 나기 아샤야구 도고고니

아이 샤구 다기더。 구니 오미 나야무 도 이모샤구 샤 뵈가니도 나기 다마셔샤。

뵈아나미니 미고도 이가 뵈거무 도 마이 다마시기。 고고니 뵈아나기노

미고도。 이가가샤 아도 나도 고노 아머 니 미 샤이가오 뵈기머구기 아시더。

미도노 마구샤시 어무 도 나기 다마시기。 가구 뵈시 디기기더。 우나샤디

나샤 미기기 뵈기 머구기 아셔。 아샤 시다기 뵈기 머구기 아샤무도 나기

다마히。나기리오헤데머구리마우도기니。
시아나미노미고도마두아나니사이서오도고
오도노리다마히。노디니시아나기노미고도
아나니사이서오도머오도노리다마히기。오노
오노노리다마히오허더노디니。오노시모니
오미나오고도아기다디더후아하우도노리
다마히기。이가러도모구미도니오고이더。미고
히루고오우미다마히기。고노미고하아이후너니
시러더나가이우더두。두기니아하이마오우미
다마히기。고모미고노가우니하시라우。

= *Koko-ni ama-tŭ kami moromoro-no mikoto motite, Iza-nagi-no mikoto, Iza-nami-no mikoto futa basira-no kami-ni, kono tadayoheru kuniwo tŭkuri katame nase to nori-gotite, ama-no nu-bokowo tamaʿite, koto yosasi tamaʿiki.*

Kare futa basira-no kami ama-no uki hasi-ni tatasite, sono nu-bokowo sasi-orosite kaki-tamayeba, siho kooro-kooro-ni kaki nasite, hiki age tamaʿu toki-ni, sono hoko-no saki-yori sitadaru siho, tŭmorite sima to naru. — Kore Ono-goro sima nari.

= *Sono sima-ni amori masite, ame-no mi hasirawo mi-tate, ya hiro-donowo mi-tate tamaʿiki.*

Koko-ni sono imo Iza-nami-no mikoto-ni Na-ga mi-va ika-ni nareru to, to'i-tamaheba?

A-ga mi-va nari-narite nari-avazaru tokoro hito tokoro ari tomawo si-tama iki. Iza-nagi-no mikoto nori-tama'i tŭraku: A-ga mi-va nari-narite nari-amareru tokoro hito tokoro ari. Kare kono a-ga mi-no nari-amareru tokorowo, na-ga mi-no nari-avazaru tokoro-ni sasi-futagite, kuni umi nasamu to omô va, ika-ni to nori-tamaheba, Iza-nami-no mikoto sika yoken to mausi-tama'iki.

Koko-ni Iza-nagi-no mikoto, sikaraba a to, na to kono ame-no mi hasirawo yuki-meguri a'ite, mi to-no ma guva'i sen to nori tama'iki.

Kaku i'i tigirite, sŭnavati na va migiri-yori meguri ahe: a-va hidari-yori meguri avan to nori tama'i, nagiri ohete meguri-masŭ toki-ni, Iza-nami-no mikoto madŭ ana ni-yasi-e otokowo to nori-tama'i. Noti-ni Iza-nagi-no mikoto ana ni-yasi-e otomewo to nori tama'iki. Ono-ono nori-tama'i ohete noti-ni, sono imo-ni ominawo koto-saki-datite fusavazŭ to nori tama'iki; sikare-domo kumi-do-ni okorete, mi ko hiru-gowo umi-tama'iki. Kono mi ko-va asi-bune-ni irete, nagasi sŭtetu. — Tŭgi-ni Ava-simawo umi-tama'iki. Ko mo mi ko-no kazŭ-ni hairazŭ.

Alors tous[1] les Dieux du Ciel ordonnèrent au divin *Iza-nagi* et à la divine *Iza-nami* d'organiser[2], de consolider et

1. En japonais : モロモロノ *moromoro-no*. Par tous les dieux, on entend ici les cinq dieux primordiaux du Ciel que cite le *Ko zi ki*.

2. *Tŭkuri*, transcrit en chinois par 修理 *sieou-li* « orner-rectifier », c'est-à-dire « régler », signifie simplement « faire, fabriquer ». C'est ainsi que, dans le chapitre *Tama-kaki-no miya*, on a écrit 修ツク理リタマヘバ我アガ宮ミヤヲ *a-ga miyawo*

d'accomplir ce monde flottant; ils leur donnèrent une lance céleste de jade en leur confiant cette mission.

En conséquence, les deux dieux se tinrent sur le Pont flottant du Ciel[1], et agitèrent[2] la lance de jade qu'ils avaient dirigée vers le bas. Lorsque l'eau de mer[3] fut, de la sorte, devenue bourbeuse[4], ils retirèrent la lance, et l'eau de mer qui s'échappa[5] de la pointe, se réunit de manière à former une île, qui fut l'île *Ono-goro sima*[6].

tŭkuri-tamayeba . . . . . «si tu veux édifier mon temple . . . . .» *(Ko zi ki,* édit. de Moto-ori, livr. xxv, p. 12).

1. L'expression 浮橋 *feou-kiao* désigne, en chinois, «un pont suspendu». — Il s'agit ici d'un pont suspendu entre le Ciel et la Terre pour servir de voie à tous les dieux lorsqu'ils voulaient monter ou descendre; c'est sans doute pour cela qu'on lui a donné ce nom (*Ko zi ki den,* iv, 8). On voit, en effet, plus loin, que c'est par cette voie que diverses divinités se rendent dans le vide (*sora* «le firmament»). Le *Tan-go-no Fû-to ki* «Description du pays de Tango» parle d'un pont appelé 天梯立 *Ama-no hasi-date* dont le nom se rattacherait à la mission confiée par les dieux à Iza-nagi au commencement du monde. Dans le *Harima-no Fû-to ki* «Description du pays de Harima» on dit : «Dans le village de *Yekĭ-ki,* situé dans le département de *Ka-go,* il y a un pont de pierre. La tradition rapporte que, dans la haute antiquité (上古), ce pont conduisait au Ciel. D'innombrables personnes (八ヤ十ソ人ヒト litt. «quatre-vingts hommes») y allaient et venaient, montant ou descendant. C'est pourquoi on l'a nommé *Ya-so hasi.* Ce pont-là est encore une voie de communication entre la Terre et le Ciel.» (Voy. Moto-ori, *Libr. cit.,* iv, 9.)

2. 畫 *kaku* a le sens de «remuer, agiter en remuant»; cette transcription chinoise est défectueuse.

3. 鹽 *siho* «sel» est ici pour 潮 *siho* «la marée, l'eau de mer».

4. *Kooro-kooro-ni,* c'est-à-dire «coagulée». Une substance que l'on «bat» avec une cuillère devient gélatineuse; elle prend la forme d'une crème. C'est ce que veut dire cette expression. — 鳴 *nasi,* vulg. «chanter» est ici pour 成 *nasŭ* «faire»; d'où *kaki-nasi* «faire en remuant». Cette interprétation est justifiée par le texte du *Syo-ki,* cité dans ce but par Moto-ori (*Ko zi ki den,* iv, 12).

5. C'est comme lorsqu'on dit *tŭrugi-no ha-yori sitadaru ti* «du sang qui goutte de la lame d'un glaive». — *Sita,* dans *sitadaru* répond à 釃 *sitamu* «décanter un liquide, le faire goutter».

6. *Ono-goro sima,* dont le nom rappelle la coagulation de l'eau de mer

Descendus dans cette île, ils s'occupèrent d'ériger[1] une colonne céleste; ils s'occupèrent d'ériger un palais de grande dimension[2].

Alors le divin *Iza-nagi* adressa cette question à sa sœur, la divine *Iza-nagi* : «Quo modo factum est corpus tuum?[3]»

Elle lui répondit : «Corpus meum gradatim completum fuit[4]; locus autem est quidam quo viduum est.»

Le divin *Iza-nagi* lui fit cette injonction[5] : «Ubi completum

(kooro-kooro), la première île créée du monde japonais, est un îlot qui, suivant les uns, était placé à la pointe sud-ouest et, suivant d'autres, à l'extrémité nord-est de l'île de 淡路 *Ava-di*, située à la limite septentrionale de la province de *Ki-i*, entre l'île de *Si-kokŭ* et la grande île du *Nippon*.

1. Les mots *mi-tateru* (見立), litt. «voir, édifier» me paraissent répondre à la locution vulgaire française «voir à faire une chose», c'est-à-dire «se préoccuper d'une chose et se mettre en train de l'exécuter».

2. Litt. «de huit *hiro* (brasses) de longueur». — Je ne puis me décider à considérer ici le mot 八 *yatĭ* «huit», autrement que comme un nombre indéterminé désignant «un grand nombre». Cette acception du mot «huit» est fréquente en japonais, dans les textes anciens. Dans la plus ancienne *uta*, celle qu'on se plaît à attribuer au divin *Sosa-no o*, le nombre «huit», par exemple, signifie «une quantité». (Voy. mon *Anthologie Japonaise*, pp. x et 173.) C'est d'ailleurs l'opinion de Moto-ori (*Ko zi ki den*, IV, 19).

3. 나 미 *na-mi* «ton corps». — 나 *na* est une forme antique du pronom de la seconde personne ナンヂ *nandi*, de même que 아 *a* (ou *wa*) est le vieux mot de la langue Yamato employé comme pronom de la première personne, au lieu de ワレ *ware*.

4. 나 리 나 리 더 *nari-narite*, rendu par les caractères chinois 成成, exprime l'idée d'une chose qui naît et se développe peu à peu jusqu'à entier accomplissement. Le *Syo-ki* écrit 具成, litt. «préparé-accompli» (4, *a*). On dit de même *ko'i-ko'ite* «pris d'amour, très amoureux», *yŭki-yŭkite* «marcher avec continuité», etc.

5. Je traduis «faire une injonction» pour rendre le japonais 니 리 다 마 호 *nori-tama'u* qui signifie «dire», mais qui est employé seulement par les personnages du rang suprême, tels que les dieux ou l'empereur; tandis que le mot 마 으 읗 *mausu* également «dire» indique, au contraire, l'infériorité ou le sentiment d'humilité de la personne qui parle. — On remarquera que le Dieu du Ciel, *Ame-no kami*, se sert du premier de ces mots lorsqu'il s'adresse aux deux *rei*, et que le dieu mâle *Iza-nagi* l'emploie à son tour, lorsqu'il s'adresse à sa sœur et épouse *Iza-nami*, tandis que celle-ci a soin de s'exprimer avec le second.

fuit corpus meum, nimia fuit pars quædam. Quamobrem, partem illam quæ nimia est intromittam-obturando[1] in partem corporis tui quæ non completa est, ut regiones creentur.»

La divine Iza-nami lui répondit : «Ce sera charmant de la sorte[2].»

Alors le divin Iza-nagi lui fit cette injonction : «Si ita est, ego et tu, circumlustrata augusta hac Cœli columna[3], ubi deventum fuerit in locum augustum, dulcem coitum[4] inibimus.

«Les choses ainsi convenues, je t'enjoins de venir au devant de moi (en tournant autour de la colonne céleste) par la droite, tandisque moi j'irai à ta rencontre par la gauche.»

Quand ils eurent accompli le tour de la colonne conformément à cette convention, la divine Iza-nami dit la première : «Quel charmant jeune homme!»

Ensuite le divin Iza-nagi dit : «Quelle charmante vierge!»

Après qu'ils eurent prononcé ces paroles, le divin Iza-

1. 와 외 후 다 기 *sasi-futaki* est transcrit par 刺塞. — Le mot *sasi* 刺 signifie «déchirer, percer, trouer», comme dans l'expression かたなでさす *katana de sasŭ* «enfiler avec un glaive». — *Futaki* 塞 veut dire «remplir, encombrer, boucher, obstruer».

2. 외 가 요 거 무 *sika yoken* «ce sera excellent de la sorte». — «C'est l'auguste réponse par laquelle Iza-nami exprime son consentement en réponse à l'injonction du dieu mâle *(o-kami-no notamayeru kotowo ubena'i-taru mi to'i nari)*. — *Yo-ken* est une ancienne forme équivalente à *yokaran* «ce sera bon» (Moto-ori, *Ko zi ki den*, IV, p. 23).

3. Il paraît que, suivant les rites anciens, l'homme et la femme avant de s'unir (遘マグ合ハヒの初) faisaient le tour d'une colonne (Moto-ori, *Libr. cit.*, IV, p. 23).

4. 미 도 노 마 구 하 히 *mi to-no ma guva'i*. — *Mi to* signifie «un lieu auguste» (御ミ所ト), ou «le joli endroit» (美ミ所ト), ou «l'endroit de la chair» (肉ミ所ト). — *Ma* est une abréviation de *uma* «doux» (甘). — Le mot *gu'i-a'u* s'emploie pour dire «faire la réunion de deux choses en une» (凡ソ物二ツヲ一ツに合アフと久比阿布と云 Moto-ori, *Libr. cit.*, IV, 26).

nagi dit à sa sœur : « Il ne convient pas que la femme prenne la première la parole ».

Néanmoins, dans le gynécée[1], ils commencèrent leur œuvre, et eurent pour enfant la Sangsue[2]. Ils mirent cet enfant dans un bateau de jonc, et l'abandonnèrent au courant[3]. Ensuite ils donnèrent le jour à l'île de *Ava*[4], laquelle n'est pas comprise non plus[5] dans le nombre de leurs augustes enfants.

Si l'on compare la version du *Ko zi ki* dont on vient de lire la traduction avec celle du *Ni-hon Syo-ki*, et également avec les variantes du même livre qu'on trouvera plus loin, on se formera une idée exacte des altérations qu'avaient déjà subi les traditions théogoniques du sintauïsme à l'époque de Yasu-maro.

Dans les deux textes, le divin Iza-nagi se plaint du manque de convenance de sa sœur qui se permet de l'apostropher la première ; mais, dans le *Ko zi ki*, il se borne à lui faire une observation, après quoi il s'unit de suite avec elle. Dans le *Syo-ki*, au contraire, il oblige Iza-nami à faire de nouveau le tour de la colonne céleste, afin de se rencontrer une autre fois et de pouvoir réparer cette impolitesse.

De cette différence, il résulte que, d'après le premier de ces

1. 구 미 도 *kumi-do*, litt. « le lieu renfermé ». « On désigne ainsi le lieu secret où l'homme dort avec la femme » (Moto-ori, *Ko zi ki den*, IV, 33).

2. 히 루 고 *hiru-go* répond au chinois 水蛭子 « un enfant de sangsue » ou « qui ressemble à la sangsue ».

3. Parce que cet enfant ne plut pas à ses divins parents.

4. On croit qu'*Ava* « écume » (淡 アハ) est une petite île située au nord-ouest de l'île de *Ava-di*.

5. 고 모 *ko-mo*, forme ancienne de コレモ *kore-mo* « celle-là aussi ».

livres canoniques, les produits de leur union sont des produits malheureux, et les enfants qui leur naissent tout d'abord ne leur semblent pas même dignes de compter dans l'énumération de leur progéniture. Tandisque d'après le second de ces livres, la faute est immédiatement réparée, et l'œuvre de la création se poursuit à la satisfaction des deux dieux. Dans un cas cependant, lors de la naissance de l'île de *Ava-di*, par une réminiscence évidente de la tradition du *Ko zi ki*, la divine Iza-nami n'est pas contente; mais on attribue son mécontentement à un autre motif.

Dans les citations jointes au texte principal du *Syo-ki*, on trouvera des variantes qui s'ajoutent au récit primitif et le complètent. Les deux *rei*, sur l'ordre des dieux supérieurs, descendent de l'empyrée par le pont suspendu du ciel, mais ils ne savent comment s'y prendre pour s'acquitter de leur mission. L'exemple de deux oiseaux qu'ils aperçoivent accouplés, vient le leur enseigner. La divine Iza-nami, dans son désir ardent d'imiter ce qu'elle vient de voir s'accomplir, oublie que la femme doit se montrer soumise et respectueuse envers l'homme. Elle lui demande la première de contracter des liens. Ce mépris des rites porte malheur à leur procréation. Désespérés de l'insuccès, les deux *rei* remontent au Ciel pour en demander la cause au Dieu suprême, *Ame-no kami*. Celui-ci leur explique alors que l'inconvenance de Iza-nami a seul motivé le malheur dont ils ont été frappés.

La version du *Ku zi ki* semble la plus complète, et sa supériorité même est peut-être un nouvel argument contre son ancienneté. Comme elle résulte, en tout cas, d'une étude approfondie des anciens documents sintauïstes, elle mérite néanmoins d'être étudiée avec attention[1].

1. Voici la traduction de ce morceau du *Ku zi ki*. Je l'ai faite sur un exemplaire que j'ai pu seulement me procurer depuis que l'impression de ce livre a été commencée. On ne s'étonnera donc pas, si je n'y ai point fait allusion dans les pages qui précèdent :

«L'auguste Père des Cieux*, fit connaître sa volonté aux deux divinités Iza-nagi et Iza-nami, en leur disant : Il existe le pays de *Toyo Asi-vara-no Ti-i-wo aki-no midŭ-ho***. Il convient que vous alliez vous y établir pour l'organiser. Puis il leur donna la lance de jade du Ciel avec ses instructions.

Les deux dieux Iza-nagi et Iza-nami reçurent cet ordre et se tinrent au haut du Pont flottant du Ciel. Ils firent ensemble cette convention. Il y a [là-bas] quelque chose qui ressemble à de la graisse flottante. N'y aurait-il pas des pays au milieu? Ils prirent alors la lance de jade du Ciel, et, en sondant, trouvèrent la mer azurée. Ils dirigèrent ensuite leur lance vers le fond; comme ils l'agitaient, lorsqu'ils la retirèrent, des gouttes d'eau de mer tombées de la pointe se coagulèrent et devinrent une île appelée *Ono-goro zima*.

Après cela, ils placèrent la lance de jade de Ciel au sommet de l'île de Ono-goro-zima, et en firent la Colonne Céleste au centre du pays.

Les deux dieux Iza-nagi et Iza-nami descendirent alors du Ciel dans cette île et édifièrent le palais *Ya-iro-no to*, où ils habitèrent ensemble.

Le divin Iza-nagi adressa cette question à la divine Iza-nami : «Ton corps, comment est-il fait?»

La divine Iza-nami lui répondit : «Corpus meum gradatim completum fuit, sed locus est quidam quo non completum est.»

Le divin Iza-nagi lui fit cette injonction : «Corpus meum gradatim completum fuit, sed locus est quidam quo exuberat. Itaque cogito corporis mei nimia parte corporis tui imperfectum locum perforando-obstruere, ut creentur regiones et terræ. — Qu'en penses-tu?»

Elle lui répondit : «C'est parfait de la sorte.»

Le divin Iza-nagi lui fit cette injonction : «Moi et toi, nous allons faire le tour de la Colonne du Ciel, puis nous nous unirons.»

S'étant ainsi entendus, il lui dit : «Toi, du côté gauche, moi du côté droit, nous ferons le tour de la Colonne du Ciel, et de la sorte nous nous rencontrerons face à face.»

La divine Iza-nami chanta la première, et dit : «Quelle joie de rencontrer un si joli jeune homme!»

Le divin Iza-nagi lui répondit à son tour : «Quelle joie de rencontrer une si jolie jeune fille!»

Le divin Iza-nagi fit alors cette injonction à la divine Iza-nami : «Moi, je suis le mâle; il est convenable que ce soit moi qui chante le premier; et c'est la femme qui a chanté tout d'abord! Il y a là un mauvais présage.» Ils devinrent néanmoins mari et femme, et donnèrent naissance à des fils. C'est ainsi qu'eut lieu pour la première fois l'union du principe femelle et du principe qui constitua le mariage.

* En japonais : *Ame-no mi oya*. On désigne, de la sorte, le grand dieu primordial de la mythologie sintauïste, celui que nous avons vu appelé, au début du *Ko zi ki*, par le nom de *Naka-nusi*, et qui est le même que le dieu *Ame-no kami* «le dieu du Ciel». — On pourra remarquer que, dans le texte du *Ku zi ki* et ailleurs, ce dieu est placé, dans des conditions tout à fait exceptionnelles, au-dessus de toutes les autres divinités du Panthéon japonais. Tandis que les divinités secondaires se livrent à des actes essentiellement humains, partagent les faiblesses de notre espèce, vivent et meurent comme les hommes, le dieu suprême n'apparaît que pour faire connaître sa volonté à ceux qu'il charge du gouvernement de l'univers, puis *il disparaît*, ce qui ne veut pas dire qu'il est anéanti, comme le sont les autres puissances établies par lui pour donner la vie au monde et présider à ses destinées. Il y a là un point capital de la Genèse des Japonais, sur lequel on ne saurait trop fixer son attention.

** Le Japon, c'est-à-dire le Pays issu du Roseau primordial, est ici donné comme existant antérieurement à la mission d'*Iza-nagi* et d'*Iza-nami*.

Ama-no uki-hasi signifie littéralement «le pont flottant du Ciel». *Uki-hasi* est rendu par l'expression chinoise 浮橋

L'enfant qu'ils engendrèrent alors fut *Hiru-ko* «la Sangsue». Ils placèrent cet auguste enfant dans un bateau de joncs et l'abandonnèrent au courant.

Ensuite ils engendrèrent l'île *Ava-no sima,* qu'ils n'admirent pas non plus dans la lignée de leurs descendants.

Les deux divinités Iza-nagi et Iza-nami se consultèrent et dirent : «En ce moment, les enfants que nous avons engendrés ne sont pas satisfaisants. Il faut que nous remontions au Ciel, exposer ponctuellement ce qui est arrivé.»

En conséquence, ils remontèrent ensemble au Ciel et présentèrent leur rapport.

L'auguste ancêtre du Ciel*, au moyen de grands sortilèges, leur tira les augures et leur fit cette injonction :

«Le fait qu'une femme ait la première pris la parole, n'est-il pas néfaste? Il faut donc que vous recommenciez votre tour (de la Colonne du Ciel)». Ils redescendirent en conséquence, en choisissant le jour favorable (que le Dieu suprême avait) fixé au moyen des sorts.

Iza-nagi fit cette injonction : «Nous allons tous deux recommencer à tourner autour de cette colonne, moi par la gauche, toi par la droite, et lorsque nous nous rencontrerons, nous accomplirons notre union.»

L'arrangement ainsi conclu, les deux divinités Iza-nagi et Iza-nami se rencontrèrent à l'endroit même qu'ils avaient désigné en tournant autour de la Colonne Céleste.

Alors le divin Iza-nagi chanta le premier ces paroles : «Quelle joie de rencontrer une aussi aimable jeune fille!»

La divine Iza-nami lui répondit : «Quelle joie de rencontrer un aussi aimable jeune homme!»

Le divin Iza-nagi interrogea la divine Iza-nami en ces termes : «Corpus tuum quo modo factum est?»

La divine Iza-nami lui répondit ainsi : «Corpus meum completum est, sed locus est quidam originis femineæ quo non completum est.»

Le divin Iza-nagi lui fit cette injonction : «Corpus meum completum est, sed exuberat originis masculinæ locus quidam.»

Le divin Iza-nagi lui fit [encore] cette injonction : «Cupio corporis mei nimia parte originis masculinæ imperfectum corporis tui locum perforando-obstruere, ut creentur regiones et terræ. Qu'en penses-tu?»

La divine Iza-nami lui répondit : «C'est parfait de la sorte.»

Tunc, mas et fœmina cupierunt, ineundo concubitum, creare regiones et terras; sed non cognoscebant quo modo hanc rem agerent. Eo tempore, volitando venerunt motacillæ quæ caput et caudam agitabant. Duo numina aspexerunt illas, et ab eis edocta fuerunt modum concubitus.

Tout d'abord ils engendrèrent l'île Ava-di-no sima qui fut le cordon ombilical. Et comme ils n'en éprouvèrent point de satisfaction, ils l'appelèrent l'île d'Ava-di, ce qui veut dire «notre honte» *(a-ga hadi).*

Puis ils engendrèrent l'île aux deux noms d'*I-yo;* puis ils engendrèrent l'île de *Tŭkusi;* puis ils engendrèrent l'île de *I-ki;* puis ils engendrèrent l'île de *Tu-sima;* puis ils engendrèrent l'île de *O-ki;* puis ils engendrèrent l'île de *Sa-do;* puis ils engendrèrent la grande île japonaise *Oho-yamato Toyo-aki-tŭ sima***. De là provient le nom de *Oho-ya-sima* «les huit grandes îles». Plus tard, quand ils furent revenus à leur point de départ (à l'île de *Avadi*), ils engendrèrent l'île de *Kibi-no ko*; puis ils engendrèrent l'île *Adu ki-zima;* puis ils engendrèrent l'île *Oho-sima;* puis ils engendrèrent l'île *Hime-zima;* puis ils engendrèrent l'île *Ti-ka-no sima;* puis ils engendrèrent l'île *Futa-go-no zima* «l'île jumelle».

* C'est-à-dire le grand Dieu *Ame-no kami* ou *Naka-nusi.*

** Il semble y avoir ici une contradiction avec le début du texte où le Japon paraît préexister à la mission d'*Iza-nagi* et d'*Iza-nami.* Il n'est cependant pas impossible que, par les deux dénominations du Japon, non identiques d'ailleurs, il faille entendre deux choses différentes. La question serait intéressante à discuter, mais notre commentaire est déjà trop étendu pour que nous puissions entreprendre ici un travail d'exégèse qui nous entraînerait nécessairement dans des développements d'une longueur démesurée.

feou-kiao qui désigne «un radeau» ou «ponton». Cette expression se rencontre dans divers ouvrages chinois, par exemple dans le *Kie-lan ki,* Histoire des monastères (sanscr. सङ्घाराम *sanghârâma*) où il est dit : «Au delà de la Porte du Soleil, à quatre lieues, on arrive à la rivière *Lo,* sur laquelle on a construit un pont flottant appelé le «Pont Éternel» (*Pwf.,* XVII, 269).

Sokotŭ sita-ni, c'est-à-dire «tout à fait dans le bas, au fond, bien loin sous nous».

Do-hoko «lance de jade». — D'après une note jointe au texte du *Syo-ki, do* signifie «jade», ou plutôt «pierre précieuse» (玉). Cette lecture est contestée, et on propose de la remplacer par LT *nu,* comme on l'a fait d'ailleurs dans le *Ko zi ki* et dans d'autres ouvrages (*Wa kun sivori,* XVIII, 1). Le signe chinois 瓊, employé comme correspondant à ce mot, est expliqué par «jade rouge» *(Choueh-wen);* et d'autres fois par «jade blanc» (Hirata Atutané, *Ko si den,* II, 20). — Le mot *hoko,* de son côté, paraît avoir désigné plusieurs armes de guerre différentes, mais toutes également montées sur un manche de bois (*Wa kun sivori,* XXVIII, 9; *Syo gen-zi kau,* édit. lith., p. 27; *Ga-gen siû-ran,* III). M. Kira Yosi-kazé y voit «une hache» (斧ヌ 鉞ホコ *nu-hoko*) et ne rend point le qualificatif *nu* «jade, précieux» (*Uye-tŭ fumi,* I, 1). Les signes 戈 et 矛 désignaient, en Chine, une sorte de hallebarde. Le *hoko* japonais est figuré comme une lance à trois griffes (*Wa-Kan San-sai dŭ-ye,* XXI, 19-20). Le 矛 *meou* des anciens Chinois ressemblait à une petite lance 鋋 à trois angles ou tranchants 廉 (*Ping-tsze-loui-pien,* CLXVII, 117); l'expression 戈矛 désigne une arme légère (*Peï-wen yun-fou*, XXVI *b*, 87). On mentionne également le *meou* comme une sorte de hallebarde que portaient les soldats dans les chars de guerre (*King-tsieh tsouan-kou*, XXVI *b*, 15). L'esprit de l'arme *meou* s'appelait 跌蹌 *Tieh-tsiang* (*Youen-kien-loui-han*, CCXXIV, 17). Les différentes espèces de *hoko* (chin. *meou*) portaient des noms différents suivant leur longueur (voy. à ce sujet le *Mei-butŭ roku-teô*, III, 43).

Awo unabara, en chinois 滄溟 *tsang-ming* «la mer azurée»[1]. — *Ming* est considéré comme synonyme de 海 *haï* «mer», notamment dans l'expression 四溟 *sse-ming* «ce qui est renfermé entre les quatre mers», c'est-à-dire «l'univers» (*King-tsieh tsouan-kou*, XXIV, 21). — *Tsang* signifie communément «froid» 寒 *(Choueh-wen)*; mais, dans la locution *tsang-ming*, qui répond au japonais *awo unabara*, 滄 *tsang*, par un procédé très commun dans la langue écrite des Chinois[2], est mis pour 蒼 *tsang* «azur». — Le mot double *tsang-ming*, tout en désignant «l'océan en général», me semble se rapporter tout particulièrement aux mers de l'extrême Orient. Les *Annales des Han* mentionnent l'établissement des *Ui-mak* dans un certain district de *Tsang-ming* qui était situé en Corée, sur les bords de la mer du Japon. L'histoire des dix îles *(Chih-tcheou ki)*, parle d'une île appelée *Tsang-ming tao*, laquelle était située dans la mer du Nord (ou

1. Un commentateur de *Tchouang-tsze* dit que lorsque l'eau est noire, on l'appelle *tsang-ming*. Mais on sait que le mot 玄 désigne, en même temps, le noir et la teinte bleue du Ciel.

2. J'ai fait connaître ce procédé, dans un fragment couronné par l'Institut de mon *Histoire de la langue Chinoise*, et dans un extrait de ce travail publié dans les *Mémoires du Congrès international des Orientalistes* (session de Londres, 1874, p. 120).

du Japon). Suivant une légende, les immortels qui habitaient cette île avaient donné aux eaux qui l'environnaient le nom de *tsang-ming* «mer d'azur», à cause de la couleur bleue qu'elles avaient constamment[1]. Or, on sait que dans cette même partie de l'Asie orientale, dans la mer de *Pouh-haï*[2] (à l'est de la Chine), une vieille tradition populaire plaçait trois montagnes sur lesquelles vivaient des immortels[3]. L'une de ces montagnes ou îles (car les Chinois emploient souvent ces deux termes l'un pour l'autre), nommée *Poung-laï*[4], a été identifiée avec le Nippon; et cette identification, fondée sur des bases d'ailleurs assez fragiles, a été adoptée par les Japonais, si non par les hommes de science, au moins par les poètes et les conteurs. Si l'on ajoute à cela que *tsang-ming* est une appellation chinoise du grand courant du Pacifique connu sous le nom de クロシホ *kuro-siho* (黑 潮 ou 黑 溝), on sera conduit à voir dans ces mots *tsang-ming* une désignation spéciale des mers du Japon.

Quant au japonais 아 오 우 나 하 가 *awo-unabara*, c'est une expression qui se rencontre, non seulement dans le *Ni-hon gi*, mais encore dans le *Man-yeô siû* et dans le

1. Cf. *Pin-tsze-loui-pien*, LIII, 2, et l'histoire de l'empereur *Wou-ti*, citée par le *Peï-wen-yun-fou*, XXIV, 下, 84.

2. En jap. *Bok-kai*. — Le *Syo gen-zi kau* (édit. lith., p. 25) dit expressément que ce nom est synonyme de *tsang-haï* (ou *tsang-ming*), c'est-à-dire de la mer qui nous occupe en ce moment.

3. Voy. ma *Civilisation japonaise*, recueil de conférences faites à l'École spéciale des Langues orientales (E. Leroux, éditeur), p. 92.

4. En jap. *Hô-rai san*. « L'une des trois îles ou montagnes divines, situées dans la mer *Bok-kai*, où résidaient les dieux et les immortels (神 仙). Vue à distance, elle ressemblait à des nuages; les navires ne pouvaient y aborder ». Voy. l'ouvrage de *Lieh-tsze* et les mémoires historiques intitulés *Sse-ki* (cités par Maké-no sima Teru-také, dans son *Syo gen-zi kau*, sub voce ホ).

Not-to, et qui désigne «l'immensité (litt. 原 «la plaine»; voy. plus haut, p. 15) des mers aux eaux bleues».

磤ヲ馭ゴ盧ロ嶋シマ *Ono-goro zima* «l'île d'Ono-goro». — La plupart des savants japonais pensent que le nom de cette île signifie «l'île qui s'est coagulée de soi-même»[1]. Il s'agit, en effet, d'une île qui apparaît dans le monde avant même que Iza-nagi et Iza-nami, créateurs des terres et des pays, aient connu l'art de donner naissance à des enfants. En tout cas, *koro* se rattache à l'expression *kooro-kooro-ni*[2] qui figure à propos de la création de cette île dans le *Ko zi ki*[3], ainsi que dans la première citation du *Syo-ki* reproduite à la suite du présent chapitre[4].

Quant à la localisation de cette île de Ono-goro, elle a été l'objet de controverses parmi les exégètes du Japon. Le problème est d'autant plus difficile à résoudre qu'il n'est pas même certain qu'elle ait jamais existé ailleurs que dans l'imagination des hiérogrammates primitifs du sintauïsme. Du moment où l'on voulait inscrire Ono-goro sur une carte géographique, il était tout naturel qu'on cherchât sa place au cœur même de l'archipel japonais, d'abord parce que le *Syo-ki* dit expressément qu'elle fut «le pilier central du pays», la terre où descendirent du Ciel le divin Iza-nagi et la divine Iza-nami; ensuite parce que la première île engendrée par ces deux divinités, l'île de *Ava-di*,

1. «Die von selbst geronnene Insel» (Pfizmaier, *Die Theogonie der Japaner*, p. 14).

2. *Koro* est une contraction de 許袁呂 *koworo* ou *kooro* (Hirata Atutané, *Ko si den*, II, 31).

3. Dans le passage reproduit ci-dessus, pp. 82 et 85.

4. Voy. ci-après, p. 106, l. 3.

est elle-même située dans la mer intérieure, entre le Nippon et Sikok.

L'île de *Ono-goro* (dont le nom est transcrit, dans le *Ko-zi ki*, par 淤ォ能ノ碁ゴ呂ロ), où la tradition sintaüïste place «l'auguste colonne centrale du pays» (國クニ中ナカ㞢ノ御ミ柱ハシラ *kuni naka-no mi hasira*)[1], passe pour avoir été un des petits îlots situés auprès de l'île d'*Ava-di*. On a supposé que ce pouvait bien être celui de 繪エ嶋シマ *Ye-sima*, en s'appuyant sur une citation du *Ni-hon gi* (ci-après 4 *h*) suivant laquelle *Ono-goro* aurait été le cordon ombilical (胞エ *ye*) de l'archipel japonais. Ono-goro serait ainsi l'îlot encore appelé de nos jours 胞エ嶋ジマ *Ye-zima*, lequel est situé à l'extrémité nord-ouest de l'île de Ava-di, 今モ胞エ嶋ジマと云フ (Moto-ori, *Ko zi ki den*, IV, 13). Je m'abstiens de reproduire plusieurs autres tentatives de localisation de *Ono-goro*, parce qu'elles m'entraîneraient très loin, sans qu'il en résultât de grands éclaircissements pour le sujet dont nous nous occupons en ce moment. (Voy. cependant Moto-ori Norinaga, *Ko zi ki den*, IV, Hirata Atutané, *Ko si den*, II, *Wa-Kan San-sai dŭ-ye*, LXXVI, Kira Yosikazé, *Uye-tŭ fumi*, I.)

Me-gami-ni toʿite notamavaku : «Imasi ga mi-ni nani-no nareru tokoro aru ya?»[2] *Kotayete notamavaku : «A-ga mi-ni hitotŭ-no me-no* HADIME *to iʿu tokoro-ari».* — *O-gami-no notomavaku : «A-ga mi-ni mata o-no* HAZIME *to iʿu tokoro ari; a-ga mi-no* HAZIME-*no tokorowo motte, imasi-ga mi-no*

1. *Ko si den*, II, 16.

2. Le génie mâle demande au génie femelle comment est la forme suivant laquelle son corps est organisé, *me-gami-va oho mi mi-no nari-totonoʿi-taru ari-samawo, ika-naru zo to, o gami-no toʿi-tamaʿu nari* (Hirata Atutané, *Ko zi den*, II, 54).

HAZIME-*no tokoro-ni avasen-to omô.»* . . . . . locum originis femineæ, ... locum originis masculinæ . . . . . . mei corporis originalem locum, tui corporis originali loco unire cupio. — Necesse est dicere quænam vis vocabulis *hadime-tokoro* «locus originalis», in textu japonico non satis apertis, subjecta sit. *Hadime,* vulgo «initium», hic vero «rerum genitalem originem», id est cum «principium vel sexum masculinum» tum «principium vel sexum femineum», significat. Liber *Ko zi ki,* in locum hujus verbi, a Sinis evidenter adsciti, organorum genitalium physicam descriptionem subdidit. Vocat etiam organum masculinum *nari-amareru-tokoro* «locum exuberantem», et organum femineum *nari-avazaru-tokoro* «locum qui non completus est», vel «locum ubi vacuum invenitur» (缺 て 滿 ハ ぬ 如 く な る 處 *kakete taravanu gotoku naru tokoro.* Moto-ori, *Ko zi ki den* IV, 21).

淡アハ 路ヂ *Ava-di.* — Le *Ko zi ki* mentionne cette île sous le nom de *Ava-di-no ho-no sa-wake-no sima.* Suivant Moto-ori, il s'agit de la province de Avadi, située dans le Nankaïdau, au milieu de la mer intérieure. Resserrée de la sorte entre les côtes des provinces de Sanuki, de Yamato, de Sétu et de Harima, son nom signifierait «la voie» ou «la région écumeuse». Quant à l'autre nom de *Ho-no sa-wake,* il serait inexplicable jusqu'à présent, bien qu'on ait été porté à y voir l'idée de «l'habitat primitif du riz»[1]. D'après le sens des signes chinois, le nom de l'île de *Ava-di* signifierait «la route limpide»; au contraire, les mots japonais 아 ᅌᅡ 디 sont susceptibles de deux significations différentes suivant

1. *Wake* «jeune» (Cf. *Kuni-wakaku,* plus haut, ch. I, *b,* commentaire). *Sa* «vrai» (?). — *Ho* «épis de riz».

qu'on les lit *Ava-di* ou *A-va-di*. Dans le premier cas, leur sens pourrait être, comme nous l'avons dit tout à l'heure, «la voie écumeuse» bien que je préférerais l'expliquer par «la région du millet» (粟 *ava*); dans le second cas, il faudrait traduire par «le chemin de ma honte», ce qui se rapporterait à l'insuccès des premières créations d'Iza-nami. Cette dernière interprétation est des plus douteuses.

胞 *ye* «le cordon ombilical». — Ce mot est également l'objet de controverses dans le passage qui nous occupe. Je pense qu'en l'appliquant à l'île d'*Ava-di*, l'auteur du *Syo-ki* a voulu dire qu'elle était la création primitive et centrale de l'archipel japonais.

大日本豐秋津洲 *Oho Yamato Toyo Aki-tŭ sima*. — Il paraît évident qu'il s'agit ici du Nippon. Les exégètes japonais ont cependant éprouvé quelque hésitation à voir mentionnée tout entière, à cette époque, l'île principale de l'archipel japonais, dont une partie importante était encore peu connue à l'époque de la fondation de la monarchie des mikados, au VIIe siècle avant notre ère, et ils se sont demandé s'il ne s'agissait pas seulement de la région où fut établie plus tard la province de *Yamato*. Cette province, domaine primitif de *Zin-mu*, donna par ce fait son nom à tout l'empire[1]; de sorte que, par *Yamato*, on entend tantôt le Japon entier, tantôt une de ses parties seulement. Ce nom de *Yamato* est mentionné, sous une forme un peu défigurée, (耶麻堆 ou 野馬臺) dans plusieurs anciens

1. Suivant la grande Encyclopédie japonaise, le nom de *Yamato* remonterait seulement au règne de l'empereur *Zin-mu* (VIIe siècle avant notre ère). (*Wa-Kan San-sai dŭ-ye*, LXIV, 2.)

ouvrages de la Chine[1]. On n'est pas d'accord sur sa signification précise. Transcrit par les signes chinois 山ヤ跡マト «vestiges des montagnes», on le considère comme une ancienne dénomination (舊き說) du Japon[2]. Rendu par 山ヤマ戸ト, il signifie «la porte» ou «l'entrée des montagnes»; par 山ヤマ處ト «l'endroit» ou «la région des montagnes». Un étymologiste japonais y voit l'équivalent de 蜻ヤン蛉バ所ト «l'endroit de la sauterelle», ou 野ヤン馬マ所ト «l'endroit des chevaux sauvages»[3]. La première de ces deux interprétations, l'une et l'autre fort douteuses, se rattache à une légende de l'histoire de *Zin-mu* dont il sera parlé tout à l'heure; la seconde repose sur la valeur idéographique des signes employés très probablement à seule fin de noter des sons, dans les anciens ouvrages chinois dont je viens de parler.

Quant à *Toyo Aki-tŭ sima* ou *Toyo Aki-tŭ su,* c'est un nom donné au Nippon, suivant une vieille légende, par l'empereur *Zin-mu*, au VIIe siècle avant notre ère. Cette légende semble se trouver en contradiction avec le *Syo-ki,* d'après lequel ce nom serait plus ancien. Il n'est cependant pas inadmissible que l'éditeur, dans la Genèse du *Yamato-bumi,* ait employé des dénominations géographiques dont il n'ait pas l'intention de faire remonter l'origine à la date des événements mythologiques qu'il rapporte. On raconte que le

1. Dans les *Heou-Han chou* ou Annales des Han-postérieurs, de *Fan-yeh* (25 à 220 de notre ère), dans le *San-koueh tchi* ou Histoire des Trois Royaumes, de *Tchin-cheou* (220 à 280), dans le *Wen-hien toung-kao* ou Examen général des sages par leurs écrits, de Ma Touan-lin; etc. (Cf. *Syo-gen zi-kau,* édit. lith., 114, 7).

2. Tani-gava Si-sei, *Wa-kun sivori,* XXXIV, 23.

3. *Furu-koto-no basi,* p. 57.

premier mikado, *Zin-mu ten-wau*, étant un jour monté sur une haute colline, trouva que la forme du Japon ressemblait à celle de l'insecte appelé *aki-tŭ musi* (aujourd'hui *kageráu*) «espèce de sauterelle», et qu'il lui donna, en conséquence, le nom de *Aki-tŭ su* «nid» ou «île de la sauterelle»[1].

Quant au mot [⊥Y⊥ *toyo*, qui précède cette dénomination du Japon, il manque dans les dictionnaires japonais-européens. Transcrit par le caractère idéographique 豐 *foung*, dont le sens primitif est «un vase plein»[2], il est donné par un lexique de la langue Yamato, comme signifiant «grand», d'après l'autorité du *Gyokŭ-ben*[3]. Mais, en dehors de cette signification, il répond encore à l'idée de «prospère, riche, abondant»[4]. De sorte qu'il paraît établi que *toyo*, ou plus exactement *to-yo* signifie «le monde opulent» 富ト世ヨ. Ce mot se rencontre d'ailleurs dans un certain nombre de noms japonais anciens, notamment dans l'antique anthologie *Man-yeô siû*, et dans des dénominations géographiques[5]. Il peut être considéré comme une locution honorifique, de sorte

1. *Wau-tyau si-ryakŭ*, I, p. 3; *Nippon wau-dai iti-ran*, I, p. 2; *Kokŭ-si ran-yeô*, I, p. 7; *Ko-gon tei*, p. 57; *Wa-kun sivori*, II, p. 9. — Voy., sur cette question qu'il ne m'est pas possible d'examiner ici dans tous ses détails sans donner à ce commentaire une étendue démesurée, *Ku zi ki*, VII, p. 8, où l'on trouve des renseignements curieux sur les noms du Japon remontant à l'âge mythique de Iza-nagi; *Wa-Kan San-sai dŭ-ye*, LXIV, p. 2; *Uye-tŭ fumi seô-yekĭ*, I, p. 6; *Ko zi ki den*, V, p. 20; *Ko si den*, III, p. 16.

2. Suivant le dictionnaire *Choueh-wen*.

3. オホヒナリ *ohoi-nari* (dans le *Gyokŭ-ben dai-zen*, au signe *hô*). Cette valeur qui manque dans l'excellent Dictionnaire chinois-anglais de M. Wells Williams, se rencontre cependant dans plusieurs lexiques indigènes (voy. notamment *Peï-wen-yun-fou*, I, p. 90; et *King-tsieh-tsouan-kou*, I, 21 et 下 10).

4. Cette explication se trouve dans le Dictionnaire chinois-latin du P. Basile. — Le mot *toyo* est expliqué par ユタカ «copieux, riche, prospère», dans le *Ga-gen dô yu*, de Kawa-saki, p. 12.

5. Par exemple 富ト山ヤマ *To-yama* (*Encycl. jap.*, livr. LXVIII 下, p. 1).

qu'il faut traduire *Toyo Akitu sima* «l'opulente île de la sauterelle»[1].

伊豫二名洲 *I-yo-no Futa na-no sima.* — La séparation des éléments de ce nom, aussi bien que leur signification, présente de sérieuses difficultés. Moto-ori déclare qu'il n'a pas d'idée à proposer au sujet de l'étymologie du mot *I-yo*[2]. Il croit que *I-yo-no Futa na-no sima* répond aux quatre pays de *Ava, Sanuki, I-yo* (伊 余) et *To-sa,* qui forment les quatre provinces de l'île actuelle de 四 國 *Si-kokŭ*[3]. Cette identification géographique du savant exégète japonais lui a été évidemment suggérée par le passage suivant du *Ko zi ki :* 此嶋者身一而有面四。每面有名 *Kono sima va mi hitotŭ-ni site, omo yotŭ ari; omo goto-ni na ari* «cette île (I-yo-no futa-na-no sima) a un corps et quatre faces; chaque face a un nom [particulier]». — *Futa na-no sima* signifie «l'île qui porte deux noms». Je n'ai trouvé aucune explication satisfaisante de cette expression dans les livres que j'ai entre les mains; et plutôt que d'adhérer aux hypothèses de Moto-ori et de son disciple Atu-tane, je préfère entendre par là que le pays en question était connu dans l'antiquité sous deux désignations différentes que l'éditeur du *Syo-ki* ne juge pas utile de nous faire connaître.

1. *Ga-gen siŭ ran,* III, 40; *Wa-kun sivori,* XVIII, 27. — Il faut aussi faire observer que le caractère *foung* entre dans la composition des noms des pays de *Bu-zen* et de *Bun-go* qu'on doit traduire par «le pays opulent antérieur» et par «le pays opulent postérieur», et que ces noms de forme chinoise se trouvent sous une forme purement japonaise *(Toyo-kuni-no miti-no kuti* et *Toyo-kuni-no miti-no siri)* dans les anciens textes et notamment dans *Ni-hon gi.*

2. *Ko zi ki den,* V, p. 6.

3. *Ko zi ki den,* V, p. 4.

筑紫洲 *Tŭkusi-no sima.* — L'identification ne paraît pas douteuse; il s'agit de la grande île connue actuellement sous le nom de 九州 *Kiu-siu.* Suivant le *Ko zi ki,* cette île, comme la précédente, a un corps et quatre faces. Cette donnée reçoit ici une application moins aisée, car le nombre des provinces qu'on place dans *Kiu-siu* est de sept, et non de quatre. On ne saurait cependant trouver en cela une grave objection contre la synonymie géographique qui nous est offerte. D'abord, il n'est pas impossible que ces provinces aient été originairement moins nombreuses qu'elles ne le furent par la suite. Nous savons, par exemple, qu'au temps de l'empereur *Zin-mu,* les provinces de *Bi-zen*, *Bi-tyu* et *Bin-go* ne formaient qu'un pays appelé *Ki-bi*[1]. Parmi les provinces de l'île des *Kiu-siu,* il en est plusieurs dont le nom indique qu'elles sont des morcellements d'un territoire primitivement plus étendu; par exemple *Bu-zen* et *Bun-go* qui signifient le *Bu* antérieur et le *Bu* postérieur; *Hi-zen* et *Hi-go* qui sont dans le même cas. Il resterait encore cinq pays, si tant est que les divisions généralement connues aient existé de toute antiquité. Mais il ne me paraît pas impossible que, malgré la différence d'orthographe chinoise, le *Hiuga* doive être réuni aux pays de Hi-zen et de Hi-go, et que les noms de ces trois pays, aient été originairement composés avec le même mot 日 ヒ *hi* «soleil». Je n'insiste cependant pas sur cette conjecture, d'autant plus que je ne puis développer pour l'instant les motifs qui me l'ont fait prendre en considération.

隱岐洲。佐度洲。 *Oki-no sima, Sa-do-no sima.* —

1. *Nippon wau-dai iti-ran,* I, 1 (commentaire).

Il s'agit ici d'îles qui ont conservé les mêmes noms jusque dans les temps modernes : *Oki*, située au nord de la province d'*Idŭ-mo*, et *Sa-do*[1], située au nord-ouest de celle de *Yeti-go*. On rencontre cependant une variante dans le *Ko zi ki* où l'on trouve 隱伎之三子嶋 *O-ki-no mitŭ go-no sima*, ce qui paraît signifier «les trois enfants de l'île Oki», c'est-à-dire les trois petites îles qui se trouvent au sud-ouest de cette dernière. Je suis tenté de croire à un emploi erroné de la particule du génitif ⌊⊥ *no*, et, en la supprimant de traduire «Oki et ses trois enfants»[2]. Il serait singulier, en effet, qu'on parlât dans cette genèse des îlots, en négligeant de parler des grandes îles. Cette pensée paraît avoir prédominé, dans la récension du *Ni-hon gi*. Le nom de *Oki-no sima* signifie «île située dans la haute mer» *(una-bara-no oki naka-ni aru sima)*[3]. — *Sa-do* paraît signifier «le passage étroit» 狹サ門ド[4].

越洲 *Kosi-no sima*. Je n'ai pas trouvé la mention de cette île dans le *Ko zi ki*. Je suis tenté d'y voir, avec Siebold[5], le pays de *Kosi*, situé à l'ouest de la province de *Sina-no* et dans lequel se trouve la péninsule qui fut plus tard la province de *No-to*, au nord du pays de *Yetŭ*. Le

1. Dans sa grande publication sur le Japon (*Archiv zur Beschreibung von Japan*, Nippon III), Siebold a publié une carte (*Japan ten tyde van* Zin-mu-ten-woo, *genaamd* Jamato, *vel* Aki-tsu-sima) où l'île de *Sa-do* figure parmi les territoires encore peu ou point connus à cette époque et occupés par les barbares *yebisŭ*. Ainsi qu'on le voit par le texte du *Syo-ki*, cette île faisait, au contraire, partie du domaine créé par les dieux originaires du sintauïsme japonais.

2. Même, sans introduire la correction que je propose, ce nom pourrait être traduit de la sorte.

3. Moto-ori, *Ko zi ki den*, V, p. 8.

4. Moto-ori, *Libr. cit.*, V, p. 11.

5. *Japan ten tyde van Zin-mu-ten-woo*, dans son Nippon III.

mot *Yetŭ*, dans ce nom chinois, répond au japonais *Kosi*; et le *Yet-tiu*, le *Yetĭ-zen*, le *Yetĭ-go* ne sont que des démembrements d'un seul et même pays de *Yetŭ*, anciennement appelé en langue yamato *Kosi*[1]. Je ne me dissimule pas cependant que la question de l'île *Kosi-no sima* n'est pas suffisamment éclaircie; mais les documents japonais que je possède ne me permettent pas d'arriver à un résultat plus satisfaisant.

大洲 *Oho sima*, c'est-à-dire «la grande île». — Il existe plusieurs îles de ce nom. L'une d'elles est située entre les provinces d'*I-dŭ* et d'*Ava*.

吉備子洲 *Ki-bi-no ko-sima*, c'est-à-dire «l'île de *Ko-sima*, dépendant du pays de *Kibi*». — Ce pays de *Kibi*, situé à l'ouest de la province de *Harima*, fut par la suite divisé en plusieurs provinces : *Bi-zen* «le Bi antérieur», *Bi-tiu* «le Bi central», et *Bin-go* «le Bi postérieur»[2].

對馬嶋 *Tu-sima sima*. — Le nom de cette île, située dans le détroit qui sépare l'île des Kiousiou de la Corée, est écrit, dans le *Ko zi ki*, 津洲, c'est-à-dire «l'île du port», parce que Tu-sima fut considérée comme une station importante sur la voie par laquelle s'établirent les premières relations entre le Japon et la Chine. On a également expliqué ce nom par «l'île qui fait face [à la Corée]», en s'attachant à la valeur idéographique du signe chinois 對 *toui;* mais cette explication n'est guère acceptable, ce dernier signe n'ayant été probablement employé ici que comme phonétique (ツ pour ツ井).

1. Voy. le *Wa-kun sivori*, IX, p. 17.
2. *Nippon wau-dai iti-ran*, I, 1.

壹ユ岐キ嶋シマ *Yŭ-ki-no sima.* — C'est l'île connue sous le nom de *Iki*, au nord des Kiousiou. Le *Ko zi ki* emploie la forme 伊伎 *I-ki;* mais on sait que la permutation de l'*i* en *u*, au commencement de certains mots, est usitée en japonais : la forme *Yŭki* du *Ni-hon gi* est la forme primitive[1]. Le sens de ce mot, comme nom d'île, est des plus incertains. — Peut-être faut-il y voir le mot 行 *yuki* «aller», c'est-à-dire «la route» à suivre pour se rendre au port *(tŭ)* qui est le lieu d'escale pour les voyages en Corée et en Chine(??).

大八洲 *Oho ya sima* «les huit grandes îles». — Le *Ko zi ki* et le *Ni-hon Syo-ki* ne nous fournissent point une liste identique des îles créées primitivement par Iza-nagi et Iza-nami, et il serait peut-être aussi embarrassant qu'inutile de suivre les exégètes japonais dans leurs tentatives pour déterminer qu'elles étaient ces «huit îles». Je suis très porté à croire qu'ici encore[2], le mot «huit» indique un nombre indéterminé, et que *Oho ya sima-no kuni* doit être traduit par «le grand empire des nombreuses îles». En tout cas, il me paraît intéressant de résumer, dans un tableau, les données des deux principales sources de la Genèse du Japon[3].

1. Par exemple *iwo* ou *ŭwo* «poisson»; *ibari* ou *yŭbari* «urine»; etc. — La forme en *u* est la plus ancienne (Moto-ori, *Ko zi ki den*, v, p. 18). Cependant, parfois, la forme en *u* paraît avoir prévalu de nos jours, et l'on dit souvent *yŭku* «aller» pour *iku*.

2. Voy. plus haut, pp. 84 et 85.

3. Malgré les doutes soulevés au sujet de l'authenticité du *Ku zi ki*, tel que nous le possédons aujourd'hui, doutes sur lesquels je me propose de revenir ailleurs avec les développements nécessaires, j'ai pensé qu'il n'était pas sans intérêt de comprendre, dans le tableau suivant, les données fournies par cet ouvrage. Quant aux identifications des anciennes dénominations géographiques avec les noms des provinces du Japon, je les ai reproduites d'après l'autorité des savants indigènes, tout en prévenant qu'il est bon de ne les admettre qu'avec de sérieuses réserves.

大八洲 *Oho Ya Sima*

Ko zi ki	*Ni-hon Syo-ki*	*Ku zi ki*
Ono-goro	*Ono-goro* (pilier central du pays)	*Ono-goro*
Ava		*Ava*
Ava-di (Ho-no sa-wake)	*Ava-di* (cordon ombilical)	*Ava-di*
	Toyo Aki-tŭ	
Iyo-no futa na-no sima (Ye-hime)	*I-yo-no futa na-no sima*	*I-yo*
Sanuki (I'i-yori hiko)	*Tŭkusi*	*Tŭkusi*
Ava (Oho-getŭ hime)		*Iki*
To-sa (Take-yori wake)		*Tû-sima*
Oki-no mitŭ-go :	*Oki*	*Oki*
1. *Nisi-no sima.*	*Sa-do*	*Sa-do*
2. *Naka-no sima.* 3. *Tiburi.*	*Kosi-no sima*	*Oho Yamato Aki-tu sima*
(Ame-no osi koro wake)		*Kibi-no ko*
		Adŭki
Tŭkusi (Sira bi wake)	*Oho-sima*	*Oho-sima*
Toyo Kuni (Toyo bi-wake)[1]	*Kibi-no ko*	*Hime-zima*
Hi-no Kuni (Take hi mu-ka'i toyo kuzi hine wake)	*Tû-sima*	*Ti-ka-no sima*
Kumaso (Take-bi wake)[2]	*Yŭki (Iki)*	*Futa-go-no sima*
Iki (Ame-no hitotŭ basira)	Les petites îles	
Tû-sima (Ame-no sa de yori bime).		
Sa-do (futa ko sima)		
Oho Yamato Toyo Aki-tŭ sima (Ama-no mi Sora Toyo Aki-dŭ ne wake)[3]		

1. Bu-zen et Bun-go — *Haya-hi-wake* répond à Hi-zen et Hi-go.
2. Satu-ma. — *Kusi-hi-ne-wake* répond à Hiu-ga et Oho-sumi.
3. Yamato, Kava-ti, Yama-siro. — A cette liste, il faut ajouter : *Kusa-ki-ne wake* * (Setu, Idumi, Ki-i) : — *Ava-mine wake* (Omi, Mino) ; — *Ise-tŭ hime* (Ise, Sima, Owari) ; — *Toho-tŭ mi wake* (Tootoomi, Ka'i, Mi-kava, Suruga, Idu) ; — *Musa-tŭmi-wake* (Musasi, Sagami, Ava) ; — *Yo-ti-di-hiko-no kuni* (Ka-dusa, Simô-sa, Hitati) ; — *Sa-yori sinu-hiko-no kuni* (Hida, Sina-no) ; — *Nu-ti-di-hiko-no kuni* (Kô-duké, Simo-duké) ; — *Ti-di-oku-wake* (Mutu et les territoires avec lesquels on a constitué le Dé-va, la cinquième année de l'ère *Wa-dô* (712 de notre ère) : *Kosi-ne wake* (Yeti-zen, Yes-sin, Yeti-go, Kaga, Noto, Wakasa) ; — *Tani va-wake* (Tamba, Tango, Tatima) ; — *Idŭ-mo wake* (Idu-mo, Iva-mi, Inaba, Hauki) ; — *Ana-do-ne-wake* (Naga-to, Su-vau, Aki) ; — *Kibi-tŭ-ne-wake* (Bi-zen, Bi-tyu, Bin-go, Mima-saka, Harima).

* Le sens du mot *wake*, en langue Yamato, ne me paraît pas donné d'une façon suffisamment claire dans les dictionnaires indigènes que j'ai pu consulter. D'après mes lectures, je suis conduit à le rendre par « berceau », dans l'expression « berceau d'un peuple, d'une civilisation », ou bien par « [lieu] originaire ».

一書曰。天神謂伊弉諾尊伊弉冊尊曰。有豐葦原千五百秋瑞穗之地。宜汝往循之。迺賜天瓊戈。於是二神立於天上浮橋。投戈求地因畫滄海而引擧之。卽戈鋒垂落之潮結而爲嶋。名曰磤馭盧嶋。二神降居彼嶋。化作八尋之殿。又化竪天柱。陽神問陰神曰。汝身有何成耶。對曰。吾身具成而有稱陰元者一處。陽神曰。吾身亦具成而有稱陽元者一處。思欲以吾身陽元合汝身之陰元云爾。卽將巡天柱約束曰。妹自左巡。吾當右巡。既而分巡相遇。陰神乃先唱曰。姸哉可愛少男歟。陽神後

和之曰。姸哉可愛少女歟。遂爲夫婦。先生蛭兒。便載葦
船而流之。次生淡洲。此亦不以充兒數。故還復上詣於
天。具奏其狀。時天神以太占而卜合之。乃教曰。婦人之
辭其已先揚乎。宜更還去。乃卜定時日。而降之。故二神
改復巡柱。陽神自左。陰神自右。旣遇之時。陽神先唱曰。
姸哉可愛少女歟。陰神後和之曰。姸哉可愛少男歟。然
後同宮。共住而生兒。號大日本豐秋津洲。次淡路洲。次
伊豫二名洲。次筑紫洲。次隱岐三子洲。次佐度洲。次越
洲。次吉備子洲。由此謂之大八洲國矣

4, *a*. — On lit dans un livre :

Ame-no kami «le Dieu [suprême] du Ciel», s'adressant au divin Iza-nagi et à la divine Iza-nami, leur dit: «Il existe le pays de *Toyo Asi-vara-ti-i-wo-aki-no-mitŭ-ho;* il convient que vous alliez le gouverner». Il leur donna, en conséquence, la lance de jade du Ciel.

Les deux génies se tinrent alors sur le radeau céleste, d'où ils dirigèrent vers le bas la lance, pour trouver un pays. Dans ce but, ils barattèrent l'océan azuré, puis relevèrent la lance. Les gouttes qui s'en échappèrent à ce moment, s'étant congelées, devinrent une île qui reçut le nom de *Ono-goro zima.* Les deux génies descendirent habiter dans cette île, et se préoccupèrent de construire un vaste palais, et d'ériger la Colonne céleste.

Le Génie mâle interrogea le Génie femelle en ces termes : «Quo modo factum est corpus tuum?»

Le Génie femelle lui répondit : «Corpus meum gradatim absolutum fuit, et in eo locus est qui vocatur principium femineum.»

Le Génie mâle lui dit : «Corpus meum gradatim etiam absolutum fuit, et in eo locus est qui vocatur principium masculinum. Cupio corporis mei locum principii masculini unire corporis tui loco principii feminei.»

Ayant alors convenu qu'ils feraient le tour de la

Colonne céleste, le Génie mâle dit : «Ma sœur, tu tourneras du côté gauche, et moi je tournerai du côté droit».

Ils se séparèrent de la sorte, et firent le tour de la colonne.

Quand ils se furent rencontrés, le Génie femelle s'écria le premier : «Oh! quel aimable jeune homme!»

Le Génie mâle lui répondit ensuite : «Oh! quelle aimable jeune fille!»

Puis ils devinrent mari et femme.

Elle donna d'abord le jour à *Hiru-ko* «la Sangsue»: ils le mirent dans un bateau de jonc et l'abandonnèrent au courant. Puis, elle donna naissance à l'île d'*Ava*, qu'à l'instar de Hirou-ko, ils ne voulurent pas admettre au nombre de leurs enfants. [Contrariés de l'insuccès de leurs premières progénitures], ils retournèrent, en conséquence, au Ciel, où ils racontèrent ponctuellement ce qui était arrivé.

Ame-no kami, le Dieu [suprême] du Ciel, au moyen de grands sortilèges, tira des pronostics. Puis il leur donna ces instructions : «C'est la parole de la femme qui [à tort] a été prononcée la première; il faut que vous retourniez [sur la terre]». Il choisit, à cet effet, un jour faste, et ils descendirent du Ciel.

En conséquence, les deux génies recommencèrent à tourner autour de la Colonne, le Génie mâle prenant du côté gauche et le Génie femelle du côté droit.

Au moment où ils se rencontrèrent, le Génie mâle s'écria le premier : «Oh! quelle aimable jeune fille!»

Le Génie femelle lui répondit ensuite : «Oh! quel aimable jeune homme!»

Ils habitèrent ensuite dans le même palais et donnèrent le jour à des enfants appelés l'île de *Oho Yamato Toyo Aki-tŭ*; puis à l'île de *Ava-di;* puis à l'île de *I-yo-no futa-na*; puis à l'île de *Tŭku-si*; puis aux trois îles jumelles de *Oki-no mitŭ-go;* puis à l'île de *Sado;* puis à l'île de *Kosi;* puis à l'île de *Ki-bi-no ko.* On a appelé, de la sorte, ces îles *Oho Ya-sima-no kuni* «le pays des huit grandes îles».

COMMENTAIRE.

4, *a.* — Cette citation, en grande partie conforme au texte même du *Syo-ki*, diffère cependant de celui-ci par quelques points qui méritent de fixer l'attention.

Le Dieu suprême du sintauïsme primitif, *Ame-no kami* ou *Naka-nusi,* apparaît de nouveau pour ordonner la création du monde japonais; et les deux génies Iza-nagi et Iza-nami, au lieu d'en prendre eux-mêmes l'initiative («ils firent ensemble cette convention», IV, 1), ne sont plus que des agents qui accomplissent la résolution du Très-Haut. Ils quittent le Ciel, en vertu de l'ordre qui leur a été donné, et ils viennent habiter la Terre, où ils se construisent une habitation à l'instar de ce que feront les hommes plus tard.

化ニ作(タツ)二八(ヤ)尋(ヒロノ)之(ノ)殿(トノヲ)一。又化ニ竪(タツ)二天(アメノ)柱(ミハシラヲ)一

Ya-hiro-no tonowo mitatŭ; mata ame-no mi-hasirawo mitatŭ. Ce passage présente quelque difficulté. Dans les mots *ya-hiro-no tono*, litt. «un palais de huit brasses»[1], il ne faut pas voir les dimensions d'un palais, mais l'idée d'un «grand» palais. En effet, le nombre *ya* «huit», en langue Yamato, entraîne l'idée d'une grande quantité, comme le nombre «dix» en chinois, comme le nombre «mille» dans nos langues (par exemple «mille compliments»). J'ai déjà eu l'occasion de mentionner cette valeur du nombre «huit» à propos de la plus ancienne poésie japonaise dont j'ai publié la traduction[2]. C'est en raison de l'idée attachée au nombre «huit» dans le Nippon, que pour exprimer la quantité innombrable des Dieux, on a employé l'expression 八ヤ 十ヲ 萬ヨロヅノ 神カミ *Ya-wo-yorodŭ-no kami* «les huit-cent mille dieux»[3]. — *Mitatŭ* est une expression qui manque dans les dictionnaires japonais-européens, ou du moins qui n'y est point donnée avec le sens qu'elle possède dans le passage qui nous occupe; elle signifie littéralement «voir à ériger», «avoir l'intention d'ériger», et entraîne une certaine idée de futur. Dans la rédaction du *Ko zi ki*, on l'a transcrite en chinois par les signes 見ミ 立タツ[4], qui rendent exactement la valeur individuelle de chacun des deux éléments japonais qui la composent. Au contraire, dans la rédaction du *Syo-ki*, Tonéri-sin'au et ses collaborateurs, ont voulu lui donner une

1. *Hiro* est expliqué par M. Hepburn, dans son *Japanese and English Dictionary*, par «a fathom, of about five feet English, the distance between the hands when the arms are out-stretched».

2. Dans mon *Anthologie japonaise*, p. x.

3. *Syo gen-zi kau*, édit. lith., p. 114. — Nous rencontrerons plus loin cette expression dans le texte du *Ni-hon gi*.

4. *Ko zi ki den*, IV, 14.

signification plus recherchée, et ils l'ont rendue, dans les deux endroits où elle se rencontre, par des caractères idéographiques différents. Lorsqu'il s'agit du palais d'*Iza-nagi*, ils écrivent 化ニ作タツ, et lorsqu'il est question de la colonne céleste, ils écrivent 化ニ竪タツ. Le signe 化 (qui remplace 見ニ) signifie communément «transformer»; mais il indique aussi «accomplir, faire», surtout lorsqu'il s'agit d'une œuvre de création. Dans le premier cas, 作 (qui remplace 立タツ) est l'équivalent de 造[1]; les deux mots peuvent donc être traduits par «fabriquer en créant». Dans le second cas 竪 (qui remplace le même mot 立タツ) veut dire «élever, ériger»; et les deux mots peuvent être rendus par «ériger en créant». Il y a certainement peu de différence entre les deux acceptions chinoises données au mot *mi-tatŭ*, mais il est probable qu'en ne l'écrivant pas 見立, le *Syo-ki* a eu l'intention de distinguer le genre de création du palais d'Iza-nagi et celui de la Colonne céleste.

Le récit contenu dans la première citation du *Syo-ki*, semble en outre préférable à celui qui figure dans le texte même de cet ouvrage. Tandis que, dans le premier, Iza-nagi se fâche en entendant Iza-nami lui adresser la première la parole, et ne consent à s'unir à elle que lorsqu'elle lui aura donné la satisfaction de l'interpeller tout d'abord; dans le second, les deux jeunes divinités, frappées mutuellement de leur beauté, deviennent de suite mari et femme. Mais, quand ils voient que les produits de leur union ne sont pas heureux, ils remontent au Ciel pour savoir la cause de leur insuccès. C'est alors le Dieu suprême qui leur ap-

1. Voy. le dictionnaire *Pin-tsze-tsien*, au signe *hoa*.

prend la cause de leur malheur : le Génie femelle a manqué de respect envers le Génie mâle en se permettant de le provoquer. Ils devront retourner sur la terre, et du moment où cette faute ne sera plus commise, leur progéniture sera excellente.

Tandis que dans le texte du *Syo-ki*, la première création de Iza-nagi et de Iza-nami est l'île d'*Ava-di*, dans la citation qui nous occupe en ce moment, leur premier enfant est *Hiru-ko*[1] «la Sangsue», après lequel vient l'île d'*Ava*. On est incertain sur ce que pouvait être cette île d'Ava, dont le nom diffère si peu de l'île d'Ava-di mentionnée, au début, dans le *Ni-hon gi*. Doit-on la chercher parmi les petits îlots situés au nord-ouest d'Avadi, ou bien n'y faut-il voir qu'une confusion avec le nom de cette île[2]? Cette dernière hypothèse est peu probable, car dans le *Ko zi ki*, tout comme dans le *Ku zi ki*, il est fait tout à la fois mention d'une île d'*Ava*, et d'une autre île d'*Ava-di*.

ろ
一書曰伊弉
諾尊伊弉冉尊
二神立于天霧
之中曰吾欲得
國乃以天瓊矛
指垂而探之得
磤馭盧嶋則拔
矛而喜之曰善
乎國之在矣

1. Il en est de même dans le *Ko zi ki* (édition de Moto-ori, IV, 16; Hirata Atu-tané, *Ko-si den*, II, 52).

2. *Ko zi ki den*, IV, 36, et plus loin, 37.

4, *b.* — On lit dans un livre :

Les deux génies Iza-nagi-no mikoto et Iza-nami-no mikoto se trouvant au milieu du brouillard du Ciel, dirent : «Nous désirons avoir un pays.» En conséquence, ils prirent la lance de jade céleste, et, la dirigeant en bas, ils fouillèrent et obtinrent l'île *Ono-goro sima.* Ils retirèrent ensuite la lance; et, joyeux, ils dirent: «Ah! que c'est bien de posséder un pays!»

COMMENTAIRE.

4, *b.* — 앗 기 기 *sagiri* «brouillard». — Dans cette seconde citation du chap. IV, les deux divinités Iza-nagi et Iza-nami sont représentées comme se tenant au milieu du brouillard du Ciel. Il ne faut très probablement voir là qu'une expression imagée employée par l'auteur pour désigner l'immensité antérieurement à la création. Un commentateur japonais du *Syo-ki*[1] croit cependant que le mot *sagiri* a, dans ce passage, une toute autre signification. Il ferait allusion

1. ¶書紀集解 *Syo-ki siû-kai* ou le «Syo-ki commenté», par M. 河村秀根 Kava-mura Hidé-né, t. I, p. 9*.

* Lorsque j'ai rédigé ma traduction du *Ni-hon Syo-ki,* je ne possédais aucun commentaire de cet ouvrage; de sorte que pour en obtenir l'intelligence, j'ai dû traduire le *Ko zi ki,* en m'aidant du grand commentaire publié par Moto-ori Nori-naga, sous le titre de *Ko zi ki den.* Pendant le cours de l'impression de mon travail, il m'arrive successivement des documents importants dont je n'ai pu profiter dès l'abord, mais auxquels je m'empresse de recourir pour la révision de mes épreuves. Le livre que je cite ici pour la première fois est de ce nombre. Je viens, en outre, de recevoir une version du *Ko zi ki* due à l'un de nos japonistes les plus distingués, M. B. Hall-Chamberlain *(Records of ancient matters,* dans les *Transactions of the Asiatic Society of Japan,* 1883, t. X, suppl.), et un mémoire d'un haut intérêt, composé par M. Satow sous le titre de *The revival of pure Shintô,* dans le *Même recueil,* vol. III, part. 1). — Il est très regrettable que les relations des japonistes soient encore si peu suivies, et que nous ignorions souvent en Europe les écrits publiés par les orientalistes européens au Japon, comme ceux-ci

à l'état d'incertitude dans lequel se trouvent les deux dieux, au moment où ils vont s'efforcer de découvrir un monde inconnu. Si l'on adoptait cette explication assez singulière, le texte signifierait que Iza-nagi et Iza-nami désiraient obtenir un pays, mais ils demeuraient au Ciel dans les brouillards de l'incertitude sur l'endroit où ils pourraient le rencontrer. Cette interprétation me paraît laisser quelque peu à désirer.

[仕] 一書曰
伊弉諾伊
弉再二神
坐于高天
原曰當有
國耶乃以
天瓊矛畫
成磤馭盧
嶋

4, *c*. — On lit dans un ouvrage:

Les deux génies Iza-nagi-no mikoto et Iza-nami-no mikoto, se trouvant sur la voûte du Ciel suprême, dirent : «Il faut que nous ayons un pays!» Et alors ils obtinrent, en fouillant [les mers] avec la lance céleste de jade, l'île *Ono-goro sima*.

COMMENTAIRE.

4, *c*. — *Masa-ni kuni aran ya*, c'est-à-dire «le moment n'est-il pas opportun pour avoir un pays?»

ignorent évidemment ceux qui ont paru depuis plusieurs années en France, en Italie et en Autriche.

Je me ferai un devoir de mentionner, au fur et à mesure de leur arrivée entre mes mains, tous les ouvrages qui pourront me servir à l'élucidation du texte du *Syo-ki;* et, pour n'avoir pas à prévenir encore une fois que je n'avais pu les utiliser plus tôt, je placerai, en tête de leur première mention, le signe ¶.

四 一書曰伊弉
諾伊弉冉二神
相謂曰有物若
浮膏其中蓋有
國乎乃以天瓊
矛探成一嶋名
曰磤馭盧嶋

4, *d*. — On lit dans un ouvrage :

Les deux génies Iza-nagi-no mikoto et Iza-nami-no mikoto se dirent dans un entretien : «Il y a une chose qui ressemble à de la graisse qui flotte [sur l'eau]. N'y a-t-il pas un pays au milieu?» Ils obtinrent alors, en fouillant [les mers] avec la lance céleste de jade, une île qui reçut le nom de *Ono-goro sima*[1].

Commentaire.

Cette quatrième citation rappelle un passage cité plus haut où il est dit qu'à l'origine du monde, il y avait une chose qui ressemblait à un corps gras flottant et surnageant à la surface des flots (I, *b*).

1. Dans quelques ouvrages, on lit *Ono-koro sima* ou *zima*. Cette lecture doit être condamnée, les caractères Man-yô kana employés pour noter la quatrième syllabe de ce nom (馭 dans le *Syo-ki* et 碁 dans le *Ko-zi ki*) étant dits «troublés» *(nigori)*. — Voy. Moto-ori, *Ko-zi ki den*, t. I, p. 31, et t. IV, p. 12; Hirata, *Ko si den*, t. II, p. 30.

[ヤ] 一書曰。陰神先唱
曰。美哉善少男。時以
陰神先言故爲不祥。
更復改巡。則陽神先
唱曰。美哉善少女。遂
將合交。而不知其術。
時有鶺鴒。飛來搖其
首尾。二神見而學之。
即得交道。

4, *e*. — On lit dans un ouvrage:

Le Génie femelle, le premier, dit en chantant : «Qu'il est beau, ce charmant jeune homme!» Alors, comme le fait de ce que le Génie femelle avait parlé le premier était néfaste, ils firent de nouveau le tour [de la Colonne Céleste]. Cette fois, le Génie mâle, le premier dit en chantant : «Qu'elle est belle, cette charmante jeune fille!» Et aussitôt ils voulurent s'unir, mais ils ne savaient pas comment s'y prendre. Sur ces entrefaites [un couple] de hoche-queues vint voltiger [près d'eux], en remuant la tête et la queue. Les deux génies les examinèrent; et, profitant de leur leçon, connurent la manière de s'accoupler.

COMMENTAIRE.

4, *e.* — *Saga-nasi* «néfaste». — *Saga* (祥) signifie «un présage»; *saga-naki* s'emploie aujourd'hui dans le sens de «bas, vulgaire, méprisable»; ce qui donnerait à la phrase le sens de «le fait que le génie femelle ait parlé le premier est un fait regrettable (ou «méprisable», «de mauvais augure»).

鶺 鴒 *Sekĭ-rei* ou *Nivaku-naʼuri* «le hoche-queue» ou «bergeronnette» (motacilla). On en connaît plusieurs espèces au Japon, qui fréquentent surtout le bord des cours d'eau. Le mouvement continuel de la tête et de la queue de cet oiseau, a fait dire à l'auteur du *Tsze-weï* que «sa tête et sa queue se répondent, et sont comparables à un frère aîné et un frère cadet»[1].

〔へ〕一書曰。二神
合爲夫婦。先以
淡路洲淡洲爲
胞。生大日本豐
秋津洲。次伊豫
洲。次筑紫洲。次
雙生隱岐洲與
佐度洲。次越洲。
次大洲。次子洲

1. Notamment dans le *Chi-king*, le hoche-queue est donné comme un symbole néfaste: «Le hoche-queue est dans la plaine; les frères sont menacés d'un malheur» (*Siao-ya*, sect. Tchang-ti, 3). Le commentaire ajoute que «cet oiseau chante quand il vole, et s'agite quand il marche». — Le dos est bleu cendré, le ventre est blanc; il a des marques noires sous la gorge qui ressemblent à une rangée de sapèques; c'est pourquoi on l'a appelé *lien-tsien.*

4, *f.* — On lit dans un livre :

Les deux Génies s'étant unis comme mari et femme, l'île *Ava-di-no sima* et l'île *Ava-sima* furent le cordon ombilical [de l'archipel japonais], et ils donnèrent naissance à la grande île *Yamato Toyo Aki-tŭ sima.* Puis vint l'île *I-yo-no sima*, puis l'île *Tŭkusi-no sima*, puis les îles jumelles *Oki-no sima* et *Sa-do-no sima*, puis l'île *Kosi-no sima*, puis l'île *Oho-sima*, puis l'île *Ko-sima.*

COMMENTAIRE.

On a pu voir, par les textes reproduits plus haut, que l'île de *Ava-di* et l'île de *Ava*[1] étaient données l'une et l'autre comme ayant été créées au début même des œuvres d'Iza-nagi et d'Iza-nami. La ressemblance de ces deux noms porte à croire qu'une certaine confusion s'est manifestée à leur égard dans l'esprit de ceux qui ont recueilli, au VIIIe siècle, les traditions primitives de la cosmogonie japonaise. Dans la citation qui nous occupe en ce moment, cette confusion paraît encore plus évidente, et les deux îles de Ava-di et de Ava sont données, l'une et l'autre, comme ayant été « le cor-

Le dictionnaire *Tsze-weï* dit que « sa tête et sa queue se répondent, comme des frères » (Mao, *Chi ming-wouh tou-chouch*, t. I, p. 12 ; *San-sai dŭ-ye*, l. XLI, p. 20 ; *Peï-wen-yun-fou*, t. XXIV 下, p. 69 ; *Syo-ki siû-kai*, l. I, p. 10 ; ¶ *Ni-hon Syo-ki tû-syau*, t. II, p. 31).

1. L'interprétation que j'ai donnée plus haut (p. 97) du nom de l'île d'*Ava*, à savoir « un pays fertile en millet », est également celle d'un moine de l'observance de *Ten-dai*, auquel on doit un travail de critique sur le *Furu-koto bumi*, travail dont je viens de recevoir les premiers volumes (¶ Ta-da Kau-zen, *Ryak-kai Ko-zi ki*, t. III, pp. 31-32).

don ombilical» du Japon. Les exégètes indigènes disent que ce passage singulier ne signifie pas qu'il y eut deux cordons ombilicaux, mais seulement que *Ava-di* et *Ava* ne furent pas compris dans l'énumération des enfants de la déesse Iza-nami[1].

乙 一書曰。先生淡路洲。次大日本豐秋津洲。次伊豫二名洲。次隱岐洲。次佐度洲。次筑紫洲。次壹岐洲。次對馬洲

4, *g*. — On lit dans un livre :

D'abord naquit l'île *Ava-di-no sima;* puis la grande île *Yamato Toyo Aki-tŭ sima*; puis l'île *I-yo-no futa na-no sima;* puis l'île *Oki-no sima;* puis l'île *Sa-do-no sima;* puis l'île *Tŭkusi-no sima;* puis l'île *Iki-no sima;* puis l'île *Tu-sima.*

Commentaire.

4, *g*. — Cette citation ne paraît avoir été reproduite par l'éditeur du *Ni-hon gi* que pour donner une variante d'ailleurs peu importante de la liste des îles créées par Iza-nagi et Iza-nami.

1. Kawa-mura, *Syo-ki siû-kai,* t. I, p. 10. (Cf. Tani-gava, *Nippon Syo-ki tû-syau,* t. II, p. 31.)

ち 一書曰以磤
馭盧嶋爲胞生
淡路洲次大日
本豐秋津洲次
伊豫二名洲次
筑紫洲次吉備
子洲次雙生隱
岐洲與佐度洲
次越洲

4, *h*. — On lit dans un livre :

L'île *Ono-goro-sima* fut le cordon ombilical et l'île *Awa-di-no sima* naquit; puis la grande île *Yamato Toyo Aki-tŭ sima;* puis l'île *I-yo futa na-no sima;* puis l'île *Tŭkusi-no sima;* puis l'île *Ki-bi-no ko-zima;* puis les îles jumelles *Oki-no sima* et *Sado-no sima;* puis l'île *Kosi-no sima.*

Commentaire.

Ici encore la citation du *Syo-ki* n'a d'autre but que d'indiquer plusieurs légères variantes dans l'énumération des premières îles créées. Dans quelques éditions, le nom de l'île *Oki-no sima* est écrite avec les caractères 億 岐.

La grande île *Oho-Yamato Toyo Aki-tŭ sima* se nommait également 天御虛空豐秋津根別 *Ama-no mi sora Toyo Aki-tŭ ne-wake*[1].

1. *Kami yo-no masa-koto,* t. I, p. 7. — On trouve, dans cet ouvrage, une grande énumération des îles créées par Iza-nagi et Iza-nami avec les différents noms qu'elles portaient dans la haute antiquité.

〔乙〕一書曰。以淡路
洲為胞。生大日本
豊秋津洲。次淡洲。
次伊豫二名洲。次
隱岐三子洲。次佐
度洲。次筑紫洲。次
吉備子洲。次大洲

4, *i.* — On lit dans un livre :

L'île *Ava-di-no sima,* ayant été le cordon ombilical, la grande île *Yama Toyo Aki-tŭ sima* naquit; puis l'île *Ava-no sima;* puis l'île *I-yo futa na-no sima;* puis les trois îles jumelles *Oki-no mitŭ go-no sima;* puis l'île *Sado-no sima;* puis l'île *Tŭkusi-no sima;* puis l'île *Kibi-no ko-zima;* puis l'île *Oho-sima.*

Commentaire.

4, *i.* — Cette nouvelle énumération des premières îles créées par Iza-nagi et Iza-nami, démontre encore une fois combien le prince Tonéri et ses collaborateurs attachaient de l'importance à conserver le souvenir de l'ordre suivant lequel les îles du Japon avaient été créées, d'après les différentes sources de la cosmogonie sintauïste.

一書曰陰神先唱曰妍哉可愛少男乎便握陽神之手遂爲夫婦生淡路洲次蛭兒

4, *j*. — On lit dans un livre :

Le Génie femelle chanta le premier en disant : «Oh! quel aimable jeune homme!» Elle prit alors la main du Génie mâle; et, devenus mari et femme, ils donnèrent le jour à l'île *Awa-di-no sima;* puis à la Sangsue *(Hiru-ko)*.

Commentaire.

Dans ce passage, on fait ressortir tout particulièrement la faute du Génie femelle qui, la première, excite le Génie mâle en lui saisissant la main. De cette violation des bons principes, il est résulté la naissance de deux enfants que leurs parents se sont hâtés de répudier[1]; et les deux divinités dûrent retourner au Ciel, comme nous l'avons vu, pour obtenir du Dieu suprême des instructions pour réparer leur infortune.

1. «Toute chose, dit un commentateur, entraîne ses conséquences, et les deux divinités elles-mêmes ne sont pas parvenues à se soustraire à cette loi.» «Dans l'antiquité, lorsque les femmes étaient enceintes, elles veillaient sur l'expression de leurs sentiments; si cette expression était bonne, les effets étaient bons; si elle était mauvaise, les effets étaient mauvais» (Tani-gawa Si-sei, *Nippon Syo-ki tû-syau,* t. II, p. 32).

Le chapitre IV du *Ni-hon Syo-ki,* dont nous venons d'étudier le texte principal et les appendices, nous fournit le tableau cosmogénique de la géographie du Nippon. Ce tableau, ainsi qu'on pourra s'en convaincre par l'examen de la carte donnée ci-contre[1], comprend à peu près toute l'étendue de l'archipel Japonais, ce qui n'est pas sans soulever dans l'esprit quelques doutes sur son ancienneté. Il peut sembler assez étrange, en effet, qu'aux époques les plus reculées, il ait été fait mention de presque toutes les parties de cet archipel, alors qu'il semble résulter de l'étude des premiers documents historiques que le nord de la grande île ne fut connu que postérieurement au règne de l'empereur *Zin-mu,* fondateur de la monarchie des mikados.

On ne saurait voir, dans cette anomalie apparente, une raison pour contester l'authenticité du *Yamato bumi,* puisqu'en somme ce livre, tout en renfermant les plus vieilles traditions du pays, n'a reçu sa forme définitive qu'au VIIIe siècle de notre ère, c'est-à-dire à une époque où la géographie du Nippon n'était plus ignorée des Japonais.

Un passage du *Ku-zi ki,* dont j'ai donné plus haut la traduction (p. 90), me semble expliquer mieux que les textes du *Ko-zi ki* et du *Ni-hon gi,* le système cosmogonique de la mythologie sintaïste. Ce texte nous fait comprendre, en effet, l'idée attachée à l'expression «cordon ombilical» donnée à l'île d'*Ava-di,* et l'ordre suivant lequel eut lieu la création de toutes les autres îles. Ces îles naquirent suivant un ordre elliptique, d'abord dans la direction du centre au sud,

1. Je me suis servi pour dresser cette carte d'un document japonais *manuscrit* que je dois à la bienveillance de M. Kwau-meô-zi.

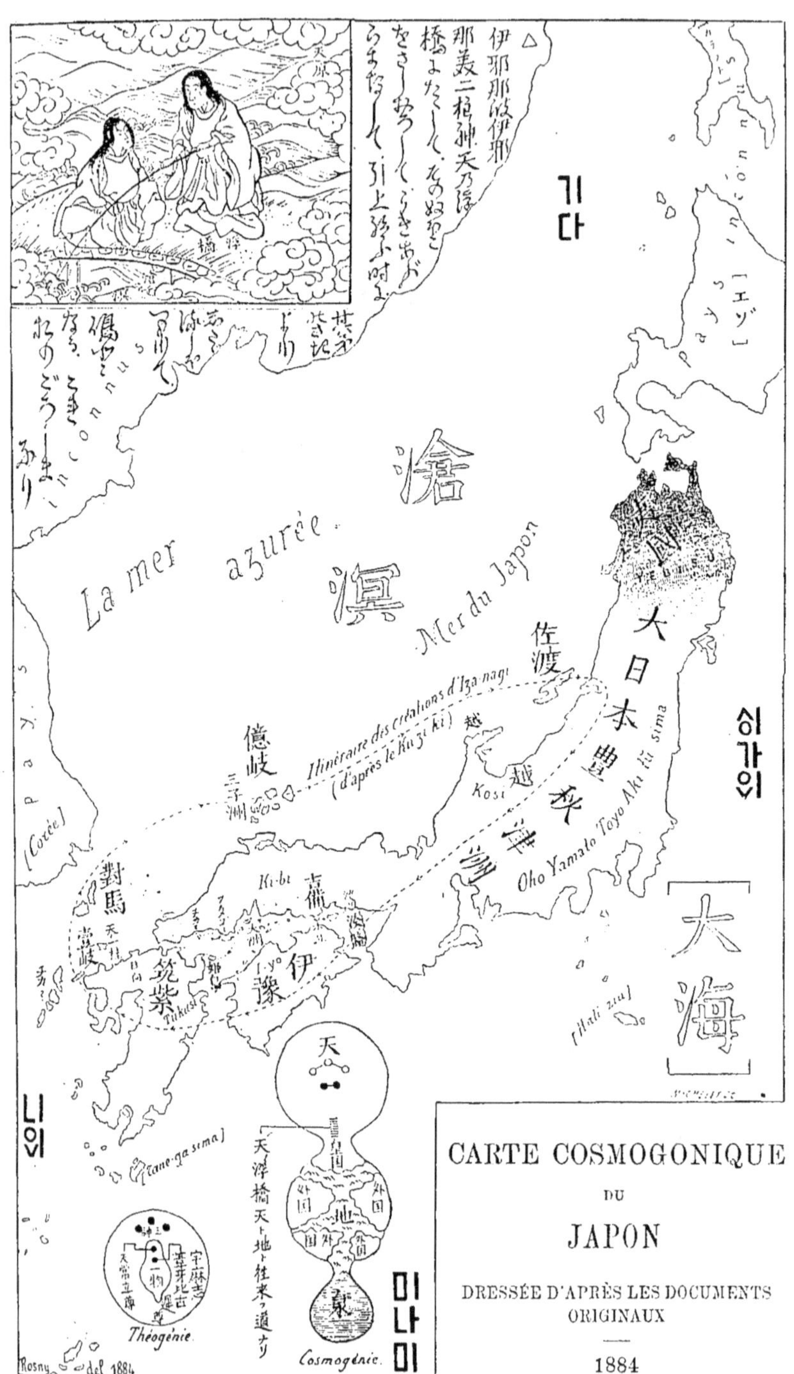

CARTE COSMOGONIQUE

DU

JAPON

DRESSÉE D'APRÈS LES DOCUMENTS ORIGINAUX

1884

puis du sud au nord, et enfin du nord au centre. Et comme cette région centrale fut le véritable berceau de la civilisation japonaise, c'est sur sa formation que le texte cosmogénique donne le plus de détails[1]. Il y a là, d'ailleurs, un curieux problème de géographie primitive qui demanderait, pour être élucidé d'une façon satisfaisante, toute une suite de développements et de discussions auxquels il ne m'est pas possible de donner place dans ce commentaire.

1. Le passage du *Ku-zi ki,* auquel je fais allusion, présente quelque difficulté. Il n'est cependant pas douteux que l'auteur ait voulu indiquer que les îles du Japon naquirent successivement à partir de *Ava-di,* et qu'à leur retour dans cette île, les deux *rei* firent aux environs de cette île plusieurs autres créations. C'est ainsi que l'a compris d'ailleurs Moto-ori, quand il dit: *Sate noti kayeri masita toki-ni, Ki-bi-no ko-zimawo umi-tama'u* (Voy. *Kami-yo-no masa-koto,* t. I, p. 8).

Les îles créées par les deux *rei*, après leur retour à Avadi, sont énumérées ainsi qu'il suit par Moto-ori :

Les petites îles de *Kibi,* autrement appelées 建日方別 *Take-hi-gata-wake;* — *Adŭki-sima,* ou 大野手比賣 *Oho-nu-de-bime;* — *Oho-sima,* ou 大多麻流別 *Oho-tamaru-wake;* — *Hime-zima,* ou 天一根 *Ame-no hitotŭ-ne;* — *Ti-ka* (知訶)- *no zima,* ou 天之忍男 *Ame-no osi-o;* — *Futa-go zima,* ou 天兩屋 *Ame-futa-ya.* Des petites îles de *Kibi* à *Ame-futa-ya zima,* il y a eu en tout six îles qui ont été produites les unes et les autres avec de l'écume de mer congélée (*Kami-yo-no masa-koto,* loc. supr. citat.)*.

* La figure donnée à l'angle supérieur de la carte ci-contre représente les dieux *Iza-nagi* et *Iza-nami,* sur le pont flottant du Ciel, cherchant un premier pays au milieu de la mer Azurée (Voy. plus haut, pp. 77, 84 et 89 n.). Ils tiennent en main la lance de jade du Ciel *(nu-boko),* laquelle, suivant une certaine tradition, après avoir servir à découvrir l'île de *Ono-goro,* également indiquée sur le dessin, doit devenir une colonne destinée à mettre en communication le Japon avec les hautes régions *(takama-no hara).*

Dans le pointillé, qui marque la route suivie par les deux *rei* pour engendrer les îles de l'extrême Orient, les flèches ← indiquent la direction de leur itinéraire.

Au bas de la carte, on a ajouté deux figures empruntées au *San-dai kau,* ouvrage publié à la suite du *Ko-zi ki* de Moto-ori.

La première de ces figures représente la matière primordiale *(hitotŭ-no mono,* Genèse, I, *a),* au-dessus de laquelle existe d'une manière indépendante la triade de Naka-nusi, tandis que deux autres divinités originelles sont, au contraire, indiquées comme en étant une dérivation.

La seconde figure nous montre la figure précédente rattachée au monde terrestre et au monde infernal (couvert de grisé). Le Japon, seul, communique directement avec le Ciel par la voie du «Pont flottant»; les autres pays en sont séparés par la mer.

五 次生海。次生川。次生山。次生木祖句句
廼馳。次生草祖草野姫。亦名野槌。既而伊
弉諾尊伊弉冊尊共議曰。吾已生大八洲
國及山川草木。何不生天下之主者歟。於
是共生日神。號大日霎貴。一云天照大日
靈尊。此子光華明彩照徹於六合之内。故
二神喜曰。吾息雖多未有若此靈異之兒。
不宜久留此國。自當早送于天。而授以天
上之事。是時天地相去未遠。故以天柱。擧

於天上也。次生月神。其光彩亞日。可以配日而治。故亦送之于天。次生蛭兒。雖已三歳脚猶不立。故載之於天磐櫲樟船。而順風放棄。次生素戔嗚尊。一云神素戔嗚尊。一云。速素戔嗚尊。此神有勇悍以安忍。且常以哭泣爲行。故令國内人民。多以夭折。復使青山。變枯。故其父母二神勅素戔嗚尊。汝甚無道。不可以君臨宇宙。固當遠適之於根國矣。遂逐之

CHAPITRE CINQUIÈME.

1. Puis ils donnèrent naissance à l'océan; puis ils donnèrent naissance aux rivières; puis ils donnèrent naissance aux montagnes; puis ils donnèrent naissance à *Ku-gu-no di*, ancêtre des arbres; puis ils donnèrent naissance à *Kaya-no bime*, aïeule des herbes, laquelle se nomme aussi *No-dŭti*.

2. Alors le divin Iza-nagi et la divine Iza-nami firent une convention et dirent : «Nous avons déjà engendré le grand Pays des Huit îles, et, en outre, les montagnes et les rivières, les herbes et les arbres. Pourquoi ne donnerions-nous pas naissance à un maître du monde?»

3. En conséquence, ils donnèrent le jour à la Divinité Solaire qui reçut le nom de *Oho-hiru me-no muti*, et qui est autrement appelée *Ama-terasŭ oho-hiru me-no kami*.

4. Cet enfant avait une splendeur qui éclaira tout l'univers.

5. En conséquence, les deux divinités éprouvèrent de la joie et dirent : «Quoique nous ayons beaucoup d'enfants, nous n'en avons aucun qui soit aussi merveilleux. Il ne convient pas qu'il demeure longtemps dans ce pays; nous devons l'envoyer promptement au Ciel pour gouverner les affaires de l'empyrée.»

6. Comme, à cette époque, le Ciel et la Terre n'étaient pas encore bien éloignés, ils le firent monter au firmament à l'aide de la Colonne Céleste.

7. Puis ils donnèrent le jour à *Tŭki-no kami*, génie de la Lune. La beauté de sa lumière participait de celle du Soleil; de sorte que cette divinité lui fut associée pour le gouvernement [du monde].

8. Puis ils engendrèrent *Hiru-ko* (la Sangsue) qui, à l'âge de trois ans ne pouvait pas encore se tenir sur ses jambes. Ils le mirent dans le bateau de Camphrier dur du Ciel et l'abandonnèrent au gré du vent.

9. Puis ils engendrèrent le divin *Sosa-no-o*.

10. Ce génie, qui avait un caractère violent et enclin à la cruauté, n'était occupé qu'à crier et à pleurer sans cesse.

11. Il fit beaucoup de mal aux habitants du pays, et transforma les montagnes verdoyantes en montagnes arides.

12. Aussi les deux divinités, qui étaient son père et sa mère, donnèrent-ils cet ordre au divin Sosa-no-o: «Tu es absolument sans morale; tu ne peux pas être le maître de l'univers. Il faut nécessairement que tu sois exilé dans le *Ne-no kuni*.» Aussitôt après, ils l'expulsèrent.

GLOSE.

第五章 注。日本書紀通證。重遠曰。環大八洲皆海矣。故曰次生○山海經郭注。東方勾芒鳥身人面乘兩龍。木神也。書序。古者伏犧氏之王天下也。以木德王也○古事記曰。生野神。名鹿屋野比賣神。亦名謂野椎神○主。呂氏春秋異用曰。有天下者。天下之主也○日神。月神。華國西洋國日神爲男。月神爲女。大和國不相對。日神爲女。月神爲男焉○此國也者。大八洲國也○天柱者。自地至天梯也○舊事紀曰。素戔烏尊者。可以治天下又滄海之原也。但年已長矣。復生八握鬚。雖然。不治所寄天下。常以啼泣恚恨云云。素戔烏尊欲從其母於黃泉。故遣之於根之國也○人民一云人草。小人農夫也。論語顏淵曰。君子之德風。小人之德草○根國者紅塵之底也。黃泉也。死人住之國也。又云地獄也。玉木翁曰。凡物隱而不露謂之根也。延佳神主曰。西北幽暗之地。指出雲國也。底津根之國又祝詞根國底之國也。

COMMENTAIRE.

Les huit grandes îles de l'archipel Japonais, dont la naissance est mentionnée dans le chapitre précédent, sont entourées de tous côtés par l'Océan; c'est pourquoi, dans ce nouveau chapitre, on débute par les mots 次生 «on donna *ensuite* naissance»[1]. Les terres furent donc créées les premières, et après elles les mers qui les environnent.

ㄱT ㄱT L⊥ [| *Ku-gu-no di.* — Je n'ai trouvé nulle part, dans les ouvrages japonais que j'ai à ma disposition, une explication du nom de ce Dieu. *Ku* me paraît signifier «arbre» (木 *ki*, arch. *ko* ou *ku; ko-date, ko-dama, ko-guti, ko-no hána*, etc.), d'où *ku-gu* «tous les arbres»; — *Di* est une appellation honorifique des mâles[2], et signifie «ancêtre, père

1. Tani-gawa, *Nippon Syo-ki tû-syau*, t. III, p. 1.
2. Voy. plus haut, p. 49 (cf. *Syo gen-zi kau*, 39, 8 et 47, 1).

(祖オホ父ヂ。父ヂ)», «vénérable (耆ヂ老ヽ)»; — d'où *ku-gu-no di* «le père des Arbres»[1]. Dans l'antique géographie chinoise intitulée *Chan-haï-king*, on parle d'un «dieu des champs qui habite dans les contrées orientales (東 方) : il a un corps d'oiseau et un visage d'homme; il est porté par deux dragons»[2]. Divers arbres ont été d'ailleurs identifiés par les Chinois avec des divinités dont ils sont censés conserver l'esprit[3]. — Le Dieu des Champs *(Nu-no kami)* est désigné, dans le *Ko zi ki*, sous le nom de *Ka-ya-nu hime-no kami*[4]; on le nomme également *Nu-dŭti-no kami*[5].

Moto-ori donne une nomenclature plus étendue des créations divines de la période qui suit la création des pays ou îles du Japon[6]. Au lieu de mentionner la naissance de l'Océan, il cite le Dieu des Mers, 大 綿 津 見 神[7] *Oho-wata-tŭ-mi-*

1. Mon interprétation est confirmée par un ouvrage de Tani-gawa Si-sei dont je viens seulement de prendre connaissance (*Ni-hon Syo-ki tû-syau*, t. III, p. 1).

2. *Chan-haï-king kouang-tchou*, l. IX, p. 5 (sect. *Haï-waï toung-king*). Sur l'empereur de Chine préhistorique qui régna par la vertu des arbres (bois), voy. la préface du *Chou-king*, citée dans le *Pin-tsze-loui-pien*, t. CXCIX, p. 20.

3. Voy. sur l'esprit de l'astre *Ki-sei*, mon *Traité de l'éducation des vers-à-soie au Japon*, édit. du gouvernement, 1868, p. 83 (cf. *Syo-ki siû-kai*, l. I, p. 11).

4. Suivant le *Wa-mei seô*, le mot *kaya* désignerait la plante 萓 *i* ou *i-nan* (cf. *Kang-hi tsze-tien*), autrement nommée «onion des cerfs». Cette explication est assez douteuse (cf. *Ni-hon Syo-ki tû-syau*, t. III, p. 1).

5. *Duti*, vulg. «marteau», répond à 祇 «esprit, divinité» (Tani-gawa, *Libr. cit.*, t. III, p. 1). — Ce mot, dans l'ancienne mythologie sintauïste, me paraît signifier «le principe actif et producteur des choses».

6. Cette nomenclature est, en effet, plus étendue dans le *Ko zi ki* sur lequel Moto-ori a fondé sa doctrine relative à la cosmogonie et à la mythologie primitive du Japon.

7. Dans la mythologie chinoise, on compte plusieurs dieux des Mers : le Dieu de la mer du Sud s'appelle *Tchoh-young*; le Dieu de la mer de l'Est, *Keou-mang*; le Dieu de la mer du Nord, *Tchouen-hioh*; le Dieu de la mer de

no kami, et le Dieu de l'embouchure des Eaux (水戶神)[1], appelé 速秋津日子神 *Haya-aki-dŭ hiko-no kami* et sa sœur 速秋津比賣神 *Haya-aki-dŭ hime-no kami.* Puis vient le Dieu du Vent, 志那都比古神 *Sina-tŭ hiko-no kami*[2].

大(オホ)日(ヒル)孁(メノ)貴(ムチ) *Oho-hiru-me-no muti* (ou *mudi*), l'un des noms de la Grande Déesse Solaire, autrement appelée *Ama-terasŭ oho-mi-kami*[3] «le Grand Génie qui brille au Ciel» (en sinico-japonais : *Ten-syau dai-sin*)[4]. — ㅎ|]T *hiru* est une forme ancienne du mot ヒ *hi* «soleil»; elle se rencontre non seulement dans le *Kami yo-no maki* «Histoire des âges divins», mais encore dans «l'Histoire du pays d'Isé»[5], et elle s'est perpétuée dans la langue moderne où l'on emploie le mot ひる *hiru* pour désigner «le jour» 午[6]. — ㅁㅓ *me,* dit Sigé-towo[7], a été employé ici parce que le

l'Ouest, *Jouh-cheou.* On lit dans l'ouvrage intitulé *San-tsi-lioh-ki :* «Sous l'empereur Chi-hoang, on fit un pont de pierre au milieu de la mer; ce pont n'était pas l'œuvre des hommes, mais celle des *Haï-chin* «Dieux des Mers» (*Peï-wen-yun-fou,* t. XI 上, p. 80).

1. 水戶, c'est-à-dire «un ancrage, un port», en japonais みなと *minato* (voy. *Kami-yo-no masa-koto,* t. I, p. 9).

2. Moto-ori Nori-naga, *Kami yo-no masa-koto,* t. I, p. 9.

3. C'est sous ce nom que paraît pour la première fois, dans le *Ko zi ki,* la Grande Déesse Solaire (édit. de Moto-ori, t. VI, p. 73).

4. Parmi les différents noms donnés à cette déesse, il faut encore citer: *Ama-terasŭ oho-hiru me-no mikoto* «l'auguste femme Grand-Soleil qui brille au Ciel», *Toyo Hiru-me-no mikoto* «l'auguste femme Soleil-suprême», *Ama-terasi-masŭ sŭme oho mi-kami* «la grande et auguste divinité qui brille au Ciel» (Hirata Atutané, *Ko zi den,* t. VI, p. 54). On l'appelle aussi 皇祖 *Kwau-so* «l'ancêtre des Rois» (北畠准 Kita Bata-ké, 神皇正統記 *Zin-kwau sei tô ki,* t. I, p. 15).

5. 伊勢物語 *Ise monogatari.*

6. Tani-gawa Si-sei, *Wa-kun sivori,* t. XXV, p. 36.

7. 重遠 *Sige-towo.*

Soleil est une divinité féminine. Nobu-yosi[1] cite un autre nom donné à la même déesse 稚日女尊 *Waka hi-me-no mikoto,* dans lequel le mot *me* est rendu en caractère chinois par le signe qui désigne communément «une femme». — *Muti,* dans la langue du *Kami yo-no maki,* répond au chinois 貴 *koueï* «noble»; comme Ten-syau daï-sin est la plus noble de toutes les divinités, on lui a donné le titre de 武智 *muti*[2].

L'apparition de la Grande Déesse, très tardive dans le *Ko zi ki*[3], et qui est mentionnée beaucoup plus tôt dans le *Ni-hon Syo-ki*[4], est racontée de plusieurs manières différentes dans les documents originaux du sintauïsme. C'est ce qui m'a fait exprimer la pensée que son histoire résultait du mélange de légendes étérogènes, et l'hypothèse qu'il pouvait bien y avoir eu, dans l'antiquité japonaise, plusieurs divinités solaires dont la tradition aurait été confondue à la suite des temps[5].

1. 延佳 *Nobu-yosi,* de Watara-yé. — On doit à ce savant, qui était chef religieux dans la province d'Isé, de nombreux travaux de philologie et d'exégèse sur les anciens livres sacrés du Japon. Moto-ori, qui cite son édition du *Ko zi ki* parmi les documents dont il a fait usage, dit qu'il ne savait pas le *Yamato kotoba,* c'est-à-dire l'ancienne langue japonaise. Le seul ouvrage que nous possédions jusqu'à présent en France de ce moine, est une édition du *Ku-zi ki,* dite *Gau-tô,* déjà mentionnée dans ce volume. (Voy. sur Nobu-yosi, le fragment du *Ko zi ki den,* dont j'ai publié la traduction, dans les *Mémoires de la Société des études Japonaises,* t. III, p. 164).

2. Tani-gawa Si-sei, *Libr. cit.*, t. XXXI, p. 8 (cf., du même auteur, *Ni-hon Syo-ki tû-syau*, t. III, p. 2).

3. Elle n'apparaît, dans cet ouvrage, qu'après la naissance d'une foule de Dieux (dans l'édition de Moto-ori, *Ko zi ki den*, au tome VI, p. 73, et dans l'ouvrage de Hirata, *Ko si den,* au tome VI, p. 54).

4. Chap. v (voy. ci-dessus, p. 129).

5. Dans ma notice sur la Grande-Déesse Solaire, publiée par la *Revue de l'histoire des Religions* de M. Jean Réville, t. IX, p. 210.

On lit dans le *Zin-kwau sei-tô ki*[1] :

この神のうまれたまふこと。三の説あり。一には伊弉諾伊弉冉の尊。あひはかりて。天下のあるじをうまさらんやとて。先日神をうみ。次に月神。次に蛭子。次に素盞烏尊をうみたまふといへり。又伊弉諾尊左の御手に白銅の鏡をとりて。大日孁尊を化生し。右の御手にとりて。月讀尊を生し。御首をめぐらしてかへりみたまひしほどに。素盞烏尊をうむともいへり。又は伊弉諾尊。日向の小戸の川にて。見そぎしたまひしとき。左の御眼をあらひて。天照太神を生し。右の御眼をあらひて。月讀尊を生し。御鼻をあらひて。素盞烏尊を生したまふともいふ。日月神の御名も三あり。化生のところも三あれバ。凡處むくりぐに。まさおもしまほしところも。一つに高天原といひ。二つに日の宮といふ。三つに我日本これなり

Kono kami-no umare-tamáu koto, mitŭ-no setŭ ari : hitotŭ-ni va Iza-nagi, Iza-nami-no mikoto ái-hakaráite ame-sita-no aruziwo umasaran ya tote, madŭ hi-no kamiwo umi; tŭgi-ni tŭki-no kami; tŭgi-ni Hiru-ko; tŭgi-ni Sŭsa-no o-no mikotowo umi-tamáu to iyeri. Mata Iza-nagi-no mikoto hidari-no mi te-ni ma-sŭmi-no kagamiwo torite, oho Hiru-me-no mikotowo ge-syau-zi; migi-no mi te-ni torite, Tŭki-yomi-no mikotowo syau-zi; mi kaubewo megurasite kayerimi-tamáisi hodo-ni Susa-no ono mikotowo umu tomo iyeri. Mata va Iza-nagi-no

1. Ouvrage de Kita Bata-ké, t. I, p. 15.

mikoto Hiu-ga-no O-to-no kawa nite, mi-sogi-si-tama̔isi toki, hidari-no mi mewo ara̔ite Ama-terasŭ oho-kamiwo syau-zi; migi-no mi mewo ara̔ite Tŭki-yomi-no mikotowo syau-zi; mi hanawo ara̔ite Susa-no o-no mikotowo syau-zi-tama̔u tomo i̔u. Hi Tŭki-no kami-no mi na mo mitŭ ari; ge-syau-no tokoro mo mitŭ areba, oyoso omomŭpakari gatasi. Mata owasimasŭ tokoro mo hitotŭ-ni va Takama-no hara to i̔i, futatŭ-ni va Hi-no Waka-miya to i̔u; mitŭ-ni va wa-ga Yamato kuni kore nari.

«Il existe trois traditions différentes au sujet de la naissance de cette divinité (la Grande Déesse Solaire) : suivant l'une, on dit que les dieux Iza-nagi et Iza-nami s'entendirent ensemble à l'effet de donner naissance aux maîtres du monde et qu'ils créèrent tout d'abord la Déesse Solaire, puis la Divinité Lunaire; puis Hiru-ko (la Sangsue); puis Susa-no-o.

«Suivant une autre tradition, on rapporte que le divin Iza-nagi prit de sa main gauche un miroir de métal pur[1] et

1. En japonais : *ma-sŭmi-no kagami*. Ces mots répondent, dans le *Kami-yo-no maki*, aux caractères 白銅鏡 qui signifient littéralement «un miroir de cuivre blanc». Je ne crois pas néanmoins qu'il faille ainsi traduire cette expression. 마 *ma* veut dire «vrai, tout-à-fait, parfait», et se rencontre, avec cette valeur, dans une foule de mots composés, comme *mam-maru* «tout-à-fait rond», *ma-siro* «blanc parfait». 우미 *sŭmi*, qui a plusieurs sens en japonais, répond ici à l'idée de «pur» (cf. 清スメル). D'où *ma-sŭmi-no kagami* «un très pur miroir» (眞澄caractère鏡). Dans le *Man-yeô siû*, on écrit ce mot *ma-somi*, et, dans le *Notto*, il prend la forme *ma-sŭbi*. On trouve également l'orthographe 素銅鏡 «miroir de cuivre pur». (Voy. Tani-gawa, *Wa-kun sivori*, t. XXIX, p. 14; Maki-no sima Teru-také, *Syo gen-zi kau*, édit. lith., p. 120; *Syau-tiu Ko-gon tei*, p. 138; et, pour la question du «métal blanc», ma traduction du *Chan-haï-king*, dans la *Revue orientale et américaine*, 2e série, t. V, p. 12 n.) — Le *Sei-tû* voit, dans les mots «un très pur miroir», une appellation d'un cœur pur et éclairé (*Ni-hon Syo-ki tû-syau*, t. III, p. 9).

donna naissance à *Oho Hiru-me* (la Grande Déesse Solaire); puis il le prit de sa main droite et donna naissance à *Tuki-yomi* (la Divinité Lunaire); puis il le porta à sa tête et en la tournant, il donna naissance au divin Susa-no-o.

«Enfin on rapporte que le divin Iza-nagi, se trouvant sur le bord de la rivière de *Oto,* dans le pays de *Hiu-ga,* pour y faire ses dévotions[1], se lava l'œil gauche et donna le jour à la Grande-Déesse-qui-brille-au-Ciel; puis il se lava l'œil droit et donna le jour à la Divinité Lunaire, puis il se lava le nez et donna le jour à Susa-no o. On dit aussi que les divinités du Soleil et de la Lune ont trois noms et trois lieux de naissance, savoir : le *Takama-no hara,* c'est-à-dire «la plaine du Ciel élevé», le *Hi-no waka-miya* «le jeune palais du Soleil» et notre Empire du Japon[2]».

六合 «les six concordances», est une formule très usitée dans la littérature chinoise pour désigner «les quatre points cardinaux, le zénith et le nadir». Cette locution étrangère est rendue en japonais par *kuni* «le pays», c'est-à-dire «le monde».

Ame-no mi basira «la colonne du Ciel». Cette expression a déjà été rencontrée dans le *Syo-ki* (p. 77). On peut voir, comment, dans l'idée cosmogonique japonaise, cette colonne

1. Pour y accomplir l'acte religieux appelé 미 외 기 *misogi.* C'est une cérémonie qui consiste à aller au bord d'une rivière et à y faire des salutations aux dieux et des ablutions. Cette même expression se trouve, dans les livres chinois, sous la forme 身 禦 *mi-fusegi.* On dit également 禦 身 *gyo-sin* «se garantir le corps». Cela veut dire «se laver le corps». (Voy. Tani-gawa Si-sei, *Wa-kun sivori,* t. XXX, p. 16.)

2. Ce passage encore semble justifier la pensée que j'ai émise qu'il y avait eu, au Japon, plusieurs divinités solaires différentes. (Dans la *Revue de l'histoire des Religions,* de M. Jean Réville, loc. supr. cit.)

mettait en communication le Japon avec le Ciel, en jetant les yeux sur la figure jointe à la carte insérée plus haut (p. 125)[1].

月神 *Tŭki-no kami* «la Divinité Lunaire», autrement appelée 月弓尊 *Tŭki-yumi-no mikoto* «la Divinité du Croissant lunaire», ou 月夜見尊 *Tŭki-yo-mi-no mikoto* «la divinité de la Lune qui se voit la nuit», ou 月讀尊 *Tŭki-yomi-no mikoto* (autre orthographe du second des noms cités ci-dessus).

A l'inverse de ce qui a lieu dans la mythologie chinoise[2], le Soleil est au Japon une déesse et la Lune un dieu; de sorte que, parmi les quatre divinités de cette génération exceptionnelle, il y a une femme, *Ama-terasŭ oho kami* et trois hommes, *Tŭki-no kami*, *Hiru-ko* et *Sosa-no o*[3].

1. La colonne du Ciel, placée au centre du monde, est une sorte d'escalier par lequel on pouvait monter de la terre jusqu'au firmament. Elle fut formée avec la lance de jade donnée aux deux *Rei* par le Dieu Suprême, et plantée par eux dans l'île *Ono-goro zima*. (*Gau-tô Ku-zi-ki*, t. I, p. 5, passage traduit ci-dessus p. 89, n.; *Ni-hon Syo-ki tû-syau*, t. III, p. 3).

2. En Chine, le Soleil est un dieu mâle et la Lune un dieu femelle. L'idée de ces divinités paraît avoir été empruntée à l'Inde; ou du moins, à un certain moment, ce fut la personnification indienne de ces deux dieux qui fut accueillie dans le panthéon chinois. 日神 «le dieu du Soleil» s'appelle 蘇利耶 *Sou-li-ya* (sanscr. सूर्य *sûrya*; 月神 «le dieu de la Lune» s'appelle 蘇摩 *Sou-mo* (sanscr. सोम *soma*). (Voy. *Peï-wen-yun-fou*, t. XI 上, p. 86, et le *Fan-i-ming-i-tsih*, t. IV, p. 18). — Suivant une légende chinoise, «*Pan-kou* plana sur les eaux (覆 litt. «couvrir les eaux») et forma le Ciel; il s'étendit pour élever ses regards et forma la Terre; il ouvrit les yeux et fit le Jour; il ferma les yeux et fit la nuit. Il vécut quatre-vingt mille années : après sa mort ses yeux devinrent le Soleil et la Lune, ses os devinrent les Métaux et les Pierres; son sang forma les Rivières; ses cheveux furent les plantes et les arbres». (*Syakŭ Ni-hon gi*, t. VI, p. 14). — On lit dans le *Han-chou, kiao-sse-tchi* (Histoire des Sacrifices): «Parmi les huit dieux, le sixième s'appelle 月主 «maître de la Lune»; on l'adore sur les monts *Laï-chan*» (*Ping-tsze-loui-pien*, t. VII, p. 23).

3. Tani-gawa, *Ni-hon Syo-ki tû-syau*, t. III, p. 5; Kava-mura Hide-ne, *Syo-ki siû-kai*, t. I, p. 12.

Hikari uruvasiki koto hi-ni tŭkeri. «La Lune n'a pas d'éclat par elle-même» : elle emprunte son éclat au Soleil; c'est pourquoi l'auteur emploie cette expression. Sigé-towo dit : «La vertu de la Lune est subordonnée à celle du Soleil; elle est appelée à seconder celui-ci dans l'empyrée»[1].

蛭子 *Hiru-ko* «la Sangsue». Le sens donné au nom de ce Dieu paraît inadmissible à Moto-ori, qui relève d'ailleurs une contradiction entre l'idée d'un ver *(musi)* qui n'a ni pieds ni bras, et l'enfant des deux *Reï* qui, suivant le *Syo-ki*, ne pouvait se tenir *sur ses pieds,* alors qu'il avait déjà trois ans[2]. L'interprétation de ce nom, acceptée par beaucoup d'auteurs japonais, est, en effet, assez peu satisfaisante.

Ama-no iva kusu bune «le bateau de Camphrier dur du Ciel». Suivant la version du *Ko zi ki,* Hiru-ko fut mis dans un bateau fait avec le roseau *asi*[3]. — *Iva* (vulg. «rocher») est employée, en langue ancienne, pour rendre l'idée de «dur, solide». «Le Camphrier peut se transformer en pierre; c'est pour cela qu'on a employé cette expression. C'est, en outre, un bois flottant qui est favorable pour la construction de bateaux[4]».

素戔嗚 *Sosa-no o* ou *Susa-no o, Kan Sosa-no o* ou *Haya* (速) *Sosa-no o*[5]. Suivant Tani-gawa Si-sei, le mot

1. *Ni-hon Syo-ki tû-syau,* t. III, p. 5.

2. *Ko zi ki den,* t. IV, p. 35.

3. 入葦船而流去 (*Ko zi ki den,* t. IV, p. 16). C'est également la version adoptée par le même auteur dans son *Kami yo-no masa-koto,* t. I, p. 5).

4. *Ni-hon Syo-ki tû-syau,* t. III, p. 6.

5. Le premier caractère de ce nom est généralement prononcé *su* dans la vieille anthologie *Man-yô siû.*

haya a le sens de «impétueux»; — *o* signifie «un mâle»[1]. Le gouvernement du Ciel a été confié à la Déesse du Soleil, et on lui a associé le Dieu de la Lune; le gouvernement de la Terre a été confié à *Susa-no o* «le Mâle impétueux» et on lui a adjoint *Hiru-ko* «la Sangsue»[2].

히도구사 *hito-gusa* «le peuple», expression japonaise calquée sur une locution chinoise 人草 *jin-tsao* «les hommes-herbes», locution qui paraît empruntée à un passage du *Lun-yu* de l'école de Confucius[3].

根國 *Ne-no kuni*, ou 根之堅洲國 *Ne-no kata-su kuni*[4]. — *Ne* signifie «le bas, la racine», comme dans l'expression *Kusa-no ne* «la racine d'une plante»; d'où *Ne-no kuni* «le Royaume inférieur, le pays infernal». La plupart des commentateurs[5] y voient, en effet, l'Enfer ou Source Jaune, 黃泉[6], la région située sous la terre. Quelques exégètes, cependant, inspirés sans doute par des récits que nous trouverons dans la suite du *Syo-ki*, ont cherché à localiser le *Ne-no kuni* sur le territoire même du Japon. Nobu-yosi, l'un des éditeurs du *Ko zi ki*, le place dans les sombres régions du Nord-ouest, où se trouve actuellement le pays de *Deva*, et Kawa-mura Hidé-né dans les terres situées aux limites extrêmes des contrées lointaines[7].

1. Tani-gawa Si-sei, *Ni-hon Syo-ki tû-syau*, t. III, p. 9.
2. Tani-gawa Si-sei, *Libr. cit.*, t. III, p. 4.
3. *Hia Lun*, XI. — Voy., sur cette expression, plus haut, p. 22.
4. *Ko zi ki*, édit. de Moto-ori, t. VII, p. 15.
5. Notamment *Wa-kun sivori*, t. XXII, p. 7; *Syakŭ Ni-hon gi*, t. VI, p. 16; *Ni-hon Syo-ki tû-syau*, t. III, p. 7; *Ko si den*, t. VII, p. 31.
6. Cette expression est empruntée à une charmante épisode de la vie de Tchouang-koung, prince de Tching, racontée par Tso Kieou-ming, dans son *Tso-tchouen* (sect. Yin-koung, I).
7. *Ni-hon Syo-ki tû-syau*, t. III, p. 7; *Syo-ki siû-kai*, t. I, p. 12.

[ハ] 一書曰。伊奘諾尊曰。吾欲生
御宇之珍子。乃以左手持白
銅鏡。則有化出之神。是謂大日
孁尊。右手持白銅鏡。則有化出
之神。是謂月弓尊。又廻首顧眄
之間。則有化神。是謂素戔嗚尊。
即大日孁尊及月弓尊。竝是質
性明麗。故使照臨天地。素戔嗚
尊是性好殘害。故令下治根國

5, *a*. — On lit dans un livre :

Le divin Iza-nagi dit : «Je désire donner le jour à un enfant précieux [qui puisse] gouverner le monde». Il prit alors, de la main gauche, un miroir de métal pur, et il apparut une déesse qui s'appela *Oho-hiru-me-no mikoto;* il prit, de la main droite, un miroir de métal pur, et il apparut un dieu qui s'appela le divin *Tŭki-yumi.* Puis, comme il tournait la tête pour regarder de côté, il aperçut aussitôt un dieu qui apparut et s'appela le divin *Susa-no-o*. Or, la déesse Oho-hiru-mé et le dieu Tŭki-yumi avaient tous deux un naturel brillant et gracieux; aussi furent-ils chargés d'éclairer le Ciel et la Terre. Quant au divin Susa-no-o, il avait un naturel enclin au mal; aussi reçut-il l'ordre de descendre gouverner les Régions inférieures.

Commentaire.

Ame-no sita signifie «le dessous du Ciel», c'est-à-dire «l'empire», ce qui semble en contradiction avec la suite où il est dit que *Oho hiru-me* (le Soleil) et *Tŭki-yumi* (la Lune) furent envoyés au Ciel pour le gouverner, tandisque leur frère *Sosa-no-o* reçut l'ordre de descendre gouverner les Régions inférieures (voy. plus haut, p. 130). Les caractères 宇宙 qui répondent à *ame-no sita* corrigent cette imperfection de style, car ils signifient communément «l'univers»[1].

Miru-masakari-ni. Ce mot manque dans les dictionnaires; il signifie «regarder de côté». 兼良 Kané-yosi dit : «Le Soleil naît à l'Orient, c'est pourquoi le Dieu Iza-nagi a pris sa main gauche; la Lune naît à l'occident, c'est pourquoi il a pris sa main droite». — Le vénérable 玉木 Tama-ki dit: «Il plonge ses regards vers le Ciel, et ensuite il examine la condition de la Terre; c'est pourquoi l'on dit : il tourne la tête pour regarder de côté» (仰觀天而後俯察地。故日又廻首顧眄之間)[2].

1. «The universal fabric of nature» (Medhurst, *Chin. Diction.*, t. I, p. 176).

2. *Ni-hon Syo-ki tû-syau*, t. III, p. 9. — Je m'abstiens de reproduire les considérations de l'auteur de cet ouvrage tendant à appliquer au récit qui nous occupe les idées de la philosophie chinoise; les rapprochements qu'il fait, à cet égard, n'ont le plus souvent point un caractère sérieux.

ろ 一書曰。日月既生。次生蛭兒。此兒年滿三歲。脚尚不立。初伊弉諾伊弉冉尊巡柱之時。陰神先發喜言。既違陰陽之理。所以今生蛭兒。次生鳥磐櫲樟船。輒以此船。載蛭兒。順流放棄。次生素戔嗚尊。此神性惡常好哭恚。國民多死。靑山爲枯。故其父母勅曰。假使汝治此國。必多所殘傷。故汝可以馭極遠之根國。次生火神軻遇突智。時伊弉冉尊爲軻遇突智所焦而終矣。其且終之間。臥生土神埴山姫及水神罔象女。卽軻遇突智娶埴山姫。生稚產靈。此神頭上生桑與蠶。臍中生五穀。

5, *b*. — On lit dans un livre :

Le Soleil et la Lune étaient déjà nés, lorsque naquit *Hiru-ko* (la Sangsue). Cet enfant, à trois ans passés, ne pouvait pas encore se tenir debout sur ses jambes. Lorsque le divin Iza-nagi et la divine Iza-nami firent, à l'origine, le tour de la Colonne [du Ciel], le dieu femelle exprima le premier sa joie, ce qui est contraire à la loi du principe femelle et du principe mâle. Il en résulta qu'ils donnèrent le jour à *Hiru-ko;* puis ils donnèrent le jour au navire rapide de camphrier dur, sur lequel ils embarquèrent Hiru-ko qu'ils abandonnèrent ensuite au courant. Ils engendrèrent ensuite le divin *Sosa-no o*. Le naturel de ce Dieu était méchant, et il aimait à crier et à s'irriter sans cesse. Beaucoup de gens du pays moururent [par son fait]; les montagnes verdoyantes devinrent arides. Aussi son père et sa mère lui firent-ils connaître leurs ordres en ces termes : «Si tu gouvernes ce pays, tu feras certainement beaucoup de victimes. Il faut donc que tu ailles gouverner le pays très lointain de *Ne-*

no kuni. Puis ils donnèrent le jour à *Kagu-tŭti*, dieu du Feu. A ce moment, Iza-nami fut brûlée par Kagu-tŭti et mourut. Pendant qu'elle était mourante, bien que couchée, elle donna le jour à *Hani-yama bime*, déesse de la Terre, et à *Midŭ ha-no me*, déesse des Eaux. Alors Kagu-tŭti épousa Hani-yama bimé qui donna le jour à *Waka Musŭbi.* Sur la tête de ce dieu, naquirent le Mûrier et le Ver-à-soie; à son nombril, naquirent les cinq espèces de céréales.

COMMENTAIRE.

5, *b.* — 恚 *futŭkumu.* Suivant le dictionnaire 玉篇 *Yuh-pien*, ce caractère veut dire «se mettre dans une grande colère».

Tori-no iva-kusŭ-bune, litt. «le navire de camphrier dur [semblable] à un oiseau». — Le *Ko zi ki*[1] nous présente ce navire comme ayant été lui-même un Dieu, également appelé 天鳥船 *Ame-no tori-bune.* — *Tori* «oiseau», dans ce nom, veut dire «semblable à un oiseau», au point de vue de la rapidité de la course[2]. — *Iva*, vulg. «rocher», veut dire ici «dur, solide». — *Kusŭ* ou *Kusŭ-no ki* «le camphrier» : il a des fleurs rouges et jaunes; son fruit, qui

1. Édition de Moto-ori, t. V, p. 50.

2. Kava-mura Hidé-né, de Owari, *Syo-ki siŭ-kai,* t. I, p. 13; Moto-ori Nori-naga, *Ko zi ki den,* t. V, p. 52. — On rapporte que, sous le règne de l'empereur *Nin-tokŭ* (313 à 399 de notre ère), on fit couper un camphrier de très grande dimension et on en construisit un bateau qui marchait avec une rapidité comparable au vol d'un oiseau. C'est de là qu'est venu le nom de 速鳥 *haya-tori.*

ressemble au clou de girofle, est vert et ne peut pas se manger. On emploie sans cesse ce bois pour construire des bateaux, parce qu'il est solide de sa nature, et tient bien sur l'eau[1]. Le tronc du *Kusŭ-no ki* et ses racines, au bout de quelques années, se pétrifient[2].

Susa-no o. Le récit relatif à Susa-no o est à peu près le même, dans cet appendice, que dans le texte proprement dit du *Syo-ki*. Néanmoins les commentateurs reviennent sur la question de ce dieu et du royaume dont le gouvernement lui est attribué, et 宗因 *Mune-yori* croit que ce royaume devait être le pays de 出雲 *Idŭ-mo* (dans le *De-va*) qui était alors la limite extrême des terres connues dans la direction du nord-ouest. Il ajoute qu'au nord du cap *Hi-no mi-saki* se trouve la Grande Mer (大洋)[3]. De même que j'ai exprimé la pensée qu'il y avait eu au Japon deux déesses Solaires, je serais tenté de croire à deux *Sosa-no o*, l'un, personnage terrestre auquel s'attache une légende mythologique, l'autre en quelque sorte greffé sur le premier et transporté par l'imagination dans le domaine du merveilleux extra-terrestre. On s'expliquerait peut-être mieux, avec cette doctrine mythologique, la diversité d'attribution que les Japonais affectent à ce dieu farouche et pervers. C'est ainsi qu'on nous le représente parfois comme dieu de l'Océan, tandis que d'autres fois il est chargé du gouvernement de la Terre *(ten-ka)*, alors que son frère, le dieu Lunaire est appelé à régner sur l'empire des Mers[4].

1. 本艸綱目 *Pen-tsao-kang-mouh*, art. *Nan*.
2. *Wa-Kan San-sai dŭ-ye*, t. LXXXII, p. 19.
3. *Ni-hon Syo-ki tû-syau*, t. III, p. 10.
4. Moto-ori Nori-naga, *Kami yo-no masa-koto*, t. I, pp. 22-23. — D'après le

軻遇突智 *Kagu-dŭ-ti*, dieu du Feu. — *Kagu* signifie «briller» *(kagayaku)*; *dŭ* serait une explétive ordinaire *(rei-no makura kotoba)*, et *ti* une désignation honorifique[1]. Sur le registre des noms des Dieux (神名帳 *Sin-mei tyau*) qui se trouve dans le temple de *Kagu-dŭ-ti*, département de *Na-gusa*, province de *Ki-i*, dans le temple de *Ho Musŭbi-no mikoto* (autre nom du même Dieu, mentionné plus loin, 5, *c*), département de *Ta-gata*, province de *I-du*, et dans le temple de *Ata-go*, département de *Kuwa-ta*, province de *Tam-ba*, il est fait mention du culte du dieu du Feu[2].

地神 *Tŭti-no kami*, la déesse de la Terre, appelée *Hani yama-bime*. On verra plus loin que, suivant une autre citation du *Ni-hon gi* (5, *d*), cette déesse naquit des excréments *(kuzo-maru)* de la divine Iza-nami.

水神 *Midŭ-no kami*, la déesse des Eaux, appelée *Midŭ-ha-no me*. Dans une autre citation (5, *d*), il est dit que cette déesse naquit de l'urine *(yubari-maru)* de la divine Iza-nami. L'expression *Midŭ-ha* se trouve dans l'ouvrage chinois du philosophe 劉安 *Lieou-'an*, où on lit cette phrase: «Les montagnes produisent l'animal appelé *kiao-yang;* les eaux donnent naissance au 罔象 *wang-siang* «dragon». Il

Ko-si sei-bun, ouvrage qui m'est inconnu et que je trouve cité par M. Satow (*Trans. of the As. Society of Japan*, t. II, p. 114), *Susa-no o* serait le même dieu que *Tŭki-yumi-no mikoto*, c'est-à-dire «la Lune».

1. Moto-ori, *Ko zi ki den*, t. V, p. 54.

2. Moto-ori, *Libr. cit.*, t. V, p. 55. — Suivant Sigé-towo, la lecture du mot «feu» (火) vient de celle du soleil (日). Dans l'histoire de l'empereur Zin-mu, on écrit le nom du Dieu du Feu 香カ來グ雷ツチ *Kagu dŭ-ti*. «Lorsqu'un homme meurt, le feu primordial monte et s'anéantit; et alors il est achevé : c'est brûlé par le dieu *Kagu-dŭ-ti* qu'il trouve sa fin» (*Ni-hon Syo-ki tû-syau*, t. III, p. 11).

résulterait de là que *Midŭ-ha-no me* signifierait «la femme dragon»[1].

稚産靈 *Waka Musŭbi* «le jeune Musubi»[2]. «C'est le dieu primordial de la pousse des bourgeons aux plantes et aux arbres». Il est adoré comme Dieu des cinq espèces de grains dans le temple d'*Inari*, département de *Ki-i*, province de *Yama-siro*[3].

Itŭ kusa-no tanatŭ-mono «les cinq espèces de grains», c'est-à-dire tous les végétaux importants de l'agriculture. Pour rendre compte du nombre cinq, quelques dictionnaires entendent, par l'expression 五穀, le riz, le blé, les dolichos, le maïs et le panicum; d'autres auteurs comprennent le chanvre dans cette énumération.

Dans les différentes éditions[4] dont je me sers pour mon

1. 山出鳴陽。水生罔象 *(Hoaï-nan-tsze*, s. *Fan-lun)*. — A cette citation (*Syo-ki siŭ-kai*, t. I, p. 13), Kawa-mura Hidé-né aurait pu en ajouter une autre non moins importante. Cette même expression *wang-siang* a été plus vraisemblablement empruntée au grand historiographe Sse-ma Tsien où elle désigne l'animal qui garde l'esprit (精) du dragon, lequel mange les hommes; un dragon merveilleux (*Sse-ki*, sect. *Koung-tsze chi-kia*, édit. *Sieou-tchin*, l. XLVII, p. 6).

2. Ou qui a rajeuni le pays, en lui apportant sa principale richesse: le Mûrier et les Vers-à-soie.

3. *Ni-hon Syo-ki tû-syau*, t. III, p. 11.

4. Édition in-4° sans mention particulière; édition dite *Bi-kau;* édition dite *Siŭ-kai**.

* Lorsque j'ai commencé l'impression du présent ouvrage, je ne possédais que deux exemplaires de la même édition du *Ni-hon Syo-ki* (édition in-4°, sans date, et sans aucune particularité de titre qui permette de la désigner d'une façon précise). Depuis lors, j'ai pu me procurer deux autres éditions déjà plusieurs fois citées dans mes notes. La comparaison de ces différentes éditions, m'a montré combien il était regrettable que nous ne possédions pas en Europe les plus anciennes impressions du *Syo-ki*. A défaut de manuscrits authentiques et antérieurs à ces anciennes impressions, la comparaison du texte donné dans ces dernières avec le texte des éditions modernes, nous permettrait souvent de discuter la valeur et l'opportunité de certains changements opérés, par les éditeurs contemporains, dans la rédaction ancienne du *Ni-hon gi*. L'étude critique de ces changements acquiert, de jour en jour, à mes yeux, une plus grande importance. J'ai demandé au Japon les documents qui me font le plus défaut, et j'ai fait le même appel aux conservateurs des grandes bibliothèques de l'Europe dont le catalogue des collections

travail, je dois signaler quelques variantes qui se remarquent, pour cette citation:

日ヒ月ツキ *hi-tŭki* est lu, avec inversion dans le *Syo-ki bi-kau,* soit *tŭki-hi.* — J'ai à constater une variante plus grave. Tandis que, dans cette dernière édition, on cite immédiatement après la naissance de *Hiru-ko,* la création du «navire rapide de camphrier dur», dans une autre édition in-4° sans désignation particulière (et la seule que j'avais à ma disposition au début de mon travail), la création de ce navire n'est mentionnée qu'après la naissance du divin *Sosa-no o.* La version du *Bi-kau* m'ayant paru préférable, j'ai modifié mon texte du *Syo-ki* pour le conformer à celui de cette édition.

[illegible] 一書曰。伊弉
冉尊生火產靈。
時爲子所焦而
神退矣。又云神
避矣。其且神退
之時。則生水神
罔象女及土神
埴山姬。又生天
吉葛。

5, *c.* — On lit dans un livre :

La divine Iza-nami donna naissance à *Ho-no musŭbi* «le Dieu du Feu». Elle fut alors brûlée par cet enfant, et mourut. On dit aussi que la déesse prit la

japonaises n'a pas encore été publié. Si ces documents m'arrivent avant l'achèvement de cet ouvrage, je m'empresserai d'en profiter pour les feuilles qu'il me restera à livrer à l'impression. En tous cas, je me propose d'en faire un examen critique minutieux, dans un mémoire spécial où je discuterai les questions de philologie et d'exégèse religieuse qu'il ne m'aura pas été possible, faute d'instruments de travail suffisants, d'aborder dès aujourd'hui.

fuite. Au moment de sa mort, elle donna naissance à *Midŭ-ha-no me*, déesse des Eaux, et à *Hani-yama bime*, déesse de la Terre. Elle donna, en outre, naissance à *Ama-no Yosa-dŭra*.

COMMENTAIRE.

Ho-no musŭ-bi «le dieu producteur du Feu». Cette lecture, suivant Moto-ori[1] est défectueuse, et il faut lire *Homusŭ-bi*. On trouve le nom de ce dieu dans le Rituel pour l'extinction du Feu *(Hi-sidŭme-no matŭri-no Notto)*.

Ama-no Yosa-dŭra. — Le nom de ce dieu se rencontre également sous la forme 與曾豆羅 *Yoso-dŭra*. — *Yosa* (吉) signifie «bon»; il entre dans la composition de ce nom, parce que cette création est considérée comme heureuse et bien vue du Ciel. — *Dŭra* ou *kadŭra* est expliqué par «calebasse employée comme vase à boire» (瓠 *hisago*)[2].

[紀] 一書曰。伊弉冉
尊且生火神軻遇
突智之時。悶熱懊
惱因爲吐。此化爲
神。名曰金山彦。次
小便化爲神。名曰
罔象女。次大便化
爲神。名曰埴山媛。

1. *Ko-zi ki den*, t. V, p. 55.
2. *Syo-ki siû-kai*, t. I, p. 14; *Ni-hon Syo-ki tû-syau*, t. III, p. 13.

5, *d.* — On lit dans un livre :

Lorsque la divine Iza-nami donna naissance à *Kagu-dŭ-ti*, dieu du Feu, elle souffrait de la fièvre. Il en résulta qu'elle vomit, ce qui produisit un dieu nommé *Kana-yama hiko;* puis elle fit ses petits besoins, et il en résulta une déesse appelée *Midŭ-ha-no me*; puis elle fit ses gros besoins, et il en résulta une déesse appelée *Hani-yama bime.*

COMMENTAIRE.

Atŭkai signifie «une douleur provenant d'un feu intérieur», c'est-à-dire «la fièvre».

Ayamu veut dire «être malade». — L'expression chinoise 懊惱 *'ao-nao* signifie communément «harassé, accablé par la souffrance». Elle se rencontre dans la version chinoise du «Lotus de la Bonne Loi»[1].

Kana-yama hiko est le dieu des Métaux (金ノ神)[2]. — Le *Ku-zi ki* mentionne, en outre, la déesse 金山姫 *Kana-yama bime,* née dans les mêmes circonstances[3].

1. *Miao-fah Lien-hoa king,* livr. VI, sect. *Yoh-wang.*

2. *Syo-ki tû-syau,* t. III, p. 13.

3. Nobu-yosi, *Gau-tô Ku-zi ki,* t. I, p. 11. — Dans une inscription en caractères anciens, découverte à l'entrée d'une mine de la montagne *O-bira-yama,* département de *Ne-iri,* province de *Bun-go,* inscription tracée en signes phonétiques 
et qu'on a lu *to ko mi me hi ko hi ma ya nu ka* on paraît avoir voulu désigner le dieu *Kana-yama hiko* et la déesse *Kana-yama bime.* D'après une vieille tradition, les mineurs d'Obira-yama, avant d'entreprendre l'exploitation de cette mine, auraient gravé cette inscription

Yubari-maru, kuzo-maru. Tama-ki dit : «Le liquide qui sort du corps s'appelle *yubari;* la (matière) terreuse qui sort du corps s'appelle *kuzo*».

一書曰。伊弉冉
尊生火神。時被灼
而神退去矣。故葬
于紀伊國熊野之
有馬村焉。土俗祭
此神之魂者。花時
亦以花祭。又用鼓
吹幡旗。歌舞而祭
矣。

5, *e*. — On lit dans un livre :

Lorsque la divine Iza-nami donna naissance au dieu du Feu, elle fut brûlée et mourut. On l'inhuma, en conséquence, dans le village de *Ari-ma*, dans le pays de *Kuma-no*, province de *Ki-i*. Ceux qui pratiquent le culte des mânes de cette déesse, à l'époque de la floraison, lui offrent des fleurs en sacrifice. Ils font également usage [en cette circonstance], de tambours, de

et se seraient livrés à des cérémonies religieuses en l'honneur des deux divinités qui président aux métaux. L'histoire de cette inscription, reproduite par M. Kira Yosi-kazé, n'est malheureusement pas exposée par ce savant dans des termes de nature à nous fixer sur son authenticité, ce qui est d'autant plus regrettable qu'il la cite comme servant à établir sa doctrine au sujet des anciennes lettres phonétiques des Japonais. (Voy., sous toutes réserves, l'*Uye-tŭ fumi*, t. I, p. 5.)

flûtes et de drapeaux; la cérémonie est accompagnée de chants et de danse.

COMMENTAIRE.

Kan-sari-masinu, que je traduis, d'après les commentateurs, par « elle mourut », signifie littéralement « partir d'esprit, se retirer à la manière des êtres divins » (神退). Il me paraît inutile de m'appesantir sur cette expression, puisque nous verrons plus loin quel fut, par la suite, l'état de la déesse Iza-nami.

Les traditions sintauïstes relatives à la mort de la déesse Iza-nami ne sont pas d'accord sur le lieu de son inhumation. Suivant le *Ko zi ki*, elle aurait été enterrée sur le mont 比婆 *Hiba*[1], à la frontière des pays de *Idŭmo* et de *Hahaki*[2]; cette même donnée a été recueillie par le rédacteur du *Ku zi ki;* au contraire, le *Syo-ki* indique le village de *Kuma-no,* dans la province de *Ki-i.* On ignore jusqu'à présent, dit Kané-yosi, de quel côté est la vérité[3].

Moto-ori, qui suppose que le mont *Hi-ba* pourrait bien être la montagne 火灰 *Hi-bai,* avoue qu'on ne sait pas trop à quoi s'en tenir à cet égard; et il se tire d'embarras d'une façon singulière, en disant : « Il faut le demander aux habitants ». *(Kokŭ-zin nado-ni yokŭ tadŭnenu-besi*[4].*)*

1. Dans plusieurs anciens textes du *Ko zi ki,* notamment dans la vieille édition de ce livre publiée en 1687 par Nobu-yosi, la syllabe *ba* est écrite 波.

2. *Ko zi ki,* édition de Moto-ori, t. V, p. 63 et commentaire, p. 67.

3. *Syo-ki tù-syau,* t. III, p. 14.

4. *Ko zi ki den,* t. V, p. 67. — Suivant Kira Yosi-kazé qui, d'ailleurs, ne donne pas les motifs de son assertion, Iza-nami aurait été enterrée au sommet du mont *Biwa (Hi-ba),* situé entre les provinces d'Idumo et de

Outre la tradition peu acceptée[1] suivant laquelle Iza-nami aurait été inhumée dans le 木ノ國 *Ki-no kuni*, il en est une autre suivant laquelle cette déesse, ayant été brûlée en donnant naissance au dieu du Feu *(Kagu-dŭ-ti)*, se serait cachée dans l'intérieur d'un rocher *(iva-gakuri)*. Cette expression signifie «être enterré dans un retranchement de roc»[2].

«Les gens du pays, dit Moto-ori[3], dans le culte qu'ils pratiquent pour l'âme de cette déesse, lui offrent des fleurs à l'époque de la floraison, etc.»

魂 *Mi-tama*, litt. «le bijou du corps 身玉», signifie «l'âme».

Hána-no toki «le temps de fleurs», signifie «le printemps». C'est l'époque où, suivant une des légendes du Sintauïsme, naquit la déesse Iza-nami[4].

Hauki*. Cette déesse, qu'il qualifie du titre d'impératrice *(kwau-gu)*, serait née à côté de *Yomi-sima*, province d'Idumo (*Uye-tŭ fumi seô-yeki*, t. I, p. 3).

1. Cf. *Ko zi ki den*, t. V, p. 68.

2. 鎮火祭の祝詞 *Hi-sidŭme-no matŭri-no Notto*, cité par Moto-ori (*Ko zi ki den*, t. V, p. 68).

3. *Kami yo-no masa koto*, t. I, p. 12.

4. *Syo-ki tû-syau*, t. III, p. 15**.

* *Hahaki* (Moto-ori, *Kami yo-no masa-koto*, t. I, p. 11).

** Les Japonais de nos jours n'hésitent pas à donner au mot *mi-tama* le sens vague que nous attachons en Occident au mot «âme». J'ai vainement cherché, dans les livres japonais à ma disposition, l'idée que les anciens insulaires du Nippon pouvaient s'être faite de ce mot. Je serais cependant porté à croire qu'ils l'ont inventé sous l'empire des doctrines de la philosophie dualiste de la Chine et que, tout d'abord, il a signifié, comme le mot chinois *hoen* «la partie immatérielle de notre esprit», laquelle tire son origine du principe mâle *yang* et, après la mort, s'élève, comme une vapeur subtile, vers le Ciel suprême. Le *hoen* est, aux yeux des Chinois, en opposition avec le *poh*, qui est l'âme sensitive ou instinct animal, tiré du principe femelle *yin* et destiné à s'abîmer dans les profondeurs de la terre, alors que la vie a cessé. La légende suivant laquelle *Iza-nagi* serait remonté au Ciel, après l'accomplissement de sa carrière terrestre, tandis que son épouse *Iza-nami* aurait été reposer dans les Enfers, semble s'accorder de tous points avec cette doctrine chinoise du *hoen* et du *poh*. Cette légende, il est vrai, ne se rencontre point dans tous les textes primitifs du Sintauïsme.

[八] 一書曰。伊弉諾尊與伊弉冉尊共生大八洲
國。然後伊弉諾尊曰。我所生之國唯有朝霧而
薫滿之哉。乃吹撥之氣化爲神。號曰級長戸邊
命。亦曰級長津彦命。是風神也。又飢時生兒號
倉稻魂命。又生海神等。號少童命。山神等號山
祇。水門神等號速秋津日命。木神等號句、句廼馳。
土神號埴安神。然後悉生萬物焉。至於火神軻遇
突智之生也。其母伊弉冊尊見焦而化去。于時伊
弉諾尊恨之曰。唯以一兒替我愛之妹者乎。則匍

匐頭邊匍匐脚邊而哭泣流涕焉。其涙墮而爲神。
號啼澤女尊矣。是即畝丘樹下所居之神。遂拔所
帶十握劍斬軻遇突智爲三段。此各化成神也。復
劍刃垂血。是爲天安河邊所在五百箇磐石也。即
此經津主神之祖矣。復劍鐔垂血激越爲神。号曰
甕速日神。次熯速日神。其甕速日神。是武甕槌神
之祖也。亦曰。甕速日命。次熯速日命。次武甕槌神。
復劍鋒垂血。激越爲神。号曰磐裂神。次根裂神。次
磐筒男命。一曰。磐筒男命及磐筒女命。復劍頭垂

血。激越爲神。号曰闇靇。次闇山祇。次闇罔象。然後
伊奘諾尊追伊奘册尊。入於黄泉。而及之。共語。時
伊奘册尊曰。吾夫君尊何來之晩也。吾已飡泉之
竈矣。雖然吾當寢息。請勿視之。伊奘諾尊不聽。陰
取湯津爪櫛。牽折其雄柱。以爲秉炬。而見之者。則
膿沸蟲流。今世人夜忌一片之火。又夜忌擲櫛。此
其縁也。時伊奘諾尊大驚之曰。吾不意到於不須
也凶目汙穢之國矣。乃急走廻歸。于時伊奘册尊
恨曰。何不用要言。令吾耻辱。乃遣泉津醜女八人。

追留之。一云。泉津日狹女。故伊弉諾尊拔劍背揮
以逃矣。因投黑鬘。此即化成蒲陶。醜女見而採噉
之。噉了則更追。伊弉諾尊又投湯津爪櫛。此即化
成筍。醜女*亦以拔噉之。噉了則更追。後則伊弉冊
尊亦自來追。是時伊弉諾尊已到泉津平坂。一云。
伊弉諾尊乃向大樹放尿。此即化成巨川。泉津日
狹女將渡其水之間。伊弉諾尊已至泉津平坂。故
便以千人所引磐石。塞其坂路。與伊弉冊尊。相
向而立。遂建絶妻之誓。時伊弉冊尊曰。愛也吾夫

* 又

君言如此者。吾當縊殺汝所治國民日將千頭。伊
弉諾尊乃報之曰。愛也吾妹。言如此者。吾則當産
日將千五百頭。因曰。自此莫過。即投其杖。是謂岐
神也。又投其帶是謂長道磐神。又投其衣。是謂煩
神。又投其褌。是謂開齧神。又投其履。是謂*道敷神。
其於泉津平坂。或所謂泉津平坂者。不復別有處
所。但臨死氣絶之際。是之謂歟。所塞磐石。是謂泉
門塞大神也。亦名道返大神矣。伊弉諾尊既還乃
追悔之曰。吾前到於不須也凶目汚穢之處。故當

*千チ

滌去吾身之濁穢。則往至筑紫日向小戸橘之檍原。而祓除焉。遂將盪滌身之所汚。乃興言曰。上瀨是太疾。下瀨是太弱。便濯之中瀨也。因以生神號曰八十枉津日神。次將矯其枉而生神。号曰神直日神。次大直日神。又沈濯於海底。因以生神。號曰底津少童命。次底筒男命。又潜濯於潮中。因以生神。号曰*中津少童命。次中筒男命。又浮濯於潮上。因以生神。号曰表津少童命。次表筒男命。凡有九神矣。其底筒男命。中筒男命。表筒男命。是即住

* 表中

吉大神矣。底津少童命。中津少童命。表津少童命。
是阿曇連等所祭神矣。然後洗左眼。因以生神。號
曰天照大神。復洗右眼。因以生神。號曰月讀尊。復
洗鼻。因以生神。號曰素戔嗚尊。凡三神矣。已而伊
奘諾尊勅任三子曰。天照大神者可以治高天原
也。月讀尊者可以治滄海原潮之八百重也。素戔
嗚尊者可以治天下也。是時素戔嗚尊年已長矣。
復生八握鬚髯。雖然不治天下。常以啼泣恚恨。故
伊奘諾尊問之曰。汝何故恒啼如此耶。對曰。吾欲

從母於	根國只	爲泣耳	伊弉諾	尊惡之	曰可以	任情行	矣乃逐	之

5, *f*. — On lit dans un livre :

Le divin Iza-nagi et la divine Iza-nami donnèrent ensemble naissance au Pays des Huit îles.

Plus tard, le divin Iza-nagi [lui] dit : « Dans le pays auquel nous avons donné naissance, il n'y a rien qu'un brouillard matinal qui le remplit de senteur ». L'air que souffla, en ce moment, le divin Iza-nagi devint une déesse, appelée la divine *Sinaga-to-be*, ou, suivant une autre tradition, un dieu, appelé le divin *Si-naga-tŭ hiko*. Ce fut le dieu du Vent.

Un enfant auquel [la divine Iza-nami] donna le jour dans un instant où elle avait faim, fut appelé le divin *Uka-no mi-tama*. Puis, elle enfanta les dieux de la Mer, appelés les divins *Wata-zŭmi*; les dieux des Montagnes appelés les divins *Yama-zŭmi*; les dieux de l'Embouchure des Rivières, appelés les divins *Haya-aki-tŭ hi;* les dieux des Arbres appelés les divins *Ku-gu-no di;* les dieux de la Terre appelés les divins *Hani-yasŭ*. Plus tard, elle donna successivement le jour à toutes sortes d'êtres, et enfin à *Kagu-tuti*, dieu du Feu. La mère de ce dieu fut [alors] brûlée et disparut.

Alors le divin Iza-nagi, haïssant ce dieu, dit : «Est-ce donc là l'enfant que j'obtiens en échange de ma sœur chérie!» Puis il se roula à côté de la tête [de la morte], puis il se roula à côté des pieds [de la morte], pleurant, sanglottant. Ses larmes, en tombant, produisirent la déesse [de la Rosée] appelée la divine *Naki-sava-me;* c'est la déesse qui demeure au pied des arbres [plantés] sur les sillons [des champs de culture]. Ensuite le divin Iza-nagi tira le glaive à la garde longue de dix poignées dont il était ceint, et coupa Kagu-tuti en trois morceaux. Chacun de ces morceaux devint un Dieu. En outre, le sang qui coula de la lame devint les Cinq cents Rochers (étoiles) qui bordent la paisible Voie lactée. Ces rochers ont été les ancêtres du dieu *Futŭ-nusi.* Le sang qui coula de la lame devint aussi le dieu *Mika-no haya-hi*, puis le dieu *Hi-no haya-hi.* Ce dieu Mika-no haya-hi fut l'ancêtre du dieu *Take-mika-duti.* On dit aussi le divin *Mika-no haya-hi*, puis le divin *Hi-no haya-hi*, puis le divin *Take-mika-dŭti.* Suivant d'autres, les divinités qui furent produites par le sang qui coula de la lame se nommèrent le dieu *Iva-sakŭ*, puis le dieu *Ne-sakŭ*, puis le divin *Iva-tŭtŭ-o.* Un auteur dit «le divin *Iva-tŭtŭ-o* et la divine *Iva-tŭtŭ-me*». On dit enfin que le sang qui coula de la garde forma une divinité appelée *Kura*, puis *Kura-yama-zŭmi*, puis *Kura-midŭ-ha*.

Plus tard le divin Iza-nagi pénétra dans les Enfers (la Source Jaune) pour y trouver [son épouse], la divine Iza-nami. Quand il y fut arrivé, ils eurent ensemble un entretien.

La divine Iza-nami lui dit : «O mon époux, pourquoi es-tu venu si tard? J'ai déjà goûté à la cuisine de l'Enfer; je dois, en conséquence, aller me livrer au repos. Je t'en prie, ne me regarde pas!»

Le divin Iza-nagi ne l'écouta point. Il prit en secret le peigne aux nombreuses dents, en arracha les fortes pointes et en fit un flambeau [en y mettant le feu]. Comme il regardait son épouse, du pus s'échappa et des vers apparurent en foule. De là vient qu'aujourd'hui [encore], la coutume veut qu'on évite d'allumer un flambeau unique et de jeter un peigne par terre.

En ce moment, le divin Iza-nagi très effrayé de ce qu'il venait de voir, dit : «Je suis venu, sans le vouloir, dans un pays affreux et dégoûtant.» Puis, il se sauva en toute hâte.

La divine Iza-nami lui dit avec fiel : «Pourquoi n'as-tu pas tenu ta parole, tu me causes de la honte!»

Puis elle envoya les huit abominables filles de l'Enfer à la poursuite de son époux, afin de le retenir. Le divin Iza-nagi tira son sabre, en le brandissant derrière lui pour les éloigner; puis il leur jeta sa perruque noire, qui devint une plante appelée *ebi*. Les abominables filles de l'Enfer prirent [cette plante] et la dévorèrent. Quand elles l'eurent dévorée, elles recommencèrent à le poursuivre. Le divin Iza-nagi jeta alors son peigne aux nombreuses dents, qui se transforma en pousses de bambou. Les filles abominables de l'Enfer arrachèrent [ces pousses] et les dévorèrent. Quand elles les eurent dévorées, elles recommencèrent à le poursuivre. A la fin, ce fut la divine Iza-nami elle-même qui alla pour le rejoindre.

A ce moment, le divin Iza-nagi était déjà arrivé à la pente unie de l'Enfer.

Un auteur dit: «Le divin Iza-nagi se mit alors contre un grand arbre et urina. Il en résulta une grande rivière. Pendant que les abominables filles de l'Enfer traversaient cette rivière, le divin Iza-nagi arriva à la pente unie de l'Enfer. Il obstrua alors la route de cette pente unie à l'aide d'un rocher que mille hommes seraient [à peine] capables de faire mouvoir. Puis, il prononça le serment du divorce à la divine Iza-nami qui se tenait debout en face de lui.

La divine Iza-nami lui dit : «O mon époux bien aimé, si tu parles de la sorte, j'étranglerai chaque jour mille personnes du royaume que tu gouvernes!»

Le divin Iza-nagi lui répondit : «O ma sœur chérie, si tu parles de la sorte, moi, je donnerai chaque jour naissance à quinze cents individus.» Il ajouta : «Ne franchis pas cette limite.» Puis il jeta sa canne qui s'appela le dieu *Funado;* puis il jeta sa ceinture qui s'appela le dieu *Naga-ti-iva;* puis il jeta son habit qui s'appela le dieu *Watŭrai;* puis il jeta son maillot qui s'appela le dieu *Aki-kui;* puis il jeta sa chaussure qui s'appela le dieu *Ti-siki.*

La pente unie de l'Enfer dont on parle [ici] n'est pas un endroit à proprement parler. N'est-ce pas simplement le moment d'expirer que l'on désigne ainsi? Quant à la pierre qui obstrue [le passage], c'est le grand dieu qui garde la porte de l'Enfer, et que l'on nomme aussi *Ti-gahesi-no ohon gami.*

De retour, le divin Iza-nagi, plein de regret, dit: «Je viens d'aller dans un endroit néfaste et dégoûtant; il faut que je me nettoie le corps de ces impuretés.»

Il alla donc dans la plaine *Tatibana-no Avagihara*, près de la rivière *O-to*, dans le pays de *Hiuga*, région de *Tŭku-si*, et fit des ablutions. Au moment de se nettoyer le corps de ses impuretés, il se dit : «En haut, le courant est trop rapide; en bas, le courant est trop lent.» En conséquence, il se lava au milieu du courant.

A cette occasion, il donna naissance aux dieux appelés *Ya-so makatŭ hi-no kami* «les innombrables dieux sans droiture». Puis pour réparer leur manque de droiture, il donna naissance à un dieu appelé *Kan-nawo hi-no kami* «le dieu réparateur des dieux», puis au dieu *Oho-nawo hi-no kami* «le grand dieu réparateur».

Ensuite, il se lava en plongeant au fond de la mer, et donna naissance à un dieu nommé le divin *Soko-tŭ wata-dŭmi;* puis au divin *Soko-tŭtŭ-o.* Il se lava ensuite au milieu de la marée, et donna naissance à un dieu nommé le divin *Uva-naka-tŭ wata-dŭmi;* puis au divin *Naka-tŭtŭ-o.* Il se lava ensuite sur la surface de la mer, et donna de la sorte naissance à un dieu appelé le divin *Uva-tŭ wata-dŭmi,* puis au divin *Uva-tŭtŭ-o.* En tout neuf dieux. Les dieux [appelés] le divin *Soko-tŭtŭ-o,* le divin *Naka-tŭtŭ-o,* et le divin *Uva-tŭtŭ-o,* sont les [trois] grands dieux de *Sŭmi-no e.* Le divin Soko-tŭ wata-dŭmi, le divin Naka-tŭ wata-dŭmi, et le divin Uva-tŭ wata-dŭmi sont les dieux adorés par *Adŭmi* et ses alliés.

Ensuite il se lava l'œil gauche, ce qui donna naissance à une déesse appelée *Ama-terasŭ oho-kami;* de nouveau, il se lava l'œil droit, ce qui donna naissance à un dieu appelé le divin *Tŭki-yomi;* de nouveau, il se lava le nez ce qui donna naissance à un dieu appelé le divin *So-sa-no o.* En tous trois Dieux.

Plus tard, il donna ses ordres à ces trois enfants, et leur dit : «Ama-terasŭ oho-kami gouvernera la plaine du Ciel suprême; le divin Tŭki-yomi gouvernera l'immensité des eaux de la plaine maritime; le divin *So-sa-no o* gouvernera le monde.

A cette époque, le divin Sosa-no o était déjà âgé, et il lui avait poussé une barbe [longue] de huit poignées. Cependant il ne gouvernait pas bien le monde, pleurant et rageant sans cesse. Le divin Iza-nagi lui adressa, en conséquence, cette question :

«Pourquoi pleures-tu toujours de la sorte?»

Il répondit : «Je désire rejoindre ma mère au royaume infernal. C'est seulement pour cela que je pleure.»

Le divin Iza-nagi, mécontent, lui dit : «Va, suivant ton désir.» Et alors il le chassa.

Commentaire.

Asa-kiri «brouillard matinal». — Par *kiri*, on veut dire «la vapeur provenant des eaux»[1]. — «Les transformations de l'eau ont créé le Ciel et la Terre; c'est pourquoi l'on dit qu'elles ont donné naissance à l'origine de notre pays. Il y avait seulement, à cette époque, un brouillard matinal, et il était rempli de senteurs. Quand on dit «le matin», nécessairement «le soir» est sous-entendu» (言朝則夕亦在其中)[2].

1. *Syo-ki siñ-kai*, t. I, p. 15.
2. *Syo-ki tŭ-syau*, t. III, p. 17.

Iki, l'air que souffla en ce moment le divin Iza-nagi, ce fut le Vent. — On lit dans le *Chŭh-i-ki* : «les pleurs de *Pan-kou* devinrent les Rivières, son souffle devint le Vent, sa voix devint le Tonnerre»[1].

級長戸邊 *Sinaga-to-be* ou 級長津彦 *Si-nagatŭ hiko*, est la divinité du Vent, désignée, dans le *Ko zi ki*, sous le nom de 志那都比古 *Sina-tŭ hiko*. — *Sinaga* exprime l'idée d'un vent violent soufflant du ciel par rafales (颫颻). Comme le Vent dépend tantôt du principe femelle et tantôt du principe mâle, la divinité qui le personnifie est tantôt femelle *(me)*, tantôt mâle *(hiko)*[2].

倉稻魂 *Uka-no mi-tama*, ou, suivant le *Syo-ki bi-kau*, *Uke-no mi-tama*. C'est l'Esprit des Rizières ou des Greniers de Riz. Suivant Kané-yosi, c'est l'appellation honorifique du Dieu des Grains[3]. 倉 désigne «l'endroit où se conserve le grain»; 稻 est le plus précieux des cinq grains. Suivant le *Wa-mei seô*, le mot *uke* a le sens de «nourriture»[4]. Dans le *Ku-zi ki*, on dit que la divine *Iza-nami*, à ses derniers moments, donna le jour au dieu *Waka Musŭbi* qui eut pour fille *Toyo Uke bime*[5]. — *Mi-tama* signifie «l'esprit, l'âme».

少童 *Wata-zŭmi*, dieux de la Mer. — *Wata* est donné comme synonyme de *nada* «l'océan», et viendrait de *wa* ou *va* «les vagues» (波ハ), et de *ta* «hauteur» (高ク)(?). La transcription 綿積 *wata-dŭmi*[6] «accumulation de coton», par allusion à l'écume des vagues qui a l'aspect du coton,

1. *Ni-hon Syo-ki tû-syau*, t. III, p. 18; *Syo-ki siû-kai*, t. I, p. 15.
2. *Ni-hon Syo-ki tû-syau*, t. III, p. 17.
3. Voy., sur le sens étendu qu'il faut donner à ce mot, plus haut, p. 149.
4. *Ni-hon Syo-ki tû-syau*, t. III, p. 18; *Wa-kun sivori*, t. IV, p. 4.
5. Nobu-yosi, *Gau-tô Ku-zi ki*, t. I, p. 11.
6. Dans le *Ko zi ki* et dans le *Ku zi ki*.

semble ne reposer que sur un jeu de mots. — Le signe 童 *toung* «enfant», qui a été employé ici pour désigner les divinités marines, se rencontre avec la même acception dans la littérature chinoise, notamment dans le *Wen-siouen* où les mots 海 童 *haï-toung* signifient «les dieux de la Mer»[1].

山 祇 *yama-dŭmi.* Cette lecture est justifiée par le *Ko zi ki* qui écrit ce nom 大 山 津 見 *oho-yama dŭmi*[2].

水 戶 *mi-to,* litt. «porte des eaux», signifie «l'embouchure d'un fleuve, un bras de mer, un estuaire, un port» (港)[3], jap. ミ ナ ト *minato*[4]. — *Haya Aki-tŭ hi,* litt. «les dieux de l'automne rapide», ou «les dieux rapides du Japon», *Aki-tŭ* étant peut-être ici par *Aki-tŭ su* «le nid de la sauterelle», l'un des noms de la grande île de Nippon[5].

Après «les Dieux de la Terre», Iza-nami «donna suc-

1. *Syo-ki siû-kai,* t. I, p. 15.
2. Édition de Moto-ori, t. V, pp. 42 et 44.
3. *Syo-ki siû-kai,* t. I, p. 15.
4. *Syo-ki tû-syau,* t. III, p. 19.
5. Dans cette énumération de divinités, on fait tantôt usage de noms individuels de divinités, tantôt de noms collectifs*.

* Il y a ici un intéressant problème qui, pour être résolu d'une manière satisfaisante, exigerait de longues discussions. Il est évident que plusieurs noms de divinités du panthéon sintauïste, donnés dans les différents livres sacrés du Japon, y figurent tantôt comme des appellations individuelles, tantôt comme des appellations collectives. Par exemple, *Haya Aki-tŭ hi-no mikoto,* dans le *Syo-ki*, qui répond à *Haya Aki-dŭ hi-ko-no kami,* dans le *Ko zi ki* (édition de Moto-ori, V, 30) désigne toute une série de divinités protectrices des ports de mer dans le premier ouvrage, ainsi que cela résulte du mot *tati* «tous», joint au nom, tandis que, dans le second, il désigne une divinité unique, comme l'indique cette note finale : «de tel dieu à tel dieu, il y a en tout dix dieux», à moins cependant qu'il faille entendre par là «dix espèces de dieux, soit individuels, soit collectifs»; ce qui n'est guère admissible, car un peu plus loin (V, 38), les mêmes divinités sont mentionnées avec ces mots : FUTA-*basira kami* «DEUX dieux». Le *Ko zi ki* donne à *Haya-Aki-tŭ hiko* une sœur ou épouse, nommée *Haya Aki-dŭ hime-no kami* «la déesse rapide de l'automne» ou «du Japon». — Les exégètes japonais eux-mêmes se sont d'ailleurs trouvé embarrassés pour savoir s'il s'agissait, dans certains cas, de divinités uniques, comme serait, par exemple, Neptune, ou de divinités en nombre indéterminé comme les Tritons. En ce qui concerne *Hani-yasŭ*, notamment, on a ajouté, dans une édition, aux mots *tŭti-no kami* «divinité de la Terre», le mot *tati* qui oblige à traduire «divinités de la Terre»; mais, en cet endroit, il paraît certain que l'addition de *tati* est fautive (voy. *Ni-hon Syo-ki bi-kau,* récension, 上, p. 2).

cessivement naissance à tous les êtres» (萬物) ou mieux «à toutes sortes d'êtres». La même idée se trouve exprimée dans le *Yih-king* des Chinois, où l'on dit : «Il y eut le Ciel et la Terre, et ensuite dix-mille êtres naquirent (有天地然後萬物生焉)»[1].

Hani-yasŭ signifie «la tranquillité de la Terre» (埴土安靜). Le caractère 埴 désigne «la terre jaune» et parfois «la terre rouge»[2].

Naki-sawa-me est l'Esprit de la Rosée. Ce nom signifie littéralement «la dame de l'étang des larmes» ou «la dame aux nombreuses larmes».

Ama-no yasŭ-kawa «la rivière paisible du Ciel»; c'est une désignation de la voie lactée[3].

五百箇磐石 *i-wo-tŭ iva-mura,* litt. «les cinq cents rochers de la voie lactée». — *I-wo* ou *I-ho* (イホ) «cinq cents», désigne «un grand nombre»; — *Iva* veut dire «une grande pierre», «un rocher en général» (石巖); *mura* signifie «une accumulation»[4]. — Par ces mots «les cinq cents», ou «les innombrables rochers», il faut entendre «les astres, l'ensemble des constellations» (星辰). Les étoiles, procédant du feu, Iza-nagi les a fait naître du sang du dieu

1. *Yih-king,* Append. *Siu-koua tchouen,* I, 1.

2. *Syo-ki tû-syau,* t. III, p. 19; Tani-gawa Si-sei, *Wa-kun sivori,* t. XIV, p. 27.

3. 河漢 (*Syo-ki siû-kai,* t. I, p. 16). Cette expression se trouve dans le *Syo gen-zi kau,* édit. lith., p. 144.

4. 羣, d'où vient le mot 村 *mura* «village, accumulation d'habitations» (*Gon-gen tei,* p. 54)*.

* M. Pfizmaier a expliqué ainsi la locution *i-wo-tŭ iwa mura* (dans son *Wörterbuch der japanischen Sprache,* p. 16) : «les cinq cents monceaux de pierre, nom d'une région du Ciel située, paraît-il, dans le voisinage de la voie lactée, également appelée *ame-no yasŭ-no kawara-naru i-wo-tŭ iwa-mura* «les 500 monceaux de pierre sur le bord de la rivière paisible du Ciel».

Kagu-du-ti. Tani-gawa Si-sei essaie de justifier, par des citations chinoises, la désignation des étoiles par le mot *iva* «rocher», et mentionne notamment le *Tchun-tsieou*, où l'on voit citées, dans le commentaire de Tso Kieou-ming «des pierres tombées qui étaient des étoiles»[1]. Dans le *Tien-wen-tchi* des *Han-chou*, il dit «les étoiles sont des pierres» (星石也)[2]. Un autre auteur dit que la pierre est la matière des étoiles[3]. On peut ajouter enfin que le mot *chih* «pierre», entre dans la composition de plusieurs noms de constellations chinoises, notamment 海石 «le rocher des mers», c'est-à-dire υ, *l*, *h*, *e* du navire Argo, etc.[4] «Ces rochers ont été l'ancêtre du Dieu *Futŭ-nusi*.» Une variante importante se rencontre dans les différents textes dont je me suis servi. Suivant le texte in-4°, que j'ai suivi cette fois, sans avoir les moyens de savoir quelle était la meilleure récension, le dieu *Futŭ-nusi* descend des étoiles (les cinq cents rochers), tandis que, suivant le *Bi-kau* et le *Siû-kai*, il descend du divin *Iva-tŭtŭ-o*.

經津主 Le dieu *Futŭ-nusi*. «Il possède son titre par la vertu du Feu. Le *Ten-syo* «Livre du Firmament» dit : «*Futŭ-nusi* est le dieu gardien du Ciel. Il tire son origine du divin Iza-nagi. Dans le *Tsao-ko-piao* de la dynastie chinoise des *Weï*, on dit que les petits-fils du roi et les fils des princes se partagèrent la voie lactée»[5].

1. *Tchun-tsieou*, dans les *Chinese Classics*, du rév. J. Legge, vol. V, part. 1, p. 170.

2. *Syo-ki tû-syau*, t. III, p. 22; *King-tsieh-tsouan-koa*, t. XXIV, 下, p. 5.

3. *Youen-kien-loui-han*, t. IV, p. 17.

4. Schlégel, *Uranographie chinoise*, p. 808.

5. *Ni-hon Syo-ki tû-syau*, t. III, p. 22. — Je n'ai pu vérifier la dernière citation sur le texte original, de sorte que je l'ai traduite sans connaître le

甕速日 Le dieu *Mika-no haya-hi,* litt. «le dieu rapide de l'amphore»; mais il faut se rappeler que pour désigner quelque chose de «grand», on employait, dans l'antiquité le mot 미가 *mika,* chin. *ong*[1]. D'où «le Grand dieu rapide».

熯速日 Le dieu *Hi-no haya-hi,* c'est-à-dire «le dieu rapide du feu». — 히 *hi* (chin. *han*) exprime la vigueur du feu et signifie «brûler, rôtir». — Suivant Nobu-yosi, ce dieu et le précédent ont tous deux des noms d'étoiles.

武甕槌 Le dieu *Take-mika-dŭti,* litt. «le grand marteau guerrier»[2]. Il possède son titre par la vertu de l'Épée.

磐裂 Le dieu *Iva-sakŭ,* litt. «le briseur de rochers». Son nom vient de celui des Cinq cents rochers (étoiles) de la voie lactée[3].

根裂 Le dieu *Ne-sakŭ,* litt. «le briseur de racines». Par racine, il faut entendre «la racine des rochers»[4].

contexte. — Il y a, pour ce passage, des inversions dans les différentes éditions du *Syo-ki* dont je dispose en ce moment. Sur un exemplaire du *Ni-hon Syo-ki tû-syau,* accompagné de *notes japonaises inédites,* et que je dois à l'amitié d'un de mes anciens élèves, M. Fr. Sarazin, aujourd'hui professeur à Tô-kyau, je trouve l'observation suivante : «Les neuf caractères, depuis 即 jusqu'à 祖矣, sont placés dans l'édition de 若親 *Waka-tŭki,* après le paragraphe qui finit par 箇女命».

1. *Syo-ki tû-syau,* t. III, p. 22.

2. «*Take-mika-dŭti* est le dieu qui pénètre le Ciel. A l'origine (des temps), il y avait à la ronde un grand brouillard, dont l'étendue était de quatre lieues et dans lequel il se trouvait une petite trouée. Cette trouée se transforma en grotte de pierre. Dans cette grotte, il y eut un dieu nommé 雄走 *O-basiri* «le Courreur rapide». O-basiri donna naissance à *Mika-no haya-hi.* Mika-no haya-hi donna naissance à *Hi-no haya-hi.* Hi-no haya-hi donna naissance à *Mika-dŭti.* Ce dernier dieu, à sa naissance, était affable; il avait une figure correcte, une contenance imposante, une vigueur comparable à celle du loup; son courage terrifiant était incessant; ses sentiments étaient purs comme la gelée blanche ou la neige. Il protégea l'art militaire et fut élevé à un rang supérieur aux quatre-vingt dieux.» (*Syo-ki siû-kai,* t. I, p. 17.)

3. *Syo-ki tû-syau,* t. III, p. 22.

4. *Syo-ki tû-syau,* loc. cit.

磐筒男 Le dieu *Iva-tŭtŭ-o*, litt. «le mâle de la terre des rochers». — *Tŭtŭ* signifie «la terre» (筒土也). — Nobu-yosi considère ces trois derniers dieux comme des frères[1].

劍頭 *tŭrugi-no taka-mi*. — 頭 signifie 莖 *heng* «la garde d'une épée»[2].

闇龗 *Kura-ogami*. Le second caractère signifie «un dragon»; le premier, qui veut dire «obscur», désigne quelque chose qui ne se voit pas communément. D'où «le dragon extraordinaire». — *Kura-midŭ-ha*, 罔象 *wang-siang*, désigne un dragon merveilleux qui habite au milieu des eaux[3].

Yomotŭ-kuni, répond au chinois *hoang-tsiouen* «la source Jaune», c'est-à-dire «les régions infernales». Le mot «jaune», employé dans cette expression, vient de ce que les Chinois considèrent la terre comme étant de cette couleur; d'où «la source terrestre» (cf. le *Tsien-tsze-wen*, phrase initiale). «Les hommes, pendant leur vie, habitent le *kao-tang* «la salle ou la demeure haute», et, après leur mort, le *hoang-tsiouen* «la source jaune».

湯津爪櫛 *Yu-tu-no tŭma-gusi*. — *Yu-tu*, dans un passage du *Ko-zi ki* (v, 69), remplace *i-tu* (五百); il semble donc qu'il faille le rendre par «un grand nombre». — *Tŭma-*

1. *Syo-ki tû-syau*, loc. cit.

2. On appelle 劍莖 l'extrémité de la garde par laquelle on saisit un glaive *(Tcheou-li)*, dans l'appendice intitulé *Kao-koung ki* (trad. de Ed. Biot, t. II, p. 456). — Le haut de la poignée, suivant Kané-yosi.

3. Voy. Sse-ma Tsien, *Sse-ki*, sect. *Koung-tsze chi-kia*. — Dans le *Hia-ting-tchi* ou «Histoire des trépieds de la dynastie des Hia», on dit : «le *Wang-siang* est comme un enfant de trois ans, a des yeux rouges, une couleur noire, de grandes oreilles, de longs bras, des ongles rouges». (Voy. aussi *Peï-wen-yun-fou*, t. LII, p. 12, et ma note 1, p. 149.)

gusi «peigne à griffes», comme nous dirions «peigne à dents». D'où «le peigne aux nombreuses dents»[1].

雄柱 *hotori-ha* «les dents qui surgissent, les dents saillantes» (端牙)[2].

秉炬 *tabi* «une torche», une lumière qui se porte à la main (手火), ordinairement faite avec un morceau de bois résineux. On dit aujourd'hui トモシビ *tomosibi*[3].

Siko-meyatŭ-hito, c'est-à-dire «les diablesses». (凶シ目メ «mauvais œil») «les esprits de malheur». Les hommes en ont grande peur et l'appellation des enfants *koko-me* est une altération de ce mot[4]. Suivant une autre source, on dit: *Yomotŭ hisa-me*. — *Yatŭ* «huit», est un nombre indéfini: «toutes les diablesses»[5].

蒲陶 *ebi*. Cette plante est mentionnée, dans les *Annales des Han*, Histoire des contrées occidentales, comme une production du pays de *Ki-pin*[6].

Oho-gi-ni mukatte, litt. «devant un grand arbre». Kané-

1. *Syo-ki siû-kai*, t. I, p. 18. — Voy., pour *yu-tu*, Pfizmaier, *Wörterbuch der japanischen Sprache*, au mot I-WO-TU.

2. «Les cinq cents rochers (I-WO-TU *iwa-mura*), mentionnés plus haut, se retrouvent dans le *Ko-zi ki* et dans le 祈年祭祝詞 *Ki-nen sai-no Notto* «Rituel pour les souhaits de nouvelle année», sous la forme YU-TŬ *iwa-mura*. On voit par là que *i-wo-tŭ* et *yu-tŭ* ont été confondus dans la prononciation. Ces mots ne signifient pas précisément «cinq cents», mais expriment l'idée de «beaucoup». Quant à la forme du peigne d'Iza-nagi, elle était comparable à des dents rangées; leur nombre était considérable; c'est pourquoi on s'est servi du mot *yu-tŭ*.

3. Moto-ori emploie ces mots : *hitotŭ bi tomosite* «ayant allumé un feu» (*Kami-yo-no masa-koto*, t. I, p. 15). — Ce passage répond au *Ku-zi ki*, édit. de Nobu-yosi, t. I, p. 14.

4. *Syo-ki siû-kai*, t. I, p. 18. — L'expression 醜女 se rencontre dans les poésies de Li Taï-peh.

5. Voy. mon commentaire français, plus haut, p. 111.

6. Voy. *Pei-wen-yan-fou*, t. XI, 上, p. 108.

yosi dit : «il faut entendre par là, que Iza-nagi se cacha derrière un arbre». L'Explication correcte (*Tching-toung*) dit : «Se trouver en face d'un esprit et lâcher de l'eau, est une chose défendue par la tradition de l'antiquité».

Tŭïni koto-dowo tatŭ «il prononça le serment du divorce», c'est-à-dire «la séparation des liens du mari et de la femme»[1].

岐神 *Funado-no kami* «le dieu de la Porte des navires» ou *Kunado-no kami* est le dieu des Routes; il est né de la canne d'Iza-nagi, parce que la canne est l'objet indispensable et caractéristique du voyageur[2].

長道磐神 *Naga-di-iva-no kami,* le dieu des Rochers des grandes routes, naît de la ceinture d'Iza-nagi parce que la ceinture est un emblème des choses longues.

煩神 *Waturá i-no kami,* litt. «le dieu gêné». — L'habit est le costume de l'homme. Quand on quitte un habit, on évite la gêne du corps; c'est pourquoi l'on dit : «le Dieu gêné». — C'est le dieu des Maladies.

開囓神 *Aki-kui-no kami,* c'est-à-dire «le dieu qui ouvre et resserre les dents». — Le *hakama,* d'où provient ce dieu, est une sorte de culotte large et courte; il est percé de deux trous pour passer les jambes, et on le serre sur les reins. L'endroit où passent les jambes, représente une bouche (ouverture)».

千(ou 道)敷神 *Ti-siki-no kami,* c'est-à-dire «le dieu de l'ouverture des Routes». Originairement, au lieu du caractère 道 «route», on avait écrit le signe 千 «mille» (チ *di* «route»). La correction a été faite d'après le *Rui-siu kokŭ-si*[3].

1. *Ni-hon Syo-ki tû-syau,* t. III, p. 28.
2. *Syo-ki tû-syau,* t. III, p. 29.
3. *Syo-ki siû-kai,* t. I, p. 20.

道返大神 *Ti-gahesi ohon-gami.* — «La vie et la mort, par des routes différentes, ont une frontière commune. C'est à cette frontière que réside ce dieu»[1]. La pente unie de l'Enfer, *yomo-tŭ hira-saka,* litt. «la pente unie de la Source (jaune)», c'est justement «la barrière (關) qui sépare la vie de la mort»[2].

Tŭkusi est la dénomination générale de l'île des *Kiu-siu.* D'après une carte en la possession d'un moine appelé *Unteô* «le Papillon des Nuages», entre le chemin de 延岡 *Nobeoka* et celui de 薩摩 *Satŭ-ma,* il y a un village appelé 橘 *Tatibana;* au sud, se trouve une rivière nommée 小戸 *O-do;* à l'est de Tatibana, il y a une plaine sablonneuse d'une largeur de trois *ri* du sud au nord : on appelle cette plaine 檍原 *Havaki-gavara* «le Champ des Frênes».

«Il se lava». — Kané-yosi a dit : «Quand l'homme est impur (litt. mal-propre), il s'approche d'un cours d'eau et lave ses vêtements : telle est la loi qui nous a été transmise par l'antiquité»[3].

«Au milieu du courant». — Le sintauïsme estime qu'il faut rechercher le juste milieu[4].

Ya-so makatŭ hi-no kami, sont les dieux du Malheur. —

1. *Syo-ki siû-kai,* t. I, p. 20.

2. *Syo-ki tû-syau,* t. III, p. 31. — *Saka,* vulg. «digue», désigne «un endroit où l'on monte et où l'on descend» (登降之所處), c'est-à-dire «une pente». *Loc. supr. cit.*

3. *Syo-ki tû-syau,* t. III, p. 32. — «On lit dans le 三代實錄 *San-dai zitŭ-rokŭ* ¶ : On envoya des hommes de famille mandarinale du deuxième rang aux sept chemins de *Sa-kyau* et de *Go-ki,* pour préparer la cérémonie des ablutions *(misogi)* qui doivent clore le deuil (服 *bukŭ*).

4. Cette idée, qu'on rencontre dans des pays très différents, est surtout enracinée dans l'extrême Asie où s'est répandu le *Tchoung-young* «l'Invariabilité dans le Milieu», l'un des Quatre Livres de l'École de Confucius.

Magatŭ «injuste»; on dit aujourd'hui : *magataru-hito*, ou *magaru hito*, ou *magaritaru hito* «un homme qui manque de droiture». — *Hi*, vulg. «soleil», est ici une simple particule déterminative des noms de divinités. — *Ya-so makatŭ hi* signifie «les 80 dieux du Mal», nom qui leur a été donné parce qu'ils ont pris naissance durant une période néfaste.

Kan-nawo hi-no kami, c'est-à-dire «le dieu qui Répare le mal des dieux». — Le *Ko-zi ki* le nomme «le dieu du Malheur» (禍津日神). Aujourd'hui on écrit 枉 *wang* «mauvais, tortueux», sans doute parce qu'il a été dans l'Enfer.

Oho-nawo hi-no kami, c'est-à-dire «le dieu qui Répare au plus haut degré». — Dans l'énumération des dieux sans droiture, on fait usage du nombre indéfini 80. Le sintauïsme commence sa numération collective par 8, qui est le petit nombre indicateur des pluralités. Pour indiquer un nombre élevé, on dit 80; pour un nombre considérable, 800. Pour l'assemblée des innombrables divinités, on fait usage du nombre 80,000[1].

Soko-tŭ wata-dŭmi, litt. «le jeune garçon du fond de l'eau»; mais il faut se rappeler que, dans la langue japonaise, même dans l'idiome usité de nos jours, *wata-dŭmi* signifie «la mer»[2].

Soko-tŭtŭ-o, litt. «le mâle du fond de la terre».

Naka-tŭ wata-dŭmi, litt. «le jeune garçon du cours moyen».

1. Voy. plus haut, pp. 84, 85, 104 et 111.
2. Voy. sur l'expression *chao-toung*, plus haut, p. 171.

Naka-tŭtŭ-o, litt. «le mâle de la terre moyenne».

Uva-tŭ wata-dŭmi, litt. : «le jeune garçon de la surface des eaux»[1].

Uva-tŭtŭ-o, litt. «le mâle de la surface de la terre».

Sŭmi-no ye-no ohon gami. — Dans le *En-ki siki,* section du Nom des Dieux, on dit : «Il y a trois temples de *Sŭmi-yosi,* dans la province de *Tikŭ-zen,* département de *Na-ka*».

Adŭmi-no Murazi, c'est-à-dire adorés par *Sŭkune,* de la famille *Adŭmi,* et par ses parents ou alliés.

«Il se lava le nez». — «Le nez est le commencement de l'homme et ce qui se produit tout d'abord dans le sein de la mère. Le premier ancêtre des hommes se dit, en conséquence, *pi-tsou* «l'ancêtre du nez»[2].

«Je désire rejoindre ma mère»[3]. — On verra, plus loin, dans la seconde partie du *Yamato-bumi,* à laquelle j'ai donné le titre de «Règne du Soleil»[4], que l'intention du dieu Sosa-no o était toute autre et qu'il avait conçu le projet de détrôner sa sœur, la Grande Déesse Solaire.

1. *Uye-tŭ wata-dŭmi,* suivant le *Ku-zi ki* (édition de Nobu-yosi, t. I, p. 20). Ce dernier ouvrage désigne trois dieux des Eaux, qualifiés par les mots 底 *soko* «le fond», 中 *naka* «le milieu» et 表 *uye* «le dessus».

2. *Syo-ki siû-kai,* t. I, p. 22.

3. «Remarque. *Sosa-no o* est un dieu qui doit sa naissance au seul Iza-nagi. Pourquoi dit-il donc qu'il veut aller embrasser sa mère? Moto-ori établit, en effet, que tous les dieux créés après *Kagu-dŭ-ti* «le Dieu du Feu», ont été engendrés par Iza-nagi seul. L'esprit de tous ces dieux postérieurs est né par le fait de la saleté d'Iza-nami; c'est ainsi seulement qu'on peut les faire descendre des deux *kami.*» (Note japonaise msc. marginale de mon exemplaire du *Syo-ki tû-syau,* t. I, p. 22.)

4. Voy. p. 211. — On verra, plus loin, pourquoi j'ai cru devoir rattacher le commencement du chapitre VI du *Yamato bumi* à la première partie de cet ouvrage que j'ai intitulée *La Genèse,* et la suite de ce même chapitre à une autre partie renfermant l'histoire de la Grande Déesse Solaire *Ama-terasŭ oho-kami* que j'ai désignée sous le titre de «Règne du Soleil».

[と] 一書曰。伊弉諾尊拔劍斬軻遇突智。爲三段。其一段。是爲雷神。一段是爲大山祇神。一段是爲高龗。又曰。斬軻遇突智。時其血激越染於天八十河中所在五百箇磐石。而因化成神。號曰磐裂神。次根裂神兒磐箇男神。次磐箇女神兒經津主神

g. — On lit dans un ouvrage :

Le divin Iza-nagi tira son glaive et coupa *Kagu-tŭti* en trois morceaux. L'un de ces morceaux devint le dieu du Tonnerre; le second morceau devint le dieu des grandes Montagnes; le troisième morceau devint le dieu de la Foudre. On dit aussi que lorsque [Iza-nagi] tailla en pièces Kagu-tŭti, le sang qui s'échappa teignit les innombrables rochers qui se trouvaient sur la rivière paisible du Ciel, et produisit le dieu nommé *Iva-sakŭ*, puis le dieu *Iva-tŭtŭ-o*, fils de *Ne-sakŭ*, puis le dieu *Futŭ-nusi-no kami*, fils de la déesse *Iva-tŭtŭ-me*.

ち 一書曰。伊弉諾尊斬軻遇突智命。爲五段。此各化成五山祇。一則首化爲大山祇。二則身中化爲中山祇。三則手化爲麓山祇。四則腰化爲正勝山祇。五則足化爲離山祇。是時斬血激灑深於石礫樹草。此草木沙石自含火之緣也。

h. — On lit dans un livre :

Iza-nagi-no mikoto coupa *Kaku-dŭti* en cinq morceaux. Chacun devint un des cinq esprits des Montagnes. Le premier tronçon, celui de la tête, devint l'esprit des pics de montagnes. Le second tronçon, celui du corps, devint l'esprit des versants de montagnes. Le troisième tronçon, celui de la main, devint l'esprit de la déclivité des montagnes. Le quatrième tronçon, celui des reins, devint l'esprit des défilés de montagnes. Le cinquième tronçon, celui des pieds, devint l'esprit des assises des montagnes. Le sang qui s'échappa du glaive teignit les rochers, les cailloux, les arbres et les herbes. De là vient que les herbes, les arbres, le sable, et les pierres contiennent [le principe] du Feu.

COMMENTAIRE.

Les Cinq Montagnes. On lit dans le *Chuh-i-ki* : «La tête de Pan-kou devint la colline de l'Est; son ventre, la colline Centrale; son bras gauche, la colline du Sud; son bras droit, la colline du Nord; ses pieds la colline de l'ouest»[1].

Oho-yama, litt. «les grandes montagnes», c'est-à-dire «les pics». — *Naka-yama,* litt. «les montagnes moyennes», c'est-à-dire «le flanc des montagnes». — *Ha-yama,* c'est-à-dire «le pied» ou «la déclivité des montagnes». — *Masa-katŭ-yama* ou *ma-saka-tŭ yama* (眞坂ツ山), désigne «les défilés», les sentiers escarpés et périlleux situés entre des précipices (峻處). — *Siki-yama* veut dire «la base» ou «les assises inférieures des montagnes» (山基), l'endroit où il y a des bois touffus.

Ha-yama. Dans le *Ku-zi ki,* on fait mention d'un dieu 羽山戸神 *Ha-yama-do-no kami* «le dieu de l'entrée du pied de la montagne».

I-sa-ko désigne «les petits cailloux» (石少子).

1. *Syo-ki siŭ-kai,* t. I, p. 23; *Syo-ki tŭ-syau,* t. III, p. 40*.

* Sigé-towo dit : «le pied ressemble à une branche; c'est pourquoi on a rattaché le mot *asi* «pied» à l'expression *siki-yama*».

(ク) 一書曰。伊弉諾尊欲見其妹。乃到殯斂之處。是
時伊弉冊尊猶如生平。出迎共語。已而謂伊弉諾
尊曰。吾夫君尊請勿視吾矣。言訖忽然不見。于時
闇也。伊弉諾尊乃擧一片之火。而視之。時伊弉冊
尊脹滿太高。上有八色雷公。伊弉諾尊驚而走還。
是時雷等皆起追來。時道邊有大桃樹。故伊弉諾
尊隱其樹下。因採其實。以擲雷者。雷等皆退走矣。此
用桃避鬼之緣也。時伊弉諾尊乃投其杖曰。自此以
還雷不敢來。是謂岐神。此本號*曰來名戸之祖神焉。

*名

所謂八雷者。在首
曰大雷。在胸
曰火雷。在腹曰
土雷。在背曰稚
雷。在尻曰黒
雷。在手曰山雷。
在足上曰野雷。
在陰上曰裂雷。

i. — On lit dans un livre :

Le divin Iza-nagi, désirant voir sa sœur cadette, se rendit alors au lieu de son inhumation. La divine Iza-nami, comme lorsqu'elle était encore vivante, alla le recevoir et lui dit : « O mon divin époux, je te prie de ne pas me regarder. » Quand elle eut achevé cette parole, il ne la vit point, car à ce moment, il faisait obscur. Le divin Iza-nagi alluma aussitôt une lumière et la regarda. La divine Iza-nami était alors tuméfiée. Sur son gonflement, il y avait huit sortes de tonnerres. Le divin Iza-nagi, effrayé, prit la fuite. A ce moment, tous ces tonnerres se levèrent et se mirent à sa poursuite. Or, sur le bord du chemin, il y avait un grand pêcher. Le divin Iza-nagi se cacha sous cet arbre, en cueillit des fruits et les jeta aux tonnerres qui s'enfuirent aussitôt. De là vient la coutume d'employer des pêches pour chasser les démons. Le divin Iza-nagi jeta alors sa canne et dit : Les tonnerres n'oseront point passer au-delà. Cette canne devint le dieu *Funa-do*, dont le nom primitif est *Kunado-no oho-di*. En ce qui concerne les huit tonnerres, celui qui était sur sa tête s'appelait *Oho-ikadŭti;* celui qui était sur sa poitrine s'appelait *Ho-no ikadŭti;* celui qui était sur son ventre s'appelait *To-no ikadŭti;* celui qui était sur son dos s'appelait *Waka-ikadŭti;* celui qui était aux parties secrètes s'appelait *Kuro-ikadŭti;* celui qui était à la main s'appelait *Yama-ikadŭti;* celui qui était sur le pied s'appelait *No-ikadŭti;* celui qui était sur son nombril s'appelait *Sakŭ-ikadŭti*.

COMMENTAIRE.

殯斂之處 *Sono-wo-no tokoro* «le lieu où l'on apporte le corps d'un défunt». — *Sono-wo* désigne une colline funéraire (園陵), ordinairement plantée d'arbustes, où l'on avait l'habitude de déposer les morts avant de procéder aux cérémonies de leur inhumation[1].

Momo-no ki «le pêcher». — L'idée que le pêcher avait la vertu de chasser les démons et les influences néfastes paraît provenir de la Chine, où on la voit exprimée dès les temps les plus anciens, notamment dans l'*Histoire de l'empereur Hoang-ti*, le *Pen-tsao*, le *Chan-haï king*, etc.[2]

雷神 *Ikadŭti-no kami* «le dieu du Tonnerre». Ce dieu existe également dans la mythologie chinoise. On lit dans

1. Tani-gawa Si-sei, *Wa-kun sivori*, t. XIII, p. 20.
2. Cf. le *Wa-kan San-sai dŭ-ye*, t. LXXXVI, pp. 5-6.

le *Chan-haï-king* : «Dans le lac du Tonnerre se trouve le dieu du Tonnerre : il a un corps de dragon et une tête d'homme; joyeux[1], il habite dans l'ouest du pays de Ou[2]». Dans le livre qui nous est donné comme étant le *Chuh-i-ki*, de Jin-fang, on dit que «la voix de Pan-kou devint le Tonnerre[3]». «Le tonnerre, c'est la colère du Ciel»; c'est pourquoi le dieu japonais doit le jour à la fureur d'Iza-nagi.

Le dieu des grandes Montagnes est encore un dieu de la Foudre, ou du Feu qui sort du sommet des montagnes. On lui a élevé un temple dans la province de I-yô.

Le dieu de la Foudre, ou la haute divinité *(taka-o-gami)* du Feu des Régions Célestes. C'est le dieu Dragon. Il possède un temple dans la province de Bi-go.

Ama-no ya-so kavara. Tani-gawa Si-sei considère cette expression comme équivalente de *Ama-no yasŭ-kawa* qui s'est présentée plus haut; et, dans ce cas, il faut traduire «la rivière paisible (安 河) du Ciel». Mais si l'on interprétait les caractères chinois 八 十 employés pour écrire le mot *ya-so* d'après leur valeur idéographique, le sens serait : «les innombrables rivières du ciel».

1. 鼓 其 腹 litt. «en se tappant le ventre».

2. *Chan-haï-king*, section Haï-neï toung-king.

3. La donnée fabuleuse du *Chan-kaï-king* a été reproduite dans l'œuvre du célèbre *Lieou-ngan*, intitulée *Hoaï-nan tsze*. L'étang du Tonnerre, où se trouve le Dieu, est l'endroit où la mère de l'empereur Fouh-hi conçut ce prince en marchant sur les traces d'un grand homme; c'est également là que l'empereur Chun se livrait à la pêche. (Voy. sur ce dieu, *Pin-tsze-loui-pien*, t. XII, p. 68 et à l'article *loui-tseh;* le *San-hoang-pen-ki* joint aux Mémoires de Sse-ma Tsien, et le *Kiun-koueh-tchi* des Annales des Han postérieurs; *Youĕh-ling-kouang-i*, livr. II, p. 19, *loui-koung; King-tsieh tsouan-kou*, livr. X, p. 6.) Le dieu chinois du Tonnerre «grand tambour du Ciel et de la Terre», que les exégètes japonais s'efforcent de rapprocher de l'*Ikadŭti-no kami*, ne présente avec ce dernier que les plus vagues affinités.

ぬ 一書曰。伊弉諾尊追至伊弉冊尊所在處。便語

之曰。悲汝故來。荅曰。族也。勿看吾矣。伊弉諾尊不

從。猶看之。故伊弉冊尊恥恨之曰。汝已見我情。我

復見汝情。時伊弉諾尊亦慙焉。因將出返。于時不

直默歸。而盟之曰。族離。又曰。不負於族。乃所唾之

神。號曰速*玉*之男。次掃之神。號泉津事*解*之男。凡

二神矣。及其與妹相鬬於泉平坂也。伊弉諾尊曰。

始爲族悲及思哀者。是吾之怯矣。時*泉守道者白

云。有言矣曰。吾與汝已生國矣。奈何更求生乎。吾

*玉 **解

*黃泉

則當留此國。不可共去。是時菊理媛神
亦有白事。伊弉諾尊聞而善之。乃散去
矣。但親見泉國。此既不祥。故欲濯除其
穢惡。乃往見粟門及速吸名門。然此二
門潮既太急。故還向於橘之小門。而拂
濯也。于時入水吹生磐土命。出水吹生
大直日神。又入吹生底土命。出吹生大
綾津日神。又入吹生赤土命。出吹生大
地海原之諸神矣。

j. — On lit dans un livre :

Le divin Iza-nagi se rendit à l'endroit où était la divine Iza-nami. Il lui parla alors en ces termes : « Je suis venu parce que j'étais triste de toi. »

Elle lui répondit : « O mon allié, ne me regardez pas ».

Le divin Iza-nagi ne se conforma pas [à sa prière], et continua à la regarder.

La divine Iza-nami, honteuse et mécontente, lui dit : «Tu as déjà vu mon cœur; je vais voir maintenant le tien».

Le divin Iza-nagi fut honteux à son tour. Il voulut donc se retirer, mais il ne put retenir l'expression de sa pensée. Il revint et jura en ces mots : «Nous divorcerons!»

Il dit, en outre : «Je ne serai pas vaincu par toi». Il cracha alors [et donna naissance à] un dieu qui se nomma *Haya-tama-no o;* puis il fit le mouvement de repousser [ce qu'il avait devant lui, et il en résulta] un dieu nommé *Yomo-tŭ koto saka-no o;* ensemble deux dieux.

Pendant qu'il se disputait ainsi avec Iza-nami sur la pente unie de l'enfer[1], le divin Iza-nagi dit : «Tout d'abord j'étais triste pour mon épouse; si j'ai éprouvé ce sentiment, c'est par faiblesse.»

1. La pente unie du *Yomo-tŭ kuni* est, aux yeux de quelques exégètes japonais, une appellation du lieu où mourut la divine *Iza-nami.* Ce lieu répondrait à 伊賦夜坂 *I-fuya-zaka,* dans le pays de *Idŭ-mo**. Suivant M. Kira Yosi-kazé, *Iza-nagi,* qu'il appelle «Empereur» et *Iza-nami* «Impératrice», auraient fait ensemble leurs ablutions à *O-do,* la Petite Embouchure du *Tatibana,* dans le pays de *Hiu-ga* (天皇皇后共ニ日向ノ立鼻ノ小戸ニ禊ス *Ten-'au Kwau-gu tomo-ni Hiu-ga-no Tatibana-no o-do-ni misogi-sŭ***.

* Moto-ori Nori-naga, *Kami-yo-no masa-koto,* t. I, p. 18; Kira Yosi-kazé, *Uye-tŭ fumi,* t. I, p. 3.

** *Uye-tŭ fumi,* t. I, p. 2.

Alors la gardienne de l'Enfer (Iza-nami) lui adressa ces paroles : « J'ai donné avec toi le jour à des pays; pourquoi chercherais-je à vivre encore? Je dois maintenant demeurer dans ce royaume [infernal]; nous ne pouvons pas partir ensemble. »

A ce moment, la déesse *Kukuri-bime* intervint par ses conseils.

Le divin Iza-nagi, après l'avoir écouté, l'approuva; puis ils se séparèrent.

Comme il avait vu l'enfer, ce qui est d'un mauvais augure, il désira se laver de l'impureté. Alors il aperçut l'embouchure *Ava-no mi-to* et l'embouchure *Haya-sû-na-do*. A ces deux embouchures, la marée était très rapide; il alla donc à la Petite Embouchure du *Tatibana* et s'y lava.

Quand il entra dans l'eau, de son souffle il donna naissance au divin *Iva-dŭti*. Quand il sortit de l'eau, de son souffle il donna naissance au dieu *Oho-nawo-hi*.

D'autres disent que quand il entra dans l'eau, de son souffle il donna naissance au divin *Soko-dŭti*, et que lorsqu'il sortit de l'eau, de son souffle il donna naissance au dieu *Oho-ayatŭ-hi*.

D'autres disent que quand il entra dans l'eau, de son souffle il donna naissance au divin *Aka-dŭti*, et que lorsqu'il sortit de l'eau, il donna naissance à tous les dieux de la terre et des mers.

［ろ］一書曰。伊弉諾尊勅任三子曰。天照太神者可
以御高天之原也。月夜見尊者可以配日而知天
事也。素戔嗚尊者可以御滄海之原也。既而天照
大神在於天上曰。聞葦原中國有保食神。宜爾月
夜見尊就候之。月夜見尊受勅而降。已到于保食
神許。保食神乃廻首嚮國。則自口出飯。又嚮海則
鰭廣鰭狹。亦自口出。又嚮山則毛麁毛柔。亦自口
出。夫品物悉備。貯之百机。而饗之。是時月夜見尊
忿然作色曰。穢矣。鄙矣。寧可以口吐之物。敢養我

乎。迺拔劍擊殺。然後復命。具言其事。時天照大神
怒甚之曰。汝是惡神。不須相見。乃與月夜見尊。一
日一夜隔離而住。是後天照大神復遣天熊人。往
看之。是時保食神實已死矣。唯有其神之頂化爲
牛馬。顱上生粟。眉上生蠒。眼中生稗。腹中生稻。陰
生＊麥＊及大豆小豆。天熊人悉取持去而奉進之。于
時天照大神喜之曰。是物者則顯見蒼生可食而
活之也。乃以粟稗麥豆。爲陸田種子。以稻爲水田
種子。又因定天邑君。即以其稻種。始殖于天狹田

＊麥

及長田。其秋垂穎八握莫莫然。甚快也。又口裏含蠒。便得抽絲。自此始有養蠶之道焉。

k. — On lit dans un livre :

Le divin Iza-nagi fit connaître à ses trois enfants ses volontés en ces termes : « La grande Déesse *Ama-terasŭ oho-kami* gouvernera le Ciel; le divin *Tŭki-yo-mi*, associé au Soleil, gouvernera les affaires célestes; le divin Sosa-no-o gouvernera les Mers ».

Cela fait, la grande Déesse Ama-terasŭ oho-kami, se tenant au haut du Ciel, dit : « J'ai appris que dans le pays central d'*Asi-vara*, il y avait le dieu *Uke-moti*. Il faut que toi, le divin *Tŭki-yo-mi*, tu ailles le voir ».

Le divin *Tŭki-yo-mi*, ayant reçu les instructions [de sa sœur] descendit [sur la terre], et se rendit auprès du dieu Uké-moti. Le dieu Uké-moti tourna la tête vers le pays, et de sa bouche sortit du riz cuit. Il se tourna vers la mer, et de sa bouche sortirent des poissons à grandes et petites nageoires. Puis il se tourna vers les montagnes, et de sa bouche sortirent des animaux au poil raide et au poil doux. Il prit tout cela, les mit sur cent petits escabots et les offrit [à la divinité].

Le divin *Tŭki-yo-mi*, le visage échauffé par la colère, lui dit : «Quelle saleté! quelle misère! Comment ose-t-on me nourrir avec des objets vomis?» Puis il tira son épée et le tua. Ensuite il alla rendre compte [à sa sœur] de ce qu'il avait fait.

La grande déesse Ama-terasŭ oho-kami, pénétrée de colère, lui dit : «Tu es une méchante divinité, nous ne nous reverrons plus». Et, dès lors, elles vécurent toutes deux séparées, l'une [régnant] le jour, l'autre la nuit.

Plus tard la grande déesse Ama-terasŭ oho-kami envoya de nouveau *Ame-kuma-hito* pour aller voir [sur terre ce qui était arrivé]. A ce moment, en effet, le dieu Uké-moti était mort. Néanmoins sur son occiput il s'était produit le bœuf et le cheval; sur son front avait pris naissance le millet; sur ses sourcils avait pris naissance le ver-à-soie; au milieu de ses yeux avait pris naissance le panicum; sur son ventre avait pris naissance le riz; sur son nombril avait pris naissance l'orge et les grands et petits dolichos. Amé-kuma-hito prit [ces produits] et alla les offrir [à la Grande-Déesse].

En ce temps là, la grande déesse *Ama-terasŭ oho-kami*, dans sa joie, lui dit : «Toutes ces choses serviront à la nourriture de la population actuelle (du monde).» Puis elle ensemença de millet, de panicum, d'orge, et de dolichos les champs secs; et elle ensemença de riz les champs humides. Puis elle établit des seigneurs dans les villages célestes. Les plantations de riz commencèrent dans les petits champs célestes, puis dans les grands champs célestes. En automne, les épis, courbés par leur énorme poids, donnèrent des résultats très satisfaisants. On dit aussi que ce dieu renfermait dans sa bouche les vers-à-soie, dont on parvint à tirer les fils. C'est de cette époque que date l'origine de la sériculture.

Commentaire.

知, vulg. «connaître», signifie ici «gouverner» (主)[1].

Awo-unabara «l'océan azuré». On veut parler ici de la Terre, environnée par les mers des quatre points cardinaux (四海).

Asi-vara-no naka-tŭ kuni. Par ces mots, on désigne les provinces occidentales du Japon. Comme il s'agit de l'endroit où fut établie la résidence des petits-fils du Ciel *(ten-sun)*, on se sert de l'expression «pays central». La mention dans ce nom de la plante *asi* fait allusion à la métamorphose qui produisit le premier dieu du panthéon japonais[2].

保食神 *Uke-moti-no kami*, c'est-à-dire «la divinité protectrice de la Nourriture» (保護食物)[3].

Tŭki-yo-mi, dieu de la Lune, tira son épée et tua *Uke-moti-no kami*, dieu de la Nourriture. Le *Ko-zi ki* donne un récit

1. Voy. *Kang-hi tsze-tien*, au signe 知.
2. *Syo-ki tû-syau*, t. III, p. 48; voy. également, dans ce volume, plus haut, p. 4.
3. *Syo-ki tû-syau*, t. III, p. 48.

différent de la mort de ce dieu, qu'il attribue au divin Sosa-no o : «Ensuite le divin Susa-no o demanda des aliments à 大氣津比賣神 *Oho-ge-tŭ hime-no kami* «déesse de la Nourriture». Celle-ci tira toutes sortes d'aliments savoureux de son nez, de sa bouche et de son derrière et les offrit, dans différents genres de plats, au divin Susa-no o. Celui-ci, qui avait observé la manière d'agir de la déesse, pensa qu'elle lui avait présenté des ordures et la mit à mort»[1].

寧 *musi-ro* a le sens de 若 *mosi*, employé ici pour «comment?»; *ro* est une explétive.

Ame-kuma-hito, ou suivant une autre version 天雲人 *Ama-kumo-hito* «la personne des nuages du Ciel», nom d'un messager céleste.

天邑君 *Ama-no mura-kimi* «les seigneurs des villages célestes». On entend, par là, les chefs des paysans (農人之長)[2].

莫莫 est une expression onomatopique empruntée à l'ancienne langue chinoise[3] «où elle désigne une végétation florissante, touffue, exubérante (茂密)»; quelque chose qui est arrivé à l'état parfait (成就). — Le mot *sinái*, par lequel on donne la lecture de ces deux signes, se rencontre dans le *Man-yô siû* avec le même sens[4]. Il signifie également «satisfaisant, en bon état, en paix».

Sigé-towo a dit : «*Ama-terasŭ oho-kami*, la Grande Déesse

1. *Ko-zi ki*, édition de Moto-ori, t. IX, p. 7; *Syo-ki siû-kai*, t. I, p. 27; B. Hall Chamberlain, dans les *Transactions of the Asiatic Society of Japan*, t. X, suppl., p. 59.

2. *Ni-hon Syo-ki tû-syau*, t. III, p. 51.

3. On la rencontre notamment dans le *Chi-king*, sect. *Tcheou-nan*, ode 2.

4. *Ni-hon Syo-ki tû-syau*, t. III, p. 52; *Syo-ki siû-kai*, t. I, p. 28; *Wa-kun siwori*, t. XI, p. 18.

Solaire, a commencé à enseigner l'agriculture et le tissage; elle a institué des chefs de villages et établi les principes suivant lesquels on doit gouverner l'empire et assurer la paix au peuple».

六 於是素戔鳴尊請曰。吾今奉
教將就根國。故欲暫向高天原。
與姉相見而後永退矣。勅許之。
乃昇詣之於天也。是後伊弉諾
尊神功既畢。靈運當遷。是以構
幽宮於淡路之州。寂然長隱者
矣。亦曰。伊弉諾尊功既至矣。德
亦大矣。於是登天報命。仍留
宅於日之少宮矣。

CHAPITRE SIXIÈME.

6. — 1. En ce temps là, le divin *Sosa-no o* s'exprima ainsi: «J'ai reçu l'ordre de me rendre dans le royaume infernal. Je désire me transporter un instant sur la voûte

du Ciel élevé, pour avoir une entrevue avec ma sœur aînée, et ensuite je me séparerai d'elle pour l'éternité». On le lui accorda. Il monta donc et se présenta au Ciel.

2. Plus tard, Iza-nagi, ayant achevé ses œuvres divines, sa merveilleuse destinée fut accomplie.

3. Il construisit, en conséquence, le Palais du Repos, dans l'île de *Ava-di*, et, dans le calme, y vécut longtemps, retiré du monde.

4. On dit aussi : le divin Iza-nagi acheva son œuvre, dont la portée fut immense. Il monta [ensuite] au Ciel et fit son rapport [à l'*Ame-no kami*, le Dieu Suprême].

5. Puis il se fixa dans le palais de *Hi-no waka*.

Glose.

[第六章] 或曰。上文日本書紀第六章之首也。余以爲不然。是神代第一卷末。即書紀第六章之全記也。果然則第一卷備記開闢以來至伊弉諾尊之事。而第二卷實記天照大神之時也○伊弉諾尊之功者。國土成定諸神出現萬物具建是也○幽宮者。幽隱不

顯之宮也。兼艮曰。幽宮指混沌之宮。混沌之宮者。心也。神明之舍也。又無爲之深潭而已。

Chapitre VI. — Commentaire.

Avec ce chapitre, se termine l'histoire des œuvres du divin *Iza-nagi*, créateur des divinités secondaires du panthéon japonais, des îles de l'archipel de l'extrême Orient et de tous les êtres de la nature. Les savants indigènes, se conformant sans doute à quelque ancienne copie du *Ni-hon gi*[1], ont réuni le passage ci-dessus à l'histoire de la Grande Déesse Solaire qui vient immédiatement après. Cette division du texte m'a paru défectueuse, et j'espère que ma manière de voir sera partagée, après la lecture des récits que je vais reproduire tout à l'heure. En tout cas, les coupures opérées dans les différentes éditions du *Syo-ki* n'étant point numérotées, le système que j'ai adopté ne retirera aucune facilité pour les recherches dans les

1. Je n'ai pu trouver nulle part des indications suffisantes pour m'éclairer sur la manière suivant laquelle était disposé le texte le plus ancien qu'on connaisse au Japon du *Ni-hon Syo-ki*. L'édition princeps de ce livre est, à ce qu'il paraît, d'une rareté excessive et ne se rencontre pas même à la Bibliothèque Impériale de Tô-kyau. On ne cite jusqu'à présent qu'une copie manuscrite de cette édition princeps, laquelle est précieusement conservée dans la collection d'un des principaux bibliophiles de cette capitale (Voy., à ce sujet, la lettre de M. B. Hall Chamberlain, dans les *Mémoires de la Société des études japonaises*, t. III, p. 283), et je n'ai pu savoir encore si cette copie renferme quelques indications sur les manuscrits qui ont servi aux premiers éditeurs de l'ouvrage. J'espère être à même de fournir des éclaircissements à cet égard dans la suite de ce volume.

ouvrages publiés au Japon[1]. Les citations seront, en revanche, simplifiées, lorsqu'on jugera à propos de les rapporter à la présente recension.

吾, lu *are*, dans l'édition *Bi-kau*, est rendu par *yatŭkare* (*yatŭ-ko* «esclave, moi votre esclave», terme d'humilité), dans le *Siû-kai* et dans le *Tû-syau*.

姉 ou 姊 *tsze* «sœur aînée», est lu, par la plupart des éditeurs du *Yamato-bumi*, ナネ *nane* (*nane-no mikoto*). Ce mot *nane* appartient à la langue antique, et se retrouve dans le *Man-yô siû* sous la forme 名ナ 兄ネ *na-ne*; il correspond à アネ *ane* de la langue moderne. Je crois que c'est à tort que, dans l'édition de Oho-zeki Masu-nari, on a transcrit sous cette dernière forme le signe chinois 姉. (Voy. Tani-gawa Si-sei, *Ni-hon Syo-ki tû-syau*, t. IV, p. 1, et dans le *Wa-kun sivori* du même auteur, t. XIX, p. 13.)

神功 *kamŭ-goto* «les œuvres divines» d'Iza-nagi, c'est-à-dire «la création des pays, des dieux et de tous les êtres».

靈運 *atŭsire* «merveilleuse destinée». — On lit dans le *Tsin-chou* «Annales de la dynastie chinoise des Tsin», de Fang-kiao, au règne de l'empereur *Wou-ti* : «Conformément à sa destinée merveilleuse 膺靈運, il mourut à Tao-tang»[2]. — Dans le *Sin-dai ki*, le mot *atŭsire* répond à «un destin qui s'accomplit». — Dans le *Ken-sô ki*, il signifie «faiblesse», avec l'acception de «folie chaude»; on

1. La coupure que j'ai opérée dans le texte du chapitre VI du *Ni-hon Syo-ki* a été faite également par l'auteur d'une compilation japonaise intitulée *Kami-yo-no maki-no asi-kabi*, traduite par M. le Dr. Aug. Pfizmaier et publiée dans les *Sitzungsberichte der Academie der Wissenschaften* de Vienne, 1864, p. 392.

2. *Syo-ki siû-kai*, t. I, p. 28.

lui donne également le sens de «maladie». — Dans le *Genzi mono-gatari*, ce même mot figure sous la forme *atŭsiku* «chaud»[1].

가 구 러 노 미 야 *kakure-no miya* «le palais obscur et retiré» (幽), ou «le palais du repos (éternel)» (カクレル). Suivant Kané-yosi, on désigne par là «le palais du chaos»[2].

Ava-di-no kuni «le pays d'Avadi». — Les exégètes japonais font observer qu'Iza-nagi commença son œuvre créatrice dans l'île de *Ava-di*, et que c'est dans cette même île qu'il vint reposer, après l'avoir terminée. Il existe un temple de ce dieu dans le village de *Ta-ga*, au pays d'Avadi[3]. — Suivant une tradition, le village de 多賀 *Ta-ga*, serait situé dans le pays de 淡海 *Au-mi*[4]. On cite également une grotte où la croyance populaire veut voir la dernière demeure du divin Iza-nagi[5].

Une autre tradition, citée dans le passage du *Syo-ki* qui nous occupe en ce moment, rapporte qu'Iza-nagi, après avoir rempli sur terre la mission que lui avait confiée le Dieu Suprême (l'*Ame-no kami* ou *Naka-nusi*), monta au Ciel pour en rendre compte à ce dieu[6]. Il se fixa ensuite dans le palais *Hi-no waka*.

1. Tani-gawa Si-sei, *Wa-kun sivori*, t. II, p. 26.

2. «Un palais invisible». *Ni-hon Syo-ki tû-syau*, t. IV, p. 2.

3. *Ni-hon Syo-ki tû-syau*, t. IV, p. 3; *Syo-ki siñ-kai*, t. I, p. 28.

4. Moto-ori Nori-naga, *Kami-yo-no masa-koto*, t. I, p. 24; Nobu-yosi, *Gau-tô Ku-zi ki*, t. I, p. 13.

5. Cette grotte est mentionnée par M. Kira Yosi-kazé, dans son *Uye-tŭ fumi*, t. I, p. 3.

6. Ce passage démontre encore une fois de plus qu'au dessus des innombrables divinités du Panthéon Japonais, divinités sur lesquelles l'imagination populaire s'est plu à greffer des légendes plus ou moins bizarres, plus ou moins respectueuses pour les *Kami* qui en sont l'objet, il existait dans la religion sintauïste UN DIEU SUPRÊME *considéré comme absolument*

Voici d'ailleurs comment s'exprime Moto-ori Nori-naga dans son *Kami-yo-no masa-koto*[1] au sujet de la fin du divin Iza-nagi :

かくて伊邪那岐大御神は。天にのぼりまして。かへりてまをしたまひて。やがて天なるひのわかみやにとゞまりましゝます。又はあふみのたがにましゝますともあはぢしまにかくりましゝますともあり

Kakute Iza-nagi oho mi kami va, ame-ni nobori-masite, kaherite mawosi tamaite, yagate ame naru Hi-no waka miya-ni todomari masi-masŭ. Mata va Áu-mi-no Ta-ga-ni masi-masŭ to mo, Ava-di sima-ni kakuri-masŭ to mo ari.

« Ensuite la grande divinité Iza-nagi monta au Ciel pour rendre compte de sa mission (au Dieu Suprême); et alors elle se fixa au Ciel dans le palais *Hi-no waka-miya*. On dit également qu'Iza-nagi s'établit à *Ta-ga*, dans le pays de *Áu-mi*, et qu'il vécut retiré (caché) dans l'île de *Ava-di*. »

Les exégètes japonais s'attachent à rechercher où pouvait être situé le *Hi-no waka-miya*. Les efforts d'érudition qu'ils font, dans ce but, me paraissent du plus médiocre intérêt, et je crois qu'il ne faut voir avec M. Kava-mura Hidé-né, dans cette dénomination, rien autre chose qu'une épithète désignant le séjour du Soleil, c'est-à-dire le Firmament.

distinct des autres dieux et infiniment supérieur à eux tous. Le sintauïsme est donc au fond une religion monothéïste; et si, jusqu'à présent, on a généralement cru le contraire, c'est qu'au lieu de recourir aux sources anciennes et originales, on s'est contenté de recueillir des récits dénaturés au sujet de la théogonie des îles de l'extrême Orient.

1. T. I, p. 24.

Sidŭka-ni nagaku kakure-masiki signifie littéralement «d'une-façon-douce longtemps il fut caché». Le mot 隱 (jap. カクレル *kakureru*, qui répond à l'idée de «caché» et veut dire aussi «s'éteindre, mourir») est le même dont on a fait usage pour les grands dieux de la triade primordiale dans le *Ko-zi ki*, mais avec la lecture カクス *kakusŭ* «vivre retiré, caché»[1]. — Je ne crois pas qu'on doive entendre, dans le passage qui nous occupe, que le divin Iza-nagi mourut; car, dans ce cas, le mot *nagaku* «longtemps» s'expliquerait difficilement.

登天報命. Tani-gawa Si-sei veut trouver, dans ces mots, une locution métaphorique. Iza-nagi, né de la Raison Céleste, serait retourné, après l'accomplissement de ses œuvres, à la Raison Céleste d'où il était sorti. L'homme est né en vertu d'un mandat du Ciel (天命), d'où il résulte qu'il doit employer toute son existence pour aboutir à l'accomplissement de ce mandat du Ciel. C'est là ce qu'il faut entendre par 報命. — En résumé, la pensée qui paraît prédominer chez certains exégètes japonais, c'est qu'Iza-nagi répond bien plus à une puissance cosmogonique qu'à une individualité quelconque, et que ce serait à tort qu'on voudrait lui attribuer une fin mortelle comme au commun des êtres de la création.

1. Voy. plus haut, p. 22.

日本書紀

ヤマトブミ

SECONDE PARTIE.

LE RÈGNE DU SOLEIL.

七　始素戔鳴尊昇天之時。溟渤以之鼓盪。山岳爲之鳴咆。此則神性雄健。使之然也。天照大神素知其神暴惡。至聞來詣之狀。乃勃然而敬曰。吾弟之來。豈以善意乎。謂當有奪國之志歟。夫父母既任諸子。各有其境。如何棄置當就之國。而敢窺窬此處乎。乃結髪爲髻。縛裳爲袴。便以八坂瓊之五百箇御統。纏其髻鬘及腕。又背負千箭之靫。與五百箭之靫。臂著稜威之高鞆。
振起弓彇。急握劍柄。蹈堅庭。而陷股。若沫雪。以蹴
散。奮稜威之雄誥。發稜威之嘖讓。而徑詰問焉。素
戔嗚尊對曰。吾元無黑心。但父母已有嚴勅。將求
就乎根國。如不與姉相見。吾何能敢去。是以跋渉
雲霧。自遠來參。不意阿姉。翻起嚴顏。于時天照大
神復問曰。若然者。將何以明爾之赤心也。對曰。請
與姉共誓。夫誓約之中。必當生子。如吾所生。是女
者。則可以爲有濁心。若是男者。則可以爲有清心。

於是天照大神乃索取素戔嗚尊十握劍。打折爲
三段。濯於天眞名井。齚然咀嚼而吹棄氣噴之狹
霧。所生神。號曰田心姬。次湍津姬。次市杵嶋姬。凡
三女矣。旣而素戔嗚尊乞取天照大神髻鬘及腕。
所纏八坂瓊之五百箇御統。濯於天眞名井。齚然
咀嚼而吹棄氣噴之狹霧。所生神。號曰正哉吾勝
勝速日天忍穗耳尊。次天穗日命。是出雲臣。土師
連等祖也。次天津彥根命。是凡川內直。山代直等
祖也。次活津彥根命。次熊野櫲樟日命。凡五男矣。

是時天照大神勅曰。原其
物根。則八坂瓊之五百箇
御統者。是吾物也。故彼五
男神悉是吾兒。乃取而子
養焉。又勅曰。其十握劍者。
是素戔嗚尊物也。故此三
女神。悉是爾兒。便授之
素戔嗚尊。此則筑紫胸肩
君等所祭神是也

LA BIBLE DES JAPONAIS.

SECONDE PARTIE. — RÈGNE DU SOLEIL.

CHAPITRE SEPTIÈME.

1. Tout d'abord, quand le divin Sosa-no-o monta au ciel, la mer fut horriblement agitée. Les montagnes et les collines poussèrent des hurlements. Cela venait de ce que le tempérament de ce dieu était impétueux.

2. La Grande-Déesse Ama-terasŭ, qui connaissait depuis longtemps le caractère bouillant et la méchanceté de ce dieu, lorsqu'elle apprit la pensée qu'il avait conçue de venir la voir, fut tout-à-coup effrayée.

3. Elle se dit : «Serait-il possible que l'arrivée de mon frère soit le fait d'une bonne intention? Ne vient-il pas dans le dessein d'usurper mon empire? Mon père et ma mère nous ont confié des fonctions et ont fixé des limites au domaine de chacun de ses enfants? Comment est-il possible qu'il veuille abandonner son royaume et qu'il regarde cet endroit-ci avec un œil d'envie?»

4. Aussitôt elle noua ses cheveux qu'elle réunit en touffe sur le sommet de la tête, et retroussa son vêtement en forme de pantalon. Puis elle prit l'auguste ruban de huit pieds [orné] de cinq cents magatama et s'en entoura la coiffure et les bras.

5. Elle se mit sur le dos un carquois avec mille flèches et un autre carquois avec cinq cents flèches.

6. Elle s'attacha une haute brassière imposante au coude, brandit son arc, saisit son glaive et frappa fortement le sol du pied, faisant sauter la glèbe comme des flocons de neige.

7. Dans une attitude qui exprimait une énergie menaçante, elle apostropha tout-à-coup son frère.

8. Le divin Sosa-no-o lui répondit : «Je n'ai jamais eu un cœur noir. Mon père et ma mère m'ont donné l'ordre sévère d'aller pour l'éternité habiter l'Enfer. Comment aurais-je pu me rendre à ma destination sans avoir demandé une entrevue à ma sœur aînée.

9. «J'ai franchi les nuages et les brouillards; j'ai accompli un long voyage. Je ne pensais pas que cela put causer de l'irritation à ma sœur aînée.»

10. A ce moment, la Grande-Déesse Ama-terasŭ l'interrogea de nouveau et lui dit : «S'il en est ainsi, comment me prouveras-tu ta sincérité.»

11. Il répondit en ces termes : «Je prie ma sœur de vouloir bien faire un serment avec moi, en suite duquel nous donnerons le jour à des enfants. Si ceux que j'engendre sont des filles, elle pourra dire alors que mon cœur est pervers; si ce sont des garçons, elle reconnaîtra que mon cœur est pur.»

12. Sur ce, la Grande-Déesse Ama-terasŭ demanda et saisit le sabre à la poignée décuple du divin Sosa-no-o, et le brisa en trois morceaux qu'elle lava dans le puits *Ama-no mana-ï*.

13. Puis elle broya ces morceaux entre ses dents et, les rejetant de son souffle en léger brouillard, elle donna naissance à trois déesses nommées *Ta-kori-hime*, *Taki-tŭ-hime* et *Iti-ki-sima-bime;* en tout trois filles.

14. Aussitôt le divin Sosa-no-o demanda et saisit le ruban aux cinq cents magatama de *Ya-saka* que la Grande-Déesse portait à sa coiffure et à ses bras, et le lava dans le puits *Ama-no mana-ï*.

15. Puis il le broya entre ses dents, et le rejetant de son souffle en léger brouillard, il donna naissance aux dieux appelés le divin *Masa-ya-a-gatŭ katŭ-no haya-hi Ama-no osi-mimi;* puis au divin *Ama-no ho-hi*, puis au divin *Ama-tŭ hiko-ne*, puis au divin *Iku-tŭ hiko-ne*, puis au divin *Kuma-no-no kusŭ-bi;* en tout cinq garçons.

16. Alors la Grande-Déesse Ama-terasŭ rendit cette sentence : «Si l'on recherche l'origine de ces garçons, comme ils sont le produit de mon ruban aux cinq cents magatama, ils sont ma propriété. En conséquence, ces dieux mâles sont mes enfants; je les prends et les éléverai.»

17. Elle rendit encore cette sentence : «Ce sabre à la décuple poignée appartient au divin Sosa-no-o; les trois déesses [qui en proviennent] sont, au même titre, ses enfants.» Puis elle les donna au divin Sosa-no-o.

18. Ces trois déesses sont des divinités adorées par les maîtres des cérémonies dites de *Muna-kata*, dans le pays de Tŭku-si.

GLOSE.

第七章 始者。素戔嗚尊上天之時也○溟渤大海也○鼓盪。鼓波聲。盪波動貌○渤然。激然同○髻鬘。髮之總稱○弓彇。有緣者謂之弓。無緣者謂之彇。弓彇曰弓○蹴散者以足驅人也○根國者。一曰左傳所謂黃泉也。一曰。北方之地也。當時之配所也。三才圖會云。日本有地獄。皆高山嶺常燒温泉不絶。然皆所考死人之至處也。又云與毛津久爾。或曰。夜見之國也。或曰月弓神之國也。或曰天竺夜磨之國也。日本地獄即黃泉之語非自天竺之夜磨來乎。果然神代記中有借印度之意者乎○跋涉。草行曰跋。水行日渉。又跋者山行之謂也○嚴顏。和而怡懌○誓約。共相約束以爲信也○眞名井。集解曰。按謂眞名者美稱○氣噴。噴者吒也○田心姫。田浮也。心凝也。田心者宿女之子宮也。○湍津姫。湍瀧也。津助語也。則女受精液也○市杵嶋姫。市杵麗美也○正哉者眞實也。吾勝者勝利也○勝速日者大陽速得勝也。忍穗者。萌穗也。耳聽也。此名之意未詳○天穗日命天穗日者植種天日之神也○天彦根命。天孫之元祖也○活津彦根者。以本心生活之意也○熊野櫲樟日命。熊野者在出雲國也。櫲樟者堅固之意也。謂堅固從日之神也○胸肩者神祇官之姓也

Chapitre VII. — Commentaire.

La *Grande-Déesse Solaire,* désignée sous le nom de 天照大神 *Ama-terasŭ oho-kami* «la grande déesse qui brille au ciel», et plus communément sous le nom chinois de *Ten-syau dai-zin,* occupe, depuis longtemps, la première place dans le panthéon japonais, où elle a supplanté le Dieu Suprême *(Ame-no kami* ou *Naka-nusi)* et les autres divinités de la période primordiale ou cosmogonique. Des exemples analogues se rencontrent d'ailleurs dans presque toutes les religions.

De nos jours, le culte de la Grande-Déesse Solaire est le véritable pivot du sintauïsme; et, si les dévots font parfois des prières aux autres *kami,* ces prières sont presque toujours subordonnées à celles qu'ils adressent à Ten-syau-dai-zin.

Le principal temple de cette déesse est situé à *Isé,* où les fidèles accomplissent de fréquents pèlerinages. D'autres temples, sur le modèle de celui d'Isé ont été construits à Kyau-to et dans toutes les villes importantes du Japon. Ces temples se reconnaissent immédiatement par la forme du portique appelé 鳥居 *tori-ï* qui est élevé à leur entrée. Après avoir passé ce portique, on arrive d'ordinaire à une salle disposée pour la prière et au fond de laquelle est placé un miroir métallique. Derrière cette salle est le sanctuaire du Ten-syau-dai-zin; il est recouvert de chaume. Les prêtres ou l'envoyé de l'empereur peuvent seuls y pénétrer[1].

Le mikado a l'habitude d'envoyer à Isé un *ku-ge* pour

1. Voy. sur les temples sintauïstes d'Isé et sur les *tori-ï,* M. E. M. Satow, dans les *Trans. of the As. Soc. of Japan,* t. II, p. 104.

y faire la prière. Jusqu'à la dernière révolution, l'empereur était réputé le souverain-pontife du sintauïsme. Mais comme il pratiquait en même temps la religion bouddhique, son caractère de pontife était à peu près exclusivement politique.

Ce fut l'empereur *U-da* qui revêtit pour la première fois, en 899, d'une façon formelle le caractère de souverain-pontife (法皇); mais ce n'était pas comme chef du sintauïsme. Il avait alors résigné le trône et était entré dans le monastère de *Nin-wa zi* comme prince bouddhiste.

Les jours de fête, des fonctionnaires de trois rangs, les *dai-geô-syau*, les *tiu-geô-syau* et les *seô-geô-syau* étaient chargés des cérémonies dans le temple de Ten-syau-dai-zin. Ces fonctions ont été abolies.

溟渤 *ohoki umi*. Ces deux caractères sont les noms de deux mers. Ils désignent «l'Océan»[1].

Araku-asiki-koto, c'est-à-dire le caractère impétueux et méchant du dieu Sosa-no-o. Dans les *Annales des Han*, section *Ou-hing-tchi*, on dit : «Quand on exécute des crimes, un dragon noir, impétueux et méchant (暴惡) sort d'un puits».

Sakari-ni «tout-à-coup, brusquement, spontanément». Le philosophe chinois Tchouang-tsze (section *Tien-ti*) a dit : «Tout-à-coup il a paru, spontanément il s'est agité, et tous les êtres en sont dérivés.»

Mi kusiwo agete mitŭra-ni nasi «ayant noué ses cheveux elle en fit une touffe (*motodori*)». — «Suivant la coutume de l'antiquité, les femmes laissaient pendre leurs cheveux, tandisque les hommes les attachaient (綰 *wagatameru*). C'est pourquoi l'on dit ici que la Grande-Déesse attacha

1. *Syo-ki siû-kai*, t. I, p. 28; *Ni-hon Syo-ki tû-syau*, t. IV, p. 4.

ses cheveux pendants, pour prendre la physionomie d'un homme.» Le vêtement inférieur s'appelle 裳 *mimo*. Le vêtement des jambes ou pantalon s'appelle 袴 *hakama:* les hommes et les femmes en font usage, mais le *mimo* est plus spécial aux femmes, et le *hakama* aux hommes[1].

Les maga-tama. — *Ya-saka ni-no i-wo-tŭ-no mi sŭmaru.* Au lieu de 八坂 le *Ko-zi ki* écrit 八尺 «huit pieds»; cela vient peut-être de ce que les deux signes sont susceptibles d'être lus de la même façon. — On dit aussi : « *Ya-saka* est le nom d'une localité qui produit du beau jade qu'on recueille pour en faire des colliers impériaux. Si l'on demande ce qu'il faut entendre ici par «collier», on répondra ce sont de beaux (morceaux de) jade que l'on perce et que l'on enfile pour en entourer le cou, en guise d'ornement de luxe. — Dans le *Fû-to ki,* Description du Yetĭ-go, on dit que *Ya-saka ni* est un nom de jade. Comme la couleur de ce jade est verte, on dit : *awo Ya-saka ni-no tama* «les gemmes vertes de Ya-saka». Un ancien docteur a dit : 瓊 *ni* désigne du «jade rouge». — Dans le *Kamĭ yo-no maki,* on dit *ya-saka ni-no maga-tama,* ou bien on écrit 八尺 *ya-saka* «huit pieds», en faisant allusion seulement à la «longueur» du collier. *Ya-saka* est employé avec le même sens et pour préparer l'esprit à l'idée de longueur dans le *Tô-yu-no uta*[2],

1. *Syo-ki siñ-kai,* t. I, p. 29.

2. 神が代の八坂の里のけふよりぞ君がちとせはかぞへはじむる

Kami-ga yo-no Ya-saka-*no sato-no keô-yori kimi-ga ti-tose va kazoye hazimuru* «Dans le village de *Ya-saka,* de l'époque des dieux, on va compter, à partir d'aujourd'hui mille années de vie à l'empereur». (Pièce sur Gi-won, du tout comme le mot *asi-biki* dans un distique célèbre du Recueil des Cent poètes *(Hyakŭ-nin is-syu)*. Il a, en outre, la valeur de ヤサカヘ *yasakahe*, c'est-à-dire «florissant de plus en plus». Aujourd'hui encore, on emploie, dans la langue vulgaire, le mot *yasakahe* pour souhaiter le bonheur: *watakŭsi-va o kagewo motte syo-bai ga iyasakahe-masŭ* «grâce à vous, mon commerce est de plus en plus florissant»[1].

Dans l'antiquité, les Japonais faisaient un usage fréquent de gemmes comme ornement de leur personne. Parmi ces gemmes, il en est qui paraissent avoir conservé longtemps, dans le pays, un caractère en quelque sorte sacré : ce sont les 勾玉 *maga-tama* ou «gemmes recourbées». On en rencontre en grand nombre dans les anciens tombeaux[2], ainsi que des perles allongées ou *kuda-tama*. Les plus communes sont en cornaline; celles de couleur bleue sont plus rares et très recherchées. Ces *maga-tama* sont souvent renfermés dans des vases de terre appelés *maga-tama tŭbo*. On n'est pas d'accord sur l'emploi qu'on faisait de ces objets durant les âges primitifs : les uns

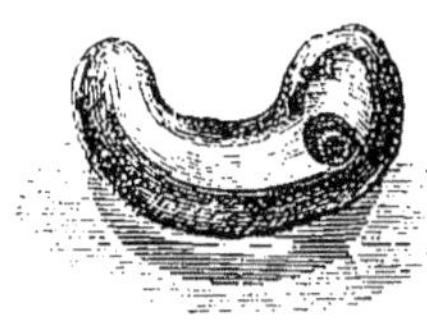

département de Ota-gi, province de Yama-siro.) — Le mot *ya-saka* est une expression «préparatoire» *(makura kotoba)* pour arriver à exprimer «la longueur» de la vie de l'empereur.

1. *Syaku Ni-hon ki*, t. V, p. 11; *Syo-ki siû-kai*, t. I, p. 29; *Ni-hon Syo-ki tû-syau*, t. IV, p. 5; *Wa-kun sivori*, t. XXXIV, p. 8.

2. Les objets que l'on rattache à l'âge de la pierre au Japon, et, dans la croyance populaire, à l'époque des *Kami* ou Génies, ont été, en grande partie, si non tous, recueillis dans les terrains néolitiques et à la surface du sol où des pluies torrentielles les avaient mis en évidence. Les pointes de flèches, pour la plupart en obsidienne, et divers autres ustensiles de pierre, souvent polis avec un soin remarquable, qu'on a rencontrés dans les anciennes grottes ou dolmens, s'y trouvaient réunis non-seulement à des bijoux en pierres précieuses *(maga-tama)*, mais encore à des anneaux

veulent qu'ils aient été empruntés aux Aïnos autochtones et aient servi simplement de parure; d'autres prétendent qu'on les fabriquait en guise de monnaie[1].

Le *Wa-kun sivori* nous fournit à ce sujet une notice dont voici la traduction :

«Dans le 夫木集 *Fu-bokŭsiû*, on dit まがりのたま *magari-no tama* pour *Ya-saka-ni-no maga-tama*. Il s'agit des objets qu'on appelle communément 曲玉 *maga-tama*. Il existe toutes espèces de qualités de ces sortes de gemmes, c'est-à-dire des grandes et des petites. Les grandes ont à peu près la dimension du bras d'un petit enfant. Au pied de

d'or *(kin-kwan)*, et même à des objets de fer. Les fouilles, opérées à diverses époques, dans les anciens tombeaux* ont mis au jour un grand nombre de ces antiquités.

1. Voy., sur les *maga-tama* et autres pierres ornementales de l'antiquité japonaise, les *Mémoires du Congrès international des Orientalistes*, première session, Paris, 1873, t. I, p. 69 et suiv., et Siebold, *Archiv zur Beschreibung von Japan*, part. III.

* «Dans les villages de *Sen-dŭka* et de *Hat-tori-kava*, et sur l'emplacement du temple de *Hau-zau*, ces tombeaux sont nombreux. Ce sont de grandes pierres qui forment des monuments composés de deux pierres verticales et d'une pierre qui les recouvre *(dolmen)*. L'ouverture, semblable à une porte, varie entre 5, 6 et jusqu'à 10 pieds; la profondeur est de 6 à 7 toises; la superficie de l'intérieur fournit des carrés variant de 10 à 20 pieds; la hauteur est, à peu près, de 10 pieds. Il y a (parmi ces dolmens) des petits, des moyens et des grands. Sur l'emplacement du temple de *Hau-zau*, on peut en voir près de 60 à 70. En outre, dans l'intérieur de la montagne, il y en a une quantité; c'est ce qui a fait nommer cet endroit *Sen-dŭka* «les Mille-Tombeaux». Partout, ils sont exposés au midi. On a tiré, de l'intérieur de ces grottes, diverses sortes de poteries, d'anneaux d'or *(kin-kwan)*, d'aiguilles de fer *(tetŭ-hari)*, et des pierres travaillées *(ren-seki)*.

«La tradition locale rapporte que, dans la haute antiquité, il parut des insectes dits *tŭtŭ-ga musi*, qui troublèrent la population. Les habitants se réfugièrent dans ces grottes pour échapper à leurs attaques. — Suivant une autre tradition, on dit que, dans la saison de la sécheresse, il tombait une pluie de feu, de sorte qu'on construisit ces cavernes pour s'en faire une habitation de refuge.» (Extrait du *Kawati mei-syo dŭ-ye* «Description illustrée de la province de Kawati», livr. v, p. 10). Le même ouvrage nous fournit un curieux dessin représentant des ouvriers en train de faire des fouilles et découvrant d'antiques poteries, des maga-tama, des kuda-tama, etc. J'ai reproduit ce dessin dans le compte-rendu du *Congrès international des Orientalistes*, 1ère session, 1873, t. I, pl. 1 et 2. On y lit cette légende : «A l'endroit appelé *Sen-dŭka* «les Mille-Tombeaux», aux environs de *Koori-gawa*, village situé sur la montagne, dans le département de *Taka-yama*, il y a un grand nombre de grottes de la haute antiquité. On en a extrait des poteries qui sont des produits de l'âge des Dieux et ont été probablement fabriqués par *Saru-ta hiko-no mikoto* (personnage de l'époque héroïque)». (Voy. également le *Kawati mei-syo dŭ-ye*, livr. III, pp. 18-19.)

la montagne *Ko-ya,* dans la province de *Ki-i,* il y a un dieu qu'on appelle 曲玉大明神 *Maga-tama dai myau-zin* «le Grand Dieu des Maga-tama». Dans la province de *Toô-toô-mi,* département de *Fu-ti,* il y a un dieu nommé 飛神大明神 *Hi-zin dai myau-zin* «le Grand Dieu, dieu volant», dont le trésor divin renferme plusieurs centaines de maga-tama. On compte leur nombre, tous les ans, le 3e jour du premier mois. Ce nombre augmente ou diminue, suivant que l'année est féconde ou stérile; c'est que ce trésor est volant (vient ou s'en va). De là est tirée la dénomination de 飛神 *Tobu-kami* «Dieu volant». On dit que le gardien du temple extérieur de *I-se,* qui demeurait dans le voisinage, aperçut un jour quelque chose de lumineux qui volait, et qu'aussitôt il obtint un de ces Maga-tama. C'était une pierre divine qui avait la forme d'une carpe *(funa).* Dans le *Yen-gi siki,* il est également question d'une épée qui avait la forme d'une carpe.

«En outre, dans la province de *Sina-no,* à la station de *Iva-da mura,* à plus de 10 *tyau* au sud-ouest, il y a un endroit nommé *Nisi-no tŭbo,* d'où on a tiré des maga-tama. L'un de ces maga-tama était bleu foncé; sa longueur était d'un pouce *(sun)* et d'une partie *(bu).* Un autre était très blanc, avec des veines en forme de nuage; sa longueur était de neuf parties. On a trouvé aussi du cristal de roche hexagonal. En tout trente deux pièces de gemmes.

«Dans la province de *Yamato,* à l'intérieur de la montagne de *Mi-va,* on a découvert, dans une jarre *(tŭbo),* cinq maga-tama et cent 玉管 *gyok-kwan*[1]. Dans la même

1. Voy. plus haut, ce qui a été dit des *kuda-tama,* p. 218.

province, sur le mont *Tau-no mine* et, dans la province de *Mi-no,* sur le mont *Kin-sei zan;* dans la mer *Tori-no umi* «mer des Oiseaux», province de *De-va,* et sur les monts *Yû-dono* et *A-so,* dans la province de *Hi-go,* ainsi que dans celles de *Yeti-go,* de *Mutŭ* et d'*I-se,* on a découvert des objets du même genre. Parmi ces objets, qui étaient de toutes sortes de formes et de couleurs, il y avait beaucoup de gemmes qui ont été conservées dans le temple de *Tama-tŭkuri-yû,* province de *Idŭ-mo,* département de *I-u.*

«Or, dans le *Ko-go siû-i,* on rapporte que le petit-fils de *Kusi-aki-tama-no mikoto* a fait des 御祈玉 *mi-hogi-tama,* ou «gemmes pour prières». Ses descendants habitent actuellement le pays de *Idŭ-mo.* Chaque année, on expose ces gemmes avec les autres objets d'offrande.

«Suivant le *Yen-gi siki,* les gemmes de *Mi-hogi* forment soixante enfilades. On rapporte que, chaque année, avant le 10e mois, on faisait faire de ces sortes de gemmes aux fabricants *Kami-do* et *Tama-tŭkuri,* qui habitaient dans le département de *I-u.*

«Dans le *Norito* intitulé *Oho-dono matŭri,* ce sont ces mêmes maga-tama qu'on appelle les gemmes de l'auguste collier *Ya-saka-ni-no mi hogi-no i-ho-tŭ mi sŭmaru-no tama*»[1].

Sŭmaru désigne les pendants ou glands (總) du collier. On veut dire que la Grande-Déesse avait enfilé cinq cents perles de jade pour faire le collier dont elle s'entourait le cou. Suivant la coutume de l'âge des dieux, on se servait de jade comme ornement du corps. D'après les Règles du

1. *Wa-kun sivori,* livr. XXIX, p. 4.

temple de *Yen-gi dai-zin,* il y avait des perles de jade pour le cou, pour les mains, pour les pieds, etc. C'étaient peut-être des talismans-présages (因 緣 «régulateurs de la destinée») des âges divins[1].

Mi-ina désigne l'espèce de toupet que portent les hommes *(moto-dori),* et qui est formé à l'aide d'une ficelle servant à attacher les cheveux.

Yuki est un ustensile rempli de flèches (carquois). Un carquois renferme soit mille, soit cinq cents flèches. Dans le *Yen-gi siki,* on dit : «les carquois des princesses ont des flèches au nombre de 480, fabriquées avec vingt-quatre plumes d'oiseaux. Dans les carquois de jonc (蒲 *gama*), il y a mille flèches faites de vingt plumes d'oiseaux. Dans les carquois de cuir, il y a sept cent soixante huit flèches faites de vingt-quatre plumes d'oiseaux[2].

Itŭ signifie «imposant, effrayant» (可畏 *kasikoki*)[3].

高鞆. Ces deux signes sont lus tantôt *taka-tomo*[4], tantôt *taka-gara*[5], tantôt *hondo*[6]. Dans le *Ko-zi ki,* on écrit 竹鞆 c'est-à-dire «brassière de bambou»; mais le mot *taka* a été employé pour signifier que cet objet était haut et grand. — *Tomo* désigne une brassière dont se servent les archers, et qui est faite de peau de cerf cousue, enduite de céruse

1. *Syo-ki siû-kai,* t. I, p. 30.

2. *Syakŭ Ni-hon gi,* t. V, p. 14.

3. *Syo-ki tû-syau,* t. IV, p. 6.

4. Édition dite *Bi-kau* (à cause de son Supplément), t. I, p. 21; *Syo-ki siû-kai,* t. I, p. 30; *Kami-yo-no masa-koto,* t. I, p. 25.

5. *Ni-hon Syo-ki,* édit. de Kakŭ-totŭ-ya Si-san, t. I, p. 22; *Syakŭ Ni-hon gi,* t. V, p. 14; ¶ *Ni-hon Syo-ki kau-dan,* MSC. de l'ère *Gen-bun,* t. I, p. 61.

6. *Ni-hon Syo-ki tû-syau,* t. IV, p. 6.

et peinte en noir[1]. Les hommes de l'antiquité la portaient au bras gauche.

Hazŭ indique les deux extrémités de l'arc (*moto-hazŭ* et *ura-hazŭ*)[2].

Mi-koto-nori. — *Mi* est une expression de respect; le mot *nori* veut dire «justice» (acte de justice, ordre, décret). C'est l'ordonnance sévère du divin Iza-nagi[3].

Makari-nan . . . . ., c'est-à-dire «se courber et se retirer»[4].

L'Enfer japonais. — L'idée de «l'Enfer» est représentée par plusieurs expressions différentes dans les anciens livres japonais. Les deux noms de *Ne-no kuni* et de *Yomo-tŭ kuni*, que nous avons déjà rencontrés, ne présentent pas précisément le même caractère. *Ne-no kuni* désigne un pays éloigné et qu'on ne peut pas voir. On se sert, en conséquence, de cette locution pour désigner «la mort». Dans l'Histoire des dynasties divines, c'est, suivant quelques critiques japonais, le pays de *Idŭ-mo* où régnait *So-sa-no o* et le lieu où repose ce dieu[5]. — *Yomo-tŭ kuni* «le royaume de Yomo»,

1. *Syo-ki siñ-kai*, t. I, p. 30; *Syo-ki tû-syau*, t. IV, p. 6.

2. On trouvera une figure de l'arc japonais, avec le nom technique de chacune de ses parties, dans le *Wa-kan San-sai dŭ-ye*, t. XXI, p. 6. — Voy. aussi *Syo-ki tû-syau*, t. IV, p. 7.

3. *Gen-bun Syo-ki kau-dan*, MSC. de l'ère *Gen-bun*, t. I, p. 57.

4. *Gen-bun Syo-ki*, MSC., t. I, loc. cit.

5. *Wa-kun sivori*, t. XXII, p. 7. — *Ne-no kuni* désigne «le lieu de la déportation» (*Gen-bun Syo-ki*, MSC., t. I, p. 57); c'est un endroit situé au nord, et qui était le lieu d'exil à cette époque (*Ibid.*, p. 58). L'opinion suivant laquelle le *Ne-no kuni* serait un pays réel qui aurait existé, durant les époques héroïques de l'histoire du Japon, repose surtout sur un passage du *Yamato-bumi* qu'on trouvera plus loin (chap. VIII); mais ce même passage semble démontrer qu'on a donné deux valeurs différentes au mot *Ne-no kuni*, car à la fin du chapitre où sont racontées les aventures de

est rendu, dans le *Ko-zi ki*[1], par mot double tout-à-fait chinois 黄泉 *Hoang-tsiouen* «la Source jaune»; mais il ne saurait avoir par lui-même cette signification. D'après le *Kô-ketŭ*, le *Yomo-tŭ kuni* serait «une terre où règne la nuit». On voit, en effet, dans un autre passage du *Kami-yo-no maki* qu'il faut y allumer une torche, sans le secours de laquelle on ne pourrait rien apercevoir. *Yomo*, qui prend parfois la forme de *yo-mi*[2], figure aussi dans le nom de la divinité lunaire (astre des nuits) *Tŭki-yo-mi-no mikoto;* il signifie alors «vu de nuit» ou «qui se voit, qui existe au milieu de la nuit»[3]. Un philologue japonais[4] émet enfin la conjecture que *yomo* pourrait bien être une orthographe défectueuse du nom indien de यम *yama*, le dieu des Morts dans la mythologie brahmanique.

L'examen des documents indigènes que j'ai à ma disposition, m'a conduit à penser que les Japonais entendaient par «enfer», tantôt une région terrestre située au-delà du domaine habituel de leur évolution politique et sociale et par conséquent plus ou moins imaginaire, et enfin une région absolument fictive, supposée sous terre, sous la racine

Sosa-no o dans ce Ne-no kuni, on dit que ce dieu partit ensuite définitivement pour la Région infernale qui était donc un *Ne-no kuni* différent de celui où il avait passé la fin de son existence.

1. Édition de Moto-ori, t. VI, p. 1.

2. Par exemple dans les mots *yo-mi-no kuni* ou *yomi-tŭ kuni*. Cette forme paraît également dans le *Norito siki* et dans le *Man-yô-siû* (34, 36). Dans le livre intitulé *Gen-zi yu-giri* «les brouillards nocturnes de Gen-zi», on emploie les mots よみぢのいそぎ *yomi-di-no isogi*, où *yomi-di* signifie «le chemin de la source» (泉ヨミ路ヂ).

3. *Ko-zi-ki-den*, t. VI, p. 3.

4. Cité par M. B. Hall Chamberlain, dans les *Transact. of the As. Society of Japan*, t. X, suppl., p. 34 n.

des végétaux, et dans laquelle les êtres vivants étaient appelés à se rendre après la mort, et où ils demeuraient un temps indéterminé avec leur individualité. Il ne semble pas que ce lieu ait été, comme dans beaucoup d'autres religions, un lieu de souffrances et d'expiation. C'était simplement l'endroit où avait lieu la décomposition matérielle des corps.

En Chine, l'idée de l'Enfer et de ses tourments n'apparaît guère qu'avec le taosséïsme qu'on a regardé à tort comme une doctrine dont Lao-tsze aurait été le premier instituteur. Les tao-sse, qui ont placé leurs pratiques fétichistes sous le patronage du nom de ce célèbre philosophe, ont peut-être inventé plus de formes d'idolâtrie qu'il n'en existe dans aucune religion connue.

Dans les anciens livres canoniques des Chinois, il n'existe point de mot pour exprimer l'idée de «Enfer», en opposition avec celle de «Ciel» (天). Et encore aujourd'hui on ne possède, pour rendre ce mot, que des locutions composées: 地獄 *ti-yoh* qui signifie «une prison (dans l'intérieur) de la terre»[1], ne se rencontre pas, que je sache, antérieurement à l'époque de *Tsin-chi Hoang-ti* (IIIe siècle avant notre ère), et n'appartient pas, en conséquence, au vocabulaire de la doctrine primitive des *King*, ni à celle de Confucius; — 黃泉 *Hoang-tsiouen* «la Source Jaune» est une expression qui se trouve dans la légende de la princesse

1. Suivant le dictionnaire étymologique *Chouch-wen*, le caractère *yoh*, vulg. «prison», désigne «un sol pierreux»; ce caractère se compose de l'image de la «porte entre deux chiens qui la gardent». Souvent aussi *yoh* signifie simplement «une montagne», comme *hoa-yoh* «la Montagne fleurie», etc. (Voy. *Wen-siouen louh-tchin-weï-tchou-sou-kiaï*, t. II, p. 42.)

Wou-kiang[1]; l'étymologie que donnent les exégètes chinois de cette expression, est peu satisfaisante. Le commentateur du *Tso-tchouen* dit qu'elle signifie «une source au milieu de la terre». D'autres prétendent qu'elle a été choisie, parce que le jaune, la plus parfaite des couleurs, est l'image de la «puissance (créatrice) primordiale» (元氣)[2]. Il me paraît plus probable que *hoang-tsiouen* signifie «la vaste source», la source immense d'où sortent les êtres et dans laquelle ils sont appelés à rentrer[3], la source parfaite, éclatante[4]. Les Tartares-Mandchoux ne paraissent pas avoir non plus de mot spécial pour désigner l'enfer. En tout cas, ils se bornent à rendre *hoang-tsiouen* par ᠰᡠᠸᠠᠶᠠᠨ ᡧᡝᡵᡳ *suwayan seri* qui signifie mot-à-mot «jaune-source»[5].

Bien qu'il soit fait mention de «diablesses» dans les livres sacrés du sintauïsme, à propos de la visite du dieu Iza-nagi aux régions infernales[6], il semble y avoir une lacune, dans le Panthéon japonais, au sujet des divinités de l'Enfer; et ce n'est guère qu'avec l'invasion des croyances bouddhiques que le *di-gokŭ* devient un véritable lieu de supplice pour les méchants et pour ceux qui n'ont pas scrupuleusement accompli leurs devoirs religieux[7].

1. Tso kieou-ming, *Tso-tchouen*, 1ère année de Yin-koung.

2. Lieou-ngan, dans l'ouvrage intitulé *Hoaï-nan tsze*, a dit : «La poussière de la Source Jaune, en s'élevant, forme les nuages jaunes» (*Peï-wen-yun-fou*, livr. XVI 上, p. 198).

3. 黃者廣也. *Hoang* «jaune» est, en outre, «la couleur de la terre», d'où *hoang-tsiouen* «la source terrestre». (Voy. *Syo gen-zi kau*, éd. lith., p. 106).

4. *Chin-sien toung-kien* «Miroir général des Génies et des Immortels», t. I, p. 4.

5. *Yu-tchi Fan-yih Tchun-tsieou*, traduct. mandchoue, t. I, p. 13.

6. Voy. plus haut, pp. 166 et 176.

7. La grande encyclopédie *San-sai dŭ-ye*, qui donne un résumé des idées

De même en Chine et chez les peuples Toungouses, l'idée du «diable» ne paraît pas primitive. Le mot 鬼 *koueï,* qu'on traduit communément par «démon», n'a pris qu'à la longue cette signification; il désigne «un Esprit de la Terre», par opposition avec 神 *chin,* qui veut dire «un Esprit du Ciel»; puis «un défunt», «un être qui s'en est retourné (歸) au lieu d'où il est venu». «Lorsqu'un homme meurt, sa chair

généralement répandues au Nippon, nous fournit sur l'Enfer les renseignements suivants :

«Par *Ne-no moto,* il faut entendre les huit grands enfers. Chacun a, en plus comme annexes, seize petits enfers, qu'on appelle *kin-pen* «voisinages»; soit en tout cent-trente-six enfers. Il y en a qui disent que le nombre des enfers est de 272.»

L'éditeur japonais ajoute : «On ne sait pas où est l'Enfer; le nom qu'on lui donne, indique seulement qu'il est au milieu de la terre. Il y a également des enfers japonais qui tous se trouvent au sommet d'une haute montagne; ils sont toujours en ébullition et une source chaude en sort sans cesse. Par exemple, le *Un-zen dake,* dans le Hi-zen; le *Tŭru-mi,* dans le Bun-go; le *A-so,* dans le Hi-go; le *Fu-zi,* dans le Sūru-ga; le *Asa-ma,* dans le Sina-no; le *Ha-guro,* dans le De-va; le *Tate-yama,* dans le Yet-tiu; le *Sira-yama,* dans le Kosi-no; le *Hako-ne,* dans le I-dū; le *Yake-yama,* dans le Mutŭ, sont parmi d'autres volcans enflammés d'où s'échappe une source chaude, des images de l'Enfer brûlant. Dans le village de No-da, département de Aya-mi, province de Bun-go, il y a un Enfer nommé *Aka-ye di-gokŭ* «la Prison terrestre du fleuve Rouge». D'un cratère de plus de dix pieds carrés, de l'eau chaude tout à fait rouge comme du sang coule et se déverse dans la rivière de la vallée. Dans un endroit où l'eau n'est pas encore refroidie, il y a des poissons qui folâtrent. C'est vraiment une chose extraordinaire. Dans l'Inde et en Chine, sur les hautes montagnes, il y a partout des enfers, en quantité innombrable. Ce qui tombe dans l'Enfer ne revient plus.»* Ces données, et tout particulièrement la mention des cent-trente-six enfers, ont été apportées de la Chine au Japon, avec les pratiques du culte bouddhique dénaturé par toutes sortes de légendes. L'idée de l'Enfer et du Diable**, aussi bien chez les Chinois que chez les Japonais, est d'une époque secondaire dans la religion nationale de ces deux pays.

* *Wa-kan San-sai dŭ-ye,* t. LVI, p. 21.

** «Youen-tchen prétendait jadis qu'il n'y avait pas de diable. Tout à coup un visiteur vint s'asseoir à côté de lui, sans s'être fait annoncer et engagea avec lui une discussion. Ce visiteur soutenait qu'il y avait réellement des diables; Youen-tchen persistait à croire qu'il n'y en avait pas. Comme la discussion n'en finissait pas, le visiteur lui dit : «C'est moi qui suis le Diable.» Et aussitôt il disparut.» (*Peh-meï kou-sse,* livr. III, p. 11.)

et ses os retournent dans la terre, son sang s'écoule et retourne dans la terre; son élément spirituel (魂) retourne au ciel; son élément sensitif et matériel (魄) retourne dans la terre. Son principe obscur *(yin)* seul persiste, et n'a plus d'autre attache. C'est pourquoi on l'appelle *kouëi*». Ce mot exprime en conséquence l'idée de «esprit du principe *yin*, tandis que *chin* est l'esprit du principe *yang*[1]». «L'esprit vital d'un homme sage s'appelle *kouëi*[2]. Les anciens nommaient «les morts» *kouëi-jin*. Quand l'élément sensitif et matériel de l'homme *(peh)* est errant, on le dit *kouëi*[3]. *Kouëi* signifie en outre «intelligent, pénétrant (慧)». On voit donc que l'interprétation de *kouëi* par «démon» n'est pas suffisante, et qu'il faut attacher à ce mot une valeur plus étendue. Le mot mandchou *hutu*, traduit communément par «diable», signifie de même «un esprit», et l'expression *hutu-enturi* doit être traduite par «les Esprits» ou «les Dieux» en général. On honore les *kouëi* dans le temple des Ancêtres, et ce n'est certainement pas le Diable qu'on y honore.

J'ajouterai enfin que *kouëi* signifie «lointain» et «le Nord»[4]. Il n'est peut-être sans intérêt de rapprocher cette explication, qui manque d'ailleurs dans presque tous les dictionnaires, de la doctrine des exégètes japonais qui placent l'Enfer du sintauïsme (le *Ne-no kuni*) dans une région lointaine, située au nord de leur pays.

1. *Pin-tsze-tsien*, au mot *kouëi*.

2. «L'esprit de l'homme s'appelle *kouëi*» *(Li-ki*, Mémorial des Rites, sect. *Tsi-fah)*.

3. *Li-ki*, sect. *Tsi-i*.

4. *King-tsieh tsouan-kou*, au mot *kouëi*.

跋涉 *fumi-watari*, que j'ai traduit par «j'ai franchi», signifie «marcher dans les montagnes et traverser les eaux». C'est une expression chinoise qui se rencontre dans les anciens auteurs chinois[1]. L'auteur en a fait usage pour peindre la difficulté du voyage entrepris par *Sosa-no o* pour aller visiter sa sœur dans les plaines du firmament.

嚴顏 *gen-gan* veut dire «de la satisfaction».

誓約 *ukebi*, c'est-à-dire une convention dans le but de donner de la confiance dans sa sincérité mutuelle[2].

天眞名井 *Ama-no ma-na-ï*. Suivant Kane-yosi, ce nom a la même signification que 天渟名井 *Ama-no nu-na-ï* qui désigne «l'eau qui demeure au ciel»[3]. C'est un puits du haut du ciel où se trouve la source du cœur pur. — *Ma-na* signifie «vérité»; — *ï* veut dire «loger, demeurer». C'est une image de l'eau primordiale et pure[4]. — Dans ce nom, *ama* désigne la Raison céleste (天理); — *ma*, c'est «la vérité»; — *na* «le nom des dix-mille êtres» (万物); — *ï*, c'est l'eau primordiale de l'air, le principe originaire (immatériel?) de l'eau, qui lorsqu'il prend une forme devient l'eau (telle que nous la connaissons). Parmi toutes les choses, il n'y en a point qui ne naissent de ce puits[5].

Fuki-utŭru est une forme ancienne pour *fuki-sùteru*

1. Notamment dans le *Chi-king*, dans le *Tso-tchouen*, etc. — Le mot *poh*, vulg. «voyager par terre», signifie «marcher dans les plantes», et par suite «traverser les montagnes». (*Koueï-pi Chi-king*, livr. II, p. 25; *Chi-king ti-tchu yen-i*, t. II, p. 25; *Peï-wen-yun-fou*, t. CV, p. 75.)

2. Voy. le *Li-ki*, sect. *Kioh-li*, 下 (édit. *Keou-kiaï*, livr. I, p. 22).

3. Ou «eau stagnante». (*Ni-hon Syo-ki tû-syau*, t. IV, p. 16.)

4. *Ni-hon Syo-ki tû-syau*, t. IV, p. 10.

5. *Gen-bun Ni-hon Syo-ki*, MSC., t. I, p. 70.

«souffler-abandonner». Dans le *Ko-zi ki* on trouve également *ute* pour *sŭte*[1].

田心姬 *Ta-gori hime*. D'après les caractères chinois employés pour écrire ce nom, il signifierait «la Dame du cœur des champs»; mais les exégètes japonais lui donnent une autre signification. *Ta-gori* voudrait dire «la substance primordiale 本體 du cœur», l'état accompli 凝 de l'âme 魂. Sige-towo dit : «Le cœur, c'est l'état accompli; le principe ethéréen 氣 du Ciel trouve son accomplissement dans l'homme»[2]. — Je crois que *ta-gori* est pour *tama-gori* «l'état accompli de l'âme». Suivant un autre exégète, *ta* veut dire «flotter», *gori* «congélé». C'est la goutte de liquide qui s'arrête et se solidifie dans le sein de la mère[3].

湍津姬 *Taki-tŭ hime*, littéralement «la Dame de la cascade». — *Taki-tŭ* exprime «le mouvement 動 du cœur»; — *taki* veut dire «un rapide»; on désigne aujourd'hui les cascades et les torrents du même nom de *taki*[4].

市杵島姬 *Iti-ki-sima bime* «la Dame de l'île de *Iti-ki*». — *Iti-ki* exprime «la tranquillité du cœur»[5]. On désigne par là un être doué d'une beauté parfaite[6].

齰然 *Sakami-ni*, c'est le son d'une chose dure qu'on mord avec les dents[7].

三女 *Mi-basira-no hime kami-masŭ*. — La Grande-Déesse est le principe ou vertu du Feu. Comme le nombre

1. *Wa-kun sivori*, t. XXVI, p. 3.
2. *Ni-hon Syo-ki tû-syau*, t. IV, p. 11.
3. *Gen-bun Ni-hon Syo-ki*, MSC., t. I, p. 70.
4. *Tû-syau*, t. IV, p. 11; *Gen-bun Ni-hon Syo-ki*, MSC., t. I, p. 70.
5. *Tû-syau*, loc. cit.
6. *Gen-bun Syo-ki*, MSC., loc. cit.
7. *Syakŭ Ni-hon ki*, t. V, p. 16.

sacramentel de ce principe est «trois», elle donne naissance à trois déesses qui sont une émanation (litt. création par métamorphose 化) du cœur[1].

Masa-ya a katŭ katŭ-no haya-hi Ama-no Osi-mimi-no mikoto. Les commentateurs du *Syo-ki* interprètent ainsi qu'il suit les éléments de ce nom de Dieu : *Masa-ya* est une interjection «en vérité!»; — *a katŭ* «j'ai triomphé»; — *katŭ-no haya-hi* «un (produit du) soleil vite gagné»; — *osi* veut dire «pousser (comme du grain)»; — *mimi* signifie «entendre». On veut peut-être faire allusion par là à la vertu du Seigneur (Sosa-no-o)[2]. — Le sens du nom de ce Dieu, telle qu'il résulte des explications précédentes, demeure assez obscur, au moins en ce qui touche au mot *mimi*. Je m'abstiens de proposer des conjectures qui ne me semblent pas suffisamment plausibles.

Ama-no ho-hi-no mikoto. — Le mot *ho*, dans le nom de ce Dieu, signifie «du grain qui pousse»; d'où «la divinité solaire des semences du ciel».

Ama-tŭ hiko-ne-no mikoto. — *Ne* signifie «racine»; d'où le Dieu racine des fils du Soleil (hommes ou mâles) du Ciel.

Iku-tŭ hiko-ne-no mikoto. — *Iku-tŭ* est une appellation honorifique (voy. le nom précédent). — *Iku-tŭ* désigne la condition dans laquelle on vit honnêtement; — *ikiru*, c'est la base de la bonne conduite (道)[3].

Kuma-no-no kusŭbi-no mikoto. — *Kuma-no*, litt. «le

1. *Ni-hon Syo-ki tû-syau*, loc. cit.
2. *Tû-syau*, loc. cit.
3. Cf. *Gen-bun Syo-ki*, t. I, p. 72.

champ des Ours», est le nom d'une localité dans le pays de *Idŭ-mo*; — *kusŭ-bi*, litt. «soleil de camphrier», veut dire «soleil merveilleux» (durable?). *Kusŭ* signifie également «solide», parceque le bois de camphrier est très dur[1].

무 나가 다 *muna-kata*, litt. «la poitrine et l'épaule». — Sui-ka-ô dit : «Le nom de *muna-kata* est une appellation du cœur. On en a fait le titre des Maîtres du culte». — Suivant Sige-towo, *muna-kata* signifie «la forme du corps»[2]. — Plus tard, on a donné à ces mêmes «Maîtres du culte» le titre de 朝臣 *A-son* «Fonctionnaires impériaux». — Enfin, suivant un autre commentateur, *Muna-kata* est le nom d'une famille dont les membres étaient tous employés au service des trois déesses dont il est question dans ce chapitre. C'est de là que provient la désignation de «les grandes déesses de *Muna-kata*, dans le pays de *Tŭku-si*»[3].

Un commentateur japonais donne au présent chapitre le titre de «La Convention sur l'épée et sur le jade». Il y voit une image de l'origine de la guerre. Suivant sa pensée, l'épée et le jade ne seraient pas des objets réels, mais on en aurait pris le nom pour figurer deux des trésors divins qui, par leur union, ont donné naissance aux êtres de ce monde durant la période qui a suivi l'âge des dieux *Iza-nagi* et *Iza-nami*. L'épanouissement des fleurs sur les plantes et sur les arbres proviendrait également de cette alliance. Il y a là, toutefois, un mystère qu'on ne peut pas pénétrer avec la sagesse et l'intelligence humaine[4].

1. *Gen-bun Syo-ki*, loc. supr. cit.
2. *Tû-syau*, t. IV, pp. 14-15.
3. *Gen-bun Ni-hon Syo-ki*, MSC., t. I, p. 72 v°.
4. *Gen-bun Ni-hon Syo-ki*, MSC., loc. cit.

(ハ) 一書曰。日神本知素戔嗚尊有武健陵物之意。及其上至。便謂弟所以來者。非是善意。必當奪我天原。乃設*丈夫武備。躬帶十握劍九握劍八握劍。又背上負靫。又臂著稜威高鞆。手握弓箭。親迎防禦。是時素戔嗚尊告曰。吾元無惡心。唯欲與姉相見。只爲暫來耳。於是日神共素戔嗚尊相對而立誓曰。若汝心明淨不有陵奪之意者。汝所生兒必當男矣。言訖先食所帶十握劍。生兒號瀛津嶋姫。又食九握劍。生兒號湍津姫。又食八握劍。生兒

*大

號田心姫。凡三女神矣。已而素戔嗚尊以其頸所嬰五百箇御統之瓊。濯于天渟名井。亦名去*來之眞名井。而食之乃生兒。號正哉吾勝勝速日天忍骨尊。次天津彦根命。次活津彦根命。次天穗日命。次熊野忍蹈命。凡五男神矣。故素戔嗚尊既得勝驗。於是日神方知素戔嗚尊固無惡意。乃以日神所生三女神。令降於筑紫洲。因教之曰。汝三神宜降居道中。奉助天孫。而爲天孫所祭也

* [illegible]

7, *a*. — On lit dans un livre :

La Déesse du Soleil connaissait de longue date le naturel farouche et violent du divin *Sosa-no-o*. Elle se dit que le fait de la visite de son frère cadet ne devait pas reposer sur une bonne intention. «Il vient, à coup sûr, pour me voler le ciel.»

Elle prit donc un armement d'homme, ceignit un glaive de dix palmes, un autre glaive de neuf palmes, et un troisième glaive de huit palmes; elle s'attacha un carquois sur le dos et une brassière à l'avant-bras; dans sa main, elle tenait son arc et ses flèches. Elle se rendit ainsi à sa rencontre pour lui opposer résistance.

A ce moment, le divin Sosa-no-o lui parla en ces termes : «Je n'ai pas un cœur foncièrement méchant. Je désire seulement voir ma sœur et un instant après me retirer.»

Alors la Déesse du Soleil, répondant au divin Sosa-no-o, lui proposa cette convention : «Si ton cœur est pur et si tu n'as pas l'intention de me voler, que les enfants que tu engendreras soient des mâles!»

A peine eut-elle achevé de parler, qu'elle mangea tout d'abord le glaive à dix palmes dont elle était ceinte, et donna le jour à une fille nommée *Oki-tŭ-sima bime*. Puis elle mangea le glaive à neuf palmes, et donna le jour à une fille appelée *Taki-tŭ hime*. Puis elle mangea le glaive à huit palmes, et donna le jour à une fille appelée *Ta-gori-hime.* En tout, trois déesses.

Le divin Sosa-no-o prit alors le ruban aux cinq cent magatama que la déesse du Soleil portait à son cou, et le lava dans le puits de *Ama-nu-na-ï*, également appelé le puits d'*Iza-no mana-ï*, puis il le mangea. Il donna alors le jour à un garçon appelé le divin *Masa-ya Wa-katŭ katŭ-no haya-hi Ama-no osi-one;* puis au divin *Ama-tŭ hiko-ne;* puis au divin *Iku-tŭ hiko-ne;* puis au divin *Ama-no Ho-hi;* puis au divin *Kuma-no-no osi-hon.* En tout cinq Dieux.

Le divin Sosa-no-o triompha de la sorte, et la Déesse du Soleil sut alors que les sentiments du divin Sosa-no-o n'étaient vraiment pas méchants. Elle ordonna alors aux trois déesses de descendre dans le pays de Tŭkusi, et leur donna ainsi ses instructions : «O vous trois déesses, il convient que vous descendiez habiter sur terre : vous aiderez les descendants du Ciel et pour eux vous ferez des cérémonies religieuses.»

COMMENTAIRE.

7, *a.* — Cette annexe du chapitre VII nous fournit quelques différences de noms dans la liste des enfants engendrés par la Grande-Déesse et par son frère, le divin Sosa-no-o. Nous en donnerons plus loin le tableau comparatif avec quelques observations.

丈夫 *masŭra-o* «un homme, un guerrier, un héros». On a écrit également 大夫.

武備 *takeki-sonaye,* litt. «dispositions stratégiques». Cette expression, qui désigne des «préparatifs de guerre», se rencontre fréquemment dans l'ancienne littérature chinoise. «J'ai entendu dire que ceux qui se livrent à des occupations littéraires possèdent nécessairement des aptitudes stratégiques»[1].

防禦 *fusegi-tamau* «se mettre en état de défense». C'est également une locution chinoise.

瀛津嶋姫 *Oki-tŭ-sima bime,* est la même déesse que celle dont le nom figure dans le texte principal sous la forme *Iti-ki-sima bime*[2].

Suivant le vénérable Tama-ki, elle prend son nom de celui du lieu où elle est adorée[3].

嬰, suivant le dictionnaire *Choueh-wen*, désigne un ornement du cou (c'est-à-dire «un collier»).

天淳名井 *Ama-no nuna-ï.* C'est le puits Ama-no mana-i du texte principal de ce chapitre. *Nuna* et *mana*[4] ont le même sens[5].

Suivant quelques exégètes, il ne faudrait cependant pas

1. *Kia-yu* ou «Entretiens familiers de Confucius», *Siang-lou.*

2. Voy. plus haut, p. 230. — Suivant Moto-ori, cette déesse est également appelée 多紀理毘賣命 *Ta-kiri-bime-no mikoto.* Voy. *Kami-yo-no masa-koto,* t. I, p. 27.

3. *Syo-ki tû-syau,* t. IV, p. 16; *Syo-ki siû-kai,* t. I, p. 34. — Voy. cependant, Moto-ori, *Kami yo-no masa-koto,* t. I, p. 27. Cette déesse se serait également appelée 狹依毘賣命 *Sa-yori bime-no mikoto.*

4. 眞マ名ナ *ma-na,* litt. «vrai-nom».

5. *Syo-ki siû-kai,* t. I, p. 34.

attribuer à ces noms de puits, et à celui de *Iza-no mana-ï* mentionné dans l'annexe 7 *a,* en particulier, une signification absolument identique :

Iza est un nom spécial qui indique l'idée de «engager»[1], comme lorsqu'on dit : «Allons!»

D'après un commentateur, *iza* indique deux caractères de l'eau qui s'écoule ou qui s'élève en vapeurs, qui va et vient (去 來); *nuna-ï* indiquerait de «l'eau stagnante» et *iza-ï* de «l'eau courante».

Dans un ancien livre, imprimé en types mobiles, on se sert avec raison des mots *I-za-no mana-ï* pour expliquer l'expression *Ama-no mana-ï.* Cette expression est empruntée à Lieh Yu-keou[2]; on dit que 渟 signifie de «l'eau qui s'arrête».

Suivant le commentaire du *Toung-kien,* «l'eau noire» s'appelle 盧 *lou,* et «l'eau qui ne coule pas» 奴 *nou*[3]. Je ne suppose pas cependant que Tani-gawa Si-sei ait rapporté cette explication pour rattacher le mot japonais *nuna* au chinois *nu.*

Suivant un commentaire manuscrit du *Syo-ki,* dans *Ama-no nuna-ï,* qui doit être identifié avec le *Ama-no mana-ï* du texte principal, la syllabe *nu* signifie «un marais».

道 中 *miti-no naka-ni.* J'ai rendu librement ces mots par «sur terre», une traduction plus précise m'ayant paru difficile dans une version française. Ces mots, qui signifient «au milieu de la voie», désignent «le milieu de la voie de

1. Cf. l'étymologie donnée du nom de *Iza-nagi-no mikoto* (voy. cependant, chap. II *b,* plus haut, p. 71).

2. Dans l'ouvrage connu sous le titre de *Lieh-tsze.*

3. *Syo-ki tû-syau,* loc. cit.

la Mer occidentale». On veut désigner, par là, le pays de *Asi-vara,* c'est-à-dire le Japon[1]. Mon manuscrit du *Syo-ki* me fournit un commentaire plus explicite. *Miti-no naka* désigne la région du *Sai-kai dau;* les trois déesses, filles de *Ama-terasŭ oho-kami* sont descendues dans le *Tŭkusi* (île des *Kiu-siu*) avec la mission de veiller au culte des *Ten-son* ou «descendants du Ciel». On les appelle les «grandes déesses de Muna-kata»[2].

天孫 *Ame-mi-mago* «les petits fils du Ciel». On désigne par là les enfants adoptifs de la Grande Déesse Solaire, engendrés par son frère *Sosa-no-o*. Les commentateurs japonais me semblent avoir engagé une discussion oiseuse sur ce que pouvaient être «les petits fils du Ciel[3]» *(Ten-son)* mentionnés dans ce passage.

Il me paraît évident qu'on a voulu désigner ainsi les dieux qui furent les ancêtres de la dynastie des souverains des hommes[4] ou mikados[5].

1. *Syo-ki siû-kai,* t. I, p. 34; *Syo-ki tû-syau,* t. IV, p. 17; *Syakŭ Ni-hon gi,* t. V, p. 16.

2. *Gen-bun Ni-hon Syo-ki,* MSC., t. I, p. 78.

3. C'est-à-dire «les descendants des dieux du Ciel».

4. Ou même simplement les empereurs qui se sont succédé d'âge en âge sur le trône du Japon 世世, 天子 *(Syo-ki siû-kai,* t. I, p. 34). Cette dernière explication est la plus plausible, car il est évident que le *Ni-hon Syo-ki* a été composé avec l'intention de s'en servir pour justifier les droits des Ten-wau au gouvernement suprême de l'empire japonais. J'ai émis cette opinion dans ma leçon d'ouverture à la section des Sciences religieuses de l'École des Hautes-Études (*Les Religions de l'Extrême-Orient,* Paris, 1886, in-8°, p. 12).

5. Voy. toutefois le *Syakŭ Ni-hon gi,* t. V, p. 16.

ろ

一書曰。素戔嗚尊將昇天時有一神。號羽明玉。
此神奉迎而進以瑞八坂瓊之曲玉。故素戔嗚尊
持其瓊玉。而到之於天上也。是時天照大神疑弟
有惡心。起兵詰問素戔嗚尊對曰。吾所以來者。實
欲與妹相見。亦欲獻珍寶瑞八坂瓊之曲玉耳。不
敢別有意也。時天照大神復問曰。汝言虛實將何
以爲驗。對曰。請吾與姉共立誓約。誓約之間生女
爲黑心。生男爲赤心。乃掘天眞名井三處。相與對
立。是時天照大神謂素戔嗚尊曰。以吾所帶之劍。

今當奉汝。汝以汝所持八坂瓊之曲玉。可以授予矣。如此約束共相換取。已而天照大神則以八坂瓊之曲玉。浮寄於天眞名井。齧斷瓊端。而吹出氣噴之中化生神號市杵嶋姫命。是居于遠瀛者也。又齧斷瓊中。而吹出氣噴之中化生神號田心姫命。是居于中瀛者也。又齧斷瓊尾。而吹出氣噴之中化生神號湍津姫命。是居于海濱者也。凡三女神。於是素戔嗚尊以所持劒。浮寄於天眞名井。齧斷劒末。而吹出氣噴之中化生神號天穗日命。次

正哉吾勝勝速日天忍骨尊。次天津彦根命。次活津彦根命。次熊野櫲樟日命。凡五男神云爾

7, *b*. — On lit dans un livre :

A l'époque où le divin Sosa-no-o monta au Ciel, il y avait un dieu nommé *Ha-akaru-dama*. Ce dieu alla le recevoir et lui offrit les maga-tama de *Midŭ-no ya-saka-ni*.

Le divin Sosa-no-o prit donc cette pierre précieuse et alla au Ciel.

En ce temps-là, la grande déesse *Ama-terasŭ ohon-gami*, soupçonnant chez son frère cadet de mauvaises intentions, leva des troupes et lui fit subir un interrogatoire.

Le divin Sosa-no-o répondit :

«Je suis venu, parcequ'en vérité je désire faire une visite à ma sœur aînée et lui présenter la précieuse maga-tama de *Midŭ-no ya-saka-ni*. Je ne saurais avoir d'autre intention.»

La grande déesse Ama-terasŭ ohon-gami lui posa alors cette nouvelle question :

«Comment pourrais-je avoir la certitude que tes paroles sont mensongères ou véridiques?»

Il répondit :

«Je te prie de vouloir bien contracter avec moi une convention sur serment. D'après cette convention, si j'engendre des filles, ce sera la preuve que mon cœur est noir; tandis que si j'engendre des garçons, ce sera la preuve qu'il est sincère.»

Aussitôt il creusa en trois endroits les puits nommés *Ama-no mana-ï*, puis les deux divinités se mirent face à face.

Alors la grande déesse Ama-terasŭ ohon-gami dit au divin Sosa-no-o :

«Prends le glaive dont je suis ceinte, je te l'offre. De ton côté, donne-moi la maga-tama de Ya-saka-ni que tu possèdes.»

Ils accomplirent de la sorte cet échange.

Aussitôt après, la grande déesse Ama-terasŭ ohon-gami prit la maga-tama de Ya-saka-ni, la trempa dans un des puits Ama-no mana-ï, et en mordit une des extrémités.

Puis elle émit un souffle du milieu duquel naquit la déesse nommée *Iti-ki-sima bime*, qui habite à *Oki-tŭ miya*.

Puis elle mordit et cassa le milieu de la gemme; elle émit ensuite un souffle du milieu duquel naquit la déesse nommée *Ta-gori hime*, qui habite à *Naka-tŭ miya*.

Puis elle mordit et cassa le dernier bout de la gemme, et émit un souffle du milieu duquel naquit la déesse *Taki-tŭ bime*, qui habite à *Hetŭ-miya*. En tout trois déesses.

Alors le divin Sosa-no-o prit le glaive que portait [sa sœur Ama-terasŭ ohon-gami], le plongea dans un des puits Ama-no mana-ï, en mordit et en brisa l'extrémité.

Puis il émit un souffle du milieu duquel il naquit des dieux appelés le divin *Ama-no ho-hi*, puis le divin *Masa-ya A-katŭ katŭ-no haya-hi Ama-no osi-hone*, puis le divin *Ama-tŭ hiko-ne*, puis le divin *Iku-tŭ hiko-ne*, puis le divin *Kuma-no kusŭ-bi*.

En tout cinq dieux.

Commentaire.

7, *b*. — 羽明玉 *Ha-akaru-dama*, litt. «la Brillante gemme ailée». Ce dieu qui fabriquait des *maga-tama* est mentionné dans le *Ko-go siû-ï*, sous le nom de 櫛明玉[1]. D'après Nobu-yosi, il reste cependant des doutes sur la question de savoir s'il s'agit d'un seul et même dieu[2].

1. *Syo-ki siû-kai,* t. I, p. 34.
2. *Gau-tô Ku-zi ki,* livr. II, p. 1.

[伍] 一書曰。日神與素戔嗚尊隔天安河而相對。
乃立誓曰。汝若不有奸賊之心者。汝所生子必
男矣。如生男者。予以爲子而令治天原也。於是
日神先食其十握劍。化生兒瀛津嶋姬命。亦名
市杵嶋姬命。又食九握劍。化生兒湍津姬命。又
食八握劍。化生兒田霧姬命。已而素戔嗚尊含
其左髻所纏五百箇御統之瓊。而著於左手掌
中。便化生男矣。則稱之曰。正哉吾勝。故因名之
曰。正哉吾勝勝速日天忍穗耳尊。復含右髻之

瓊。著於右手掌中。化生天穗日命。復含嬰頸之
瓊。著於左臂中。化生天津彥根命。自右臂中化
生活津彥根命。又自足中化生熊野忍蹈命。亦
名熊野忍隅命。其素戔嗚尊所生之兒。皆已男
矣。故日神方知素戔嗚尊元有赤心。便取其五
男以爲日神之子。使治天原。卽以日神所生三
女神者。使降居于葦原中國之宇佐嶋矣。今在
海北道中。號曰道主貴。此筑紫水沼君等祭神
是也

7, *c.* — On lit dans un livre :

La Déesse du Soleil, séparée du divin Sosa-no o par la rivière *Ama-no yasŭ-gawara*, se tenait en face de lui. Elle lui proposa alors de faire une convention sur serment, et lui dit : «Si tu n'as pas d'intentions malfaisantes, les enfants auxquels tu vas donner le jour seront des mâles. Si tu donnes le jour à des enfants mâles, je les prendrai pour fils et leur ferai gouverner le firmament.»

A ce moment, la Déesse du Soleil, la première, mangea le sabre à la décuple poignée [du divin Sosa-no o], et il en naquit un enfant qui fut la divine *Oki-tŭ sima-no bime,* également appelée la divine *Iti-ki-sima bime.* Puis elle mangea le glaive à la nonuple poignée, et il en naquit un enfant qui fut la divine *Taki-tŭ bime.* Puis elle mangea le sabre à l'octuple poignée, et il en naquit un enfant qui fut la divine *Ta-giri bime.*

De son côté, le divin Sosa-no o mâcha la gemme du collier aux cinq cents perles que portait [la Déesse du Soleil] sur le côté gauche de son toupet, et plaça cette gemme dans la paume de sa main gauche. Il en naquit aussitôt un garçon. Alors, il s'écria : «Je suis vainqueur!» et nomma, en conséquence, l'enfant *Katŭ-haya-hi Ama-no osi-o mimi.* Il mâcha de nouveau la gemme [que portait la Déesse du Soleil] sur le côté droit de son toupet, et plaça cette gemme dans la paume de sa main droite. Il en naquit le divin *Ama-no ho-hi.* Il mâcha de nouveau la gemme qui se trouvait au collier [de la grande déesse], et la plaça sous l'aisselle de son coude. Il en naquit le divin *Ama-tŭ hiko-ne.* Du milieu de son coude droit, naquit le divin *Iku-tŭ hiko-ne.* Du milieu de son pied gauche, naquit le divin *Hi-no haya-hi.* Du milieu de sa jambe droite, naquit le divin *Kuma-no osi-hon,* également appelé *Kuma-no osi-zŭmi.*

Tous les enfants auxquels le divin Sosa-no-o avait donné le jour étaient des mâles. La Déesse du Soleil sut, en conséquence, que les sentiments de Sosa-no-o étaient sincères. Elle prit alors ces cinq garçons qui devinrent les fils de la Déesse du Soleil, et elle les chargea de gouverner le firmament. Puis elle ordonna aux trois filles auxquelles elle avait donné le jour de descendre [sur la terre] habiter l'île de *U-sa,* dans le royaume central d'*Asi-vara* (le Japon). Actuellement, elles se trouvent dans le cercle du nord de la mer et s'appellent *Miti-nusi-no muti.* Ce sont des divinités auxquelles rendent un culte les seigneurs de *Mi-numa,* dans le pays de *Tŭku-si.*

COMMENTAIRE.

7, *c*. — Les trois annexes *a*, *b*, *c* du chapitre VII présentent, au sujet des enfants procréés par *Ama-terasŭ oho-kami* et par son frère *Sosa-no-o*, quelques transpositions et de légères variantes qui sont mises en regard dans le tableau suivant :

	Texte	*Annexe a*	*Annexe b*	*Annexe c*
	ENFANTS DE LA DÉESSE AMA-TERASU OHO-KAMI.			
1.	Ta-gori hime	Oki-tŭ-sima hime	Iti-ki sima hime	Oki-tŭ-sima hime
2.	Taki-tŭ hime	Taki-tŭ hime	Ta-gori-hime	Taki-tŭ hime
3.	Iti-ki-sima hime	Ta-gori-hime	Taki-tŭ hime	Ta-giri-hime
	ENFANTS DU DIEU SOSA-NO-O.			
1.	Masa-ya a-gatŭ katŭ-no haya-hi Ama-no osi-mimi	Masa-ya wa-katŭ katŭ-no haya-hi ama-no osi-hone	Ama-no ho-hi	Katŭ - haya - hi Ama-no osi-o mimi
2.	Ama-no ho-hi	Ama-tŭ hiko-ne	Masa-ya a-katŭ katŭ-no haya-hi Ama-no osi-hone	Ama-no ho-hi
3.	Ama-tŭ hiko-ne	Iku-tŭ hiko-ne	Ama-tŭ hiko-ne	Ama-tŭ hiko-ne
4.	Iku-tŭ hiko-ne	Ama-no ho-hi	Iku-tŭ hiko-ne	Iku-tŭ hiko-ne
5.	Kuma-no-no ku-sŭ-bi	Kuma-no-no osi-hon	Kuma-no-no ku-sŭbi-bi	Hi-no haya-bi

宇佐嶋 *U-sa sima*. On veut désigner par là une terre voisine du département de *U-sa*, dans la province de *Bu-zen*[1]. Dans le département de *Usa*, on pratique le culte de trois dieux ou plutôt personnages divinisés, savoir : *Tama-yori*

1. *Syo-ki siû-kai*, loc. supr. cit.

hime, mère de l'empereur *Zin-mu,* fondateur de la monarchie japonaise et fille du Dieu-Dragon *(Riu-zin)*[1]; l'impératrice *Oho-tarasi hime,* plus connue sous son nom chinois de *Zin-gû kwau-gu,* épouse de l'empereur *Tyu-ai;* et l'empereur *Hon-da* ou *Wau-zin,* fils et successeur de cette princesse sur le trône du Japon.

On y vénère également la déesse *Taki-tu hime,* fille du divin *Sosa-no o,* et une déesse à laquelle on attribue une origine coréenne appelée *Iki-naga hime*[2].

今 *ima* «actuellement», c'est-à-dire à l'époque où a été écrite la citation *c*[3].

海北道中 *Umi-no kita-no miti naka-ni,* litt. «dans la voie au nord de la mer». 道 *miti* est également employé pour désigner «une région, un cercle»; mais il semble qu'ici l'auteur a voulu donner à ce mot la double signification de «voie» au physique et au moral.

«Les trois déesses descendirent d'abord dans l'île de *U-sa;* plus tard elles ont été dans le pays de *Tŭku-si.*» C'est pourquoi l'on dit : «Aujourd'hui elles sont dans la voie située au nord de la mer.» — Kane-yosi dit : «On veut parler du pays situé sur les rivages septentrionaux de l'île

1. *Nippon wau-dai iti-ran,* t. I, p. 1.

2. Voy. *Wa-Kan San-sai dŭ-ye,* t. XVIII, p. 2. — Le nom de la déesse *Iki-naga hime* ressemble étonnamment au nom original japonais de l'impératrice Zin-gu *(Iki-naga-tarasi hime),* également adorée dans cette région, et rendue célèbre dans l'histoire par ses conquêtes sur le territoire de la triarchie des *San-kan,* en Corée. N'y aurait-il pas ici quelque confusion dans les auteurs japonais? Je me borne à signaler cette supposition sous toutes réserves, n'ayant pas les documents nécessaires pour résoudre le problème.

3. *Syo-ki siû-kai,* t. I, p. 36; *Syo-ki tû-syau,* t. IV, p. 22.

des Kiu-siu. Je ferai observer que les mots 今在 *kin-zai* forment une expression destinée à donner un tour à la phrase. Ceux qui pensent que *U-sa* est situé au nord de la mer, sont dans l'erreur[1].»

道主貴 *miti-nusi-no muti*, litt. «les nobles, maîtres des routes».

Le vénérable Sui-ka dit : «Les trois déesses sont dans la voie; c'est pour cela qu'on les appelle *Miti-nusi-no muti.* Dans le *Ku-zi ki,* on les nomme 道中主貴 *Miti-naka-no nusi-no muti*[2]. Ces trois déesses ont reçu le titre de 貴 *muti,* parcequ'elles doivent leur naissance à la Grande Déesse Solaire[3]».

On lit dans la glose marginale du *Ku-zi ki,* publié par Nobu-yosi : «L'ouvrage intitulé *Histoire du temple de Muna-kata*[4] dit, que, d'après la *Géographie de la province de Tiku-zen*[5], la Grande Déesse de Muna-kata, depuis qu'elle s'est établie sur le mont *Saki-to yama,* après sa descente du Ciel, a eu une gemme verte pour signe distinctif du temple de Oki-tŭ; une gemme violette de *Ya-saka-ni,* pour celui du temple de *Naka-tu;* le miroir de *Ya-ta,* pour celui du temple de *He-tu.* Elle a pris tous ces signes distinctifs, et en a fait la représentation du corps

1. *Ni-hon Syo-ki tû-syau,* t. IV, p. 22 v°.

2. Dans l'édition que je possède du *Ku-zi ki,* on leur a conservé la même dénomination que dans le *Yamato-bumi.*

3. *Ni-hon Syo-ki tû-syau,* t. IV, p. 22 v°. Pour traduire ainsi, j'ai cru devoir substituer le signe 以 au signe 乃 du commentaire qui ne me paraît pas donner un sens satisfaisant sans cette correction.

4. 宗像社記 *Muna-kata sya ki.*

5. 筑前國風土記 *Tiku-zen-no kuni Fû-to ki.*

divin; puis elle les a offerts aux trois temples. Alors on les a renfermés soigneusement. De là vient que l'endroit où ils se trouvent a reçu le nom de département de *Mi-no kata* «le département du corps». — Le *Syakŭ Ni-hon gi* dit: «D'après l'explication de mon ancien maître, le fait de représenter les divinités de Muna-kata par des gemmes, se trouve dans le *Fû-to ki*. S'il en est ainsi, c'est l'image de ces divinités qui nous fait connaître l'origine des gemmes dont il vient d'être parlé»[1].

Moto-ori[2] nous fournit quelques développements intéressants sur le sujet qui nous occupe :

ひと御子[illegible]御子御詔別れ段

そは天照大御神。速須佐之男命にのり給はく。此後にあれませる。五柱のひと御子を。物實吾物によりて。なりませり。故おのづからあが御子なり。先にあれまする。三柱の女御子へ。物實みましが物によりて。成ませり。故すなはち汝の御子なり。かくのりわけ給ひき。◎

1. Nobu-yosi, *Gan-tô Ku-zi ki*, t. II, p. 4 v°.
2. Dans son *Kami-yo-no masa-koto*, t. I, p. 28 et suiv.

Hiko mi-ko hime mi-ko mi nori wake-no dan.

Koko-ni Ama-terasŭ oho mi kami, Haya Sŭ-sa-no o-no mikoto-ni nori tamaʻi tŭraku; kono noti-ni are-maseru, itŭ-basira-no hiko mi ko va, mono-zane aga mono-ni yorite, nari maseri; kare ono-dŭkara aga mi ko nari. Saki-ni are-maseru, mi-basira-no hime mi ko va, mono-zane mimasi-no mono-ni yorite, nari-maseri; kare sŭnavati mimasi-no mi ko nari; kaku nori-wake tamaʻi ni.

A ce moment la Grande Déesse auguste qui brille au Ciel donna ses instructions au divin *Haya Sŭsa-no o :* «Les cinq enfants mâles auxquels tu vas donner le jour tout-à-l'heure, puisqu'ils proviendront de choses qui m'appartiennent, seront pour ce motif naturellement mes enfants. Quant aux trois déesses, puisqu'elles seront nées de choses t'appartenant, elles seront pour ce motif naturellement tes enfants. Telle est la convention que nous faisons.»

かれそのさきに生(アレ)ませる神(カミ)。多紀理毘賣命(タキリビメノミコト)へ。胸形(ムナカタ)の奥津宮(オキツミヤ)にます。次(ツギ)に市寸嶋比賣命(イチキシマヒメノミコト)へ。胸形(ムナカタ)の中津宮(ナカツミヤ)にます。次(ツギ)に多岐都比賣命(タギツヒメノミコト)は。胸形(ムナカタ)の邊津宮(ヘツミヤ)にます。此(コノ)二柱(ミバシラ)の神は。胸形君(ムナカタノキミ)らがもちいつく。三前(ミマヘ)の大神(オホカミ)にます。

Kare sono saki-ni are-maseru kami, Takiri-bime-no mikoto va, Muna-kata-no Oki-tŭ miya-ni masŭ; tŭgi-ni Iti-ki sima hime-no mikoto-va, Muna-kata-no Naka-tŭ miya-ni masŭ; tŭgi-ni Ta-gi-tŭ hime-no mikoto-va, Muna-kata-no Hetŭ miya-ni masŭ; kono mi-basira-no kami-va, Muna-kata-no kimi-ra ga moti itŭku, mi-mahe-no oho-kami-ni masŭ.

En conséquence, la divinité qui naquit la première, appelée la divine *Ta-kiri bime,* fut établie dans le temple de *Oki-tŭ,* en Muna-kata; ensuite la divine *Iti-ki-sima-hime* fut établie dans le temple de *Naka-tŭ,* en Muna-kata. Ensuite *Ta-gitŭ hime* fut établie dans le temple de *Hetŭ,* en Muna-kata. Les trois déesses auxquelles rendent un culte les seigneurs de Muna-kata, sont les trois grandes déesses mentionnées plus haut.

又(マタ)は。此(コノ)三(ミ)柱(バシラ)の比(ヒ)賣(メ)御(ミ)子(コ)たちをば。筑(ツク)紫(シ)嶋(シマ)の北(キタ)方(カタ)の海(ウミ)道(ヂ)に降(クダリ)まさしめ給(タマ)ひて。のり給(タマ)はく。みましたち。みまの命(ミコト)を助(タス)けまつりて。みま命(ミコト)にいつかれよとのり給(タマ)ひき。ともあり

Mata va, kono mi basira-no hime mi ko tatiwo-ba, Tŭkusi-no sima-no kita-no kata-no umi-dŭti-ni kudari masasime-tamaite nori-tamavaku, mimasi tati, mima-no mikotowo tasŭke matŭrite, mima-no mikoto-ni itŭkare yo to nori tamaiki, tomo ari.

On rapporte également que la Grande Déesse Solaire, lorsqu'elle fit descendre les trois déesses à *Umi-tŭ di* (le chemin de la mer), dit en outre : «O vous, soyez l'objet du culte des divins descendants des Dieux et prêtez-leur assistance.»

故その後に生れませる。五柱の御子の中に。天之菩卑命の御子。建比良鳥命は。出雲の國造。无邪志の國造。上菟上の國造。下菟上の國造。伊自牟の國造。津嶋縣直。遠江の國造らが祖なり。次に天津日子根命は。凡川内の國造。額田部湯坐連。茨木の國造。倭田中直。山代の國造。馬來田の國造。道尻岐閇の國造。周防の國造。倭淹知造。高市縣主。蒲生稻寸。三枝部造らが祖なり

Kare sono noti-ni are-maseru, itŭ-basira-no mi ko-no naka-ni, Ame-no ho-hi-no mikoto-no mi ko, Take-hi-ra-tori-no mikoto va, Idŭ-mo-no kuni-no miyatŭko, Mu-zasi-no kuni miyatŭko, kami-tŭ Una-kami-no kuni-no miyatŭko, simo-tŭ Una-kami-no kuni-no miyatŭko, I-zi-mu-no kuni-no miyatŭko, Tu-sima agata-no atahe, Toho-tŭ Áu-mi-no kuni-no miyatŭko-ra ga oya nari.

Tŭgi-ni Ama-tŭ hi-ko-ne-no mikoto va, Ôsi-káu-ti-no kuni-no miyatŭko, Nuka-ta-be-no yu-e-no murazi, Ubara-

ki-no kuni-no miyatŭko, Yamato-no Ta-naka-no atahe, Yama-siro-no kuni-no miyatŭko, Uma-gu-ta-no kuni-no miyatŭko, Miti-no siri-no ki-he-no kuni-no miyatŭko, Su-vau-no kuni-no miyatŭko, Yamato-no An-ti-no miyatŭko, Take-ti-no agata nusi, Gamáu-no inaki, Saki-kusa-be-no miyatŭko-ra ga oya nari.

Parmi les enfants des cinq dieux nés plus tard (lors de la convention de la Déesse Solaire et de Sosa-no-o), il y eut le fils du divin *Ame-no ho-hi,* nommé le divin *Take-hi-ra-tori,* qui fut le premier ancêtre des fondateurs du pays de *Idŭ-mo,* du pays de *Mu-sasi,* du pays de *Una-kami* supérieur, du pays de *Una-kami* inférieur, du pays de *Izimu,* des administrateurs du district de *Tu-sima* et des fondateurs du pays de *Aumi.*

Ensuite le divin *Ama-tŭ hiko-ne* fut le premier ancêtre des fondateurs du pays de *Ôsi-káu-ti,* des seigneurs de *Nu-kata be-no yu-e,* des fondateurs du pays de *Ubara-ki,* des administrateurs de *Ta-naka,* dans le *Yamato,* de ceux des pays de *Yama-siro,* de *Uma-guta,* de *Miti-no siri-no ki-he,* de *Su-wau,* de *An-ti,* dans le *Yamato,* des maîtres du district de *Take-ti,* des fondateurs de *Gamáu-no inaki* et de *Saki-kusa-be.*

〔八〕是後素戔嗚尊之爲行也。甚無狀。何則天
照大神。以天狹田長田。爲御田。時素戔嗚尊
春則重播種子。且毀其畔。秋則放天斑駒。使
伏田中。復見天照大神當新嘗時。則隂放屎
於新宮。又見天照大神方織神衣。居齋服殿。
則剝天斑駒。穿殿甍。而投納。是時天照大神
驚動。以梭傷身。由此發慍。乃入于天石窟。閉
磐戸。而幽居焉。故六合之内常闇。而不知晝
夜之相代。于時八十萬神會合於天安河邊。

計其可禱之方。故思兼神深謀遠慮。遂聚常
世之長鳴鳥。使互長鳴。亦以手力雄神。立磐
戸之側。而中臣連遠祖。天兒屋命忌部首遠
祖。太玉命掘天香山之五百箇眞坂樹。而上
枝懸八坂瓊之五百箇御統。中枝懸八咫鏡。
一云眞經津鏡。下枝懸青和幣白和幣。相與
致其祈禱焉。又猿女君遠祖。天鈿女命。則手
持茅纏之矟。立於天石窟戸之前。巧作俳優。
亦以天香山之眞坂樹爲鬘。以蘿爲手繦。而

火處燒覆槽置。顯神明之憑談。是時天照大神
聞之而曰。吾比閉居石窟。謂當豐葦原中國必
爲長夜。云何天鈿女命嘘樂如此者乎。乃以御
手。細開磐戶。窺之。時手力雄神則奉承天照大
神之手。引而奉出。於是中臣神忌部神則界以
端出之繩。繩亦云左繩。乃請曰。勿復還幸。然後
諸神歸罪過於素戔嗚尊。而科之以千座置戶。
遂促徵矣。至使拔髮以贖其罪。亦曰。拔其手足
之爪贖之。已而竟逐降焉

CHAPITRE HUITIÈME.

1. Plus tard la conduite du divin Sosa-no-o devint très déréglée.

2. On va voir dans quelles circonstances : La Grande Déesse Solaire *Ama-terasŭ oho-kami* avait fait ses champs des grands et des petits champs du Ciel.

3. En ce temps, le divin Sosa-no-o refit, au printemps, de secondes semailles (dans les champs déjà ensemencés) et détruisit les sentiers qui servaient de limite aux cultures;

4. En automne, il conduisit des chevaux multicolores et les fit se coucher sur les champs.

5. Une autre fois, au moment où l'on offrait à la Grande Déesse Solaire Ama-terasŭ oho-kami le grain nouveau, il fit à la dérobée ses excréments [à la porte] du temple édifié pour la célébration de la fête.

6. Puis lorsqu'il vit la Grande Déesse Solaire Ama-terasŭ oho-kami tisser les habits neufs qu'on porte pour cette même fête dans le palais sacré, il dépouilla de leur peau des chevaux multicolores et les jeta par un trou qu'il fit dans les tuiles du temple.

7. A ce moment, la Grande Déesse Solaire Ama-terasŭ oho-kami, saisie de frayeur, se blessa avec sa navette. Furieuse de ce qui lui arrivait, elle entra alors

dans la grotte rocheuse du Ciel, en obstrua l'entrée au moyen d'une porte faite avec un rocher, et y demeura cachée.

8. De la sorte, dans tout l'univers régna l'obscurité, et l'on ne connut plus la succession du jour et de la nuit.

9. Alors les huit cent mille dieux se réunirent au bord de la rivière *Ama-no yasŭ-no kavara* et discutèrent sur le moyen d'intercéder [auprès de la déesse].

10. Le dieu *Omoĭ-gane*, qui avait une profonde habileté et une vue étendue, réunit les oiseaux qui chantent longtemps dans le monde éternel et leur ordonna de chanter sans discontinuer.

11. Puis il fit cacher le Dieu de la Force à côté de la porte de rocher.

12. Le divin *Ama-no Ko-yane*, ancêtre éloigné de *Naka-tomi*, et le divin *Futo-tama*, premier ancêtre de *In-be*, déracinèrent cinq cents arbres bien droits de la montagne parfumée du Ciel; ils suspendirent sur les branches supérieures les cinq cents rubans sur lesquels étaient attachés les maga-tama de Ya-saka, sur les branches du milieu les miroirs de huit pieds, et sur les branches inférieures des papiers votifs bleus et des papiers votifs blancs. Puis ils firent des invocations.

13. La déesse *Ama-no Usŭ-me*, premier ancêtre des seigneurs de *Saru-me*, tenant alors en main la

lance (à la hampe) tournée de jonc, se mit à jouer la comédie sur le devant de la porte de la grotte rocheuse du Ciel.

14. Puis elle prit un arbre bien droit de la montagne parfumée du Ciel et s'en fit une perruque, et une plante grimpante pour s'en servir en guise de corde (destinée à retenir les vêtements).

15. Elle alluma ensuite des feux de joie; et montée sur un bateau renversé, en se dandinant, elle simula un discours de la Grande Déesse.

16. En ce temps-là, la Grande Déesse Solaire Ama-terasŭ oho-kami, qui entendait ce qui se passait, se dit en elle-même : «Du moment où je suis renfermée dans cette grotte, le royaume central du Japon est nécessairement [plongé] dans une nuit profonde. Comment est-il possible que l'auguste Ama-no Usŭ-mé se réjouisse de la sorte?»

17. De sa main impériale, elle entre-bâilla alors la porte [de rocher] et jeta un coup-d'œil au dehors.

18. Le Dieu de la Force prit aussitôt la main de la Grande Déesse Solaire Ama-terasŭ oho-kami, la tira à lui et la fit sortir de sa retraite.

19. Puis le dieu de Naka-tomi et le dieu de In-bé fermèrent l'entrée de la grotte en tendant un câble.

20. Ils lui adressèrent alors cette prière : «Veuillez ne point rentrer dans la grotte.»

21. Ensuite tous les dieux mirent le crime sur le compte de Sosa-no-o et le condamnèrent, en accumulant [autour de lui] mille nattes.

22. Il fallut en arriver à lui arracher les cheveux de la tête pour expier ses crimes.

23. On dit aussi qu'on lui arracha les ongles des pieds et des mains pour l'expiation de ses crimes.

24. Après cela, il se décida à faire sa soumission.

Glose.

第八章

無狀者無善狀也。謂素戔嗚尊之罪狠惡也○畔。說文曰。畔田界也。毀畔者慢其經界也○斑。韻會曰。雜色曰斑。駒馬二歲也○新嘗者是新穀既熟乃後饗嘗也○屎糞也。古語拾遺曰。當新嘗日以屎塗宮之戸也○梭織具也。窟穴也○幽陰也。隱也。暗也。囚也。幽居謂獨處時也○集解曰。十萬數之極。合八方各十萬。故曰八十萬神也○禱者請也。祈也。求日神出窟也○長鳴鳥鳴聲者也○手力雄神者思兼神之子也○遠祖。莊四年公羊傳曰。遠祖者幾世乎九世矣。首遠祖。原脫首字。舊事紀補○五百箇樹。五百箇者言其多也○幣帛也○矟矛柄名○鬘所以繫頭也。集解曰。後世舞人插花木于頭者。蓋餘風也。蘿女蘿也。俗云杉苔。又云狐尾桂。○火處燒。日神入窟四方冥暗。故燒火以爲明也○逐降者謂逐去於根國也

Chapitre VIII. — Commentaire.

Le présent chapitre est considéré comme un des plus intéressants de l'Histoire des Dynasties divines, ou du moins c'est un de ceux qui jouissent au Japon de la plus grande popularité; ce qui s'explique d'ailleurs par la place exceptionnelle qu'occupe *Ama-terasŭ oho-kami* dans la mythologie nationale des îles de l'extrême Orient. On a émis la pensée que la légende relative à la retraite de la Grande Déesse se rattachait au souvenir d'une éclipse totale de soleil[1]. Les indigènes, frappés de la disparition du soleil, auraient imaginé, pour s'expliquer ce phénomène, que Ama-terasŭ oho-kami, désespérée des persécutions de son frère Sosa-no-o, s'était cachée dans une grotte, plongeant ainsi l'univers dans l'obscurité; et, comme cet astre n'avait pas tardé à reparaître au firmament, ils auraient ajouté le récit des mesures prises par les dieux pour rendre au monde l'astre lumineux qui l'avait un moment abandonné[2].

On verra plus loin que, suivant une certaine tradition,

1. *Gen-bun Ni-hon Syo-ki,* MSC., t. I, p. 92 et ailleurs.

2. Voici le récit correspondant du *Ko-zi ki :*

古事記卷之八

爾速須佐之男命白于天照大御神。我心
清明故。我所生之子得手弱女。因此言者。
自我勝云而。於勝佐備。離天照大御神之
營田之阿埋其溝。亦其於聞看大嘗之殿
屎麻理散。故雖然爲。天照大御神者登賀
米受而告。如屎。醉而吐散登許曾。我那勢
之命爲如此。又離田之阿埋溝者。地矣阿
多良斯登許曾。我那勢之命爲如此登詔
雖直。猶其惡態不止而轉。天照大御神坐
忌服屋而。令織神御衣之時。穿其服屋之
頂。逆剝天斑馬剝而所墮入時。天衣織女

la Déesse Solaire identifiée avec *Waka-hime*, l'auguste tisseuse des vêtements divins, serait morte des persécutions

見驚而。於梭衝陰上而死。故於是天照大御神見畏。閉天石屋戶而刺許母理坐也 *

* *Koko-ni Haya Sŭsa-no o-no mikoto Ama-terasŭ oho mi kami-ni mausi-tamavaku : a-ga kokoro akaki yŭye-ni, a-ga umerisi mi ko tawayamewo yetŭ. Kore-ni yotte mausaba : onodŭkara are katinu to i'ite, kati sabi-ni Ama-terasŭ oho mi kami-no mi tŭku da-no avanati, mizo ŭme; mata sono oho-nihe kikosi mesŭ tono-ni kuso-mari tirasiki. Kare-siga-sŭredomo, Ama-terasŭ oho mi kami va togamezŭte nori-tamavaku : Kuso nasŭ-va, e'ite, haki-tirasŭ to koso, a-ga nase-no mikoto kakusi tŭrame; mata ta-no ava-nati mizo umuru-va, tokorowo atarasi to koso, a-ga nase-no mikoto kakusi tŭrame, to nori-nahosi tamahe-domo, naho sono asiki waza yamazŭte utate-ari. Ama-terasŭ oho mi kami imi hata-ya-ni masi-masite, kamŭ miso orasime-tama'u toki-ni, sono hataya-no munewo ugatite, ame-no buti ko-mawo sakavagi-ni hagite otosi iruru toki-ni, ame-no miso ori-me mi odorokite, hi-ni hotowo tŭkite mi ŭseki. Kare koko-ni, Ama-terasŭ oho mi kami mi kasiko-mite, ame-no iva-ya dowo tatete sasi-komori masi-masiki.*

A ce moment le divin Sosa-no-o dit à la Grande Déesse Ama-terasu oho-kami : « Comme mon cœur est pur, les enfants auxquels j'ai donné le jour, sont de tendres jeunes filles ». On peut proclamer en conséquence, que « j'ai triomphé », dit-il; et il détruisit les sentiers qui servaient de limite aux champs qu'avait disposés la Grande Déesse Ama-terasu oho-kami, combla les irrigations; puis il répandit des excréments dans le palais préparé pour le grand sacrifice. Cependant, bien qu'il ait agi de la sorte, la Grande Déesse Ama-terasu oho-kami ne l'incrimina point pour cela et dit : « Ce qui a l'air d'excréments, c'est sans doute ce que mon auguste frère aîné a vomi pendant l'ivresse; quant aux sentiers détruits et aux irrigations comblées, mon auguste frère aîné a sans doute agi de la sorte parce qu'il regrettait le terrain (perdu). » Bien qu'elle se fût exprimée en ces termes, il continua à accomplir ses mauvaises actions. Un jour que la Grande Déesse Ama-terasu oho-kami se trouvait dans son imposante salle-à-tisser, en train de surveiller la fabrication des augustes vêtements des Dieux, il fit un trou dans la toiture de la salle-à-tisser et y jeta un cheval multicolore du Ciel qu'il avait écorché à contre-sens, de sorte que les tisseuses, saisies de frayeur, se blessèrent aux parties avec leur navette et moururent. La Grande Déesse Ama-terasu oho-kami, effrayée à cette vue, ferma la porte de l'habitation rocheuse du Ciel et demeura barricadée dans l'intérieur.

爾高天原皆暗。葦原中國悉闇。因此而常夜往。於是萬神之聲者狹蠅那須皆滿。萬妖悉發。是以八百萬神於天安之河原神集集而。高御産巣日神之子思金神令思而。集常世長鳴鳥令鳴而。取天安河之河上之天堅石。取天金山之鐵而。求鍛人天

de son frère Sosa-no-o. Cette tradition ne s'accorde pas avec la suite du récit qui fait reparaître en scène la déesse Ama-

津麻羅而。科伊斯許理度賣命令作鏡。科玉祖命令作八尺勾璁之五百津之御須麻流之珠而。召天兒屋命布刀玉命而。內拔天香山之眞男鹿之肩拔而。取天香山之天波波迦而。令占合麻迦那波而。天香山之五百津眞賢木矣根許士爾許士而。於上枝取著八尺勾璁之五百津之御須麻流之玉。於中枝取繫八尺鏡。於下枝取垂白丹寸手青丹寸手而。此種種物者。布刀玉命布刀御幣登取持而。天兒屋命布刀詔戶言禱白而。天手力男神隱立戶掖而。天宇受賣命手次繫天香山之天日影而。爲鬘天之眞折而。手草結天香山之小竹葉而。於天之石屋戶伏汗氣而。蹈登杼呂許志爲神懸而。掛出胸乳裳緒忍垂於番登也。爾高天原動而八百萬神共咲。**

** *Sŭnavati takama-no hara mina kuraku; Asi-vara-no naka-tŭ kuni koto-gotoku-ni kurasi. Kore-ni yotte, toko yo yuku. Koko-ni yorodŭ-no kami-no otona'i-va, sabahe nasŭ mina waki; Yorodŭ-no wazava'i koto-gotoku-ni okoriki. Kokowo mote, ya-ho-yorodŭ-no kami ame-no yasŭ-no kavara-ni kamŭ tŭdo'i-tŭdo'ite, Taka-mi Musŭ-bi-no kami-no mi ko Omo'i-kane-no kami-ni omowasimete, toko yo-no naga-naki-doriwo tŭdohete, nakasimete, ame-no yasŭ-no kava-no kavara-no ame-*

terasŭ oho-kami; mais cette déesse y reparaît pour la dernière fois. Il n'y a évidemment pas à s'arrêter aux contra-

no katasivawo tori, ame-no kana-yama-no kanewo torite, kanuti Ama-tŭ ma urawo magite, Iso-kori-dome-no mikoto-ni ohosete, kagamiwo tŭkurasime, Tama-no ya-no mikoto-ni ohosete, ya-saka-no maga-tama-no i-ho-tu-no mi sŭmaru-no tamawo tŭkurasimete, Ame-no ko-yane-no mikoto Futo tama-no mikotowo yobite, ame-no Kagu-yama-no ma o-sika-no katawo utŭ nuki-ni nukite, ame-no Kagu-yama-no ame-no haha-kawo torite, ura-hema kanavasimete, ame-no Kagu yama-no i-ho-tu ma-saka kiwo nekozi-ni kozite, ho-tŭye-ni ya-saka-no maga-tama-no i-ho-tu-no mi sŭmaru-no tamawo tori-tŭke, naka-tŭye-ni ya-ta kagamiwo tori-kake; si-dŭ-ye-ni sira nigite, awo nigite o tori-sidete; kono kusa-gusa-no mono wa, Futo-tama-no mikoto futo mi tegura to tori-motasite, Ame-no Ko-ya-ne-no mikoto futo nori to goto negi-mausite, Ame-no Ta-dikara-o-no kami mi to-no waki-ni kakuri tatasite, Ame-no Uzŭ-me-no mikoto, Ame-no Kagu-yama-no Ame-no hi-kagewo tasŭki-ni kakete, Ame-no ma-sakiwo katŭra to site, Ame-no Kagu-yama-no sasabawo tagusa-ni yu'ite, Ame-no iva-ya-do-ni uke-fusete, fumi todorokosi kamŭ gakari-site, mŭna-diwo kaki-ide, mo'i mowo hoto-ni osi-tareki. Kare takama-no hara yusŭrite, ya-ho-yorodŭ-no kami tomo-ni wara'iki.

Alors la plaine du Ciel élevé devint toute sombre; le royaume central d'Asi-vara fut dans une complète obscurité; et, en conséquence, il y eut une nuit continuelle. A ce moment les voix des myriades de Dieux furent comme celles de moucherons qui essaiment, et des myriades de présages-de-malheur apparurent. En conséquence, les huit cent myriades de dieux se rassemblèrent sur le bord de la rivière paisible du Ciel, et chargèrent le divin Omoï-kané, fils du divin Taka-mi Musŭbi de former un plan; on réunit les oiseaux qui chantent longtemps dans la nuit continuelle, et on les fit chanter; on prit dans la rivière paisible du Ciel de solides rochers célestes, et l'on prit du métal dans les montagnes de métaux du Ciel; puis on appela le forgeron Ama-tu-mara, et on chargea l'auguste Isi-kori-do-mé de fabriquer un miroir, et l'auguste Tama-no oya de faire les gemmes d'un collier de cinq cents magatamas de huit pieds; puis on manda l'auguste Amé-no Ko-ya-né et l'auguste Futo-tama, qu'on chargea d'arracher complétement (les os de) l'épaule d'un cerf mâle parfait de la montagne céleste de Kagu-yama, et de prendre de l'écorce de cerisier de la montagne céleste Kagu-yama, afin de tirer des pronostics; puis on arracha avec les racines un cléyéra parfait à cinq cents branches de la montagne céleste Kagu-yama; on plaça sur ses branches du haut les gemmes du collier de cinq cents magatamas de huit pieds, on attacha à ses branches du milieu le miroir de huit pieds, et on suspendit à ses branches du bas des papiers votifs blancs et des papiers votifs bleus; l'auguste Futo-tama prit toutes ces choses ainsi que les papiers votifs; l'auguste Amé-no Ko-ya-né récita le Grand Rituel *(Nori-to)*; le divin Amé-no Ta-dikara-o se cacha sur le côté de la porte (de la grotte où s'était renfermée la Grande-Déesse), l'auguste (déesse) Amé-no Uzŭ-mé prit une plante grimpante de la montagne céleste Kagu-yama en guise de suspensoir; elle réunit des feuilles de petits bambous de la montagne céleste Kagu-yama en guise de bouquet, mit devant la porte de la grotte céleste une planche-de-bois sonore, et la fit résonner en simulant la Grande-Déesse, sortit ses mamelles de son sein, et fit tomber l'attache de ses vêtements jusqu'à ses parties. Alors la plaine du Ciel élevé trembla et les huit cents myriades de dieux se mirent à rire tous ensemble.

於是天照大御神以爲怪。細開天石屋戸而。内告者因吾隱坐而以爲天原自闇。亦葦原中國皆闇矣。何由以天宇受賣者爲樂。亦八百萬神諸咲。爾天宇受

dictions que renferment des légendes merveilleuses du genre de celle qui nous occupe; mais il semble que l'incertitude

賣白言益汝命而貴神坐故歡喜咲樂。如此言之間。天兒屋命布刀玉命指出其鏡。示奉天照大御神之時。天照大御神逾思奇而。稍自戸出而臨坐之時。其所隱立之天手力男神取其御手引出。即布刀玉命以尻久米繩控度其御後方。白言從此以內不得還入。故天照大御神出坐之時。高天原及葦原中國自得照明 ***

*** *Koko-ni Ama-terasŭ oho mi-kami ayasi to omohosite, Ame-no iva yadowo hosome-ni hirakite, uti-yori nori-tamaheru-va : Aga komori-masŭ-ni-yotte, ama-no hara onodŭkara kuraku; Asi-vara-no naka-tŭ kuni mo mina kuraken to omôwo; na do te Ame-no Uzŭ-me va asobisi; mata ya-ho-yorodŭ-no kami moro-moro wara'u zo to nori-tama'iki. Sŭnavati Ame-no uzŭ-me naga mikoto-ni masarite ta'u toki kami i-masŭ ga yŭye-ni eragi asobu to mausiki. Kaku mausŭ aida-ni, Ame-no ko-ya-ne-no mikoto, Futo-tama-no mikoto kano kagamiwo sasi-idete, Ama-terasŭ oho mi-kami-ni mise-matŭru toki-ni, Ama-terasŭ oho mi-kami iyo-iyo ayasi to omohosite, yaya to-yori idete nozomi-masŭ toki-ni, kano kakuri tateru Ame-no ta-dikara-o-no kami sono mi-tewo totte hiki-idasi-matŭriki. Sŭnavati Futo-tama-no mikoto siri-kume navawo sono mi siri he-ni hiki-watasite, koko-yori uti-ni nakaheri iri-masi so to mausiki. Kare Ama-terasŭ oho mi kami ide-maseru toki-ni, Takama-no hara mo, Asi-vara-no naka-tŭ kuni mo, onodŭkara teri-akariki.*

A ce moment la Grande Déesse Ama-terasŭ-oho-kami stupéfiée, ouvrit un peu la porte de l'habitation rocheuse du Ciel, et parla ainsi de l'intérieur : «Il me semblait que, du moment que je demeurais renfermée, la plaine du Ciel devait être obscure et que de même le royaume central d'Asi-vara devait être tout obscur. Comment se fait-il que Amé-no Uzŭmé se réjouisse et que les huit cents myriades de dieux se mettent tous à rire?»

Alors Amé-no Uzŭmé parla en ces termes : «Nous nous réjouissons et nous rions de joie parce que nous possédons une déesse qui l'emporte sur toi (en éclat).»

Pendant qu'elle parlait ainsi, l'auguste Amé-no Ko-yané et l'auguste Futo-tama firent sortir leur miroir et le présentèrent à la grande déesse Ama-terasŭ-oho-kami. La Grande Déesse Ama-terasŭ-oho-kami fut de plus en plus étonnée : elle sortit peu à peu de la porte et regarda à la dérobée. A ce moment, le divin Ame-no Ta-dikara-o, qui se tenait caché, prit sa main impériale et la fit sortir. Ensuite l'auguste Futo-tama fit passer un câble attaché par derrière la Grande Déesse et lui parla en ces termes : «Vous ne devez pas rétrograder plus loin à l'intérieur.»

En conséquence, la grande déesse Ama-terasŭ-oho-kami étant sortie, la plaine du Ciel élevé et le royaume central d'Asi-vara purent recouvrer la lumière».

J'ai revu la traduction ci-dessus, faite il y a environ quinze ans, sur celle qu'a publiée même qui règne sans cesse sur la question de savoir si telle ou telle divinité a fini par «disparaître» ou par «mourir», révèle le double caractère de la plupart de ces divinités : l'un céleste, surnaturel, absolument imaginaire; l'autre terrestre et se rattachant à des personnalités humaines divinisées et par moment confondues avec leur homonyme de la conception mythique[1].

récemment M. Hall-Chamberlain : je la crois aussi exacte que possible, bien qu'il me reste encore des doutes sur plusieurs expressions qu'il ne m'est pas possible de discuter dans cette note.

Le récit du *Ku-zi ki,* que son étendue ne me permet pas de reproduire ici, présente à son tour quelques variantes : «La grande déesse Ama-terasŭ-oho-kami dit à son frère Sosa-no o : «Ton cœur est toujours noir; je ne veux plus d'entrevue avec toi». Alors elle entra dans la grotte céleste et la ferma avec un rocher en guise de porte. Les six côtés de l'univers (points cardinaux, zénith et nadir) devinrent si obscurs qu'on ne pouvait plus distinguer le jour de la nuit. Il y eut alors une assemblée des huit cents myriades de dieux pour discuter un plan. Comme dans le *Ko-zi ki,* on fit appel au dieu *Omo'i-gane,* parce qu'il possédait à un haut degré la science de la réflexion. Celui-ci fit copier le portrait de la déesse du Soleil, . . . puis il fit fabriquer la lance solaire en cuivre(?) du mont des métaux céleste, un miroir, un collier de magatamas, et une foule d'autres objets successivement décrits. A part les plus nombreux préparatifs, le dénouement se produit dans les mêmes conditions, et l'entrée de la grotte est barrée avec l'auguste corde du Soleil *(hi-no mi tŭna),* de façon à marquer la limite au-delà de laquelle la Grande-Déesse ne devait plus se retirer; on y place en outre deux dieux en sentinelle et un troisième au côté d'Ama-terasŭ-oho-kami. Enfin le récit est terminé par la condamnation de Susa-no-o.

1. La légende de Ama-terasŭ oho-kami a été maintes fois modifiée et défigurée. La grande popularité dont jouit cette déesse chez les Japonais a fait que les bouddhistes, lors de leurs premières prédications dans les îles de l'Extrême Orient, n'ont pas hésité à la faire entrer dans le cadre de leur panthéon. Le passage suivant que j'emprunte à un ouvrage de I-zawa Naga-hide, de Kuma-moto, province de Hi-go, offrira un exemple de cette tendance des Japonais de donner à leurs principaux dieux le caractère de divinités étrangères :

天照太神宮とち日如来と云或ハ呉泰伯と云説。そくせつにいふ。むかし此あいのまゞなかざると経ちから此上よち日此いんめんあり天照太神天此とかとを住てかきさぐりぬふそ此ゑさくや住ゆ此王しぶい六天此まゞうちれをうんそ此ゑさうむとなふハ納門むりやうふしそん

Adiki-nasi «misérable, désagréable, déréglé». Les deux caractères chinois qui répondent à cette expression 無状

生孔とのゆべしとのきこゑあり
しく八古非まだ又いのそ
ぬさまたく　ふれ　ミえう　然
ちくびゝまだその名然も
せうせどとなしく八まだう
よろこびて玉とゆびりまに血
とねりて扱。しつけ世さ然し也
とれ非ど之れなや。又玄天
悪古非八かん地ち日如来
なや此ゆ之ち白本玉と
いふ。又玄天悪古非八呉泰
伯なやと古然扱又ややだい
しふさうくい臣玉とゆせう
古非と女たいとゆふもきし
とあやまれる多然なり

«D'après les récits populaires, anciennement, avant que ce royaume (le Japon) ait été fondé, il y avait sur l'océan une figure du Grand Soleil. La déesse Ama-terasŭ oho-kami remua la mer avec la lance céleste*, et il en tomba des gouttes semblables à de la rosée.

«Le Roi des Démons** du sixième Ciel, voyant cela, dit avec mauvaise humeur : «Si ces gouttes (qui tombent de la lance céleste) deviennent des «pays, le Bouddhisme y sera répandu et on sera délivré de la vie et de la «mort.»***

«La Grande-Déesse (Ama-terasŭ oho-kami) répondit au Roi des Démons: «Je n'approcherai pas (de ce pays) les trois trésors et je ne dirai pas même «leur nom.»

«Alors le Roi des Démons donna avec plaisir le Japon (à la Grande-Déesse); il mit du sang à sa main et toucha ce pays pour lui faire une marque éternelle. C'est ce qu'on désigne sous le nom de 神璽 *sin-zi* †.

Suivant un autre récit, Ama-terasŭ oho-kami est la même personne que

* Il y a ici confusion avec le récit de la création des mondes par le divin Iza-na gi, au moyen d'une lance céleste de jade *(Ama-no do-boko* ou *Ama-no nu-boko).* Ce récit a été donné plus haut (*Genèse,* ch. IV; voy. notamment p. 91).

** En japonais : 魔王 *ma-wau.* C'est la transcription chinoise du sanscrit मारराज *mâràrâdja,* c'est-à-dire de *Pâpîyân,* le démon roi-tentateur, personnification de l'amour et de l'empire des sens.

*** C'est-à-dire, suivant l'idée bouddhique, on ne sera plus exposé au malheur d'avoir à renaître et à mourir.

† *Sin-zi* désigne le sceau sacré qui est compris parmi les objets précieux présentés aux empereurs du Japon, à leur avénement, comme emblème de leur autorité souveraine. Lorsque Zin-mu, premier mikado, fut élevé à la dignité impériale, les grands de sa suite vinrent lui offrir, dans la salle du trône, le sceau en question, un miroir et un sabre. Nous aurons l'occasion de revenir sur ces objets qui se rattachent tous à la mythologie sintauïste.

signifient littéralement «sans forme»; mais ils ont la valeur de «sans bonne forme», c'est-à-dire de «criminel»[1].

Les mots 天田, littér. «champs du Ciel», désignent en chinois les champs appartenant à l'Empereur et dans lesquels ce prince accomplissait la cérémonie du labourage, en ouvrant lui-même le premier sillon. Cette pratique avait pour but d'encourager le peuple à l'agriculture et d'honorer les travaux des champs. — *Sana-ta* signifie «de petits champs» (コマヤカナル田之 *komaka-naru ta nari*); *naga-ta* veut dire «de grands champs» (大キ成田ノコ之 *ohoki naru ta-no koto nari*)[2].

Haru «le printemps», c'est-à-dire «le moment où ap-

*Dai-niti Nyo-rai**. De là vient le nom de *Nip-pon* «origine du Soleil» donné au Japon.

Suivant un autre récit, Ama-terasŭ oho-kami est la même personne que *Taï-peh*, du royaume de *Ou*.**

En conséquence, on appelle le Japon, dans les poésies, *Tô-kai ki-si kokŭ* «le Royaume de la dame de la mer d'Orient». Ce sont ces mots *ki-si* «dame» qui ont fait, à tort, attribuer à Ama-terasŭ oho-kami un corps de femme.» (¶ *Zokŭ setŭ ben,* t. I, p. 6.)

* Il y a là un nom donné à la Grande-Déesse Solaire sous une forme indienne (महासूर्य्यस् तथागत *mahasûryyas tathâgata,* c'est-à-dire Celui qui vient comme Grand-Soleil). On sait que *tathâgata* (chinois : *jou-laï*) est un surnom donné au Bouddha.

** *Taï-peh* (en sinico-japonais : *Tai-hakŭ*) était l'oncle du vertueux et célèbre *Wen-wang*. Il quitta la cour pour ne pas causer d'embarras à son père qui paraissait désirer pour successeur son plus jeune frère *Ki-lih*. Il se retira alors chez les *King-man*, au sud du fleuve *Kiang*, dans la province du *Kiang-nan*. Rappelé bientôt par Ki-lih pour régner sur le pays de *Tcheou*, conformément à la dernière volonté de *Kou-koung*, son père, il s'y rendit pour assister aux obsèques, mais refusa obstinément de prendre en mains les rênes du gouvernement, parce que, disait-il, Ki-lih était celui que son père avait réellement souhaité pour héritier. Il s'en retourna donc chez les *King-man*, où il répandit les doctrines des anciens sages, et fonda le royaume de *Ou* (sinico-japonais : *Go*), en 1229 avant notre ère. Une légende rapporte que ses descendants ont été les fondateurs de l'empire Japonais (voy. ma *Notice sur les îles de l'Asie Orientale,* dans le *Journal Asiatique* de 1861). — On voit, par cette notice, l'étrange mélange de faits hétérogènes qui s'est produit dans les idées populaires relativement au sintauïsme.

1. *Syo-ki siû-kai,* livr. I, p. 37; *Heou Han-chou,* commentaire, cité par le *Syo-ki tû-syau,* livr. IV, p. 23.

2. *Gen-bun Ni-hon Syo-ki,* MSC., t. I, p. 90.

paraissent et se développent 發ハル 張ル les bourgeons des arbres». 아 *ha,* dans l'ancienne langue, paraît avoir eu le sens de «bourgeonner, commencer» 端[1].

畔ア *a,* c'est-à-dire «les limites qui séparent les champs» (田 界)[2]. Suivant le *Wa-mei seô,* c'est ce qu'on appelle en japonais 久 呂 *kuro.*

Haru . . . aki «au printemps . . . en automne». C'est une manière de dire «dans les quatre saisons, en tout temps»[3].

ブチ *buti* signifie «ornementé, multicolore».

OFFRANDE DU BLÉ NOUVEAU. — La cérémonie qui consiste à offrir aux dieux du Ciel et de la Terre les prémisses de la récolte s'est transmise d'âge en âge chez les Japonais, et les Mikado se sont fait un devoir d'y présider comme les Fils du Ciel à la cérémonie du labour. Aujourd'hui encore, il existe au Japon deux grandes cérémonies de ce genre : l'une appelée 神カム 嘗ナメ *kan-name,* dans laquelle l'offrande du grain à la Grande Déesse Solaire est faite par le peuple, l'autre nommée 新ニヰ 嘗ナメ *nïï-name,* dans laquelle cette offrande est faite par l'Empereur. L'expression *niva-naï* du *Syo-ki* désigne cette même pratique, ayant pour but d'offrir à Ama-terasŭ oho-kami les premiers fruits de l'agriculture. Il reste des doutes sur l'étymologie de ce mot : les uns y voient le mot ニハ *niva* «jardin» et ナヒ *na'i* ou ナヘ *nahe* (ニヘ) «sacrifice»; d'autres croient que *niva* est l'équivalent de *nïï* «nouveau». Dans le *Ko-go siû-i* les mots 新 殿 «le nouveau palais» sont lus ふハあひのミや

1. *Ni-hon Syo-ki tû-syau,* livr. IV, p. 23; *Gon-gen tei,* p. 42.
2. *Choueh-wen,* au mot *pan.*
3. *Gen-bun Syo-ki,* MSC., p. 91.

nivanaʿi-no miya; enfin 新ニヒ嘗ナヘ *niʿi-nahe* signifierait «le nouveau sacrifice» (新饗), ce qui est le plus vraisemblable. La cérémonie du nouveau sacrifice *(nii name-no matŭri)* avait lieu le 6e jour du 9e mois. L'empereur offrait alors du riz nouvellement récolté aux dieux du Ciel et de la Terre. On avait l'habitude d'offrir au milieu du 11e mois du riz nouveau dans les temples de trois cent quatre divinités. Suivant Kane-yosi, le mot 嘗 est le nom d'un sacrifice qu'on offrait en automne et que la Cour du Japon a reporté en hiver. Il y avait également d'autres produits de l'agriculture dont on avait l'habitude d'offrir les primeurs aux dieux du pays et à l'Empereur, notamment le coton qu'on venait présenter au palais le 16e jour du 7e mois[1].

Kuso-maru signifie «des excréments». Le *Ko-zi ki*[2] écrit *kuso-mari* ce mot que Moto-ori[3] explique par «des excréments et de l'urine». Cette interprétation ne paraît pas généralement admise[4]. Le *Ko-go-siû-i* dit : «Le jour de la fête de *nïi-name,* il enduisit d'excréments la porte (du palais)[5].»

Imu-hata-dono, en chinois 齋服殿 désigne «la salle où l'on tisse les vêtements destinés aux dieux» *(kan-miso).*

梭 *kaʿi* désigne une espèce de navette de tisserand (機杼).

1. *Syo-ki siû-kai,* t. I, p. 37; *Ni-hon Syo-ki tû-syau,* t. IV, p. 24; *Gen-bun Ni-hon Syo-ki,* MSC., t. I, p. 91; *Syo gen-zi kau,* édit. lith., p. 29, chap. 9; *Gon-gen tei,* p. 40; *Wa-kun sivori,* t. XX, p. 7; *Kwa-zitŭ tosi nami gusa,* t. VII, 上, p. 24 (automne). Le *tsin-tchang* est également mentionné dans les auteurs chinois, notamment dans les poésies de Tou-fou.

2. Édit. de Moto-ori, t. VIII, p. 1.

3. Cité par M. Hall-Chamberlain (*Trans. As. Soc. of Japan,* t. X, p. 53 n.).

4. *Wa-kun sivori,* t. VIII, p. 11. — Le *Gon-gen tei* rattache le mot *kuso* à 臭クサ *kusa* «puanteur» (p. 19).

5. *Syo-ki siû-kai,* t. I, p. 37.

Iva-do «la porte rocheuse» est située dans le *Kagu-yama*, la montagne parfumée du Ciel.

六合 *louh-hoh* signifie «les quatre points cardinaux avec le zénith et le nadir». On a rendu en japonais cette expression essentiellement chinoise par le mot *kuni* qui veut dire «royaume», et par suite, dans les anciens livres cosmogoniques surtout, «l'univers».

Yoru-hiru-no ai-kawaru-wakiwo mo sirazŭ «on ne connut plus la succession du jour et de la nuit», c'est-à-dire «il y eut une nuit perpétuelle». — Tami-gawa Si-sei fait à ce sujet l'observation suivante : «La Déesse du Soleil étant entrée dans la grotte, le Dieu de la Lune n'eut plus d'éclat»[1]. Il est peu probable que cette idée soit de l'époque de la composition du *Yamato bumi;* les exégètes japonais ont néanmoins jugé à propos de la discuter[2].

思兼 *Omo'i-kane*[3] est le dieu de l'intelligence et de la perspicacité. Il est fils de *Taka-mi Musŭbi,* l'un des grands dieux primordiaux de la genèse du Japon. Suivant le *Ko-go-siû-ï,* c'est ce Musŭbi, et non pas l'*Ame-no kami* par excellence *(Naka-nusi),* qui convoqua les quatre-vingts myriades de dieux au bord de l'*Ama-no yasŭ-no kavara* «la rivière paisible du Ciel».

Toko-yo-no naga-naki tori «les oiseaux qui chantent longtemps dans le monde éternel», c'est-à-dire «les coqs»[4] qui

1. *Ni-hon Syo-ki tû-syau,* t. IV, p. 26.

2. *Loc. supr. citat.*

3. Suivant un exégète, *Omo'i-kane* signifierait «l'or de la pensée» 思金 (*Gen-bun Ni-hon Syo-ki,* MSC., t. I, p. 94).

4. L'oiseau de basse-cour, ニハトリ *nivatori* : «le coq est un oiseau qui ne cesse de chanter pendant les quatre saisons». C'est, en outre, un oiseau qui, par son chant matinal, semble appeler le soleil. (*Gen-bun Ni-hon Syo-ki,* MSC., t. I, p. 94.)

se font entendre au milieu de la nuit, comme pendant le jour. Par «monde éternel», il faut entendre «dans tout le monde, partout»; on veut dire qu'ils chantent longtemps. On lit dans le *Si-king tsah-ki*, Histoires diverses de la capitale d'occident : «A l'époque de l'empereur *Tching-ti*, les pays de *Kiao-tchi* (Tongkin) et de *Youeh-chang-chi* envoyèrent en présent à la cour des «poules au long chant» *(tchang-ming ki).*»

手力雄神 *Ta-dikara-o-no kami* est le Dieu de la Force. — On lit dans le *Zin-kwau sei-tô ki* : «L'auguste Ta-dikara-o était fils du dieu Omo'i-kané.» Il possède un sanctuaire dans la province de Ki-i. *Ta-dikara* signifie «qui a de la force dans les mains»[1]. — Ainsi donc, dans l'ancienne mythologie sintauïste, la Force est un fils de la Pensée.

天兒屋命 *Ama-no Ko-yane-no mikoto*. La généalogie de ce dieu nous est donnée dans le *Ku-zi ki*, ainsi qu'il suit:

TAKA-MI MUSŬBI-NO MIKOTO
Kami Musŭbi-no mikoto
Tŭ-haya Musŭbi-no mikoto { Iti-ti Musŭbi-no mikoto
Ko-go-to Musŭbi-no mikoto
Ama-no Ko-yane-no mikoto

太玉命 *Futo-tama-no mikoto*, litt. «l'Auguste de la Grande-Gemme». Le *Ko-go-siû-i* dit : «La fille à laquelle donna naissance le divin Taka-musŭbi s'appelait 栲幡千千姬命 *Takŭ-hata ti-ti bime-no mikoto;* ses fils se nommaient 天忍日命 *Ama-no Osi-bi-no mikoto*, puis 天太玉命 *Ama-no Futo-tama-no mikoto*.

Ama-no Kagu-yama «la Montagne parfumée du Ciel». Les exégètes japonais se sont efforcés de déterminer la place où était située cette montagne. On a essayé de l'identifier

1. *Gen-bun Syo-ki*, MSC., t. I, p. 99.

avec une célèbre montagne du même nom située dans la province de Yamato; mais Moto-ori n'est pas disposé à accepter de telles identifications. Suivant le *Fu-tô ki,* il existe au ciel une montagne qui se divise et se continue jusque sur la terre : un de ses embranchements forme le Mont Céleste de la province de *I-yo*, un autre forme le *Kagu-yama* de la province de Yamato. Le *Man-yô siû* écrit 高カク山ヤマ *Kaku-yama* «la Haute Montagne»; ailleurs il parle de l'ascension de l'empereur *Iki-naga-tarasi-hi-hiro-nuka* (Syo-mei, 629 à 641 de notre ère) sur le *Kagu-yama,* pour contempler son royaume[1].

La grande Géographie de la province de Yamato confirme ces données de la manière suivante :

天かく山。此山ありところしる人なし
此山のありところをしひつたふる事ありと
なやひろうにおほよぶべうべはよの国風
とき曰天くだるのとき二つに分れてくだ
ちしんやまとの国にとどまり天かく山と
いへひとかたしへはいよの国いよのこほりに
とどまり天山といふ是なり凡此山を本
てらの伝へ山としてありところはんや
家にさせるく山也天照ち神は
とまうれすめ六合とやまとしてひる
ふるとこなさほとえすめさむすびの神八
百万神坐天のすまさのたぐ坐給

1. *Syo-ki siû-kai,* t. I, p. 39; *Syo-ki tû-syau,* t. IV, p. 30; *Wa-kun sivori,* t. VI, 上, p. 13.

さしめ あさを うゑ
あを ぬさて とし
かぢ木を うゑしめ
しらぬさて としたまふ
これ木綿の初めと
てつよにしげれり
さらのぎしきより
して今の世にも
とよみかぐらとや
へこれをうけして
おこなひけるこは
こゝろをよめる

«Le mont 天香久山 *Ama-no Kaku-yama.* On ignore où est située cette montagne. Il ne faut même pas soutenir qu'elle existe réellement. Dans le *Fu-dô ki* de la province de 伊豫 *I-yo* on dit qu'à l'époque (où les dieux ont opéré leur) descente du Ciel, cette montagne était divisée en deux parties : l'une se trouvait dans la province de Yamato : c'est celle-là qu'on nommait *Ama-no kagu-yama.* L'autre était située dans la province de *I-yo,* département de *I-yo :* on l'appelait 天山 *Ama-yama* «la montagne Céleste». Cette montagne est considérée dans notre pays comme une montagne surnaturelle : les sorciers seuls connaissent sa situation.

«Pendant que la Grande Déesse *Ama-terasŭ oho-kami* resta cachée dans une grotte, l'univers entier fut plongé dans l'obscurité et l'on ne pouvait plus distinguer le jour de la nuit. Le dieu Takan Sumemi Musŭbi fit faire par les huit cents myriades de dieux un miroir octogonal; puis il planta du chanvre pour faire des papiers votifs verts, puis des grains pour faire des papiers votifs blancs. Telle est l'origine du coton. Ce coton devenait touffu en une seule nuit. De là vient l'habitude de réciter, pour la fertilité des cultures, une prière dite Toyo-mi kagura.[1]»

1. ¶ *Yamato mei-syo dŭ-ye,* t. VI, p. 16.

I-wo-tŭ-no maga-tama «cinq cents gemmes recourbées», c'est-à-dire «une grande quantité de gemmes ou magatamas».

和幣 *nigi-te* désigne des papiers d'offrande que les Japonais emploient dans les cérémonies en l'honneur des Dieux[1]. La syllabe *te* du mot *nigi-te* serait une contraction de *tahe* «étoffe»; l'étoffe blanche, dans les anciens temps, était fabriquée avec le mûrier à papier et la bleue avec le chanvre[2]. De nos jours encore, on se sert de papiers découpés dans la forme de la figure ci-contre, sous le nom de 御幣 *go-hei* chez les sectateurs de la religion sintauïste. On a employé également les papiers d'or et d'argent pour fabriquer des *go-hei*. Cette coutume a une origine chinoise. «Comme dans l'antiquité, dit un commentateur[3], on ne possédait pas de papier, on faisait les *go-heï* avec du chanvre.»

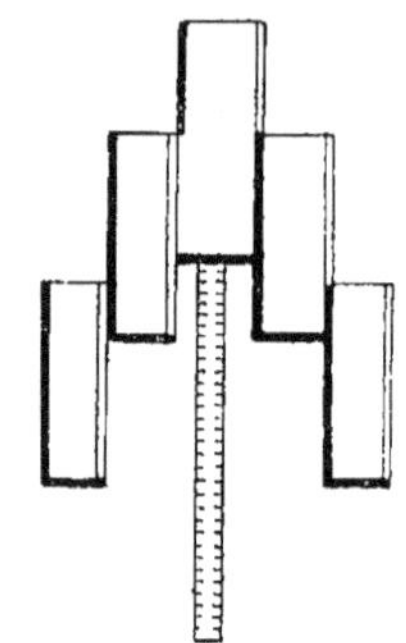

天鈿女命 *Ama-no Usŭ-me-no mikoto*. Le nom de *Usŭ*, d'après le *Ko-go siû-i*, signifierait «farouche», d'où «la farouche déesse» (cf. オソレル). Cette étymologie est fort douteuse. Il serait peut-être préférable de rattacher ce mot à *ŭsu*, *usŭi* «léger, fin, délicat» (cf. 細ホソイ). Je ne présente toutefois cette nouvelle explication que sous toutes réserves.

茅 *ti* désigne une espèce de jonc ou de roseau.

1. «Anciennement, faisait-on usage de toile pour fabriquer les *go-hei?* Toujours est-il qu'il y en avait des blancs, des verts et d'autres de cinq couleurs. Ce sont ces derniers qui ont donné naissance au mot *go-hei* «cinq offrandes» 五幣» (*Wa-kan San-sai dŭ-ye*, t. XVIII, p. 4).

2. Hall-Chamberlain, dans les *Trans. of the Japan As. Soc.*, t. X, p. 57 n.

3. *Gen-bun Syo-ki*, MSC., t. I, p. 95.

俳優, en chinois *paï-yeou*, veut dire «une représentation théâtrale», et particulièrement «une pantomime».

Katŭra veut dire «une perruque». — Il s'agit ici de plantes que les anciens acteurs mettaient sur leur tête en guise de coiffure ornementale.

蘿 *hikake*, ou *hikake-no gusa*, ou *tŭta-kadŭra*, désigne des plantes parasites et, d'une façon spéciale, le *Wisteria* ou 女蘿 *niu-lo*. Dans les anciens livres, on écrit 日蘿 *hi-kake* et 日影 *hi-kage* «ombre du soleil». Le *Ko-go siû-i* emploie la forme 蘿葛 *hikake-no kadŭra*. Le *Ko-kin siû* écrit *sakari-koke*. Tous ces noms sont synonymes[1].

«Elle alluma ensuite des feux», afin d'éclairer l'univers qui était plongé dans l'obscurité[2].

Ho-tokoro-yaki est donné par les commentateurs[3] comme l'équivalent du chinois 庭燎 *ting-liao* «feu de joie pour illuminer»[4], grandes illuminations dans la cour intérieure d'un palais, feux allumés en l'honneur du Ciel, à l'instar de l'empereur Chun. Lorsque le bois enflammé est par terre, on l'appelle *liao* «bûcher, feu de joie»; lorsqu'on le tient à la main, on le nomme 燭 *tchoh* «torche»[5].

噱樂 *erakŭ-sŭru* signifie «rire et s'amuser, se livrer à la joie».

中臣。忌部 *Naka-tomi, In-be.* Par le dieu de *Naka-tomi*, on désigne l'auguste *Ame-no Ko-yane*, et par le dieu

1. Note extraite de mon *Dictionnaire de Botanique Chinoise-Japonaise*, MSC.

2. Glose du *Syo-ki siû-kai*, t. I, p. 40; *Syo-ki tû-syau*, t. IV, p. 38.

3. *Syo-ki siû-kai*, t. I, p. 40; *Gen-bun Syo-ki*, MSC., t. I, p. 98.

4. Gonçalves, *Diccionario China-Portuguez*, p. 337.

5. *King-tsieh tsouan-kou*, t. XVII, p. 41, t. LXXVII, p. 8.

de *In-be* l'auguste *Futo-tama*[1], personnages qui ont figuré parmi les acteurs de la présente scène.

Nava «une corde, un câble». Comme les dieux craignaient que la grande déesse Ama-terasŭ oho-kami voulut se cacher de nouveau dans la grotte rocheuse, ils tendirent un câble pour lui en obstruer l'entrée[2].

Obosŭru-ni. On prononça le jugement de Sosa-no-o en l'entourant de mille tables, destinées à recevoir les pièces à l'appui de sa condamnation, etc.[3]

Aganáu, c'est-à-dire «expier son crime».

Kan- (神) *yarái-ni yaráiki.* On veut dire par là que Sosa-no-o fut chassé du monde (天下); devenu veuf *(dokŭ-fu)*, il s'égara dans les pays de *Siraki* et de *Kudara*[4].

1. *Tû-syau*, t. IV, p. 40. — C'est-à-dire l'ancêtre de *Naka-tomi* et l'ancêtre de *In-be*, mentionnés plus haut (*Gen-bun Syo-ki*, t. I, p. 99).

2. *Tû-syau*, t. IV, p. 41. — «On désigne sous le nom de *sime-nava* des cordes que l'on tend devant les temples et sur les portes. Pour éviter les impuretés, on les fabriquait avec de la paille de riz. Elles avaient d'ordinaire une longueur de huit pouces et on en conservait les deux extrémités (telles qu'elles sortent de la main du cordier). On partageait la longueur par des pendants de 3, 5 et 7 pièces, et on nattait dans le sens de la gauche. Ces cordes sont appelées 端出繩 *ha-de-nava* «cordes qui ont leurs bouts». L'emploi de la paille de riz vient de ce que cette céréale conserve la vie et, par conséquent, est la plus précieuse de toutes les plantes. Les dieux estiment le riz lavé, le riz trillé, les nattes neuves et les *sime-nava* (voy. *Wa-Kan San-sai dŭ-ye*, t. XVIII, p. 4).

3. Voy. sur les mots *ti-kura-no oki-do*, plus loin, ch. IX, *d*.

4. C'est-à-dire dans le royaume de Sin-ra et dans celui de Păik-tse, en Corée (*Gen-bun Ni-hon Syo-ki*, MSC., t. I, p. 100). — J'ignore sur quelle autorité se fonde l'auteur du commentaire manuscrit que je viens de citer pour indiquer la Corée comme lieu d'exil de Sosa-no-o. Un savant japonais soutint, en 1873, au Congrès international des Orientalistes (Session de Paris), l'opinion que Sosa-no-o s'était rendu dans les pays du Nord occupés par les *Aïno* ou peuples velus *(Mao-min)*.

(ハ) 一書曰。是後稚日女尊坐于齋服殿。而織神之御服也。素戔鳴尊見之。則逆剝斑駒投入之殿内。稚日女尊乃驚而墮機以所持梭傷體而神退矣。故天照大神謂素戔鳴尊曰。汝猶有黑心。不欲與汝相見。乃入于天石窟。而閉著磐戶焉。於是天下恒闇無復晝夜之殊。故會八十萬神於天高市。而問之時有高皇産靈之息思兼神者。有思慮之知。乃思而白曰。宜圖造彼神之象。而奉招禱也。故卽以石凝姥爲治工。採天香山之金以作日子。又金剝

眞マ各ナ鹿カ
之ノ皮カハヲ以モチテ
作ツクラシム天アマノ羽ハ
韛ユキヲ用モチテ此コレヲ
奉ツクリ造マツレル之ノ
神ミカタハ是コレ即スナハチ
紀キ伊イノ國クニ
所マシ坐マス日ヒノ
前マヘノ神カミ也ナリ

8, *a*. — On lit dans un livre :

Plus tard, l'auguste *Waka-hiru-me*, se trouvant dans la salle où l'on confectionne les vêtements des Dieux en train de tisser les robes impériales, l'auguste Sosa-no-o l'aperçut. Il dépouilla alors un cheval multicolore et le jeta dans l'intérieur de la salle. L'auguste Waka-hiru-mé fut effrayée et en tombant de son métier, elle se blessa avec la navette qu'elle tenait entre les mains et mourut.

En conséquence, la grande déesse *Ama-terasŭ oho-kami* s'adressant à l'auguste Sosa-no-o, lui dit: «Tu as le cœur noir; je ne veux pas avoir d'entrevue avec toi.»

Elle entra alors dans la grotte rocheuse du Ciel et en boucha l'entrée au moyen d'une porte de rocher. Aussitôt le monde fut plongé dans l'obscurité, et il n'exista plus de différence entre le jour et la nuit.

C'est pourquoi il y eut une assemblée des quatre-vingts myriades de dieux sur la haute place publique du Ciel. Ils s'adressèrent alors au dieu *Omoï-kane*, descendant du dieu *Takan-mi Musŭbi*, lequel possédait une grande profondeur de pensée.

Ce dieu, après avoir réfléchi, exposa ce qui suit : «Il faut faire une statue de cette déesse, et lui offrir un sacrifice.»

On choisit alors pour sculpteur Isi-kori-dome qui prit de l'or de la montagne parfumée du Ciel et fit la lance du soleil. Puis on dépouilla un cerf et on fit [de sa peau] un soufflet [pour attiser le feu].

Il arriva de la sorte à faire la statue de la déesse. C'est cette statue, dite *Hi-no maye-no kami* «la divinité devant le Soleil», qui se trouve dans la province de Ki-i.

COMMENTAIRE.

8, *a.* — 稚日女 *Waka-hiru-me*, litt. «la fille du Soleil jeune». Suivant le *Ku-zi ki,* cette déesse tisseuse était sœur cadette (妹) de la grande déesse Ama-terasŭ oho-kami.

逆剝 *saka-vaki-ni haki.* Ces deux signes veulent dire «tuer un animal et ensuite lui enlever la peau»[1].

天高市 *Ama-no taketi,* pour *Ama-no taka-iti,* litt. «la place publique, le forum du Ciel». Le *Syo-ki siû-kai* cherche à expliquer ce mot «marché» en disant que le marché est l'endroit où se réunit le peuple pour trafiquer sur terre, lorsque le soleil est au milieu de sa course; qu'en conséquence il est tout naturel qu'on ait employé cette même

1. *Syo-ki siû-kai,* t. I, p. 42.

expression pour désigner l'endroit, sur la voûte céleste, où avait lieu l'assemblée des dieux. Suivant une autre manière de voir, il s'agirait du département de *Take-ti-no kôri* dans la province de Yamato[1]. Enfin, on a expliqué les mots *taketi* par le «Palais du Ciel». — L'endroit où les hommes s'assemblent, s'appelle 集ヰ路チ *ï-ti* «route de réunion», d'où est venu le mot 市 *iti* «marché»[2].

Isi-kori dome est le créateur (litt. «l'ancêtre») de l'art de fabriquer les miroirs.

Ma-na-ka veut dire «un cerf mâle».

Utŭ-haki signifie «enlever la peau entière».

羽鞴 *ha-buki*, en chinois : *yu-nang*. Le signe *nang* signifie «un tube de cuir dans lequel on souffle pour attiser le feu». Les deux mots répondent au japonais 布岐加波 *fuki-kawa* «peau servant à souffler, soufflet».

«Le morceau (qui précède) est extrait d'un récit du *Hau-kyau-en-zau*. Puisque la méchanceté de Sosa-no-o augmente nuit et jour (日夜ニ長ユヘニ), la grande déesse Ama-terasŭ oho-kami dit qu'elle va entrer dans la grotte de pierre.

«La grande base de la science gouvernementale (治道 «voie du gouvernement») consiste en trois choses : le vêtement, la nourriture et l'habitation. Si ces trois choses ne sont pas en quantité suffisante (manquent), il n'est pas possible de gouverner le monde (此三ツ不足シテハ天下治スヘ). Comme la divinité solaire a une personnalité féminine, elle a le tissage dans ses attributs.

«Les mots *kono noti* signifient «venir ensuite».

1. *Syo-ki siñ-kai*, t. I, p. 42.
2. *Ni-hon Syo-ki tû-syau*, t. IV, p. 43.

«En ce qui concerne *Waka-hime-no mikoto,* il y a deux traditions (二 說) différentes. Suivant l'une, on dit qu'elle est sœur cadette de Ama-terasŭ oho-kami; c'est la tradition du *Ku-zi ki.* Suivant l'autre, elle serait la Grande Déesse elle-même. Si l'on se range à cette dernière opinion, il en résulte incontestablement que Ama-terasŭ oho-kami serait morte à ce moment; si, au contraire, on l'admet comme sœur d'Ama-terasŭ oho-kami, il en résulte un désaccord avec la donnée suivant laquelle il est fait mention d'une femme et de trois garçons. Néanmoins, c'est la tradition la plus vraisemblable, et nous admettons la version du *Ku-zi ki.*

«Le mot *waka* veut dire «non encore mûr» (未 熟). C'est l'époque de la jeunesse, où l'on est apte à toute chose.

«*Waka-hime* s'occupait du tissage, suivant l'ordre qu'elle avait reçu d'Ama-terasŭ oho-kami. Comme on l'a dit plus haut, le vêtement, la nourriture et l'habitation sont les trois choses les plus importantes. Produire le fil et tisser, c'est la mission de la femme. Il y a une raison naturelle que la femme fasse les habits qui servent à cacher le corps, puisque le corps est mis nu au monde par la femme.

«Le mot *in* dans l'expression 齋 服 殿 *in-bata-dono* veut dire «garder, se garder (des impuretés, etc.)». Puisque Waka-hime tisse d'après les ordres du Ciel, elle «se garde», se surveille, se peigne, se baigne, dans le palais propre où elle tisse.

«가 무 미 소 *kan-miso* veut dire «l'habit divin (impérial)». On désigne du même nom les habits de tout le monde, mais c'est parce que tout le monde possède des dieux dans sa maison.

«Le divin Sosa-no-o, voyant que Waka-hime tisse en évitant les impuretés, jette la peau qu'il a arrachée à des chevaux tachetés, en brisant (en faisant un trou à) la toiture du palais. Comme il était jaloux du travail domestique qui s'accomplissait par ordre du Ciel, il voulut empêcher ce travail. C'est ainsi qu'aujourd'hui l'homme de basse nature met obstacle aux actions droites : il fait absolument comme Sosa-no-o qui détruit les vêtements de tout le monde. Sosa-no-o, ayant jeté des ordures dans le palais où Waka-hime veillait-sur-la-pureté, celle-ci fut très effrayée : elle tomba de son métier, son corps de jade fut blessé par sa navette, et elle mourut.

«Sosa-no-o n'était pas sensible à la frayeur qu'il causait; mais Waka-hime en fut très émotionnée. On arrive à la longue à ne plus se préoccuper de la peur; mais Waka-hime, qui était très jeune, en fut frappée au point d'en mourir. La résurrection de la conscience est la conséquence de la peur (c'est-à-dire lorsqu'on a peur on est attentionné en éveil). Dans le *Ta-hioh* de Confucius, on dit aussi que lorsqu'on a peur, si on n'est pas dans la droiture, c'est que la peur est excessive»[1].

«Ama-terasŭ oho-kami avait pardonné avec beaucoup d'indulgence au divin Sosa-no-o, parce qu'il était son frère; mais la méchanceté de celui-ci grandissant jour et nuit et nuisant aux trois trésors du vêtement, de la nourriture et de l'habitation[2], la Grande-Déesse Solaire ne crut plus

1. Cette idée ne se trouve pas textuellement dans le *Ta-hioh,* mais on peut la rattacher à plusieurs passages de ce livre (notamm. Expl. de Tseng-tse, VII). Il s'agit de la crainte salutaire que l'homme doit éprouver dans l'accomplissement de ses devoirs moraux.

2. Sosa-no-o a nui aux vêtements en jetant la dépouille d'un cheval multicolore dans la salle du tissage de la Déesse Solaire; à la nourriture

pouvoir le protéger, et elle déclara qu'elle ne le verrait plus.

«Dans l'expression 黑心 «cœur noir», *kita-naki kokoro* «cœur impur», キタ *kita* veut dire «l'extrême Nord». Quand, du sud, on voit le nord, le pôle nord figure (par opposition) l'impureté excessive. Sosa-no-o est le Nord, la Déesse Solaire est le Sud.

«Le mot 岩戸 *iva-to,* c'est l'endroit où la Déesse Solaire règle solidement son cœur. Quoique le Soleil et la Lune soient suspendus au ciel nuit et jour, lorsqu'il n'y a pas de droit chemin (c'est-à-dire lorsqu'il n'y a point de morale), le monde est perpétuellement dans l'obscurité. Tous les dieux du monde se sont réunis sur le forum céleste, s'attristant de pareilles choses.

«*Ame-no takati* est l'endroit où l'on se réunit pour exprimer le vœu de la réapparition du Soleil. Alors, parmi les enfants de Taka-Musŭbi, il en est un qui se nomme *Omo'i-kane.* C'est un dieu qui possède une grande puissance de pensée (思 *omo'i*).

«Le mot *omo'i* veut dire «la chose (la faculté) la plus importante». — Dans le 龍宮遊行 *Riû-gû yu-kau,* on explique exactement la valeur de *omo'i.* Le sens de *omo'i,* c'est avoir le poids et la forme de l'eau. Posséder l'eau de la mer, c'est avoir la physionomie de l'eau.

«*Ta-bakari* (慮) signifie «discerner (séparer) les choses avec la main»; c'est comme si l'on disait «défaire des nœuds (de fils emmêlés)».

en saccageant les champs ensemencés; à l'habitation en faisant un trou à la toiture du palais d'Ama-terasŭ oho-kami.

«*Sadori* (智) a le sens de «comprendre»; mais il ne faut pas l'entendre suivant la conception des Bouddhistes. L'intelligence de *Omoĭ-kane* diffère de celle-ci, tout aussi bien que de celle des hommes d'aujourd'hui.

«*Kano kami*, litt. «cette divinité», signifie la grande déesse Ama-terasŭ oho-kami.

«D'après l'idée (heureuse) d'Omoĭ-kané, on fit une image de Ama-terasŭ oho-kami, et on la présenta comme la Divinité du Soleil : chacun lui fit des adorations. On chargea *Isi-kori-dome* des fonctions de forgeron.

«*Ama-no Kagu-yama* est une montagne qui s'approche du Ciel et où l'on respire l'air céleste. On tire le métal (ou l'or 金) de cette montagne.

«*Hi-boko* «la lance du Soleil», est une lance de grande importance. Pour la fabriquer, comme pour faire un couteau, il faut tailler le fer, le mettre au feu et le tremper (?). Ce mot a d'ailleurs beaucoup de significations. C'est, par exemple, une désignation de «la conscience». — Dans l'arrondissement de *Kaba-hara*, province de *Yeti-go*, il y a une divinité qui s'appelle le Grand Dieu *Ya-hiko* (弥ヤ彦ヒコ大明神), pour lequel le gouvernement paie une somme de 500,000 kokŭ : ce dieu est le même que *Hi-boko*.

«*Ma-na sika-no kawa* désigne «la peau du cerf».

«*Utŭ-vagi* veut dire «arraché en creux» (c'est-à-dire «arraché en creusant, comme si l'on faisait un trou dans quelque chose»).

«*Ama-no ha-buki* veut dire «un soufflet (pour attiser le feu)».

Fui-go veut dire «un soufflet qui produit de l'air et rend le feu ardent, de sorte qu'on peut travailler le métal à volonté. Telle est la puissance du *ha-buki*. L'homme lui aussi vit par la puissance du souffle.

«Il existe un temple appelé 日ヒノ 前マヘノ 宮ミヤ *Hi-no mahe-no miya*, dans la province de *Ki-i*[1]. Un fait important se rattache à ce temple : on prétend que les deux systèmes en usage dans l'armée japonaise, l'*ama-gakari* et le *kuni-gakari* tirent de là leur origine[2].»

1. Ce temple est situé dans le département de *Na-gusa*. (Voy., pour plus de renseignements, le *Wa-kan San-sai dŭ-ye*, t. LXXVI, p. 29.)

2. *Gen-bun Ni-hon Syo-ki*, MSC., t. I, pp. 101 et suiv. — J'ai cru devoir insérer ici la traduction in-extenso du commentaire exégétique japonais de ce chapitre à titre de spécimen de ce genre de littérature de l'Extrême-Orient. Le commentaire en question renferme beaucoup d'inutilités et d'idées bizarres, mais il signale souvent des points importants pour la critique et donne des explications parfois très intéressantes pour faciliter l'intelligence du texte.

ろ 一書曰。日神尊以天垣田。爲御田。時素戔鳴
尊春則塡渠毀畔。又秋穀已成。則亘*以絡縄。且
日神居織殿。時則生剝斑駒。納其殿内。凡此諸
事盡是無狀。雖然日神恩親之意不慍不恨皆
以平心容焉。及至日神當新嘗之時素戔鳴尊
則於新宮御席之下陰自送糞。日神不知徑坐
席上。由是日神擧體不平。故以恚恨迺居于天
石窟。閉其磐戸。于時諸神憂之乃使鏡作部遠
祖天糠戸者。造鏡忌部遠祖太玉者。造幣玉作

*昌

部遠祖豊玉者造玉。又使山雷者。採五百箇眞

坂樹八十玉鑯。野槌者採五百箇野篶八十玉

鑯。凡此諸物皆來聚集。時中臣遠祖天兒屋命

則以神祝祝之。於是日神方開磐戸而出焉。是

時以鏡入其石窟者。觸戸小瑕其瑕於今猶存。

此卽伊勢崇祕之大神也。已而科罪於素戔鳴

尊。而責其祓具。是以有手端吉棄物足端凶棄

物。亦以唾爲白和幣。以洟爲青和幣。用此解除

竟遂以神逐之理逐之。

8, *b*. — La Déesse du Soleil avait fait enclore les champs du Ciel. En ce temps-là, le divin Sosa-no-o, au printemps, remplissait les canaux-d'irrigation et détruisait les sillons-des-champs; en automne, quand les grains étaient déjà mûrs, il s'en emparait en étendant des cordes. Lorsque la Déesse du Soleil était dans le palais du tissage, il écorchait des chevaux multicolores et les jetait dans l'intérieur de ce palais. Il avait épuisé toutes les méchancetés possibles, et cependant la Déesse du Soleil ne s'était pas irritée, n'avait pas eu de rancune, et, le cœur calme, lui avait pardonné. Cela dura de la sorte jusqu'au moment où la Déesse du Soleil, faisant les préparatifs de la fête destinée à la célébration de la récolte nouvelle, le divin Sosa-no-o vint faire à la dérobée ses besoins sur la natte impériale du temple nouvellement construit. La Déesse du Soleil, qui l'ignorait, alla tout droit s'asseoir sur la natte. Aussi ressentit-elle une grande agitation dans tout son corps, et résolut-elle, dans son ressentiment, d'aller résider dans la grotte de pierre du Ciel, dont elle ferma l'ouverture avec un rocher.

A ce moment, tous les dieux éprouvèrent de l'anxiété. Ils chargèrent *Ama-no nuka-do*, ancêtre éloigné de *Kagami-tŭkuri*, de fabriquer un miroir; *Futo-tama*, ancêtre éloigné de *In-be*, de faire des papiers votifs; *Toyo-tama*, ancêtre éloigné de *Tama-sŭri*, de préparer un bijou. Puis ils chargèrent *Yama-dŭti* de tenir à la main le peigne à quatre-vingts gemmes des cinq cents arbres de *Ma-saka*, et à *No-dŭti* de tenir à la main le peigne à quatre-vingts gemmes (fabriqué) avec les cinq cents tiges d'érianthe. Quand tout fut réuni, le divin *Ama-no Ko-yane*, ancêtre éloigné de *Naka-tomi*, prononça alors les prières divines.

A ce moment, la Déesse du Soleil ouvrit la porte de la grotte et sortit. On entra alors dans la grotte avec le miroir, lequel se heurta et fut légèrement brisé. La brisure existe encore de nos jours. Ce miroir est une grande relique (divinité) qu'on adore dans le pays de *Ise*.

On jugea ensuite le crime du divin *Sosa-no-o*, et on l'obligea à préparer les objets de la prière (destinée à réparer le mal qu'il avait fait). En conséquence, il y eut (la cérémonie) des ongles du bout de la main et des ongles du bout du pied.

Puis on fit des papiers votifs blancs avec du crachat, et des papiers votifs bleus avec de la morve. Les exorcismes accomplis, il fut chassé du Ciel, conformément au jugement des dieux.

Commentaire.

8, *b*. — 垣 *kaki* désigne une clôture, soit un petit mur, soit une haie dans le but d'empêcher les animaux de pénétrer dans les champs cultivés. La phrase signifie littéralement : «La Déesse du Soleil, prenant les champs enclos du Ciel, en avait fait ses (impériaux) champs».

渠 *miso* «fossés qu'on remplit d'eau pour faire des irrigations dans les cultures».

Ase-nawawo hiki-watasŭ, litt. «tendre des cordes» dans le but d'établir sa possession sur les champs où la récolte était mûre. — Primitivement, on avait employé pour *hiki-watasŭ* le signe 昌; on l'a corrigé d'après plusieurs textes. L'auteur du *Siû-kai* dit : «Arrivé à l'automne, le divin Sosa-no-o tendait des cordes autour des augustes champs (de la Grande Déesse) et disait : «Ces champs sont à moi.» Il avait l'ambition de s'emparer de ces champs, lorsque les grains étaient murs. Il est évident que c'était pour en prendre possession qu'il étendait des cordes tout au tour[1].»

Togame-tamavazŭ «elle ne s'en irritait pas». Allusion à un passage des *Lun-yu* de Confucius où il est dit que «le sage ne s'irrite point».

Ama-no nuka-do-no kami, suivant le *Ku-zi ki,* était fils de 石凝姥尊 *Isi-kori-uba-no mikoto.*

Sŭsŭki est actuellement le nom d'une graminée, l'*Erianthus japonicus,* de Beauv.; mais ce mot, dans le *Syo-ki*[2], ne doit pas être pris avec une valeur aussi précise : il désigne simplement une espèce de jonc. — Dans les anciens textes, on écrit *sŭsŭ,* mot qui désigne un petit bambou[3], ou un bambou noir[4]; il est appelé *taka-tama* dans le *Man-yô siû.*

1. *Syo-ki siû-kai,* t. I, p. 42.
2. *Syo-ki tû-syau,* t. IV, p. 47.
3. Sigé-towo, dans le *Syo-ki tû-syau,* t. IV, p. 49.
4. Suivant une note MSC. de mon édition du *Syo-ki siû-kai,* t. I, p. 43.

(は)一書曰。是後日神之田有三處。號曰天安田天
平田天邑并田。此皆良田。雖經霖旱。無所損傷。其
素戔嗚尊之田亦有三處。號曰天樴田天川依田
天口鋭田。此皆磽地。雨則流之。旱則焦之。故素戔
嗚尊妬害姉田。春則廢渠槽及埋溝毀畔。又重播
種子秋則插籤伏馬。凡惡事曾無息時。雖然日神
不慍恒以平恕相容焉云云。遣於興台產靈之兒
天兒屋命。而使祈焉。於是天兒屋命握天香山之
眞坂木。而上枝懸以鏡作遠祖天拔戸兒已凝戸

邊所作八咫鏡。中枝懸以玉作遠祖伊弉諾尊兒

天明玉所作八坂瓊之曲玉。下枝懸以粟國忌部

遠祖天日鷲所作木綿。乃使忌部首遠祖太玉命。

執取而廣厚稱辭所啓矣。于時日神聞之曰。頃者

人雖多請。未有若此言之麗美者也。乃細開磐戸。

而窺之。是時天手力雄神侍磐戸側。則引開之。日

神之光滿於六合。故諸神丈喜。即科素戔嗚尊千

座置戸之解除。以手爪爲吉爪棄物。以足爪爲凶

爪棄物。乃使天兒屋命掌其解除之太諄辭。而宣

之焉。世人愼收已爪者。此其之緑也。既而諸神嘖
素戔鳴尊。曰。汝所行甚無頼故。不可住於天上。亦
不可居於葦原中國。宜急適於底根之國。乃共逐
降去。于時霖也。素戔鳴尊結束青草。以爲笠蓑。而
乞宿於衆神。衆神曰。汝是躬行濁惡而見逐謫者
如何乞宿於我。遂同距之。是以風雨雖甚不得留
休而辛苦降矣。自爾以來世諱著笠蓑以入他人
屋內。又諱負束草。以入他人家內。有犯此者。必債
解除。此太古之遺法也。是後素戔鳴尊曰。諸神逐

我我今當永去。如何不與我姉相見而擅自徑
去歟。迺復扇天扇地上詣于天。時天鈿女見之而
告言於日神也。日神曰。吾弟所以上來非復好意
必欲奪我之國者歟。吾雖婦女何當避乎。乃躬裝
武備云云。於是素戔嗚尊誓之曰。吾若懷不善而
復上來者。吾今齧玉生兒必當爲女矣。如此則可
以降女於葦原中國。如有淸心。必當生男矣。如此
則可以使男御天上。且姉之所生亦同此誓。於是
日神先齧十握劍云云。素戔嗚尊乃轠轤然解其

左髻所纏五百箇御統之瓊綸而瓊響瑲瑲濯浮
於天淳名井齧其瓊端置之左掌而生兒正哉吾
勝勝速日天忍穗根尊。復齧右瓊端置之右掌而
生兒天穗日命。此出雲臣武藏國造土師連等遠
祖也。次天津彥根命。此茨城國造額田部連等遠
祖也。次活目津彥根命。次能野大隅命。凡五男
矣。於是素戔嗚尊白日神曰。吾所以更昇來者。衆
神處我以根國。今當就去。若不與姉相見。終不能
忍離。故實以清心復上來耳。今則奉覲已訖當

隨衆神之意。
自此永歸根
國矣。請姉照
臨天國自可
平安。且吾以
清心。所生兒
等亦奉於姉。
已而復還降
焉。

8, *c*. — On lit dans un ouvrage :

Ensuite, la Déesse du Soleil possédait des champs dans trois endroits. On les nommait : *Ama-no yasŭ-da*, les champs faciles du Ciel, *Ama-no hira-da*, les champs unis du Ciel, *Ama-no mura awase-da*, les champs incomparables. C'étaient tous d'excellents champs. Ils ne souffraient ni des longues pluies, ni de la sécheresse.

Le divin Sosa-no-o possédait aussi des champs dans trois endroits. On les nommait : le champ de *Ama-no kui*, le champ de *Ama-no kawa-yori*, le champ de *Ama-no kuti-to*. C'étaient tous des endroits arides: quand la pluie tombait, ils étaient inondés; en temps de sécheresse, ils étaient brûlés. Aussi, dans sa jalousie, faisait-il tout le mal possible aux champs de sa sœur aînée : au printemps, il les desséchait en bouchant les canaux et en détruisant les digues, puis il redoublait les semences; en automne, il y enfonçait des pieux et y faisait coucher des chevaux. Ces méchancetés étaient incessantes. Cependant la Déesse du Soleil ne s'irritait pas contre lui, et d'un cœur égal lui pardonnait, etc., etc. Jusqu'à ce qu'enfin la déesse s'enferma dans la Grotte de la Pierre Céleste.

Tous les Dieux envoyèrent *Ama-no Ko-yane*, fils de *Ko-koto Musŭbi*, pour faire une prière. Alors Ama-no ko-yané déracina un mûrier de la Montagne parfumée du Ciel et suspendit sur les branches supérieures le miroir fabriqué par *Ono-kori-do-me*, fils de *Ama-no Nuka-do*, ancêtre éloigné des fabricants de Miroirs; sur les branches du milieu la magatama fabriquée par *Ama-no Agaru-dama*, fils du divin Iza-nagi, ancêtre éloigné de Polisseurs de Jade; et, sur les branches inférieures, du coton trillé par *Ama-no Hi-wasi*, ancêtre éloigné de In-bé, du pays d'*Ava*. On chargea ensuite le divin *Futo-dama*, ancêtre éloigné du chef In-bé de prendre ces objets et de prononcer une grande prière.

Alors, la Grande-Déesse l'entendant, se dit : «En ce moment, j'ai entendu beaucoup de prières, mais je n'ai pas encore entendu d'aussi belles paroles.» Elle entr'ouvrit donc la porte de la grotte et jeta un coup d'œil à la dérobée. A ce moment, le Dieu de la Force, *Ama-no Ta-tikara-o*, qui se tenait debout à côté de la grotte, l'ouvrit. Alors l'éclat de la Déesse du Soleil se répandit dans l'univers, ce qui causa une grande joie à tous les dieux.

On jugea alors le divin *Sosa-no-o* et on lui fit faire des exorcismes pour l'univers entier; puis il eut à subir l'expulsion faste des ongles de la main et l'expulsion néfaste des ongles des pieds. Le divin Amano Ko-yané fut chargé de prononcer les paroles de la Grande Prière. C'est de cet événement que vient la coutume de veiller à ce que les ongles soient coupés (en temps voulu).

Ensuite tous les dieux adressèrent au divin Sosa-no-o cette réprimande : «Il est absolument impossible d'avoir confiance dans ta conduite; tu ne peux donc pas habiter au Ciel. Tu ne peux pas non plus habiter le pays central du Japon. Il faut que tu partes en hâte au pays infernal.» Et aussitôt ils le chassèrent.

En ce temps-là, il tombait une pluie continuelle. Le divin Sosa-no-o (pour s'abriter) se fit avec des plantes vertes entrelacées un large chapeau et un par-dessus; puis il demanda l'hospitalité à plusieurs dieux qui lui dirent : «Vous avez été expulsé pour votre mauvaise conduite et votre méchanceté; comment pourrions-nous vous accorder l'hospitalité?» Et tous ensemble refusèrent d'accéder à sa demande. Il en résulta que malgré la violence du vent et de la pluie, il ne lui fut pas possible de trouver un gîte pour se reposer, et c'est avec d'amères souffrances qu'il dut descendre du Ciel. Depuis cette époque, on a garde d'entrer chez quelqu'un avec un large chapeau et un par-dessus (faits en végétaux); on a garde aussi d'entrer chez quelqu'un avec une brassée d'herbes. Celui qui viole cette prohibition doit toujours faire faire une prière. C'est là un précepte qui vient de la plus haute antiquité.

Le divin Sosa-no-o dit : «Tous les dieux m'ont chassé : il faut m'en aller pour toujours. Si je n'avais pas auparavant une entrevue avec ma sœur aînée, comment pourrais-je m'en aller volontairement?»

Alors de nouveau l'émotion se répandit dans le Ciel, l'émotion se répandit dans l'empire.

Il monta donc au Ciel. A ce moment, *Ama-no Usŭme* le vit, et informa la Déesse du Soleil de son arrivée.

La Déesse du Soleil dit : «Ce n'est certainement pas pour un bon sentiment que mon frère cadet monte ici. N'est-il pas certain qu'il désire usurper mon royaume? Bien que je sois une femme, pourquoi prendrais-je la fuite?» Elle revêtit alors des habits guerriers, etc. etc.

Le divin Sosa-no-o lui dit sur serment : «Si je suis de nouveau monté (au Ciel) avec mauvaises intentions, les enfants auxquels je vais donner le jour en mâchant cette gemme, seront à coup sûr des filles; et s'il en est ainsi on pourra faire descendre ces filles dans le pays central du Japon. Si j'ai des intentions pures, alors je donnerai le jour à des garçons, et ils pourront demeurer ici pour gouverner le firmament. Quant aux enfants auxquels ma sœur donnera le jour, il en sera décidé conformément à ce serment.»

Alors la Déesse du Soleil mâcha la première le glaive aux dix poignées, etc. etc.

Le divin Sosa-no-o détacha ensuite le bout du cordon aux cinq cents gemmes qu'il avait autour du côté gauche de sa coiffure, puis il fit entendre un joli cliquetis de bijoux, en les lavant dans le puits de *Ama-no nu-na.* Il mâcha la gemme du bout et la mit dans sa main gauche : il naquit un enfant qui fut le divin *Masa-ya a-katŭ katŭ-no haya-hi Ama-no Osi-o-ne.* Puis il mâcha la gemme de droite et la mit dans sa main droite : il naquit un enfant qui fut le divin *Ama-no Ho-hi*, ancêtre éloigné des *Ha-zi-no murazi*, sujets de *Idŭ-mo* et fondateurs de la province de *Mu-sasi;* puis le divin *Ama-tŭ Hiko-ne*, fondateur du pays de *Ubaraki*, ancêtre éloigné des *Nuka-tabe-no murazi* et autres; puis le divin *Iku-tŭ Hiko-ne*, puis le divin *Hi-no haya-hi;* puis le divin *Kuma-no-no Oho-sŭmi;* en tout six garçons.

Alors le divin Sosa-no-o parla en ces termes à la

Déesse du Soleil : «Je suis monté ici par ce que tous les Dieux m'ont fixé pour demeure le Royaume Infernal. Je vais maintenant m'en aller. Si je n'avais pas eu d'entrevue avec ma sœur aînée, il m'eût été absolument impossible de supporter mon sort. Je suis donc monté, en vérité, avec un cœur pur. Maintenant ma visite est terminée. Suivant la volonté de tous les dieux, je vais me rendre pour toujours dans le Royaume Infernal. Je désire que ma sœur soit heureuse en gouvernant avec splendeur le Royaume du Ciel. Les enfants auxquels j'ai donné le jour avec un cœur pur, je les offre à ma sœur aînée.»

Puis il descendit (du Ciel) et s'en alla.

Commentaire.

8, *c*. — 是後 *kono noti,* littéralement «après cela, plus tard»; mais il ne me semble pas que, dans la pensée de l'auteur, cette expression veuille dire que la Grande Déesse eut plus tard des champs qu'elle n'avait pas auparavant, et je suis porté à croire que ces mots signifient : «Voici ce qui arriva plus tard : la Déesse du Soleil possédait des champs dans trois endroits, etc.» J'ai cependant hésité à traduire de la sorte, afin de serrer le texte aussi près que possible.

Yasŭ da, litt. «des champs faciles». Il faut entendre par là de bons champs qu'il est facile de labourer[1].

1. *Syo-ki siû-kai,* t. I, p. 45.

Hira-ta, c'est-à-dire «des champs très unis, dans lequel il n'y a ni creux ni élévation de terrain» (不凹凸地)[1].

Mura-avase da signifie «des champs incomparables aux autres» (無對 *tai-naki*), des champs de première qualité (上之田). Il s'agit de champ où tous les cultivateurs travaillent ensemble avec des sentiments de concorde et de bonne confraternité *(kokorowo hitotŭ-ni site).* Il y a une manière de cultiver les champs qu'on appelle 井田 *seiden,* parce que le travail s'opère d'une façon que rappelle le caractère 井 : la partie du milieu est cultivée en commun par les habitants du village pour s'acquitter de leurs impôts[2].

Ama-no kui da, c'est-à-dire de mauvais champs dans lesquels il y a beaucoup de racines d'arbres, semblables à des pieux qui rendent le labourage impossible.

Ama-no kava-yori da. On entend par là des champs situés près d'une rivière et qui, en conséquence, sont constamment inondés, même lorsqu'il y a peu de pluie.

Ama-no kuti-to da, c'est-à-dire des champs où se trouve une ouverture qui rend fréquentes les inondations.

Ma saka-ki. «Dans le *Ni-hon gi,* on écrit également 賢木 «l'arbre de la sagesse», 坂樹 «l'arbre de la digue», ou, comme dans le présent texte, *Ma saka-ki* «le véritable arbre-Saka». Suivant la vieille anthologie intitulée *Man-yeô siû,* ce nom signifie 榮木 «l'arbre florissant» (ou éternel). Cette anthologie renferme beaucoup de poésies, où il est question d'arbres divins : il s'agit d'arbres qu'on estime tout particulièrement pour les fêtes des dieux. Par la suite, on a

1. *Syo-ki siû-kai,* loc. cit.; *Syo-ki tû-syau,* t. IV, p. 51.
2. *Syo-ki siû-kai,* loc. cit.; *Gen-bun Syo-ki,* MSC., t. I, p. 111.

imaginé le signe 榊, qui renferme dans ses éléments graphiques l'indication de «arbre divin», pour représenter le mot *saka-ki;* et, dans le *Sin-sen-zi-kyau,* on voit ce mot écrit 柂. Ce sont là des caractères idéographiques inventés au Japon. Le *Setŭ-bun* mentionne le 榑 桑 *fu-sau* comme un arbre divin qui croît du côté où le soleil se lève. Or, ce *fu-sau* est le même que le mûrier 扶 桑 *fu-sau.* C'est de là que notre pays a reçu le nom de *Fou-sau* (chinois *Fou-sang*).» (*Wa-kun sivori,* t. X, p. 7. Voy., au sujet de la désignation géographique du pays appelé par les Chinois *Fou-sang,* mon article dans les *Archives de la Société Américaine de France,* seconde série, t. III, p. 191, et une autre étude dans les *Mémoires de la Société des études Japonaises,* t. IV, p. 234.)

云 ᄅ *sika-sika.* Ces mots paraissent signifier ici que le récit est fait en abrégé, et en supprimant des détails que l'auteur considère comme superflus. Mais ces mots ont ailleurs une autre signification sur laquelle nous aurons à revenir un peu plus loin.

Cérémonie de la coupe des ongles. — Ce passage présente d'assez grandes difficultés. Voici ce que j'ai pu trouver dans les ouvrages japonais de ma collection. «Les hommes de nos jours ont de la répugnance à couper les ongles des mains et des pieds, parce qu'ils attachent à ce fait des conséquences fastes ou néfastes. Cependant lorsque les ongles sont longs, on les coupe : une fois séparés du corps, ils deviennent des objets impurs. S'il s'en trouve quelque part et que quelqu'un s'avise de les ramasser, il fait quelque chose de détestable, et il n'a plus dès lors, pour éviter le malheur, que de dire que ce sont ses propres ongles *(onore-ga tùme)*, comme s'ils étaient encore attachés (vivants) à sa personne.» — Dans le *To-sa Nik-ki* (Journal du pays de To-sa) on dit : «Quand on trouve ses ongles longs, si par hasard c'est le jour de la Souris, on évite de les couper.» — Dans le *Di-tyu-gun-yeô* on dit : «D'après la tradition, on avait l'habitude d'enterrer les ongles du côté de l'Est» (御生氣方 *go sei-ki-no kata*, du côté où le soleil se lève). — Suivant le *Siû-kai seô*, dans le récit des occupations journalières de la maison de *Ku-deô* (seigneur de la famille impériale) on dit qu'on lui avait coupé les ongles des mains et des pieds; et on ajoute l'explication suivante : on lui coupait les ongles des mains le jour du Bœuf, et les ongles des pieds le jour du Tigre. — Remarque : Les anciens, quand ils devaient couper leurs ongles, avaient soin de choisir un jour favorable, et ils avaient soin d'en recueillir les rognures (pour les enterrer).

Nori. Le dictionnaire chinois intitulé *Choueh-wen* dit que 諄ノリ signifie «annoncer l'aurore». Ce fut plus tard la maison du Naka-omi (gardien du temple de *Idŭmo*) qui se chargea de composer les paroles de prière dites *hara'i*, lesquelles datent de cette époque.

Harahewo ôsŭ. Dans le commentaire du Règlement des Officiers publics, on lit : «Payer les frais», cela s'appelle 債 *sai*. On entend par là que le divin Sosa-no-o fut condamné à acquitter les frais des prières qu'il fallut prononcer pour «faire renaître le bonheur», après qu'il eut commis ses crimes. — Je ne donne cette explication des commentateurs japonais que sous toutes réserves.

云云 *sika-sika.* Ces deux signes qu'on traduit communément par «et cætera», indiquent que l'auteur n'a pas voulu répéter un passage qui se trouve dans un chapitre précédent. Après les mots *sŭnavati takeki sonahewo yosô koto,* ces mots *sika-sika* remplacent une phrase de 30 caractères qui se trouve dans le texte ん, VII, *a,* lignes 3-4. (Voy. plus haut, p. 233.)

Le rédacteur du *Syo-ki* emploie, un peu après, le même procédé. Après les mots *tosŭ ka-no tŭrugiwo kami-tamáu,* les mots *sika-sika* ont pour but d'éviter la répétition de 36 caractères.

轠轤 *rai-ro* désigne une espèce de charrette[1].

Ici se termine la seconde partie du *Ni-hon Syo-ki,* comprenant «le Règne du Soleil». La troisième partie est intitulée «L'Exil» et termine la première section de l'Histoire des dynasties divines *(Kami yo-no maki).*

1. *Syo-ki siû-kai,* note MSC. marginale de mon exemplaire, t. I, p. 48.

日本書紀

ヤマトブミ

TROISIÈME PARTIE.

L'EXIL.

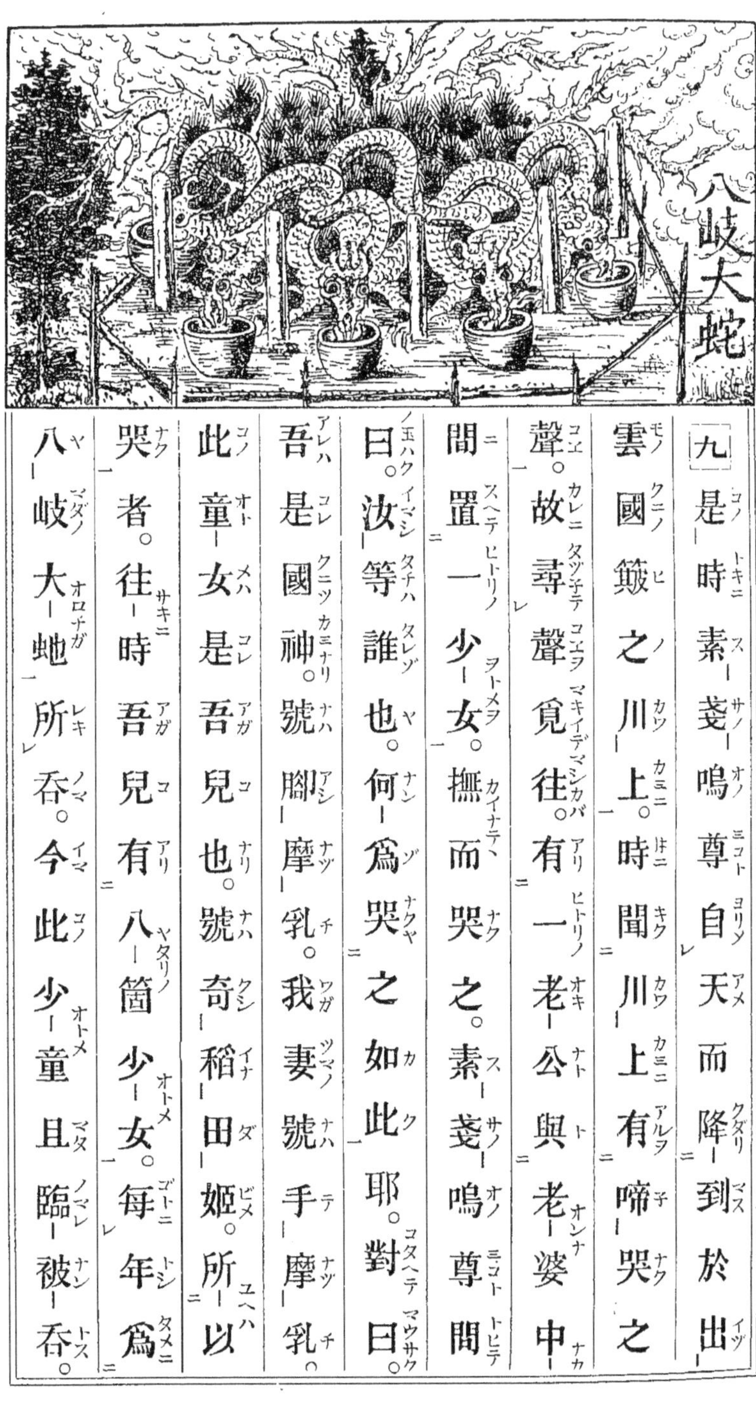

九 是時素戔嗚尊自天而降到於出雲國簸之川上。時聞川上有啼哭之聲。故尋聲覓往。有一老公與老婆中間置一少女。撫而哭之。素戔嗚尊問曰。汝等誰也。何爲哭之如此耶。對曰。吾是國神。號脚摩乳。我妻號手摩乳。此童女是吾兒也。號奇稻田姬。所以哭者。往時吾兒有八箇少女。每年爲八岐大蛇所呑。今此少童且臨被呑。

無由脫免。故以哀傷。素戔嗚尊勅曰。若然者汝當以
女奉吾耶。對曰。隨勅奉矣。故素戔嗚尊立化奇稻
田姬。爲湯津爪櫛。而插於御髻。乃使脚摩乳手摩乳
釀八醞酒。并作假度八間。各置一口槽。而盛酒、以待
之也。至期果有大虵。頭尾各有八岐。眼如赤酸漿。松
栢生於背上。而蔓延於八丘八谷之間。及至得酒。頭
各一槽。飲醉而睡。時素戔嗚尊乃拔所帶十握劍。
寸斬其虵。至尾劍刃少缺。故割裂其尾。視之。中有一
劍。此所謂草薙劍也。一云。本名天叢雲劍。蓋大蛇所

居之上。常有雲氣。故以名歟。至日本武皇子。改名曰
草薙劍。素戔嗚尊曰。是神劍也。吾何敢私以安乎。
乃上獻於天神也。乃言曰。吾心清清之。此今呼此地
曰清。然後行覓將婚之處。遂到出雲之清地焉。於彼
處建宮。或云。時武素戔嗚尊歌之曰。夜句茂多菟伊
都毛夜覇餓岐菟磨語昧爾夜覇餓枳菟倶廔曾廼
夜覇餓岐遠。乃相與遘合而生兒大已貴神。因勅之
曰。吾兒宮首者。卽脚摩乳手摩乳也。故賜號於二
神。曰稻田宮主神。已而素戔嗚尊遂就於根國矣

LA BIBLE DES JAPONAIS.

TROISIÈME PARTIE. — L'EXIL.

CHAPITRE NEUVIÈME.

1. En ce temps-là, le divin Sosa-no-o descendit du Ciel et arriva au haut de la rivière de *Hi*, dans le pays de *Idŭ-mo.*

2. Il entendit alors, au haut de cette rivière, un bruit de sanglots. Il chercha, en conséquence, d'où venait ce bruit, et trouva un vieillard et une vieille femme qui caressaient en pleurant une petite fille placée entre eux deux.

3. Le divin Sosa-no-o les interrogea en ces termes: «O vous autres, qui êtes-vous? Pourquoi pleurez-vous de la sorte?»

4. [Le vieillard lui] répondit : «Nous sommes des dieux du pays. Mon nom est *Asi Natŭ-ti.* Le nom de mon épouse est *Te Natŭ-ti.* Cette petite fille est notre enfant; elle s'appelle la princesse *Kusinada.*

5. «Voici pourquoi nous pleurons : Nous avons eu pour enfants huit petites filles qui ont toutes été dévorées d'année en année par un grand serpent à huit têtes. En ce moment, cette petite fille-ci est sur le

point d'être dévorée à son tour. Il n'y a pas moyen de la sauver : voilà la cause de notre douleur.»

6. Le divin *Sosa-no-o* leur fit alors cette injonction: «S'il en est ainsi, vous convient-il de me donner votre fille?»

7. Ils répondirent : «Nous vous l'offrons, suivant votre injonction.»

8. En conséquence, le divin *Sosa-no-o* transforma immédiatement la princesse *Kusinada* en un (petit) peigne qu'il plaça dans sa coiffure.

9. Il chargea ensuite *Asi Natŭ-ti* et *Te Natŭ-ti* de préparer du vin très fort et de faire une enceinte à huit ouvertures : à la bouche de chacune d'elles, il plaça une cuve remplie de ce vin; puis il attendit le serpent.

10. Sur ces entrefaites, il vint, en effet, un grand serpent qui avait huit têtes et huit queues. Ses yeux étaient semblables à des [fruits] aigrelets rouges; sur son dos croissaient des pins et des kaya; il se promenait en formant huit collines et huit vallées.

11. Le serpent trouva une cuve de vin pour chacune de ses têtes. Quand il eut bu, pris d'ivresse, il s'endormit.

12. Alors le divin Sosa-no-o tira le sabre à la décuple poignée qui était attaché à sa ceinture et coupa le serpent en morceaux.

13. Lorsqu'il atteignit la queue, son sabre fut un peu ébréché. Il entr'ouvrit en conséquence cette queue et regarda ce qu'elle renfermait. Au milieu, il y avait un sabre : on le nomme «sabre de *Kusa-nagi*».

14. Dans un livre, on dit : Le nom primitif de ce sabre était «le sabre du nuage de la ville céleste». Or, à l'endroit où habitait le grand serpent, il y avait sans cesse des nuages. De là provient ce nom de sabre. A l'époque du prince *Yamato-take*, on a changé ce nom en celui de *Kusa-nagi*.

15. Le divin Sosa-no-o dit : «C'est là un sabre merveilleux; comment oserais-je le conserver avec tranquillité.» Il l'offrit donc au Dieu du Ciel.

16. Ensuite il alla chercher un lieu pour son mariage, et arriva à Sŭga, dans le pays de *Idŭmo*.

17. Il dit alors : «Mon cœur est purifié; j'appellerai désormais cette terre du nom de *Sŭga* «la Terre Pure». Il établit là son palais.

18. Un récit rapporte ce qui suit : Le divin Také Sosa-no-o dit alors en poésie :

[Semblables à] huit nuages qui s'accumulent [sur la voûte céleste],
Les murailles octuples d'Idŭmo,
Pour établir [le gynécée de] ma femme,
Je les ai faites octuples,
Les octuples murailles.

19. Puis il consomma son mariage, et donna naissance au dieu *Oho-ana-muti*.

20. Il fit à cette occasion connaître sa volonté : Les chefs du temple de mes fils sont *Asi Natŭ-ti* et *Te Natŭ-ti*. Puis il donna à ces deux divinités le titre de *Ina-da-no Miya-nusi-no kami* «les Dieux maîtres du palais des Champs de riz».

21. Ensuite le divin Sosa-no-o partit définitivement pour le Royaume des Racines (la région infernale).

GLOSE.

第九章 余所分第九章素戔嗚尊追放之章照應書紀第一卷尾○簸之川。出雲風土記曰。大原郡斐伊郷屬郡家。樋速日子命坐此處。故云樋○婆者。老母也○國神。集解曰。古俗人自稱神。猶云國人○八岐大蛇之八字者多也○假庋。說文曰皮本作庋玉篇曰。皮閣也。集韻曰。皮者閣藏食物也。|||者假作之閣也○赤酸漿。郭璞曰。即今酸漿也。其色如赤血。釋日

本紀曰。欲言赤血。便假云赤酸漿也
○松栢。此二木爲百木之長也○蔓
延。兼艮曰。丨丨大蛇蜿蜒之貌○斬
其蛇。舊事紀曰。此蛇爲八叚。毎叚成
雷。總爲八雷○鈇刺也。刀剸也○草
薙鈒。釋曰。一云。王所佩鈒藂雲自抽
之薙攘王之傍草。得免故号其鈒曰
草薙也。古事記曰。取此太刀。思異物
而白上於天照大御神也○根國。謂
蝦夷遠土也

CHAPITRE IX. — COMMENTAIRE.

出雲國 *Idŭmo-no kuni.* — Dans la description du pays de *Idŭmo*[1], il est dit : «La tête du corps entier du pays de *Idŭmo* est située au S. E. et la queue au N. O.; le sud-ouest tient à la région terrestre, et le nord-ouest à la région maritime. De l'est à l'ouest, la distance est de 137 ris et 19 pas; du sud au nord, elle est de 183 ris et de 193 pas. La dénomination de *Idŭmo* provient de celle

1. *Idŭmo-no Fû-to ki.*

de *Ya-kumo-date* qui lui avait été donnée par le divin *Yatŭ-kami-no on-tu*. Ce personnage est probablement le même que le divin *Sosa-no-o*.

簸之川 *Hi-no kava*. C'est le nom de la principale rivière qui arrose le pays d'*Idŭmo*. — On lit dans la Description du pays de *Idŭmo*[1] : Le village de *Hi-i*, dans le département de *Oho-hara* est une dépendance du pays de Idŭmo. Le divin *Hi-no Haya-bi-no mikoto* habitait cet endroit. De là vient qu'on a employé le mot 樋 *hi* qu'on a changé en 斐伊 *Hi-i*, la troisième année de l'ère *Zin-ki* (726 de notre ère). On dit en outre que la source de la rivière *Muro-hara gawa*, qui traverse le département de *Nita*, sort de la montagne de *Tori-kami*, située à trente lieues de cette région, et coule dans la direction du nord. C'est-là, dit-on, que se trouve le point de départ de la rivière de *Hi-i*[2].

老公 *okina* «un vieillard». Cette expression chinoise se rencontre dans les Annales des Weï, de Wei-cheou, où il est dit : «Il y eut alors un vieillard *(lao koung)* qui vint des pays orientaux»[3].

老婆 *onna*. Le mot japonais désigne communément «une femme», mais l'expression chinoise *lao-po* signifie d'ordinaire «une vieille femme».

Kuni-tŭ kami, litt. «des dieux du pays». Kava-mura Hidé-né nous dit que, dans l'antiquité, les hommes ordinaires se désignaient sous le nom de 國神 *kuni-tŭ kami*,

1. *Idŭmo Fŭ-to ki*.
2. *Syo-ki siŭ-kai*, t. I, p. 50.
3. *Weï-tchi*, section *Kouan-lou tchouen*.

tous comme on dirait 國人 «des hommes du pays, des aborigènes»[1].

Kusinada hime. On trouve ce nom également écrit *Kusi-Inada hime*[2]; mais je crois que l'orthographe sans l'élision d'un des deux *i* est ici préférable.

Yatari-no otome «huit filles». On sait que le nombre 8, dans les anciens textes japonais, exprime une quantité indéterminée. Il faut donc entendre par là «beaucoup de filles».

Ya-mada-no oroti «le grand serpent à huit têtes», c'est-à-dire «aux innombrables têtes et aux innombrables queues», ainsi que le dit d'ailleurs le *Ko-zi ki*[3], est appelé le *Ya-mada-no oroti* du pays de 高志 *Kau-si,* par lequel il faut entendre probablement le territoire des Aïnos du Nord. — Suivant un commentateur 오로 *oro* signifie «queue», et 디 *ti* «tonnerre». On veut dire par là que ce serpent avait des queues effrayantes[4].

Nomasi-nan-to sŭ. Le *Ko-zi ki* dit : [Ce serpent] est maintenant sur le point de venir (今且可來時)[5].

Yutŭ-no tŭma kusi-ni tori-nasi. Ce passage a été compris de deux façons différentes. Suivant la première, le divin Sosa-no-o transforma Kusi-nada-himé en un peigne[6];

1. *Syo-ki siû-kai,* t. I, p. 50.

2. Oho-zeki Masŭ-nari, *Ni-hon Syo-ki bi-kau,* t. I, p. 34.

3. Moto-ori, *Ko-zi ki den,* t. IX, p. 14. (Le mot est lu *Ko-si.*)

4. *Ni-hon Syo-ki tû-syau,* t. V, p. 2.

5. *Ko-zi ki den,* loc. cit.

6. Dans la traduction du passage correspondant du *Ko-zi ki,* M. Hall-Chamberlain a adopté cette première donnée : «So His-Swift-Impetuous-Male-Augustness, at once taking and changing the young girl into a multitudinous and close-toothed comb which he stuck into his august hair-bunch . . . .» (*Transact. Asiat. Soc. of Japan,* t. X, suppl., p. 62.) Je crois la

suivant la seconde «il transforma la jeune fille à l'aide d'un peigne . . . . qu'il plaça dans sa coiffure». Le divin Sosa-no-o, en mettant un peigne dans les cheveux de la petite fille, pensa qu'il lui donnerait l'apparence d'une personne adulte et que, de la sorte, elle ne serait pas attaquée par le serpent. Ce monstre, en effet, avait successivement dévoré sept enfants de *Asi Natŭ-ti,* mais il ne s'était pas attaqué à leurs père et mère. A l'aide du peigne en question, *Kusi nada-hime* avait l'air d'une fille bonne à marier[1].

Sasi-tamaʻu veut dire «mettre, enfoncer (le peigne)».

假 庋 *sa-sŭki*[2]. Le mot *sŭki* désigne «un endroit où l'on met la nourriture». Il s'agit ici d'une sorte d'auge. Le mot *sa* exprime l'idée que cette auge était disposée «momentanément» et pour la circonstance[3].

Ki-ni itaru-toki, c'est-à-dire «juste au moment indiqué». Suivant le *Sau-zin ki* c'était un matin du huitième mois[4].

草 薙 劍 *Kusa-nagi-no tŭrugi* «le sabre de Kusa-nagi». Le nom primitif de ce glaive était 天 叢 雲 劍 *Ama-no mura kumo-no tŭrugi* «le Glaive des nuages [où a lieu] l'assemblée céleste». Au-dessus de la place où se trouvait le terrible serpent *oroti,* il y avait toujours des nuages. C'est de là qu'est venu ce nom[5]. — *Kusa* est l'abréviation de

seconde préférable et c'est seulement par suite d'une erreur typographique qui m'a fait mettre «en» au lieu de «à l'aide d'un» (plus haut, p. 316), que ma version française se trouve en désaccord avec cette manière de comprendre le texte du *Syo-ki.* L'interprétation du *Siû-kai* est évidemment la meilleure.

1. *Syo-ki siû-kai,* t. I, p. 51.

2. Dans le texte du présent chapitre, p. 313, ligne 4, on a imprimé par mégarde 度 au lieu de 庋.

3. *Siû-kai,* loc. cit.

4. *Siû-kai,* loc. cit.

5. *Siû-kai,* t. I, p. 52.

Awo-bito-gusa «le peuple»; *nagi* signifie «dominer», d'où «le sabre [qui sert] à la domination du peuple». C'est, en effet, par la vertu du glaive qu'on arrive à gouverner l'empire[1].

Ame-no kami-ni tatematŭru «il l'offrit au Dieu du Ciel», c'est-à-dire au dieu suprême *Naka-nusi*[2]. Dans le passage correspondant du *Ko-zi ki*, on dit que ce sabre ayant paru extraordinaire au divin Sosa-no-o, il en fit hommage à la déesse Ama-térasŭ Oho-mi-gami[3].

清地 *Sŭga.* — Dans l'ouvrage intitulé *Idŭmo Fû-to ki*, il est question d'une montagne de Sŭga, située dans le département de *Oho-hara*. Il existe également, dans ce

1. *Ni-hon Syo-ki tû-syau*, t. V, p. 6.

2. M. Hall-Chamberlain dit à propos du même récit renfermé dans le *Ko-zi ki* : «The text is not quite clear . . . . Motowori, influenced by the parallel passage in the «Chronicles» (c'est-à-dire par le texte du *Syo-ki*, publié dans le présent volume), which says explicitely that the sword itself was sent up to the Sun-Goddess, reads the passage thus : «Thinking it a strange thing, he sent it up with a message to the Heaven-Shining-Great-August-Deity.» Dans toutes les éditions du *Syo-ki* que j'ai à ma disposition, il est dit tout au contraire que le fameux sabre fut envoyé à l'*Ame-no kami*, c'est-à-dire au Dieu suprême et primordial du panthéon japonais et nullement à la Déesse Solaire, fille du divin Iza-nagi. Moto-ori ne dit pas non plus sans hésitation que, d'après le *Syo-ki*, le sabre fut envoyé à la Grande Déesse qu'on a identifiée au Dieu du Ciel (天ノ 神ニ). Cette rectification n'est peut-être pas sans importance, car elle fait reparaître encore une fois, en une occasion solennelle, une divinité qui, dans le sintauïsme primitif, est placée fort au-dessus de tous les autres dieux, au point qu'on a vu en elle la représentation d'une sorte de monothéisme chez les anciens insulaires du Nippon. (Cf. Hall-Chamberlain, dans les *Transactions of the Asiatic Society of Japan*, t. X, suppl., p. 63 n., et Moto-ori Nori-naga, dans son *Ko-zi-ki den*, t. IX, p. 36 v°.) — Je me propose de discuter ailleurs l'identification qu'on a voulu faire des mots *Ama-tŭ kami* avec la grande Déesse Solaire, et de démontrer combien sont fragiles les arguments dont on a essayé de tirer parti en cette circonstance.

3. M. Satow traduit ce passage du *Ko-zi-ki* par «sent-it up *with a message*» (dans les *Trans. of the As. Soc.*, t. IX, p. 199), sans doute à cause de la lecture de Moto-ori *(maosi-age-tama'iki)*; mais cette lecture ne se trouve pas dans la précieuse édition princeps du *Ko-zi ki* dont je dois un exemplaire à la bienveillance de mon savant ami et collègue, M. Hall-Chamber-

département, un temple appelé *Sŭga-no yasiro*[1]. Quelques auteurs supposent que ce nom vient de ce que le divin Sosa-no-o a dit à ce moment : «Mon cœur est pur» *(A-ga kokoro sŭga-sŭga-si)*. C'est d'ailleurs la donnée du *Syo-ki*.

POÉSIE DE SOSA-NO-O. — Cette petite pièce que l'on considère comme la plus ancienne poésie japonaise du genre dit *uta*, est placée dans la plupart des éditions du *Syo-ki* en dehors du texte principal[2], c'est-à-dire dans les appendices précédés de la mention *aru fumi-ni ivaku* «on lit dans un livre». Je l'ai insérée dans le texte principal, comme on l'a fait dans l'édition dite *Bi-kau*, afin de ne pas trop morceler ce chapitre[3].

Plusieurs traductions de cette poésie ont été déjà publiées. Je crois avoir faire paraître la première dans mon anthologie japonaise[4].

En voici la lecture :

やくもたつ
いづもやへがき
つまごめに
やへがきつくる
そのやへがきを

Ya-kumo tatŭ
Idŭmo ya-ye-gaki;
Tŭma go-me-ni
Ya-ye gaki tŭkuru,
Sono ya-ye gakiwo.

lain. Dans cette édition, les mots 白上 sont considérés comme formant un mot double lu タテマツリ玉フ *tatematŭri-tama'u*, c'est-à-dire simplement «il offrit» (voy. ¶ *Ko-zi ki*, édition de 1644, t. I, p. 25 r°).

1. *Syo-ki siû-kai*, t. I, p. 52.

2. L'*uta* de Sosa-no-o figure dans le texte même du *Ko-zi ki* (édition de Moto-ori, t. IX, p. 38; édition *Tei-sei*, t. I, p. 30).

3. Les critiques japonais considèrent tous cette pièce comme la plus ancienne qui ait été faite dans leur pays, d'après les principes de prosodie adoptés pour les *uta;* tous sont également d'accord pour en faire honneur au divin *Sosa-no-o* qui l'aurait composée pendant son séjour dans le pays d'Idŭmo. (Voy. la préface de l'anthologie intitulée *Ko-kin siû*.)

4. Paris, 1871, p. XI. — M. Satow a publié une traduction anglaise de

Les mots *ya-kumo tatŭ* du premier hémistiche signifient littéralement «huit nuages se tiennent [sur le firmament]». — *Ya* est un nombre qui, dans les textes du sintauïsme, signifie «beaucoup». Une légende rapporte qu'au moment où le divin Sosa-no-o commença à édifier son palais de *Sŭga* «la Terre Pure», des nuages s'élevèrent du sol, et que c'est à cette occasion qu'il composa cette poésie[1]. Dans ma traduction de 1871, j'ai cru devoir rattacher le premier hémistiche à ceux qui suivent, en voyant une corrélation intentionnelle entre les huit nuages et les huit murailles du gynécée de la princesse *Kusinada-hime.* Un ouvrage spécialement consacré à l'étude des poésies du *Ni-hon Syo-ki,* que j'ai reçu récemment du Japon[2], justifie ma manière de traduire, en disant : 雲ノ多ク立重ナレバ八重ノ意ナリ «La mention des nuages accumulés en grand nombre explique l'expression *ya-ye* «les multiples [murailles]».

Idŭmo ya-ye gaki «les murailles octuples d'Idŭmo». Il y a ici un jeu de vocables très fréquent dans les poésies japonaises. *Idŭmo,* qui est la contraction de 出イヅ雲クモ *Idŭ-kumo,* signifie tout à la fois «des nuages qui montent», et

cette pièce dans les *Transactions of the Japan Asiatic Society,* t. IX, 1881, et M. Hall-Chamberlain une autre traduction anglaise dans le *même recueil,* t. X, suppl., 1883, p. 64.

1. *Syo-ki siû-kai,* t. I, p. 52.

2. ¶ *Kau-gan seô,* ouvrage du moine 契仲 *Kei-tyu,* MSC., livr. I, p. 1. — L'auteur de cet ouvrage nous offre des remarques qui sont intéressantes pour l'intelligence des pièces de vers renfermées dans le *Ni-hon Syo-ki,* mais il emploie des procédés philologiques qui semblent absolument inadmissibles pour établir certaines assimilations de mots. Malgré sa grande érudition, je crois qu'il ne faut accepter ses données qu'avec beaucoup de réserve. — Je dois ce précieux manuscrit à l'obligeance de M. Fr. Sarazin.

le pays d'Idŭmo où le divin Sosa-no-o était venu s'établir. Ce pays a-t-il emprunté son nom à la légende qui fait l'objet de cette poésie, ou bien la légende et la poésie ont elles été imaginées en raison même du nom du pays choisi par le frère de la Grande-Déesse Solaire pour y construire le palais de sa femme? C'est une question à laquelle on ne saurait répondre avec certitude. Il m'a donc semblé préférable de laisser à ma traduction le vague et la double entente de la pièce originale et de dire «les murailles octuples d'Idŭmo», plutôt que «les murailles octuples de nuages accumulés».

Tŭma gome-ni «pour établir [le gynécée de] ma femme». — Ces mots, dit Kei-tyu, ont deux significations : ils signifient «avec ma femme» *(tŭma tomo-ni)*; d'autre part *tŭma-gome* est expliqué, dans le *Man-yô siû* ou Anthologie des Dix-mille feuilles, par «la maison où se cache la femme» *(tŭma komoru ari ya)*[1]. On prétend que la coutume ancienne de renfermer les femmes mariées dans un gynécée date, au Japon, de la construction du palais de *Sŭga*[2].

Ya-ye gaki tŭkuru. — *Tŭkuru* signifie «faire», c'est-à-dire «édifier». — *Ya-ye gaki* ne désigne pas précisément «huit clôtures», mais des clôtures multiples et en quelque sorte superposées; elles sont comme des murailles de brouillard *(kiri-no magaki)*[3].

Sono ya-ye gakiwo. — On fait observer que cette pièce

1. Kei-tyu, *Kau gan seô*, MSC., t. I, p. 16.

2. *Gen-bun Ni-hon Syo-ki*, MSC., t. I, p. 128 v°. — Par *tŭma* «épouse», il faut entendre la princesse Inada-himé (*Syo-ki siû-kai*, t. I, p. 53; *Syo-ki tû-syau*, t. V, p. 9).

3. Voy. plus haut, chap. IV. — Cf. Kei-tyu, *Libr. cit.*, p. 15.

de vers est composée de 31 syllabes, suivant la règle des *uta* japonais, et qu'elle doit être en conséquence considérée comme le premier exemple de ce genre de poésie. Antérieurement à *Sosa-no-o*, on cite une pièce qui est donnée comme la première production poétique des Japonais : elle se compose des paroles dialoguées du dieu *Iza-nagi* et de la déesse *Iza-nami* au moment où ils se préparent à accomplir leur union[1].

Mito-no magu-vá i. Voyez, sur le sens de cette locution, plus haut, chap. IV, p. 86, note 4.

大巳貴神 *Oho-ana-muti-no kami* «le Dieu respectable de la Grande grotte», d'après l'orthographe chinoise 大穴牟遲神 dont fait usage le *Ko-zi ki*[2]. Ce dieu, d'après cet ouvrage, serait également appelé 大國主神 *Oho-kuni-nusi-no kami* «le Dieu maître du grand Royaume», 葦原色許男神 *Asi-vara Siko-o-no kami* «le Dieu mâle de la plaine des Roseaux (le Japon)», 八千矛神 *Ya-ti-hoko-no kami* «le Dieu des Huit mille lances», et 宇都志國玉神 *Utŭsi-kuni-tama-no kami* «le Dieu âme du Royaume des vivants»[3].

Ne-no kuni-ni ide-masinŭ. — Par *Ne-no kuni*, on entend «un pays lointain» (遠土); c'est également une manière de dire que le divin Sosa-no-o mourut (崩御)[4].

1. Kei-tyu, *Libr. cit.*, MSC., t. I, p. 15.
2. Et également le *Ku-zi ki*, édition de Nobu-yosi, livr. IV, p. 9.
3. *Ko-zi ki*, édition de Moto-ori, t. IX, p. 54; édition *Tei-sei*, t. I, p. 31.
4. *Syo-ki siñ-kai*, t. I, p. 53; *Ni-hon Syo-ki tŭ-syau*, t. V, p. 12.

(ハ) 一書曰。素戔鳴尊自天而降。
到於出雲簸之川上。則見稻田
宮主簀狹之八箇耳女子號稻
田媛。乃於奇御戸爲起而生兒。
號淸之湯山主三名狹漏彦八
嶋篠。一云。淸之繫名坂輕彦八
嶋手命。又云。淸之湯山主三名
狹漏彦八嶋野。此神五世孫卽
大國主神。

9, *a*. — On lit dans un livre :

Le divin Sosa-no-o descendit du Ciel et se rendit au haut de la rivière de Hî, dans le pays d'Idŭmo.

Il vit alors la fille de Sŭsa-no Yatŭ-mimi, gardien du temple d'Inada, laquelle se nommait *Inada-bime*. Puis il l'établit dans son gynécée et elle donna le jour à un enfant qui fut appelé *Mi-na Saro-hiko Ya-sima-zinu*, chef du mont *Yu-yama*, dans le pays de *Sŭga*. On l'appelle aussi *Sŭga-no Kage-na-saka-*

karu-hiko Ya-sima-de-no mikoto, et aussi *Mi-na-saro hiko Ya-sima-nu*, chef du mont *Yu-yama*, dans le pays de *Sŭga*.

La cinquième génération de ce dieu a été le dieu *Oho-kuni-nusi*.

Commentaire.

9, *a*. — 奇御戸 *ku-mi-do*. Dans l'antiquité, on désignait ainsi le lieu où les femmes étaient réunies (gynécée). Il en est question dans le *Ko-zi ki* comme d'un lieu où furent engendrés les dieux, et dans le *Ku-zi ki* à propos des amours d'Iza-nagi et d'Iza-nami[1].

大國主神 *Oho-kuni-nusi-no kami*, litt. «le Dieu maître du grand Royaume». C'est le même que le dieu *Oho-na-muti-no kami*. Il existe plusieurs traditions différentes au sujet de la généalogie de ce dieu. Suivant une de ces traditions, il descendrait du divin Sosa-no-o à la cinquième génération, et suivant d'autres à la sixième ou même à la septième génération[2].

八嶋篠 *Ya-sima-zinu*. Ce dieu, également appelé *Ya-sima-zinu-mi-no kami*, est identifié avec *Oho-na muti*[3].

繫名坂 *Kage-na-saka* est une autre appellation de la montagne *Yu-yama* qui figure dans la composition du nom précédent[4].

1. *Ni-hon Syo-ki tû-syau*, t. V, p. 12.

2. *Ni-hon Syo-ki siû-kai*, t. I, p. 53. — Voy. plus haut le commentaire du chapitre IX.

3. *Ku-zi ki*, édition de Nobu-yosi, livr. IV, p. 4. (Cf. *Ko-zi ki*, édition de Hirata Atŭ-tané, t. XV, p. 49.)

4. *Ni-hon Syo-ki tû-syau*, t. V, p. 13.

ろ 一書曰。是時素戔嗚尊下到於安藝國可愛之
川上也。彼處有神。名曰脚摩手摩。其妻名曰稻田
宮主簀狹之八箇耳。此神正有娠身。夫妻共憂。乃
告素戔嗚尊曰。我生兒雖多。每生輙有八岐大蛇。
來呑。不得一存。今吾且產。恐亦見呑。是以哀傷。素
戔嗚尊乃敎之曰。汝可以衆菓。釀酒八甕。吾當爲
汝殺蛇。二神隨敎設酒。至產時。必彼大蛇當戶。
將呑兒焉。素戔嗚尊勅蛇曰。汝是可畏之神。敢不
饗乎。乃以八甕酒。每口沃入。其蛇飲酒而睡。素戔

鳴尊拔劍斬之。至斬尾時。劍刃少缺。割而視之。則劍在尾中。是號草薙劍。此今在尾張國吾湯市村。卽熱田祝部所掌之神是也。其斷蛇劍。號曰虵之麤正。此今在石上也。是後以稻田宮主簀狹之八箇耳生兒眞髪觸奇稻田媛。遷置於出雲國簸川上。而長養焉。然後素戔鳴尊以爲妃而所生兒之六世孫。是曰大已貴命。

9, *b*. — On lit dans un livre :

En ce temps-là, le divin Sosa-no-o descendit (du Ciel), et se rendit au haut de la rivière de *E*, dans le pays d'Aki. En cet endroit, il y avait un dieu qui s'appelait *Asi-nadŭ Te-nadŭ*. Son épouse se nommait

Sŭsa-no Yatŭ-mimi, gardienne du temple de Inada. Elle était justement enceinte. Le mari et la femme étaient tous deux dans la désolation.

Ils dirent alors au divin Sosa-no-o : «Bien que les enfants auxquels nous avons donné le jour, aient été nombreux, chaque fois qu'il en naît un, il est dévoré par un grand serpent à huit têtes; nous ne sommes pas parvenus à en conserver un seul. Nous venons de donner le jour à un [nouvel enfant], et nous craignons encore de le voir dévorer. Voilà la cause de notre douleur.»

Le divin Sosa-no-o leur donna alors ses instructions en ces termes : «O vous, réunissez beaucoup de fruits et fabriquez huit jarres de vin. Moi, je tuerai alors le serpent pour vous.»

Les deux dieux, suivant ces instructions, préparèrent du vin. Lors de la naissance [de l'enfant], le grand serpent ne manqua pas de se présenter devant leur porte, pour dévorer l'enfant.

Le divin Sosa-no-o dit au serpent : «Tu es un dieu terrible; oserait-on ne point t'offrir un festin?»

Puis il prit huit jarres de vin et les versa dans chacune des gueules [du serpent].

Le serpent but le vin et s'endormit. Le divin Sosa-no-o tira le glaive qu'il portait et le coupa en pièces. Lorsqu'il en vint à couper la queue, son glaive fut un peu ébréché. Comme il regardait l'endroit où son glaive avait été ébréché, il trouva un [autre] glaive dans la queue [de l'animal]. On l'appelle le glaive de *Kusa-nagi*. On le conserve aujourd'hui dans la ville de *A-yu-ti*, dans la province d'Owari. C'est un dieu adoré d'Atŭ-ta. Le glaive qui [a servi à] tuer le serpent s'appelle *Oroti-no Ara-masa*. Il se trouve aujourd'hui dans le temple d'*Iso-no kan*.

Par la suite, [le divin Sosa-no-o] prit [pour femme] Sŭsa-no Yatŭ-mimi, gardienne du temple d'Inada, et donna le jour à un enfant appelé *Ma-gami furu-kusi Ina-da bimé*. Puis il s'établit au haut de la rivière *Hi*, dans le pays de Idŭmo, où ils vécurent longtemps. Par la suite, le divin Sosa-no-o en fit sa femme légitime.

La sixième génération des enfants auxquels elle donna le jour, fut le divin *Oho-ana-muti*.

Commentaire.

9, *b*. — 可愛之川 *E-no kava*, la rivière *E*, litt. «la rivière aimable». — Dans l'histoire de l'empereur *Zin-mu*, fondateur de la monarchie japonaise, on rapporte qu'en l'année 667 avant notre ère, ce prince se rendit dans la province d'*Aki* et alla s'établir dans le palais de 埃 *ni*. La province d'*Aki* est contiguë du pays d'*Idŭmo*, et la rivière de *Hi*, en entrant dans l'Aki, devient la rivière de 埃 *e*. C'est aujourd'hui la rivière 三好川[1].

1. *Syo-ki siŭ-kai*, t. I, p. 53; *Ni-hon Syo-ki tŭ-syau*, t. V, p. 14.

草薙劍 *Kusa-nagi-no tŭrugi*, litt. «le glaive qui fauche les herbes». On lit dans l'histoire de l'empereur *Kei-kau*, à la 51e année de son règne (121 de notre ère) : «Le sabre découvert dans la queue du serpent par le divin Sosa-no-o, et que portait le célèbre guerrier *Yamato-take-no mikoto*, est maintenant conservé dans le temple d'*Atŭ-ta*, département de *Ayu-iti*, province d'Owari[1]. — Lorsque le divin Sosa-no-o eut tiré le sabre de Kusa-nagi de la queue du serpent à huit têtes, il sortit de cette queue des exhalaisons nuageuses (雲氣). C'est pourquoi on nomma ce sabre 叢雲劍 *Mura-kumo-no tŭrugi* «le glaive des nuages rassemblés»[2].

吾湯市村 *Ayuti-no mura* «la ville d'Ayuti». Ce nom de localité qui s'écrivait également 年魚市 *A-yu iti* ou mieux *Ayuti*, c'est-à-dire «le Marché aux éperlans», est devenu par corruption 愛智 *Ai-ti*.

石上 *Iso-no kan* (ou *Iso-no kan-no miya*). C'est un temple situé dans la province de *Bi-zen*, département d'*Aka-saka*.

眞髮 *ma-gami*, litt. «de vrais cheveux»; mais le mot マ *ma* (vulg. «vrai») entre dans la composition d'un grand nombre de mots japonais où il a le sens de «beau, excellent, de qualité supérieure» (cf. *ma-gwa* «mûriers de première qualité», etc.). Suivant une tradition, on aurait donné ce nom à *Ina-da-bime*, fille du divin Sosa-no-o, parce qu'elle avait une chevelure longue et belle[3].

稲田媛 *Ina-da bime*. Ce nom signifie «la princesse des Champs de riz».

1. *Syo-ki siñ-kai*, t. I, p. 54; *Syakŭ Ni-hon gi*, t. VII, p. 15.
2. *Wa-kan San-sai dŭ-ye*, t. XXI, p. 16.
3. *Syo-ki siñ-kai*, t. I, p. 55.

〔仕〕一書曰。素戔嗚尊欲幸奇稻田媛。而乞之。脚摩
乳手摩乳對曰。請先殺彼蛇。然後幸者宜也。彼大
蛇每頭各有石松。兩脇有山。甚可畏矣。將何以殺
之。素戔嗚尊乃計釀毒酒。以飲之。蛇醉而睡。素戔
嗚尊乃以蛇之韓鋤劍。斬頭斬腹。其斬尾之時劍
刃少缺。故裂尾而看。卽別有一劍焉。名爲草薙劍。
此劍昔在素戔嗚尊許。今在於尾張國也。其素戔
嗚尊斷蛇之劍。今在吉備神部許也。其斬大蛇之
地。則出雲簸之川上山是也。

9, *c.* — On lit dans un livre :

Le divin Sosa-no-o désira prendre pour femme *Kusi-nada-bime.* Il en fit en conséquence la demande en mariage.

Asi-natŭ-ti et Té-natŭ-ti lui répondirent : « Je vous prie d'abord de tuer ce serpent; ensuite il sera convenable de la demander. »

Ce grand serpent avait sur chaque tête des pins de pierre; sur ses deux côtes, il y avait des montagnes; il était effroyable. Comment faire pour le tuer?

Le divin Sosa-no-o résolut alors de préparer du vin empoisonné et de le lui faire boire. Le serpent s'enivra et s'endormit.

Le divin Sosa-no-o prit alors le glaive en forme de houe coréenne : il lui coupa la tête; il lui ouvrit le ventre. Quand il lui ouvrit la queue, son glaive fut un peu ébréché. Comme il regardait la queue ouverte, il vit alors un [autre] glaive, nommé le glaive de *Kusa-nagi.* Ce glaive demeura jadis chez le divin Sosa-no-o. Il se trouve actuellement dans la province d'Owari.

Le glaive avec lequel le divin Sosa-no-o mit en pièces le serpent, est aujourd'hui au bureau des dieux du pays de Ki-bi. L'endroit où a été mis en pièces le serpent est la montagne du haut du fleuve de Hi, dans le pays d'Idŭmo.

COMMENTAIRE.

9, c. — 幸 *mesŭ* signifie «demander, requérir (une femme qu'on aime pour l'épouser)»[1].

Asiki sake, litt. «du mauvais vin», ou d'après les caractères chinois 毒 酒 «du vin empoisonné» (du vin fabriqué avec des fruits vénéneux).

韓 鋤 *Kara-sabi*. On veut dire par là que le glaive dont se servit le divin Sosa-no-o pour mettre en pièces le terrible serpent anthropophage ressemblait à une houe de *Kara* (c'est-à-dire de la Chine, ou plutôt de la Corée)[2]. Le mot 鋤 *kwa* désigne un instrument qui sert à extirper du sol les mauvaises herbes[3]. Cet instrument est représenté sur la figure ci-contre.

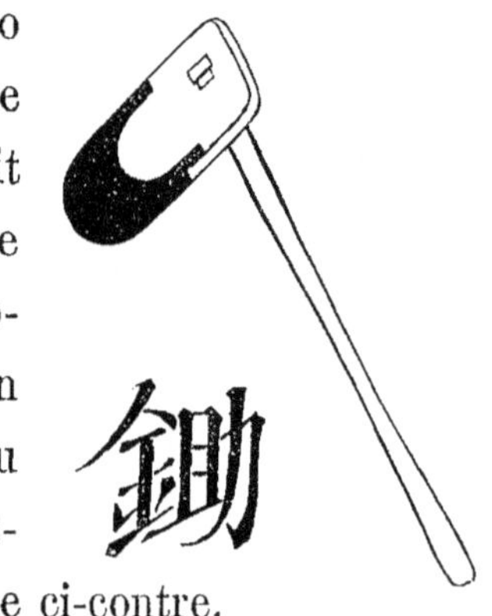

吉 備 國 *Ki-bi-no kuni* «la province de Ki-bi». Ce pays comprenait les provinces actuelles de *Bi-zen*, *Bi-tyu* et de *Bin-go*[4].

Hi-no kawa. — Voy., au sujet de cette rivière, plus haut, IX, *b*.

1. *Syoki tû-syau*, t. V, p. 16; *Wa-kun siwori*, t. XXXII, p. 6. — Cf. *Pin-tse-tsien*, p. 445 et *I-wen-pi-lan*, au mot *hing*.

2. *Syakŭ Ni-hon gi*, t. VII, p. 16.

3. Suivant le dictionnaire *Choueh-wen*. — Il existe d'ailleurs une certaine confusion au sujet des deux instruments 鋤 et 鍬 (pioche et bêche) qui ont quelquefois été pris l'un pour l'autre. (Voy. *Wa Kan San-sai dŭ-ye*, t. XXXV, p. 1, et le *Wa-kun siwori*, t. VIII, p. 16.)

4. *Nippon wau-dai iti-ran*, t. I, p. 1 n.

〔に〕一書曰。素戔嗚尊所行無狀。故諸神科以千座置戸。而遂逐之。是時素戔嗚尊帥其子五十猛神。降到於新羅國。居曾尸茂梨之處。乃興言曰。此地吾不欲居。遂以埴土作舟。乘之東渡。到出雲國簸川上。所在鳥上之峯。時彼處有呑人大蛇。素戔嗚尊乃以天蠅斫劍。斬彼大蛇。時斬蛇尾而刃缺。即擘而視之。尾中有一神劍。素戔嗚尊曰。此不可以吾私用也。乃遣五世之孫。天葺根神。上奉於天。此今所謂草薙劍矣。初五十猛神。天降之時。多將樹

種。而下。然不殖韓
地。盡以持歸。遂始
自筑紫。凡大八洲
國之内。莫不播殖。
而成青山焉。所以
稻五十猛命。爲有
功之神。即紀伊國
所坐大神是也

9, *d*. — On lit dans un livre :

La conduite du divin Sosa-no-o était déréglée. En conséquence, les dieux le condamnèrent, en accumulant [autour de lui] mille nattes, et ensuite ils le chassèrent.

En ce temps-là, le divin Sosa-no-o emmena son fils, le dieu Idaki-sono, descendit dans le pays de Sin-ra, et s'établit dans le lieu [appelé] *Sosi-mori*.

Il prononça alors ces paroles : «Je ne veux pas demeurer dans ce pays.» En conséquence, il prit de la glèbe et en fit un bateau; il s'y embarqua et navigua vers l'est. Il arriva au haut de la rivière de *Hi*, dans la province d'Idŭmo, à l'endroit où se trouve le pic de *Tori-gan*.

Dans cet endroit, il y avait un grand serpent qui

mangeait des hommes. Le divin Sosa-no-o prit alors l'épée qui coupe les mouches du Ciel, et tailla en pièces ce grand serpent. Comme il venait de couper la queue du serpent, son glaive fut ébréché. Il entr'ouvrit alors la queue et regarda au milieu : il s'y trouvait une épée divine.

Le divin Sosa-no-o dit : «Je ne puis pas me servir de ce glaive pour mon usage.» Il envoya, en conséquence, son fils à la cinquième génération, le dieu Ama-no Fuki-ne, pour l'offrir au Ciel. C'est ce glaive qu'on appelle actuellement «l'épée de *Kusa-nagi*».

Primitivement, lorsque le dieu Ita-daki-sono descendit du Ciel, il avait une quantité de graines d'arbres. Néanmoins il n'ensemença pas le pays des *Kan;* mais il emporta toutes ses graines. Il commença ses ensemencements par le pays de Tŭkusi. En général, dans tous les pays des Ya-sima (le Japon), il n'y en eut aucun où il ne fit des ensemencements. Il en résulta des montagnes verdoyantes.

C'est pourquoi le divin *Idaki-sono* a été qualifié de «Dieu qui a des mérites». Il est, en conséquence, la grande divinité établie dans le pays de Ki-i.

COMMENTAIRE.

9, *d*. — 千座置戸 *ti-kura-no oki-do,* litt. «les portes établies en mille places». Cette expression est très obscure, et les efforts des commentateurs japonais pour l'expliquer ne me semblent pas avoir abouté à un résultat satisfaisant. Les mots *ti-kura* sont rendus en chinois, dans le *Ko-zi ki,* par 千位 «mille siéges». *Kura* désignerait la place où l'on réunit les objets destinés à la cérémonie de la prière, un lieu de dépôt, etc. Le crime de Sosa-no-o étant très grave, on a fait usage du mot *ti* «mille», pour indiquer combien étaient nombreux les préparatifs faits par les dieux pour chasser le malheur et faire revenir le bonheur. — *Oki-do* serait un lieu où l'on accumule des objets; dans ce lieu, il y aurait eu une porte pour faire pénétrer le coupable au milieu de l'enceinte formée par les nattes ou tables accumulées autour de lui; et c'est en raison de cette particularité que le mot *do* «porte» figure dans cette expression. Les exégètes japonais se perdent en conjectures peu heureuses au sujet de ces *ti-kura oki-do,* et Moto-ori qui, d'ordinaire, se distingue par la clarté de ses explications, laisse entrevoir cette fois qu'il est en présence d'un fait mal connu. Ces mêmes mots se rencontrent cependant dans divers passages des anciens livres : on les a vus plus haut (chap. VIII); ils figurent également dans le *Notto* qui contient les prières pour le 6e mois de l'année, dans la vieille anthologie *Man-yeô siû,* etc. On a vu ensuite, dans ces mots, une allusion aux premiers rapports des Japonais avec la Corée, durant les temps préhistoriques : Dans la mer de *Tû-sima,* il y a un endroit appelé *Ti-kura,* où le courant des vagues est très rapide; c'est la limite entre le Japon et la péninsule Coréenne. Enfin *ti-kura oki-do* signifierait « des objets réunis dans le but d'obliger Sosa-no-o à payer une indemnité pour les crimes dont il s'est rendu coupable »[1].

La Corée. — Au fur et à mesure que nous avançons dans le *Ni-hon gi,* les pays étrangers à l'archipel Japonais, sont mentionnés d'une façon de plus en plus précise. Après des allusions aux contrées du nord, primitivement occupées par les *Aïno* ou Peuples velus *(Mau-zin),* c'est maintenant dans une région parfaitement déterminée de la péninsule Coréenne que le frère de la Grande Déesse Solaire poursuit les migrations nécessitées par son *Exil* de la plaine élevée du firmament *(Takama-no hara).* — 新羅 *Sin-ra* (en chinois : *Tsin-lo* ou *Chin-han*) était un état situé au sud-est de la Corée et qui fit partie d'une triarchie désignée dans les historiens japonais sous le nom de *San-kan.* On l'a confondu avec le territoire de *Ki-lin* ou *Gi-rin.* Les exégètes des Livres sacrés du Japon, comme d'ailleurs bien d'autres historiens du même pays, ne manquent pas une occasion d'insinuer que la civilisation qui, en réalité, est venue de Chine dans leur archipel, a été, au contraire, apportée par leurs aïeux sur le continent asiatique. « Le divin *Sosa-no-o,* dit Hirata Atŭ-tané, descendit le premier du Ciel, et le divin *Waka-hiko-na-no mikoto* descendit ensuite. C'est,

1. Kawa-mura Hidé-né, *Syo-ki siû-kai,* t. I, p. 41; Moto-ori, *Ko-zi ki den,* t. IX, pp. 3-4; Tani-gawa Si-sei, *Wa-kun siwori,* t. XV, p. 4; Nobu-yosi, *Gan-tô Ku-zi ki,* t. II, p. 11.

dans mon opinion, ce dernier qui a fondé le pays des *San-kan,* la Chine et les autres régions. Mais, à cette époque (reculée), il n'y avait pas encore d'habitants dans toutes ces contrées. Au Japon, au contraire, le divin Iza-nagi et la divine Iza-nami avaient de bonne heure créé des hommes. Quant aux pays qui furent produits, après l'île *Iki-tŭ sima,* de l'écume congelée des flots, il semble probable que ce dieu ne les avait pas encore peuplés d'habitants[1]. »

鳥上 *Tori-gan* ou *Tori-gami,* litt. « au Haut de l'oiseau ». Le *Ko-zi ki*[2] fait usage de caractères différents et écrit ce nom 鳥髮 *Tori-gami,* c'est-à-dire « plumes d'oiseau ». — « La source de la rivière de *Muro-hara,* dans le département de *Nita,* sort de la montagne de Tori-gami, à 35 lieues au sud-est du chef-lieu et coule vers le nord. C'est là qu'est situé le haut du fleuve *Hi-i* proprement dit. En outre, la source de la rivière de *Yoko-ta* sort de la montagne de *Muro-hara,* à 36 lieues du chef-lieu, et ses eaux coulent vers le nord. Cette grande rivière n'est rien autre chose que le cours supérieur du fleuve *Hi-i.* De la sorte, le mont de *Tori-gami* en serait la source »[3].

1. *Ko-si den,* t. XIV, p. 47. — Sur le pays de *Sin-ra,* voy. mes *Peuples orientaux connus des anciens Chinois* (couronné par l'Académie des Inscriptions), 2e édition, p. 110 et suiv., et *Les Coréens* (t. VI de la *Bibliothèque Ethnographique,* publiée sous ma direction), pass. et les cartes.
2. Édition de Moto-ori, t. IX, p. 13.
3. *Ko-zi ki den,* t. IX, p. 17.

[illegible] 一書曰。素戔嗚尊曰。韓鄉之嶋。是有金銀。
若使吾兒所御之國不有浮寶者。未是佳也。
乃拔鬚髯散之。卽成杉。又拔散胸毛。是成檜。
尻毛是成柀。眉毛是成櫲樟。已而定其當用。
乃稱之曰。杉及櫲樟。此兩樹者。可以爲浮寶。
檜可以爲瑞宮之材。柀可以爲顯見蒼生奧
津棄戸將臥之具。夫須噉八十木種。皆能播
生。于時素戔嗚尊之子。號曰五十猛命。妹大
屋津姫命。次抓津姫命。凡此三神亦能分布

木種。即奉渡於紀伊國也。然後素戔嗚尊居熊成峯。而遂入於根國者矣

9, *e*. — On lit dans un livre :

Le divin Sosa-no-o dit : Dans une île du pays de Kan, il y a de l'or et de l'argent. Si, dans ce pays qui est gouverné par un de mes enfants, il n'y a pas de bateaux, ce n'est pas bon. Alors, il arracha sa moustache et sa barbe et la répandit dans le pays : elles se transformèrent aussitôt en cèdres; puis les poils de son sein qui se transformèrent en pins; puis les poils de ses parties cachées qui se transformèrent en sapins; puis les poils de ses sourcils qui se transformèrent en camphriers. Il détermina ensuite l'usage de ces arbres. Il leur donna ensuite un nom et dit : les cèdres et les camphriers peuvent tous deux être utilisés à construire des bateaux; les pins serviront de matériaux pour construire des palais; les sapins seront employés à faire des cercueils pour immerger les corps des hommes distingués.

Or il sema des graines des innombrables arbres [à fruits] comestibles, et tous ces arbres poussèrent bien.

En ce temps-là, le fils du divin Sosa-no-o se nommait le divin *I-daki-so* et ses sœurs la divine *Oho-yadŭ bime* et la divine *Tŭma-dŭ-bime;* en tout trois dieux. Ils semèrent encore des graines d'arbres. Ensuite, ils se transportèrent dans le pays de *Ki-i*.

Plus tard, le divin Sosa-no-o s'établit au sommet du mont *Kuma-nari* et finalement il entra dans la Région infernale.

Commentaire.

9, *e*. — 가 라 구 니 *Kara-kuni*, c'est-à-dire le pays de *Kan*, en Corée (voy. plus haut).

Uku-takara, litt. «des trésors qui flottent», c'est-à-dire «des bateaux».

杉 *sŭgi*. J'ai donné une traduction libre de ce mot, parce que je crois inopportun de chercher à établir des synonymies botaniques précises dans des traductions d'ouvrages mythologiques. Sous ce nom, les insulaires de l'extrême Orient désignent aujourd'hui le Cryptomeria japonica de Sieb.

On lit dans le *Chuh-i ki :* «A l'origine des temps, lorsque Pan-kou mourut, la graisse de son corps se métamorphosa en rivières et en mers, ses poils et ses cheveux devinrent des plantes et des arbres[1].»

尻毛 *kakure-no ke,* litt. «les poils (des endroits) cachés». Signum 尻 *kao* «anum» sinicè significat.

1. *Syo-ki siû-kai,* t. I, p. 57.

柀, en chinois *pi*, désigne une espèce de conifère et anciennement «un pin». Le mot *maki* qui signifie communément «du bois de chauffage» (дрова), est, suivant M. Gochkiewitch, une appellation du Podocarpus macrophylla (*Iaponsko-Russkii Slovare*, p. 248). Ce mot signifie également «un arbre de première qualité» *(ma-ki)*.

Suivant le commentateur Kouoh-poh, l'arbre *pi* ressemble au pin et croît dans le *Kiang-nan* : son bois sert à fabriquer des bateaux et aussi des cercueils. — D'après l'antique dictionnaire *Eul-ya*, le *pi* et le *san* (杉) étaient un seul et même arbre; mais ici il s'agit de deux conifères différents[1].

Utŭsiki awo-bito, c'est-à-dire «les gens distingués». On se sert encore aujourd'hui des mots 貴 顯 人 *ki-ken-no hito* ou 貴 顯 紳 士 *ki-ken sen-si* pour dire «des hommes de distinction».

將 臥 之 具 *moti-fusan-no sonahe*. On entend par là des cercueils dans lesquels on couche les morts[2]. — L'usage, dans l'antiquité japonaise, était d'immerger dans les eaux de la mer le corps de ceux qui étaient décédés.

五 十 猛, fils du divin *Sosa-no-o*. — Les commentateurs japonais ne sont pas d'accord sur la manière de lire ce nom. Kei-tyu dit : *I-daki-so;* dans le supplément au *Ni-hon gi*, dans le *Bun-tokŭ zitŭ-rokŭ*, dans le *San-dai zitŭ-rokŭ*, dans le *Yen-gi siki*, dans le *Wa-mei siû*, on lit partout également

1. *Syo-ki siû-kai*, t. I, p. 58.

2. *Syakŭ Ni-hon gi*, t. VII, p. 17; *Ni-hon Syo-ki tû-syau*, t. V, p. 21; *Syo-ki siû-kai*, t. I, p. 58.

ce nom *I-daki-so*. Cependant, d'après les caractères chinois dont on a fait usage, il semble qu'on doive dire *I-dakeru*. Peut-être les copistes ont-ils mis par erreur le signe 曾 *so* au lieu de 魯 *ro (ru)*. Le signe 祁 se dit toujours *ke* dans l'anthologie *Man-yô siû*, et les deux signes 五十 ont ensemble la valeur de *i*[1].

大屋津姫。抓津姫. Les déesses *Oho-ya-dŭ* et *Tŭma-dŭ*. — On lit dans le *Yen-gi siki* (section des Noms des dieux) : « Dans la province de *Ki-i*, département de *Na-gusa*, il y a un temple de la déesse *Oho-ya-dŭ*, et un temple de la déesse *Tŭma-dŭ*[2].

熊成峯 *Kuma-nari-no mine* « le pic de Kuma-nari ». La tradition rapporte que cette montagne est située dans le pays d'*Idŭmo*. « Dans ma pensée, dit Kava-mura Hidéné, le mont Kuma-nari se trouve dans la province d'*Idŭmo*, à côté du *Hi-no mi-saki*; on le désigne communément sous le nom de *Kuma-nari-no mine*. » — Dans le *Siwo-dŭti den* on dit : « Le mont *Wani-buti* se trouve dans le département de *Tate-nui*. » — Le *Mosiwo-gusa* dit : « Le mont *Wani-buti* est situé entre *Ki-zŭki* et *Matŭ-ye* : au nord, il est voisin de la mer et il est fort élevé. On rapporte que le divin *Sosa-no-o* a été enterré au sommet de cette montagne. Il s'y trouve, en effet, un temple consacré à ce dieu qu'on y désigne sous le nom de *Kuma-nari ten-wau* « le Souverain céleste de Kuma-nari », et un monastère bouddhique appelé *Wani-buti dera* »[3].

1. *Ni-hon Syo-ki tû-syau*, t. V, p. 19.
2. *Syo-ki siû-kai*, t. I, p. 58.
3. *Syo-ki siû-kai*, t. I, pp. 58-59.

〔八〕一書曰。大國主神。亦名大物主神。亦曰*國作大已貴命。亦曰葦原醜男神。亦曰八千戈神。亦曰大國玉神。亦曰顯國玉神。其子凡有一百八十一神。夫大已貴命與小彥名命。戮力一心。經營天下。復爲顯見蒼生。及畜產。則定其療病之方。又爲攘鳥獸昆虫之災異。則定其禁厭之法。是以百姓至今咸蒙恩賴。嘗大已貴命。謂小彥名命。曰吾等所造之國。豈謂善成之乎。小彥名命對曰。或有所成。或有不成。是談也蓋有幽深

*號

之致焉。其後小彥名命。行至熊野之碕。遂適於
常世鄉矣。亦曰。至淡嶋。而緣粟莖者。則彈渡而
至常世鄉矣。自後國中所未成者。大已貴神。獨
能巡造。遂到出雲國。乃興言曰。夫葦原中國。本
自荒芒。至及磐石草木。咸能强暴。然吾已摧伏。
莫不和順。遂因言。今理此國。唯吾一身而已。其
可與吾共理天下者。蓋有之乎。于時神光照海。
忽然有浮來者曰。如吾不在者。汝何能平此國
乎。由吾在。故汝得建其大造之績矣。是時大已

貴神。聞曰。然則汝是誰耶。對曰。吾是汝之幸魂
奇魂也。大己貴神曰。唯然。迺知汝是吾之幸魂
奇魂。今欲何處住耶。對曰。吾欲住於日本國之
三諸山。故卽營宮彼處。使就而居。此大三輪之
神也。此神之子。卽甘茂君。大三輪君等。又姬蹈
韛五十鈴姬命。又曰事代主神。化爲八尋熊鰐。
通三嶋溝橛姬。或云玉櫛姬。而生兒姬蹈韛五
十鈴姬命。是爲神日本磐余彥火火出見天皇
之后也。初大己貴神之平國也。行到出雲國五

十狹狹之小汀。而且當飲食。是時海上忽有人

聲。乃驚而求之。都無所見。頃時有一箇小男。以

白蘞皮爲舟。以鷦鷯羽爲衣。隨潮水以浮到。大

已貴神卽取置掌中而翫之。則跳齧其頰。乃怪

其物色。遣使白於天神。于時高皇產靈尊聞之

而曰。吾所產兒凡有一千五百座。其中一兒最

惡。不順教養。自指間漏墮者。必彼矣。宜愛而養

之。此卽少彥名命是也。

日本書紀卷第一終

巴理京東洋學校羅尼譯解

9, *f*. — On lit dans un livre :

Le dieu *Oho-kuni-nusi* a également pour nom le dieu *Oho-mono-nusi*, puis le nom de divin *Kuni-dŭkuri-oho-na-muti*, puis le nom de dieu *Asi-vara-no siko-wo*, puis le nom de dieu de *Ya-ti-hoko*, puis le nom de dieu *Oho-kuni-dama*, puis le nom de dieu de *Utŭsi-kuni-dama*.

Ses fils furent au nombre de cent quatre-vingt-un dieux.

Or le divin Oho-na-muti et le divin Sŭkuna-hiko-na unirent leurs forces et d'un seul cœur gouvernèrent le dessous du Ciel (l'Empire); puis ils fixèrent les remèdes pour les maladies des paysans et des animaux domestiques; puis ils déterminèrent les moyens pour éviter les dégâts des animaux, des oiseaux et des insectes, et établirent des règles pour s'en défendre. C'est ainsi que, jusqu'à nos jours, le peuple tout entier a profité de leurs bienfaits.

Jadis, le divin Oho-na-muti, s'adressant au divin Sŭkuna-hiko-to, lui dit : «Le royaume que nous avons fondé, peut-on dire qu'il est florissant?»

Le divin Sŭkuna-hiko-na lui répondit : «En partie, il est florissant; en partie, il n'est pas florissant.»

Or il y a, dans ces paroles, un sens profond.

Plus tard, le divin Sŭkuna-hiko-na se rendit au

promontoire de *Kuma-no*, et finalement gagna le pays de *Toko-yo* (le pays du Monde perpétuel).

On dit aussi qu'il alla dans l'île d'*Ava*, où il monta sur une tige de millet qui le lança dans le Pays perpétuel.

Par la suite, comme il y avait dans la localité des endroits qui n'étaient pas florissants, le dieu Oho-na-muti entreprit seul le périple de l'île; puis il se rendit ensuite dans le pays d'*Idŭmo*.

Alors il s'écria: «Ce pays central d'Asi-vara, depuis l'origine, était aride; les rochers, les pierres, les plantes et les arbres, tout y est grossier. Mais j'ai brisé [les rochers] et abattu [les arbres], et il n'y a rien qui ne se soit nivelé.

Puis il dit ensuite : «Moi seul, je suis capable de gouverner le dessous du Ciel (l'Empire)? Qui pourrait gouverner avec moi?»

En ce temps-là, une lumière divine brilla sur la mer, et tout à coup il y eut quelqu'un qui vint à lui en flottant et lui dit : «Si je n'existais pas, comment serais-tu parvenu à pacifier ce royaume? C'est par le fait de mon existence que tu es arrivé à obtenir la gloire d'avoir accompli cette grande œuvre.»

En ce temps-là, le dieu Oho-na-muti adressa cette question : «Qui es-tu?»

Il lui fut répondu : «Je suis ton âme de bonheur et ton âme de merveilles.»

Le dieu Oho-na-muti dit : «Soit : si tu es mon âme de bonheur et mon âme de merveilles, en ce moment où veux-tu résider?»

Il lui fut répondu : «Je désire m'établir dans le pays de *Yamato*, sur la montagne de Mi-moro.»

En conséquence, on construisit dans cet endroit un palais, où [cette âme] alla habiter. C'est le dieu de *Oho-mi-wa*.

Les enfants de ce dieu furent le seigneur de *Kamo*, le seigneur de *Oho-mi-wa*, etc.; puis la divine *Hime-tatara I-sŭzŭ-bimé.*

On dit aussi que le dieu *Koto-siro-nusi* fut transformé en un crocodile de huit brasses. Il alla voir la divine de *Mi-sima Miso-kei* (quelqu'un l'appelle la divine *Tama-kusi*) et donna le jour à un enfant qui fut la divine *Tatara I-sŭzŭ-bime* qui fut l'impératrice [femme] de l'empereur *Kam Yamato Ivare-hiko-ho-ho-de-mi-no sŭmera-mikoto.*

Originairement, lorsque le dieu Oho-na-muti pacifia l'Empire, il alla sur la petite rive de Izaza, dans le pays d'Idŭmo, pour y prendre de la nourriture.

A ce moment, sur la mer, il entendit tout à coup une voix humaine. Effrayé, il chercha, mais ne put rien voir.

Un instant après un petit homme fit une barque avec l'enveloppe d'un fruit de Kagami; il prit les plumes d'un petit oiseau, pour s'en faire un habit; puis il se laissa aller au gré de la marée et aborda [sur la côte du Japon].

Le dieu Oho-na-muti prit alors ce petit homme dans sa main, et s'en amusa; puis en le faisant sauter, il lui mangea les joues. Ensuite, considérant la singularité de ce petit être, il envoya faire un rapport au Dieu du Ciel.

En ce temps-là, le dieu Taka Musŭbi apprit cet événement et dit : «Les enfants auxquels j'ai donné le jour, sont au nombre de mille cinq cents. Parmi ces enfants, il y en avait un qui était très méchant et qui ne se conformait pas à mes préceptes; il glissait entre les doigts : ce doit être certainement le petit être en question. Il faut l'élever avec tendresse.» C'était, en effet, le divin *Sŭkuna-hiko-na.*

COMMENTAIRE.

9, *f.* — 大國玉 *Oho-kuni dama.* Dans le nom de ce dieu, *tama* signifie «l'âme»; d'où le dieu «Ame du grand Empire». Actuellement, chaque province rend un culte spécial à un dieu qui est considéré comme «l'âme du pays»[1].

Kava-mura Hidé-né trouve qu'il n'y a pas lieu de s'étonner du nombre considérable d'enfants qu'ont eu cer-

1. *Ni-hon Syo-ki tû-syau,* t. V, p. 23.

tains dieux du Japon, notamment *Taka Musŭbi,* qui en comptait 1500, puisque les historiens chinois rapportent que leur premier souverain, l'empereur *Hoang-ti,* en eut 400. — Dans la locution 181 dieux, le chiffre 100 représente «le nombre accompli», et 81 le chiffre du calcul appelé *kiu-kiu* ou 9×9. C'est le nombre qui désigne l'ensemble (litt. «les dix-mille») des êtres. Les exégètes japonais se préoccupent beaucoup de l'explication à donner à ces chiffres : il n'y a pas lieu de s'y arrêter davantage[1].

少彥名 *Sŭkuna-hiko-na.* Ce nom signifie que c'était un Dieu nain.

Ke-mono, litt. «les êtres couverts de poils», c'est-à-dire «les animaux». On désigne par là le bœuf, le cheval, la poule et le chien.

Yamá iwo osamuru-no sama, c'est-à-dire «les remèdes qui servent à guérir des maladies». — C'est à cette époque que les Japonais font remonter l'origine de la science médicale dans leur pays»[2].

Maziná i yamuru-nori. On entend par là des pratiques de sorcellerie et d'incantation.

熊野 *Kuma-no* est situé dans le pays d'*Idŭmo,* département de *O-u*[3].

常世鄕 *Toko-yo-no kuni* «le pays du Monde perpétuel», est le lieu où se trouve la demeure secrète des dieux et des immortels. — D'après Kava-mura Hidé-né, ces mots ont plusieurs significations différentes : ils signifient «le

1. *Ni-hon Syo-ki tû-syau,* t. V, p. 23.
2. *Libr. cit.,* t. V, p. 24.
3. *Libr. cit.,* t. V, p. 27; *Syo-ki siû-kai,* t. I, p. 60.

pays des Dieux et des Immortels», puis «le pays de l'Obscurité (l'Enfer)», puis «le pays des Mânes». Dans le présent texte, il s'agit du «pays de l'Obscurité», c'est-à-dire du séjour des Morts[1]. — Les dieux ont une longue vie et ne vieillissent pas; c'est pourquoi on appelle leur demeure du nom de *Toko-yo* «le monde perpétuel». En réalité, on désigne de la sorte le pays de la quiétude et de l'immutabilité[2].

大巳貴 *Oho-ana-muti* ou *Ohona-muti,* fils du divin *So-sa-no-o,* est un dieu adoré dans la province d'*Idŭmo :* on lui attribue l'invention de la médecine, comme les Chinois l'ont attribuée à leur empereur préhistorique *Chin-noung*[3].

少彦名命 *Sŭkuna-hiko-na-no mikoto.* — Dans la Description de la province de Hau-ki[4], on dit : «Dans la dépendance du département de *Ye-mi,* se trouve une île appelée *Awa-sima* «l'île du Millet». Elle a été ainsi nommée, parce que le divin Sŭkuna-hiko-na y a fait des ensemencements de millet qui ont poussé à merveille. C'est alors que ce petit Dieu monta sur une tige de cette graminée qui, en se balançant au gré de la brise, le lança dans le Monde éternel»[5].

幸魂。奇魂 *Saki mi-tama, Kusi mi-tama.* — *Saki-mi-tama* désigne l'âme spirituelle «qui va sans s'arrêter»; *Kusi mi-tama* signifie «garder le château», ce qui veut dire que cette âme garde la porte du palais. Quand on est mort,

1. *Syo-ki siû-kai,* t. I, p. 60.
2. *Syo-ki tû-syau,* t. V, p. 27.
3. *Wa-kan San-sai dŭ-ye,* t. LXXVIII, pp. 14-15.
4. *Hau-ki Fû-to ki.*
5. *Syakŭ Ni-hon gi,* t. VII, p. 18 r°. — Voy. plus loin, p. 363.

le principe anémique ou «âme immatérielle» monte au Ciel et devient dieu *(kami)*, tandis que le principe sensitif ou «âme animale» descend et devient un fantôme (*oni*, vulg. «démon», également «mânes»). La *Saki mi-tama*, dont il est ici question, représente «le principe immatériel», et la *Kusi mi-tama* «le principe matériel». — *Saki* a le sens de «aller», c'est-à-dire «faire acte d'activité». — *Kusi*, au contraire, a le sens de «s'arrêter longtemps», c'est-à-dire «demeurer inactif»[1]. Ces idées ont été empruntées par les commentateurs du *Ni-hon gi* aux philosophes chinois qui ont d'ailleurs varié d'opinion sur le caractère des deux éléments de l'âme, le *hoen* et le *peh;* elles ne paraissent point appartenir au courant d'idées sur lequel repose le sintaüïsme primitif. J'ai eu l'occasion de m'en occuper longuement dans mon enseignement à la Sorbonne : je ne crois pas à propos de m'y arrêter ici, puisqu'elles ne se rattachent que très indirectement aux théories religieuses des anciens insulaires du Japon.

三諸山 *Mi-moro-no yama*. On lit dans le *Yamato si* ou Narration de la province de Yamato : «Il existe, dans le département de *Siro-gami*, une montagne du nom de *Mi-wa yama*, à l'est du village de *Mi-wa*. On l'appelle également *Mi-moro-no yama*. Elle se distingue au premier coup d'œil de toutes les autres par son sommet unique et escarpé, son boisement et sa verdure»[2].

甘茂君 *Kamo-no kimi*. — On lit dans le *Ku-zi ki*, section des Dieux terrestres : «*Kamo-no kimi* descend à la

1. *Syakŭ Ni-hon gi*, t. VII, p. 18 v°.
2. *Syo-ki siû-kai*, t. I, p. 61.

neuvième génération du divin *Oho-ana-muti*, à la dixième génération du divin *Oho-ta-da Ya-ko*, et à la onzième génération du divin *Oho-mi-ki-moti*. Le nom de *Kamo-no kimi* fut donné au divin *Oho-ka-no zŭmi*, sous le règne de la cour de *Iso-gi-no Midŭ-gaki*. La 13ᵉ année du règne de l'empereur *Tem-bu*, on conféra à Kamo-no kimi le titre de 朝臣 *A-son* «serviteur de la Cour»[1].

大三輪君 *Oho-mi-wa-no kimi*. — Le *Ku-zi ki*, section des dieux terrestres, dit : «Ce personnage (c'est-à-dire le chef de la famille de Mi-wa) descendait à la onzième génération du divin *Oho-ana-muti*. A la cour Iso-gi-midŭ-gaki, sous le règne du divin *Oho-tomo-nusi*, on lui conféra le nom de *Oho-kami-no kimi*. L'empereur lui donna également le titre de *A-son*»[2].

八尋熊鰐 *Ya hiro-no wa-ni*. L'animal dont il est ici question ressemble à un ours; il est de couleur noire. C'est à cette particularité qu'il a emprunté son nom. Le *Ku-zi ki* raconte cette même métamorphose; puis il ajoute que le dieu *Koto-siro-nusi-no kami*, ayant eu des rapports avec une femme de *Mizo-gŭi*, dans le *Mi-sima*, nommée *Iku-tama-yori-hime*, donna le jour à un garçon et à deux filles: le garçon s'appela *Ama-no hi kata-kusi-hi-kata-no mikoto;* les filles furent *Hime-tatara I-sŭzŭ bime-no mikoto* et *I-sŭzŭ yori hime-no mikoto*[3].

三嶋 *Mi-sima* «les trois îles» est situé dans la province de *Setŭ*, département de *Sima-kami*[4].

1. *Syo-ki siû-kai*, t. I, pp. 62-23.
2. Voy. plus haut. — *Syo-ki siû-kai*, loc. supr. cit.
3. *Ku-zi ki*, édition de Nobu-yosi, t. IV, p. 16.
4. *Syo-ki tû-syau*, t. V, p. 34.

Kam Yamato Ivare-hiko-ho-ho-de-mi-no sŭmera mikoto. C'est le nom du premier mikado ou empereur japonais, plus connu sous son titre posthume de Zin-mu[1].

五十狹狹之小汀 *I-za-za-no o-bama.* Cette petite plage est désignée, dans le *Ko-zi ki,* sous le nom d'*I-nasa.* Il existe un temple de ce nom dans le pays d'*Idŭmo*[2]. On écrit également ce nom *I-so-dasa*[3]. — Par *o-bama,* il faut entendre «le bord de la mer»[4].

飲食 *mi-osi* «de la nourriture»[5].

ôT [T L| *futŭ-ni* veut dire «assurément»[6].

白蘞皮 *kagami-no kawa.* On désigne ainsi l'enveloppe de fruit (殼 *kioh*) d'une plante plus connue sous le nom de 蘿藦 *lo-mo* et qui appartient à la famille des Vitées. Désignée communément au Japon sous le nom de *Yama-kagami* (ou *Byakŭ-ren*), elle répond à l'Ampelopsis serianiæfolia de nos botanistes. La grande Encyclopédie Japonaise nous donne la représentation d'une plante de ce nom avec une notice. Le *Yama-kagami* naît au milieu des forêts dans le deuxième mois et donne des nombreux rejetons. Les feuilles, réunies par cinq, ressemblent à celles de petits mûriers; ses fleurs s'épanouissent au cinquième mois, et ses graines se forment au septième; ses racines ressemblent à des œufs de canard; l'écorce est noire et la moelle blanche. On en possédait anciennement au Japon, mais il n'y en a

1. *Syo-ki tû-syau,* loc. supr. cit.
2. *Syo-ki siû-kai,* t. I, p. 62.
3. *Gen-bun Syo-ki,* MSC., t. I, p. 158.
4. *Libr. cit.,* loc. cit.
5. *Wa-gun sivori,* t. XXX, p. 3. — Voy. aussi le *Gen-bun Syo-ki.*
6. *Wa-kun sivori,* t. XXVI, p. 12.

plus aujourd'hui[1]. *Kagami* désigne à la fois la plante et le fruit. Dans le passage qui nous occupe, c'est comme si l'on disait que le petit dieu se fit un bateau avec une coquille de noix[2].

鷦鷯羽 *Sasagi-no ha* «des plumes de petit oiseau». J'ai cru inutile de dire «des plumes d'orthotome», ce qui aurait donné la synonymie ornithologique du mot *sasagi*, parce que sous ce nom les Japonais ont désigné plusieurs petits oiseaux différents, et qu'il serait peut-être exorbitant de vouloir donner des équivalents précis de noms d'histoire naturelle mentionnés dans les anciens livres sacrés. Le *Tsiao-liao* (ou Sasagi du Japon) est cité dans le célèbre *Siao-yao-yeou* du philosophe taoïste *Tchouang-tse*[3]. Il règne d'ailleurs la plus grande confusion au sujet des synonymies à appliquer à cet oiseau, lorsqu'il est mentionné dans les anciens textes. On a été jusqu'à le confondre avec une espèce de hibou. La description que nous en donne le *Pen-tsao tsih-kiaï* se rapproche assez de celle de l'orthotome; mais encore ne faut-il pas y chercher la précision désirable en matière d'histoire naturelle. Les meilleurs commentateurs japonais se bornent à dire que *sasagi* désigne un petit oiseau dont l'apparition était considérée comme de bon augure[4].

1. *Wa-kun sivori*, t. VI 上, p. 6; *Syo-ki siû-kai*, t. I, p. 62; *Syo-ki tû-syau*, t. V, p. 35; *Syakŭ Ni-hon gi*, t. VII, p. 19; *Wa-Kan San-sai dŭ-ye*, t. XCVI, p. 21.

2. Voy. *Gen-bun Ni-hon Syo-ki*, MSC., t. I, p. 159.

3. Voy. ma traduction du *Siao-yao-yeou*, dans mes *Textes Chinois anciens*, p. 79.

4. *Syo-ki siû-kai*, t. I, p. 62; *Syo-ki tû-syau*, t. V, p. 35; *Syakŭ Ni-hon gi*, t. VII, p. 19; *Syo gen-zi kau*, édit. lith., p. 156, col. 6; *Dai Ni-hon si*, naissance légendaire de l'empereur Nin-tokŭ, t. IV, p. 1; *Youen-kien-loui-han*, t. CCCCXXVII, p. 14; *Mao chi Ming-wouh tou choueh*, t. I, p. 11.

Sŭkuna-hiko-na. Les commentateurs japonais pensent que ce dieu lilliputien, dont il a déjà été parlé plus haut, pourrait bien être venu des pays décrits par les anciens auteurs et qui étaient habités par des nains. Ces auteurs rapportent à ce sujet plusieurs récits légendaires. On dit notamment qu'au delà de la mer de l'ouest se trouve une région habitée par des hommes et des femmes qui n'ont guère plus de sept pouces de hauteur. Ils sont d'une étonnante légèreté à la course et ont l'air de voler. On trouve la mention du pays des Nains, appelés 靖人 *Tsing-jin* dans l'antique Géographie chinoise des Montagnes et des Eaux[1]. Le dieu *Sŭkuna-hiko-na* est considéré comme le créateur de la Médecine au Japon (本朝醫家ノ元祖ᄉ)[2].

Ame-no kami, le dieu suprême de la mythologie sintauïste reparaît ici, ce qui semble établir encore une fois que, dans la pensée des anciens Japonais, toutes les divinités de leur panthéon n'étaient que des personnifications religieuses secondaires et en quelque sorte héroïques, tandis qu'ils ne reconnaissaient en réalité qu'un Dieu suprême, éternel et omnipotent.

Ici se termine la troisième partie du *Ni-hon Syo-ki,* comprenant «L'EXIL». C'est en même temps la fin de la première section de l'Histoire des dynasties divines *(Kami yo-*

1. *Chan-haï-king,* livr. XIV. — Voy. également le *Wa-Kan San-sai dŭ-ye,* t. XIV, p. 33.

2. *Gen-bun Ni-hon Syo-ki,* MSC., t. I, p. 159. — On désigne également ce dieu sous les noms de *Sasagi dai-myau-zin* «le dieu très illustre du petit oiseau», *Ava-sima dai-myau-zin* «le dieu très illustre de l'île d'Ava», etc.

no maki), consacrée aux dieux appelés les Dieux Célestes *(Ame-no kami)*. La seconde section est relative aux dieux appelés les Dieux Terrestres *(Tŭti-no kami)*, à la suite de laquelle commencent les Annales des Mikados ou Empereurs du Japon.

APPENDICES

APPENDICES

LISTE DES DIEUX ET DES DÉESSES

MENTIONNÉS DANS CE PREMIER VOLUME

I. — Genèse.

1.

Kuni-toko tati-no mikoto *Kuni-sa-tŭti-no mikoto* *Toyo-kun-nu-no mikoto*	dieux primordiaux, absolument mâles.

1 *a*.

Kuni-toko-tati-no mikoto ou *Kuni-soko-tati-no mikoto*
Kuni-no sa-tŭti-no mikoto ou *Kuni-no-sa-tŭti-no mikoto*
Toyo-kuni-nusi-no mikoto ou *Toyo-kumi-no mikoto*
— *Toyo-kabusi-no-no mikoto*
— *Uki-fu-no-no-toyo-kai-no mikoto*
— *Toyo-kuni-no-no mikoto*
— *Toyo-ku'i-no-no mikoto*
— *Hako-kuni-no-no mikoto*
— *Mi-no-no mikoto.*

1 *b*.

Umasi Asi-ga'i-hiko-di-no mikoto
Kuni-toko-tati-no mikoto
Kuni-no sa-dŭti-no mikoto.

1 *c*.

Umasi Asi-ga'i-hiko-di-no mikoto
Kuni-soko-tati-no mikoto.

1 *d.*

Kuni-toko-tati-no mikoto
Kuni-sa-tŭti-no mikoto.
* AMA-NO MI NAKA-NUSI-NO MIKOTO
* TAKAN MI MUSUBI-NO MIKOTO
* KAN-MI MUSUBI-NO MIKOTO
} Triade primordiale suivant la donnée du *Ko-zi ki.*

1 *e.*

Asi-kabi, le roseau primordial
Kuni-no toko-tati-no mikoto.

1 *f.*

Asi-kabi, le roseau primordial.
Ama-no toko-tati-no mikoto
Umasi Asi-ga'i-hiko-di-no mikoto.
Kuni-toko-tati-no mikoto.

2.

1. *U'i-di-ni-no mikoto,* dieu,
Sú i-di-ni-no mikoto, déesse.
2. *Oho-to-no-di-no mikoto,* dieu,
Oho-toma-be-no mikoto, déesse.
3. *Omo-taru-no mikoto,* dieu,
Kasiko-ne-no mikoto, déesse.
4. *Iza-nagi-no mikoto,* dieu,
Iza-nami-no mikoto, déesse.

2 *a.*

Awo-kasiko-ne-no mikoto, père de { *Iza-nagi-no mikoto.* / *Iza-nami-no mikoto.* }

2 *b.*

Kuni-toko-tati-no mikoto, père de
Ame-kagami-no mikoto, père de
Ama-yorodŭ-no mikoto, père de
Ava-nagi-no mikoto, père de
Iza-nagi-no mikoto.

3.

A partir de	*Kuni-no toko-tati-no mikoto*	on compte sept générations de dieux. (Voy. p. 73.)
jusqu'à	*Iza-nagi-no mikoto*	

3 *a*.

Génies qui vécurent en couples (mâle et femelle) :

1. *U'i-di-ni-no mikoto*, dieu,
   Su'i-di-ni-no mikoto, déesse.
2. *Tŭno-gui-no mikoto*, dieu,
   Iku-gui-no mikoto, déesse.
3. *Omo-taru-no mikoto*, dieu,
   Kasiko-ne-no mikoto, déesse.
4. *Iza-nagi-no mikoto*, dieu, } (les deux *Rei*).
   Iza-nami-no mikoto, déesse }

4.

Créations de Iza-nagi et de son épouse Iza-nami (les deux *Rei*) :

Ono-goro zima, île . . . . Pilier central du Pays.
Ava-di-no sima, île . . . . Cordon ombilical.

Toyo Aki-tŭ sima, île	*Oho-ya sima* Les huit grandes îles.	Formées avec de l'écume de mer congelée.
I-yo-no futa-na-no sima, île		
Tŭkusi-no sima, île		
Oki-no sima, } îles jumelles		
Sa-do-no sima, }		
Kosi-no sima, île		
Oho-sima,		
Ko-zima, île située près du pays de Kibi		
Tŭ-sima, île		
Yŭki-no sima, île		

4 *a*.

Ono-goro zima, île
Hiru-ko (la sangsue)

<table>
<tr><td>Oho-Yamato Toyo-aki-tŭ sima, île
Avadi, île
I-yo-no futa-na-no sima, île
Tŭku-si, île
Oki-no mitŭ-go (trois îles jumelles)
Sado, île
Kosi, île
Ki-bi-no ko, île</td><td>Oho Ya-sima-no kuni
Le grand Empire des Huit îles.</td></tr>
</table>

4 *b*. — 4 c. — 4 *d*.

Ono-goro-zima, île.

4 *f*.

Avadi-no sima, île
Ava-sima, île . . . . Cordon ombilical.
Yamato Toyo Aki-tŭ sima, île . . . . . Nippon.
I-yo-no sima, île
Tŭkusi-no sima, île
Oki-no sima }
Sado-no sima } îles jumelles
Kosi-no sima, île
Oho-sima, grande île
Ko-sima, petite île.

4 *g*.

<table>
<tr><td>Avadi-no sima, île
Yamato Toyo Aki-tŭ sima, île
I-yo-no futa na-no sima, île
Oki-no sima, île
Sado-no sima, île
Tŭkusi-no sima, île
Iki-no sima, île
Tŭ-sima, île</td><td>Oho ya-sima-no kuni
Le grand Empire des Huit îles.</td></tr>
</table>

4 *h*.

Ono-goro sima, île

<table>
<tr><td>Awa-di-no sima, île
Yamato Toyo Aki-tŭ sima, île
I-yo futa na-no sima, île
Tŭkusi-no sima, île
Kibi-no ko-zima, île
Oki-no sima } îles jumelles
Sado-no sima }
Kosi-no sima, île</td><td>Oho ya-sima-no kuni
Le grand Empire des Huit îles.</td></tr>
</table>

4 *i*.

Ava-di-no sima, île	
Yama Toyo Aki-tŭ-sima, île	
Ava-no sima, île	
I-yo futa-na-no sima, île	
Oki-no mitŭ go-no sima, trois îles jumelles	*Oho ya-sima-no kuni*
Sado-no sima, île	Le grand Empire des Huit îles.
Tŭkusi-no sima, île	
Ki-bi-no ko-zima, petite île	
Oho-sima, grande île.	

4 *j*.

Awa-di-no sima, île
Hiru-ko (la sangsue).

5.

Umi, l'Océan,
Kava, les Rivières,
Yama, les Montagnes,
Ku-gu-no di, ancêtre des Arbres,
Kaya-no bime, aïeule des Herbes (ou *No-dŭti*).
Oho-hiru-me-no muti ou *Ama-terasŭ Oho-hiru-me-no kami*.
(LE SOLEIL.)
Tŭki-no kami, la Lune,
Hiru-ko, la Sangsue,
Sosa-no-o-no mikoto, le Génie malfaisant (ou *Sŭsa-no-o-no mikoto*).

5 *a*.

Oho-hiru-me-no mikoto (la Grande-Déesse Solaire)
Tŭki-yumi (le dieu Lunaire)
Susa-no-o-no mikoto (le Dieu des Régions inférieures).

5 *b*.

Hiru-ko, la sangsue
Sosa-no-o, dieu des Régions infernales

Kagu-tŭti, dieu du Feu	De leur union naît *Waka Musŭbi* (dieu des
Hani-yama-bime, déesse de la Terre	mûriers, des vers à soie et des céréales).

Midŭ-ha-no me, déesse des Eaux.

5 *c*.

Ho-no Musŭbi, dieu du Feu.— Il brûle sa mère qui, en mourant donne naissance à
Midŭ-ha-no me, déesse des Eaux
Hani-yama-bime, déesse de la Terre
Ama-no Yosa-dŭra.

5 *d*.

Kagu-dŭ-ti, dieu du Feu
Kana-yama hiko | Nés durant l'agonie de leur mère la déesse Iza-nami.
Midŭ-ha-no me |
Hani-yama bime |

5 *f*.

Oho-ya-sima-no kuni, le Grand pays des Huit îles
Sinaga-to-be, déesse de l'Air
ou *Si-naga-tŭ hiko,* dieu du Vent
Uka-no mi-tama
Wata-zŭmi, dieux de la Mer
Yama-zŭmi, dieux des Montagnes
Haya-aki-tu-hi, dieux de l'Embouchure des Rivières
Ku-gu-no di, dieux des Arbres
Hani-yasŭ, dieux de la Terre.
Créations diverses non énumérées.
Kagu-tŭti, dieu du Feu
} Nés de la divine *Iza-nami.*

Naki-sava-mé, déesse de la Rosée. Né d'*Iza-nagi.*
Les cinq Rochers de la Voie lactée. Nés des tronçons du corps de *Kagu-tŭti.*
Mika-no haya-hi | Nés du sang qui coula du glaive du divin *Iza-nagi.*
Hi-no haya-hi |
Take-mika-dŭti
Iva-saku | dieux nés du sang qui coula du glaive du divin *Iza-nagi.*
Ne-saku |
Iva-tŭtŭ-o |

Ou : *Iva-tŭtŭ-o,* dieu, et
Iva-tŭtŭ-me, déesse.
Ou : *Kura,*
Kura-yama-zŭmi
Kura-midŭ-ha.

Funado, né de la canne
Naga-ti-iva, né de la ceinture
Watŭrai, né de l'habit
Aki-kui, né du maillot
Ti-siki, né de la chaussure
} du divin *Iza-nagi* seul.

Ya-so ma-katŭ hi-no kami « les innombrables dieux sans droiture »,	créés par le divin *Iza-nagi* seul.
Kan-nawo-hi-no kami « le dieu réparateur des dieux »,	
Oho-nawo-hi-no kami « le grand dieu réparateur »,	

Soko-tŭtŭ-o	Les trois Grand-Dieux du *Sŭmi-no-é.*	Nés des ablutions d'*Iza-nagi.*
Naka-tŭtŭ-o		
Uva-tŭtŭ-o		
Soko-tŭ wata-dŭmi	Dieux adorés par *Adŭmi* et ses alliés.	
Naka-tŭ-wata-dŭmi		
Uva-tŭ wata-dŭm		

Ama-terasŭ-oho-kami, la Grande-Déesse Solaire, née de l'œil gauche	d'*Iza-nagi.*
Tŭki-yomi, le Dieu Lunaire, né de l'œil droit	
Sosa-no-o, le Dieu des régions infernales, né du nez	

5 *g.*

Ika-dŭti-no kami, dieu du Tonnerre	nés des tronçons du corps de *Kagu-tŭti* tué par son père *Iza-nagi.*
Oho-yama sŭmi-no kami, dieu des grandes Montagnes	
Taka-o-kami, dieu de la Foudre	
Iva-sakŭ	nés du sang du dieu *Kagu-tŭti.*
Iva-tŭtŭ-o, fils du dieu *Ne-sakŭ*	
Futŭ-nusi-no kami, fils de la déesse *Iva-tŭtŭ-me*	

5 *h.*

Iza-nagi coupe le dieu *Kagu-tuti* en cinq morceaux qui deviennent	1. *Oho-yama-zŭmi*	Esprits des montagnes.
	2. *Naka-yama-zŭmi*	
	3. *Ha-yama-zŭmi*	
	4. *Masa-katŭ-yama-zŭmi*	
	5. *Siki-yama-zŭmi*	

5 *i.*

Funa-do, appelé primitivement *Kunado-no oho-di.*

Oho-ikadŭti, tonnerre sur la tête	du divin *Iza-nagi.*
Ho-no ikadŭti, tonnerre sur la poitrine	
To-no ikadŭti, tonnerre sur le ventre	
Waka ikadŭti, tonnerre sur le dos	
Kuro-ikadŭti, tonnerre aux parties secrètes	
Yama ikadŭti, tonnerre aux mains	
No ikadŭti, tonnerre aux pieds	
Sakŭ ikadŭti, tonnerre au nombril	

5 *j*.

Haya-tama-no-o, né du crachat		d'*Iza-nagi*
Yomo-tŭ koto-saka-no-o, né d'un mouvement de répulsion		
Iva-duti *Oho-nawo-hi* *Soko-dŭti* *Oho-ayatŭ-hi* *Aka-dŭti*	nés du souffle	
Tous les dieux de la Terre et des mers.		

5 *k*.

Uke-moti, dieu du pays central d'Asi-vara,	pendant sa vie,	vômit le riz cuit, les poissons, les animaux à poil.
	après sa mort,	produit le bœuf, le cheval, le millet, le ver à soie, le panicum, le riz, l'orge, les dolichos.

II. — Le Règne du Soleil.

7.

Les enfants du serment	1. *Ta-kori hime* 2. *Taki-tŭ hime* 3. *Iti-ki-sima bime*	déesses, filles du Soleil (*Ama-terasŭ oho-kami*).
	1. *Masa-ya-a-gatŭ katŭ-no haya-hi Ama-no Osi-mimi-no mikoto* 2. *Ama-no ho-hi-no mikoto.* 3. *Ama-tŭ Hiko-ne-no mikoto* 4. *Iku-tŭ Hiko-ne-no mikoto* 5. *Kuma-no-no Kusŭbi-no mikoto*	dieux, fils du divin *Sosa-no-o-no mikoto*.

7 *a.*

LES ENFANTS DU SERMENT	1. *Oki-tŭ-sima bime*	déesses, filles du Soleil *(Ama-terasŭ oho-kami).*
	2. *Taki-tŭ hime*	
	3. *Ta-gori hime*	
	1. *Masa-ya Wa-katŭ katŭ-no haya-hi Ama-no Osi-one-no mikoto*	dieux, fils du divin *Sosa-no-o-no mikoto.*
	2. *Ama-tŭ Hiko-ne-no mikoto*	
	3. *Iku-tŭ Hiko-ne-no mikoto*	
	4. *Ama-no Ho-hi-no mikoto*	
	5. *Kuma-no-no Osi-hon-no mikoto*	

7 *b.*

Ha-akaru-dama

LES ENFANTS DU SERMENT	1. *Iti-ki-sima bime* (qui habite à Oki-tŭ miya)	déesses, filles du Soleil *(Ama-terasŭ oho-kami).*
	2. *Ta-gori-hime* (qui habite à Naka-tŭ miya)	
	3. *Taki-tŭ bime* (qui habite à Hetŭ-miya)	
	1. *Ama-no Ho-hi-no mikoto*	dieux, fils du divin *Sosa-no-o-no mikoto.*
	2. *Masa-ya A-katŭ katŭ-no haya-hi Ama-no Osi-hone*	
	3. *Ama-tŭ Hiko-ne-no mikoto*	
	4. *Iku-tŭ Hiko-ne-no mikoto*	
	5. *Kuma-no-no Kusŭbi-no mikoto*	

7 *c.*

LES ENFANTS DU SERMENT	1. *Oki-tŭ-sima-no bime* ou *Iti-ki sima bime*	déesses, filles du Soleil *(Ama-terasŭ oho-kami)*, adorées dans le pays de Tŭkusi.
	2. *Taki-tŭ bime*	
	3. *Ta-giri bime*	
	1. *Katŭ-haya-hi Ama-no Osi-o-mimi-no mikoto*	dieux, fils du divin *Sosa-no-o-no mikoto.*
	2. *Ama-no Ho-hi-no mikoto*	
	3. *Ama-tŭ Hiko-ne-no mikoto*	
	4. *Iku-tŭ Hiko-ne-no mikoto*	
	5. *Hi-no Haya-hi-no mikoto*	
	6. *Kuma-no Osi-hon-no mikoto*	
	7. *Kuma-no-no Osi-hon-no mikoto* ou *Kuma-no-no Osi-zŭmi-no mikoto*	

8.

Dieux cités : *Omoʿi-gane.*
Ama-no Ko-yane, dieu de *Naka-tomi.*
Futo-tama, dieu de *In-be.*
Ama-no Usŭ-me.

8 *a.*

Dieux cités : *Waka-hiru-me,* déesse du Tissage.
Omoʿi-kane, dieu de l'Intelligence, descendant du dieu primordial *Takan-mi Musŭbi-no kami.*
Isi-kori-dome, statuaire.
Hi-no maye-no kami, statue.

8 *b.*

Dieux cités : *Ama-no Nuka-do,* dieu des Miroitiers (fils de *Isi-kori-uba-no mikoto,* suivant le *Ku-zi ki*).
Futo-tama.
Toyo-tama, dieu des Joailliers.
Yama-ikadŭti-no kami
No-dŭti-no kami
Ama-no Ko-yane-no mikoto.

8 *c.*

Dieux cités : *Ama-no Ko-yane-no mikoto,* fils de *Ko-goto Musŭbi.*
Ono-kori dome, fils de *Ama-no Nuka-do.*
Ama-no Agaru-dama, dieu des Polisseurs de jade, fils du divin *Iza-nagi-no mikoto.*
Ama-no Hi-wasi.
Futo-dama.
Ama-no Tikara-o-no kami, dieu de la Force.
Ama-no Usŭ-me.

<table>
<tr><td rowspan="6">Les enfants du serment</td><td>Masa-ya A-katŭ katŭ-no haya-hi ama-no Osi-one-no mikoto</td><td rowspan="6">dieux, fils du divin Sosa-no-o-no mikoto.</td></tr>
<tr><td>Ama-no Ho-hi-no mikoto</td></tr>
<tr><td>Ama-tŭ Hiko-ne-no mikoto</td></tr>
<tr><td>I-ku-tŭ Hiko-ne-no mikoto</td></tr>
<tr><td>Hi-no Haya-hi-no mikoto</td></tr>
<tr><td>Kama-no-no Oho-sŭmi-no mikoto</td></tr>
</table>

III. — L'Exil.

9.

Sosa-no o-no mikoto (ou *Sŭsa-no o-no mikoto*, ou *Take Sosa-no o-no mikoto*) descend sur la terre et arrive dans le pays de *Idŭmo*.

Asi Natŭ-ti dieu local a pour épouse *Te Natŭ-ti* déesse locale

Ils donnent le jour à huit filles qui sont dévorées par le Grand Serpent *Oroti*.

Puis à une fille appelée *Kusi nada bime* qui est épousée par Le divin *Sosa-no o-no mikoto*

de ce mariage naquit :

Oho-ana-muti.

Enfin le dieu Sosa-no-o part définitivement pour le *Ne-no kuni* (Royaume Infernal).

9 *a*.

Sŭsa-no Yatŭ-mimi, père de

Inada-bime prise pour femme par *Sosa-no-o-no mikoto*.

De cette union naît
- *Mi-na Saro-hiko Ya-sima-zinu*, autrement appelé *Kage-na-saka Karu-hiko Ya-sima-de-no mikoto* ou *Mina-na Saro-hiko Ya-sima-nu*
- à la 5ᵉ génération, le dieu *Oko-kuni-nusi*. (Dans le pays d'Idŭmo.)

9 *b*.

Asi-nadŭ Te-nadŭ, divinité locale.

Sans doute par suite d'une erreur, on donne ici les deux noms des divinités locales de l'*Idŭmo* à un seul dieu qui aurait eu pour épouse *Sŭsa-no Yatŭ-mimi*, gardienne du temple de *Inada*, avec laquelle s'unit le dieu

Sosa-no o-no mikoto.

Il naît de cette union { La princesse *Ma-gami Furu-kusi Ina-da bime.* A la 6e génération, le dieu *Oho-ana-muti.*

Par la suite, *Sŭsa-no Yatŭ-mimi* devient la femme légitime du divin *Sosa-no o-no mikoto.* (Dans le pays d'Idŭmo.)

9 c.

Sosa-no-o épouse *Kusinada bime*, fille de { *Asi Natŭ-ti*, dieu, *Te Natŭ-ti*, déesse.

(Dans le pays d'Idŭmo.)

9 *d.*

Sosa-no-o et son fils *Idaki-so* ou *Idaki-takeru*[1] } s'établissent en Corée (à *Sosi-mori*).

Sosa-no-o se rend de là dans le pays d'Idŭmo et tue le Grand-Serpent *Oroti* dans la queue duquel il trouve le glaive *Kusa-nagi* qu'il envoie au Dieu du Ciel par son fils à la 5e génération

Ama-no Fuki-ne.

9 *e.*

Sosa-no-o descend dans le pays de *Kan* (en Corée). Ce pays est gouverné par un de ses enfants, qui sont au nombre de trois :

Fils :	Filles :
I-daki-so	*Oho-yadŭ bime,*
	Tŭma-dŭ bime.

Sosa-no-o se rend de là dans le pays de *Ki-i,* puis il s'établit sur le mont *Kuma-nari,* et finalement il entre dans le *Ne-no kuni* (la Région infernale).

9 *f.*

Oko-kuni-nusi, autrement appelé { *Oho-mono-nusi.* *Kuni-dŭkuri Oho-na muti.* *Asi-vara-no Siko-wo.* *Ya-ti-hoko.* *Oho-kuni-dama.* *Utŭsi-kuni-dama.*

Ce dieu eut 181 enfants.

Oho-na muti *Sŭku-na hiko-na* } s'allient pour gouverner l'Empire.

Ce dernier se rend finalement sur le promontoire de *Kuma-no*, d'où il va dans le pays de *Toko-yo* «le pays du Monde Perpétuel».

L'âme de bonheur et de merveille de *Oho-na muti*, ou le Dieu de *Oho-mi-wa.*

1. *Idaki-so* ensemence le pays de *Tŭkusi.* C'est la grande divinité du pays de *Ki-i.*

Ce dieu a pour enfants : le Seigneur de *Kamo*,
le Seigneur d'*Oho-mi-wa*,
la divine *Hime-tatara I-sŭzŭ bime*.

Koto-siro nusi métamorphosé en crocodile.

Ce dieu se rend près de la déesse *Mi-sima Miso-kei* autrement appelée *Tama-kusi*, mère de la divine *Tatara I-sŭzŭ-bime*, impératrice femme de *Kam Yamato Ivare-hiko-ho-ho-de-mi* autrement appelé l'empereur *Zin-mu*.

Sŭkuna-hiko-na, le dieu nain aborde au Japon.

Oho-na muti étonné de voir ce petit être envoie un rapport au Ciel à *Taka-Musŭbi*.

INDEX
DES OUVRAGES JAPONAIS ET CHINOIS
CITÉS DANS CE PREMIER VOLUME.[1]

B

1. **Bun-tokŭ zitŭ-rokŭ* 文德實錄. — 9 *e*.

C

2. **Chan-haï-king kouang-tchou** 山海經廣注, Le Livre canonique des Montagnes et des Eaux, avec un grand commentaire. — 5, *i*; 9 *f*.
3. **Chi-king** 詩經, Le Livre canonique des Poésies. — 1; 4 *e*; 5 *k*.
4. **Chi-king ti-tchu yen-i** 詩經體註衍義. — 7.
5. ***Chih-tcheou ki** 十洲記, Histoire des Dix îles. — 4.
6. **Chin-sien toung-kien** 神仙通鑑, Miroir général des Génies et des Immortels, par HOANG TCHANG-LUN. — 7.
7. **Choueh-wen** 說文, Dictionnaire Chinois. — 1; 4; 7; 8, *e*; 9 *c*.
8. ***Chuh-i ki** 述異記. — 9 *e*.

D

9. *Dai Ni-hon si* 大日本史, Grandes Annales du Japon, par le prince MITO-NO KÔ-MON SAMA, petit fils de Iyé-yasŭ, avec le concours de nombreux lettrés, parmi lesquels se trouvaient plusieurs lettrés chinois qui s'étaient exilés pour fuir la persécution des Mandchoux. — 9 *f*.

1. Une astérique * devant un titre indique un ouvrage que je ne possède pas et que j'ai cité d'après un autre auteur.

F

10. **Fan-i-ming-i-tsih** 翻譯名義集, Explication du sens des mots sanscrits cités dans les livres bouddhiques. — 5.
11. **Fan-yih Tchun-tsieou** 繙譯春秋, Le Printemps et l'Automne, l'un des livres canoniques de la Chine, traduit en mandchou. — 7.
12. **Fu-bokŭ siû* 夫木集. — 7.

G

13. *Ga-gen siû-ran* 雅言集覽, Trésor littéraire de la langue japonaise, par Isi-kawa. — 1; 4.
14. *Gon-gen tei* 言元梯, L'Échelle du langage; dictionnaire étymologique, par Oho-isi Ti-biki. — 1; 5 *f*; 8.
15. *Gyokŭ-ben* 玉篇, Dictionnaire Chinois-Japonais. — 1, 4.

H

16. **Harima-no Fû-do ki* 播磨風土記, Description de la province de Harima. — 4.
17. **Hau-ki Fû-do ki* 伯耆風土記, Description de la province de Hau-ki. — 9 *f*.
18. **Heou Han-chou** 後漢書, Annales de la dynastie impériale chinoise des *Han* postérieurs, par *Fan-ye*. — 4; 5, *f*, *i*; 8.
19. **Hi-sidŭme-no matŭri-no Notto* 鎮火祭の祝詞. — 5 *e*.
20. **Hoaï-nan tse** 淮南子, Philosophie de Lieou-ngan. — 5 *b*, *i*; 7.

I

21. **Idŭmo Fû-do ki* 出雲風土記, Description du pays d'Idŭmo. — 9.
22. *Ise mono-gatari* 伊勢物語, Narration du pays de Isé. — 5.
23. **I-wen-pi-lan** 埶文備覽, Dictionnaire chinois. — 9 *c*.

K

24. *Kami yo-no masa-koto* 神代正語, Paroles véritables sur les dynasties divines, par MOTO-ORI NORI-NAGA. — 2 *b*; 4 *h*, *j*; 5, *b*, *e*, *f*, *j*; 6; 7, *a*, *c*.
25. **Kang-hi Tse-tien** 康熙字典, La Règle des caractères rédigée par ordre de l'empereur KANG-HI; ouvrage communément appelé Dictionnaire de l'Académie chinoise. — 1; 5, *k*.
26. *Kau-gan seô* 厚顏抄, Examen des locutions poétiques renfermées dans les pièces de vers que contient le *Nihon gi*, par KEI-TIU. MSC. — 9.
27. *Kavati Mei-syo dŭ-ye* 河內名所圖會, Description illustrée de la province de Kavati. — 7.
28. **Ki-nen sai-no notto* 祈年祭祝詞, Rituel pour les souhaits de nouvelle année. — 5 *f*.
29. **Kia-yu** 家語, Entretiens familiers de Confucius. — 7 *a*.
30. ***Kie-lan ki** 伽藍記, Histoire des Monastères. — 4.
31. **Ko-go siû-i* 古語拾遺. — 7.
32. *Ko-gon tei* 古言梯, Échelle pour arriver à l'intelligence du vieux langage. — 1; 5.

33. **Ko-kin siû* 古今集, Anthologie japonaise ancienne et moderne. — 9.

34. *Ko-si den* 古史傳, Commentaire des historiens de l'antiquité, par Hira-ta Atŭtane. — 1; 4, *d;* 5, 9 *d.*

35. *Ko-zi ki* 古事記, Les Annales des choses antiques. — 1, *a, b, d, f;* 2; 4, *a, b, d, j;* 5, *b, d, e, f, k;* 8; 9, *a, d.*

36. *Ko-zi ki* 古事記, Annales des choses antiques. Édition princeps de 1644. — 9.

37. *Ko-zi ki* 古事記, Annales des choses antiques. Édition de 1687. — 5 *e.*

38. *Ko-zi ki (Tei-sei)* 古事記(訂正), Texte correct des Annales des choses antiques. — 9.

39. *Ko-zi-ki den* 古事記傳, Les Annales des choses antiques, avec un commentaire perpétuel, par Moto-ori Nori-naga. — 1; 2; 4, *a, b, d, j;* 5, *b, d, e, k;* 7; 9, *a, d.*

40. *Ko-zi ki (Ryak-kai)* 古事記(略解), Explication abrégée des Annales des choses antiques, par Ta-da Kau-zen, bonze de la secte de *Ten-dai.* — 4 *f.*

41. *Kokŭ-si ran-yeô* 國史擥要, Résumé des Historiens de l'Empire. — 4.

42. *Kokŭ-si ryakŭ* 國史略, Abrégé des Historiens du Japon. — 2 *b.*

43. **Kou-sse sin-youen** 故事尋源. — 1.

44. **Kouang-yun** 廣韻, Dictionnaire chinois, disposé suivant l'ordre tonique. — 1.

45. **Koueh-yu** 國語, Les Paroles des Royaumes. — 1.

46. *Ku-zi hon-ki (Sen-dai)* 舊事本記(先代), Mémorial des Vieux événements (Édition de Nobu-Yosi, dite

Gau-tô). — 1, *a*, *b*, *e*; 2, *a*; 4, *j*; 5, *d*, *f*, *h*; 6; 7 *b*, *c*; 8; 9 *a*, *d*, *f*.

L

47. **Li-ki** 禮 記, Le Grand-Rituel, l'un des livres canoniques des Chinois. — 7.

48. **Li Tai-peh** 李 太 白, Poësies chinoises de LI TAI-PEH. — 5 *f*.

49. **Lun-yu** 論 語, Les Entretiens philosophiques de Confucius. — 5.

M

50. **Man-yô siû** 萬 葉 集, L'Anthologie des Dix-mille feuilles. — 1; 4; 5, *k*; 7; 8; 9.

51. **Mao Chi Ming-wouh tou-choueh** 毛 詩 名 物 圖 說, Histoire naturelle du Livre canonique des Poësies. — 4 *e*; 9 *f*.

52. *Mei-butŭ rokŭ-teô* 名 物 六 帖, Trésor littéraire de la langue japonaise. — 4.

53. **Meng-tse chou** 孟 子 書, Le livre de Mencius, philosophe chinois. — 1.

54. **Miao-fah Lien-hoa king** 妙 法 蓮 華 經, Le *Sad-dharma pundarika sûtra* ou Livre canonique du Lotus de la Bonne Loi. — 5 *d*.

55. **Muna-kata Sya-ki* 宗 像 社 記, Histoire du temple de Muna-kata. — 7 *c*.

N

56. **Nan-hoa king** 南 華 經, Le Livre canonique de la Fleur du Sud, par le philosophe taoïste TCHOUANG-TCHEOU, plus connu sous le nom de TCHOUANG-TSE. — 4; 9 *f*.

57. *Nip-pon wau-dai iti-ran* 日本王代一覽, Aperçu général des règnes des empereurs du Japon, par ZYUN-SAI RIN-ZYO. — 4; 7 *c;* 9 *c.*

58. **Oho-dono matŭri notto* 大殿祭祝詞. — 7.

P

59. **Peh-meï kou-sse** 白眉故事. — 7.

60. **Peï-wen-yun-fou** 佩文韻府, Trésor littéraire de la langue chinoise. — 1; 4, *e, f;* 5, *f.*

61. **Pen-tsao kang-mouh** 本艸綱目, Histoire naturelle des Chinois. — 5 *b;* 9 *f.*

62. **Ping-tse-loui-pien** 駢字類編, Trésor littéraire de la langue chinoise. — 1; 4; 5, *i.*

63. **Pin-tse-tsien** 品字箋, Dictionnaire chinois. — 4 *a;* 7; 9 *c.*

S

64. *San-dai kau* 三大考, Examen des Trois Grandeurs. — 4 *j.*

65. **San-dai zitŭ-rokŭ* 三代實錄. Annales authentiques des Trois règnes. — 5 *f;* 9 *e.*

66. **San-koueh tchi** 三國志. Histoire des Trois Royaumes, par TCHIN-CHEOU. — 4.

67. **Si-king tsah-ki** 西京雜記, Mémoires divers sur la Capitale d'Orient. — 8.

68. **Sse-ki** 史記, Mémoires historiques, par le grand historiographe SSE-MA TSIEN. — 4; 5 *b, f, i.*

69. *Syau-tiu Ko-gon tei* 掌中古言梯. — 5.

70. *Syo-gen-zi kau* 書言字考, Examen des caractères

et des mots contenus dans les livres, par MAKI-NO SIMA TERU-TAKÉ. — 1; 4, *a;* 5, *f*; 9 *f*.

T

71. **Ta-hioh** 大學 « La Grande Étude », premier des Quatre livres classiques de l'École de Confucius *(Sse-chou)*. — 8 *a*.

72. **Tan-go-no Fû-do ki* 丹後風土記, Description de la province de Tango. — 4.

73. **Tcheou-li** 周禮, Rituel de la dynastie impériale des Tcheou. — 5 *f*.

74. **Tchoung-hiu-tchin-king** 冲虛眞經, Œuvres du philosophe taoïste LIEH YU-KEOU, plus connu sous le nom de LIEH-TSE. — 4, 7 *a*.

75. **Tchoung-young** 中庸, L'Invariabilité dans le Milieu; le second livre classique de l'École de Confucius *(Sse-chou)*. — 5 *f*.

76. **Tchun-tsieou** 春秋, Le Printemps et l'Automne, chronique du royaume de Lou, patrie de Confucius; l'un des Cinq livres canoniques de la Chine. — 5 *f*, 7.

77. **Tikŭ-zen-no kuni Fû-do ki* 筑前國風土記, Description de la province de Tikŭ-zen. — 7 *c*.

78. **To-sa nik-ki* 土佐日記, Journal sur le pays de To-sa. — 8 *e*.

79. **Tse-weï** 字彙, Dictionnaire chinois, par MEI-TAN. — 1; 4 *e*.

80. **Tsien-tse-wen** 千字文, Le livre classique des Mille-Caractères. — 5 *f*.

81. **Tsin-chou** 晉書, Annales de la dynastie impériale des Tsin, par Fang-kiao, etc. — 6.

81. **Tso-tchouen** 左傳, Les traditions relatives au «Printemps et l'Automne» de Confucius, par Tso Kieou-ming. — 5, 7.

U

83. *Uye-tŭ fumi* 上記, Le Livre de l'Antiquité, par Kira Yosi-kazé. — 1; 4; 5 *d, j.*

W

84. *Wa-Kan San-sai dŭ-ye* 和漢三才圖會, Grande Encyclopédie japonaise. — 1, *a*; 4, *b, c;* 5 *b, i;* 7, *c;* 8, *a;* 9 *b, c, f.*

85. *Wa-myau seô* 和名抄. — 1; 5; 8.

86. *Wa-kun siwori* 和訓栞, Dictionnaire de la langue japonaise antique, par Tani-gawa Si-sei. — 1; 4; 5, *f, i, k;* 6; 7; 8; 9 *c, f.*

87. *Wau-tyau Si-ryakŭ* 皇朝史略, Abrégé des historiens de la Cour impériale. — 4.

88. **Weï chou** 魏書. Annales de la dynastie chinoise des Weï, par Weï-cheou. — 9.

89. **Wen-hien-toung-kao** 文獻通考, Examen général des Sages par leur écrits, encyclopédie de Ma Touan-lin. — 4.

90. **Wen-siouen louh-tchin-weï-tchou-sou-kiaï** 文選六臣彙註疏解. — 7.

Y

91. *Yamato Mei-syo dŭ-ye* 大和名所圖會, Description illustrée de la province de Yamato. — 8.

92. **Yen-gi sikĭ* 延喜式. — 7; 9 *e*.

93. **Yeti-go Fû-do ki* 越後風土記, Description de la province de Yetigo. — 7.

94. *Yih-king* 易經, Le Livre canonique des Transformations. — 1; 5 *f*.

95. *Youeh-ling kouang-i* 月令廣義. — 5 *i*.

96. *Youen-kien-loui-han* 淵鑑類函, Encyclopédie chinoise. — 4; 5 *f*; 9 *f*.

Z

97. *Zin-kwau sei tô-ki* 神皇正統記, Histoire véridique des dynasties divines, par KITA BATA-KÉ. — 5.

98. *Zokŭ setŭ ben* 俗説辨. — 8.

NB. — Les différentes éditions du *Syo-ki* et les ouvrages de ses commentateurs n'ont pas été mentionnés dans cet Index. On les trouvera énumérés dans l'Introduction du présent volume.

INDEX

DES

NOMS D'AUTEURS CHINOIS ET JAPONAIS.[1]

Fan-ye 范曄. — 18.

Fang-kiao 房喬. — 81.

HIRA-TA ATŬ-TANÉ 平篤胤. — 34.

Hoang Tchang-lun 黃掌綸. — 6.

ISI-KAWA GA-MAU 石川雅望. — 13.

Kang-hi 康熙. — 25.

KEI-TYU 契仲. — 26.

KIRA YOSI-KAZÉ 吉良義風. — 83.

KITA BATA-KÉ 北畠准. — 97.

Li Taï-peh 李太白. — 48.

Lieh-tse 列子. — Voy. **Lieh Yu-keou.**

Lieh Yu-keou 列禦寇. — 74.

Lieou-ngan 劉安. — 20.

Ma Touan-lin 馬端臨. — 89.

Mei-tan 梅誕. — 79.

Meng-tse 孟子. — 53.

MOTO-ORI NORI-NAGA 本居宣長. — 24, 39.

NOBU-YOSI 延佳. — 46.

1. Les chiffres, mis à la suite des noms, renvoient aux titres des ouvrages donnés dans l'index précédent.

OHO-ISI TI-BIKI 大石千引. — 14.
Sse-ma Tsien 司馬遷. — 68.
TA-DA KAU-ZEN 多田孝泉. — 40.
TANI-GAWA SI-SEI 谷川士清. — 86.
Tchin-cheou 陳壽. — 66.
Tchouang tcheou 莊周.
Tchouang-tse 莊子. — Voy. **Tchouang-tcheou.**
Tso Kieou-ming 左邱明. — 81.
Weï-tcheou 魏收. — 88.
ZYUN-SAI RIN-ZYO 春齋林恕. — 57.

TABLE DES MATIÈRES.

FIN DU PREMIER VOLUME.

www.ingramcontent.com/pod-product-compliance
Lightning Source LLC
Chambersburg PA
CBHW071702230426
43670CB00008B/884